高职高专示范专业课程改革规划教材

汽车电气系统检修

张忠伟　编著

机 械 工 业 出 版 社

本教材从高职教育的培养目标出发，以促进学生就业为导向，以培养高技能应用型人才为目的，在编写过程中注重知识的前沿性和实用性。本书系统地阐述了汽车电气系统（包括汽车电源系统、起动系统、电子点火系统、汽车照明与信号系统、汽车仪表和报警装置系统、辅助电器、空调系统）的组成、结构原理，主要元件的检修方法，系统常见故障诊断与排除方法等。此外还讲解了汽车电气系统基础元件的组成及检修方法，同时围绕典型车系电路图进行了系统分析。力求使学生熟悉汽车电气系统的线路，熟悉汽车电气系统的工作原理，具有对汽车电气系统故障诊断与排除的能力。引导学生在学习过程中积极探索汽车电气领域的新知识、新工艺和新检修方法。

本书可作为高职高专院校汽车检测与维修专业的教材，也可作为其他相关专业的辅助教材，还可供相关企业作培训用书或汽车维修人员的参考书。

图书在版编目（CIP）数据

汽车电气系统检修/张忠伟编著. —北京：机械工业出版社，2011.8（2018.8重印）

高职高专示范专业课程改革规划教材

ISBN 978-7-111-35024-8

Ⅰ.①汽… Ⅱ.①张… Ⅲ.①汽车—电气设备—检修—高等职业教育—教材 Ⅳ.①U472.41

中国版本图书馆CIP数据核字（2011）第112220号

机械工业出版社（北京市百万庄大街22号 邮政编码100037）
策划编辑：徐 巍 责任编辑：徐 巍 责任校对：肖 琳
封面设计：路恩中 责任印制：李 飞

北京铭成印刷有限公司印刷

2018年8月第1版第3次印刷
184mm×260mm ·15.25印张·373千字
4001—5000册
标准书号：ISBN 978-7-111-35024-8
定价：35.00元

凡购本书，如有缺页、倒页、脱页，由本社发行部调换

电话服务	网络服务
服务咨询热线：010-88379833	机 工 官 网：www.cmpbook.com
读者购书热线：010-88379649	机 工 官 博：weibo.com/cmp1952
	教育服务网：www.cmpedu.com
封面无防伪标均为盗版	金 书 网：www.golden-book.com

前　　言

近年来，随着我国经济持续发展，汽车需求日益旺盛，汽车保有量的迅猛增加使得车辆的维护和修理已成为消费者日益关注的话题之一。维修量的增加必然造成社会对汽车维修方面的人才需求也快速上升。为了培养符合市场需求的高技能人才，积极贯彻《国务院关于大力发展职业教育的决定》(国发[2005]35号）和教育部《关于全面提高高等职业教育教学质量的若干意见》(教高[2006]16号）文件精神，推进课程改革和教材建设，我们紧密结合目前汽车维修行业实际需求，编写了本教材。

本教材从高职教育的培养目标出发，以促进学生就业为导向，以培养高技能应用型人才为目的，在编写过程中注重知识的前沿性和实用性。本书系统地讲述了汽车电气系统的特点、工作原理、使用维修与故障诊断等内容。本书共分九个项目，内容包括汽车电气系统基本构造及基础元件的认知、汽车电源系统检修、起动系统检修、电子点火系统检修、汽车照明与信号系统检修、汽车仪表和报警装置系统的检修、辅助电器检修、空调系统检修、典型车系电路分析。

本书课程教学内容分为学习目标、情境描述、相关知识、任务实施及规范和课后思考与训练，充分注重理论和实际相结合，增强针对性和实用性，使学生在完成知识后便能快速上手。另外，由于项目式教学，各单元既相对独立，又能通过系统分析联系起来，便于学生学习和灵活掌握。

本书理论联系实际，理论以够用为主，以解决实际问题为目标，通过任务实施环节，使学生达到本课程的学习目标。

本书为高等职业技术院校汽车检测与维修专业教材，也可作为成人高校、本科院校举办的二级职业技术学院和民办高校的汽车检测与维修专业教材或作为自学用书。

本书在编写过程中，参考了大量的国内外技术资料，得到了许多同行的大力支持，在此对无锡科技职业学院沈璟虹老师及关心支持本书编写的同仁们表示衷心地感谢。

由于编者水平有限，经验不足，书中难免有疏漏和不当之处，恳请广大读者批评指正。

编　者

目　　录

前言

学习情境一　汽车电气系统基本构造及基础元件的认知 …… 1

任务一　汽车电气系统基本构造及特点 …… 1

任务二　汽车电气基础元件的认识 …… 6

学习情境二　汽车电源系统检修 …… 15

任务一　蓄电池维护 …… 15

任务二　发电机与电压调节器检修 …… 29

任务三　汽车电源系统电路检修 …… 45

学习情境三　起动系统检修 …… 52

任务一　起动机检修 …… 52

任务二　起动系统电路检修 …… 72

学习情境四　电子点火系统检修 …… 81

学习情境五　汽车照明与信号系统检修 …… 109

任务一　汽车照明系统检修 …… 109

任务二　汽车信号系统检修 …… 121

学习情境六　汽车仪表和报警装置的检修 …… 131

学习情境七　辅助电器检修 …… 148

任务一　电动刮水器和洗涤器的检修 …… 148

任务二　电动车窗检修 …… 156

任务三　电动座椅的检修 …… 162

任务四　电动后视镜的检修 …… 167

学习情境八　空调系统检修 …… 173

学习情境九　典型车系电路分析 …… 202

任务一　桑塔纳轿车电路分析 …… 202

任务二　其他典型轿车电路分析 …… 226

参考文献 …… 237

学习情境一

汽车电气系统基本构造及基础元件的认知

任务一　汽车电气系统基本构造及特点

学习目标

1. 熟悉汽车电气系统的组成。
2. 了解全车电路及配电装置的组成。
3. 熟悉汽车电气设备的特点。
4. 熟悉汽车电气故障检修的一般程序。
5. 正确描述汽车电气检修注意事项。
6. 掌握汽车电气设备维护与故障判断、排除的基本方法。

情境描述

车间技师在维修一辆桑塔纳轿车时，发现前照灯不亮，点火开关接通时前照灯还不亮，要求你配合他对其进行检修。

相关知识

现代汽车电气设备的种类繁多，但总的来说，可以大致分为三大部分，即电源系统、用电设备和全车电路及配电装置。

一、电源系统

汽车电源系统由蓄电池、发电机、电压调节器及工作状况指示装置(电流表、充电指示灯等)组成，其作用是向全车用电设备提供低压直流电。

二、用电设备

用电设备主要由以下几个系统组成。

1. 起动系统

起动系统用来起动发动机，由起动机和起动控制电路组成。其作用是带动飞轮旋转使曲轴达到必要的起动转速。

2. 点火系统

点火系统由点火线圈、点火控制器、分电器总成、火花塞、点火开关等组成。但是，采用由发动机控制单元进行点火控制时，可以不使用分电器。点火系统的作用是将低压电转变为高压电，适时可靠地点燃气缸中的可燃混合气。

3. 照明系统

照明系统提供车辆夜间安全行驶、工作等照明，包括车外和车内的照明灯及其控制装置。

4. 信号系统

信号系统提供安全行车所必需的信号，分为音响信号和灯光信号两类，包括电喇叭、蜂鸣器、闪光器及各种行车信号标识灯。

5. 仪表及报警系统

仪表及报警系统用来监测发动机及汽车的工作情况，使驾驶人能够通过仪表及报警装置，及时发现发动机及汽车各种参数的异常情况，确保汽车正常运行。

6. 辅助电气系统

辅助电气系统包括散热器风扇、风窗清洁装置(刮水器、洗涤器、除霜装置)、空调、低温起动预热装置、汽车音像、电动车窗、电动后视镜、中央门锁、电动座椅、防盗装置等。

7. 汽车电子控制系统

汽车电子控制系统主要指利用微机控制的各个系统，包括电控燃油喷射系统(EFI)、电控点火系统(ESA)、电控自动变速器(ECT)、制动防抱死系统(ABS)、电控悬架系统(EMS)、自动空调、安全气囊等。

三、全车电路及配电装置

全车电路及配电装置包括中央接线盒、熔断器、继电器、线束及插接器、电路开关等，它们使全车电路构成一个统一的整体。

四、汽车电气设备的特点

汽车电气设备组成的系统称为汽车电气系统，和其他电气系统不同，汽车电气系统具有以下特点：

1. 双电源

在汽车电气系统中，采用两个电源——蓄电池和交流发电机，两者互相配合，协调工作。

2. 低电压

常见汽车电气系统的额定电压有6V、12V、24V 3 种。汽油发动机汽车普遍采用12V 电源，柴油发动机汽车多采用24V 电源(由两个12V 蓄电池串联而成)，摩托车采用6V 电源。汽车运行中的电压，一般12V 系统为14V 左右，24V 系统为28V 左右。

随着汽车上电气设备的增多，电气负载越来越大，这就要求汽车电气系统提供更高的电能。美欧等汽车制造商和零部件供应商已在讨论12/24V 向36/42V 汽车电气系统转化的问题。

3. 直流

现代汽车发动机是靠电力起动机起动的，起动机由蓄电池供电，而向蓄电池充电又必须用直流电源，所以汽车电气系统为直流系统。虽然交流发电机发出的是交流电，但经过整流器整流，变成直流电后才供给汽车用电。

4. 单线制

单线连接是汽车电路的特性，是指汽车上所有电气设备的正极均采用导线相互连接；而所有的负极则直接或间接通过导线与车架或车身金属部分相连，即搭铁(负极搭铁，也称负极接地)。任何一个电路中的电流都是从电源的正极出发，经导线流入电气设备后，再由电气设备自身或负极搭铁，并通过车架或车身金属流到电源负极而形成回路。

5. 并联连接

各电气设备均采用并联，汽车上的两个电源(蓄电池与发电机)之间，以及所有电气设备之间，都是正极接正极，负极接负极，并联连接。

因为采用并联连接，所以汽车在使用中，当某一支路电气设备损坏时，并不影响其他支路电气设备的正常工作。

6. 负极搭铁

采用单线制时蓄电池的负极接车架或车身金属称为负极搭铁(蓄电池的正极接车架或车身金属称为正极搭铁)。

采用负极搭铁对车架或车身金属的化学腐蚀较轻，对无线电干扰小，且对点火系统的点火电压要求也低。因此，目前包括我国在内的所有国家都已经规定汽车电路统一采用负极搭铁。

7. 设有保护装置

为了防止因电源短路或线路过载而烧坏线路及器件，电路中一般设有保护装置，如熔断器(短路保护)、易熔线(过载保护)等。

8. 汽车电路有颜色和编号特征

为了便于区别各线路的连接，汽车所有低压导线必须选用不同颜色的单色或双色线，并在每根导线上编号。编号由生产厂家统一编定。

9. 相对独立的分支系统组成

汽车电路由相对独立的系统组成，汽车电路一般包括以下几部分：

1）电源电路由蓄电池、发电机、电压调节器及工作状况指示装置(电流表、充电指示灯)等组成。

2）起动电路由起动机、起动继电器、起动开关及起动保护装置组成。

3）点火电路由点火线圈、分电器、点火器、火花塞、点火开关等组成。

4）照明与信号电路由前照灯、雾灯、示宽灯、转向信号灯、制动信号灯、倒车灯、电喇叭等及其控制继电器和开关组成。

5）仪表与报警电路由仪表、传感器、各种报警灯及控制器组成。

6）辅助装置电路由为提高车辆安全性、舒适性、经济性等各种功能的电气装置组成的电路。因车型不同而有所差异。一般包括风窗刮水洗涤装置、风窗除霜防雾装置、起动预热装置、音响装置、车窗电动升降装置、电动座椅调节装置及中央电控门锁等装置组成的电路。

实施及规范

一、汽车电气故障检修的一般程序

检修故障时，可以采用以下的“五步法”：

第一步，验证用户的反映。将有问题线路中的各个元件都通电试一试，看用户的反映是否属实，同时注意观察通电后的种种现象。在动手拆卸或测试之前应尽量缩小事故原因的设定范围。

第二步，分析线路原理图。在线路原理图上画出有问题的线路，分析一下电流由电源负载至搭铁的路径，弄清线路的工作原理。如果对于线路原理还不太清楚，应仔细看电路说明及相关资料，直至弄清为止。对有问题线路的相关线路也应加以检查。每个电路图上都给出了共用一个熔断器、一个搭铁点或一个开关的相关线路的名称。对于在第一步程序中漏检的相关线路要试一下。如果相关线路工作正常，说明共用部分没问题，故障原因仅限于有问题的线路中。如果几条线路同时出故障，原因多半出在熔断器或搭铁线上。

第三步，检查问题集中的线路或部件。测试线路，验证第二步中所做的推断。故障检修得快慢、成功与否关键在于排除故障程序简单、明了而有条理。将系统故障诊断表中最有可能的原因凸显出来，应先加以测试，且先测试最容易测试的地方。

第四步，进行修理。问题一经查明，便可着手进行必要的修理。

第五步，检验线路是否恢复正常。对线路再进行一次系统检查，看问题是否已经解决。如果故障是熔断器熔断，则应对使用该熔断器的每条线路都要测试。

二、汽车电气检修注意事项

维修电气系统的原则之一是不要随意更换电线或电气设备，这种操作有可能使汽车因线路短路、过载而引起火灾。同时还应注意以下各项：

1）拆卸蓄电池时，总是最先拆下负极(-)电缆；装上蓄电池时，总是最后连接负极(-)电缆。

2）更换烧坏的熔丝时，应使用相同规格的熔丝，使用比规定容量大的熔丝会导致电气元件损坏或产生火灾。

3）拆下或装上蓄电池电缆时，应确保点火开关或其他开关都已断开，否则会导致半导体元器件的损坏。

4）靠近振动部件(如发动机)的线束部分应用卡子固定，将松弛部分拉紧，以免由于振动造成线束与其他部件接触。

5）不要粗暴地对待电气元件，也不能随意乱扔。无论好坏器件，都应轻拿轻放。

6）与尖锐边缘磨碰的线束部分应用胶带缠起来，以免损坏。

7）安装固定零件时，应确保线束不要被夹住或被破坏。

8）安装时，应确保接插头接插牢固。

9）进行维修时，若温度超过80℃(如进行焊接时)，应先拆下对温度敏感的零件(如继电器等)。

三、汽车电气设备维护与故障判断、排除的基本方法

在接到修理工作后，要注意综合运用以下修理方法。

1. 调查了解法

向驾驶人或当事人详细了解故障现象、故障发生经过及维修要求，以便掌握故障判断的直接信息。

2. 原理分析法

根据故障的现象，充分利用理论知识进行分析，在理论指导下进行实践。尤其对于电子化汽车，由于结构和线路都很复杂，如电脑控制装置，很容易因操作不当而增加损坏程度。以发动机工作不良为例分析，产生故障的因素有很多，机械系统、供油系统、电路系统都有可能产生故障。而电路系统的故障又由许多因素造成，如点火系统点火不正时，分电器内部接触不良或信号发生器故障，点火控制器损坏，点火线圈及高低压电路的故障等。对点火系统的故障，通常先检查有无高压火花，再依据高压火花产生的原理依次向前或向后搜索，顺藤摸瓜找出故障点，从而排除故障。因此对维修人员来说必须了解汽车全车电路，熟悉汽车电路的基本原理。

3. 试灯检查法

用工作电压与车上电源电压相同的小灯泡做一个检测器。检查时，先将夹子夹在发动机机体或车架上(搭铁)，接通所测电路的控制开关，将测试棒从蓄电池开始按接线顺序，逐段向用电设备方向检查。若试灯亮，说明通路；若试灯不亮，则说明断路，断路处即在试灯亮与不亮之间的这段线路上。

4. 电压测量法

用直流电压表，将负极线接在发动机机体或车架上，再从另一接线柱上引出一测试棒。接通待查电路的控制开关，逐段向用电设备方向检查。若电压表指示出电压，说明通路；若电压表无电压指示，则说明断路，其断路处即在有电压指示与无电压指示两点之间的这段电路中。

5. 使用警告灯判断法

对装有警告灯的车辆，是否有故障可以从警告灯的“亮”、“灭”来判断。

1）当接通点火开关时，车上所有警告灯应都亮。若不亮，说明警告灯自身及其线路有故障。

2）起动发动机后，所有警告灯都熄灭，否则未熄火的警告灯所对应的相关电路有故障。这些警告信号分为3类：

① 放电警告、发动机机油油位及油压过低警告、燃油油位过低警告、开门警告、制动系工作警告、自动变速器油温警告等，对这些警告应做出相应处理。

② 对电脑控制的警告灯(如发动机系统(CHECK ENGINE)警告灯，电子控制自动变速器警告灯“ECT”，电子制动防抱死装置(ABS)警告灯，防撞安全气囊(SRS)警告灯等)应按相应的电脑自诊断方法进行处理。

③ 维修提示警告灯(如更换机油指示灯、正时带更换指示灯、充电指示灯、传感器指示灯)如果亮了，说明要对相应部件进行维修保养，修复后指示灯应熄灭。

课后思考与训练

一、填空题

1. 现代汽车电气设备大致分为三大部分，即________、________和________。

2. 汽车电源系统包括________、________及________。

3. 汽车上用设备包括________、________、________、________、________、________。

4. 起动系统用来起动发动机，主要包括________、________。

二、判断题

1. 拆卸蓄电池时，应先拆下正极电缆；装上蓄电池时，总是最后连接负极电缆。(　)

2. 更换烧坏的熔丝时，如没有相同规格的熔丝，可以用比规定容量大的熔丝来替代。(　)

3. 汽车上由交流发电机发出的是交流电，所以汽车上的用电设备用的是交流电。(　)

4. 汽车上的搭铁可以采用负极搭铁，也可以采用正极搭铁。(　)

三、问答题

1. 电气系统的主要特点有哪些？

2. 试述汽车故障诊断的一般程序？

3. 汽车电气检修注意事项有哪些？

4. 试述汽车电气设备维护与故障判断、排除的基本方法？

任务二　汽车电气基础元件的认识

学习目标

1. 熟悉汽车开关、熔丝、继电器等部件的结构和工作原理。
2. 熟悉汽车电气基础元件的作用。
3. 能对汽车开关、熔丝、继电器等部件进行检测。
4. 掌握安装线束时的注意事项。

情境描述

车间技师在维修一辆桑塔纳轿车时发现前照灯不亮，点火开关接通时前照灯还不亮，要求你配合他对其进行检修。

相关知识

一、保护装置

当电路中流过超过规定的过大电流时，汽车电路保护装置能够切断电路，从而防止烧坏电路连接导线和用电设备。汽车上的保护装置主要有：熔断器、易熔线、断路器和继电器。

1. 熔断器

熔断器在电路中起保护作用。当电路中流过超过规定的电流时，熔断器的熔丝自身发热而熔断，切断电路，防止烧坏电路连接导线和用电设备。熔断器为一次性器件，当需要更换熔断器时，一定要用与原规定相同的熔断器。常见熔断器有熔片式、熔管式、绝缘式、缠丝式和插片式等，如图1-1所示。通常熔断器盒盖上注明各熔断器的名称、额定容量和位置，同时用不同的颜色来区别熔断器的容量。

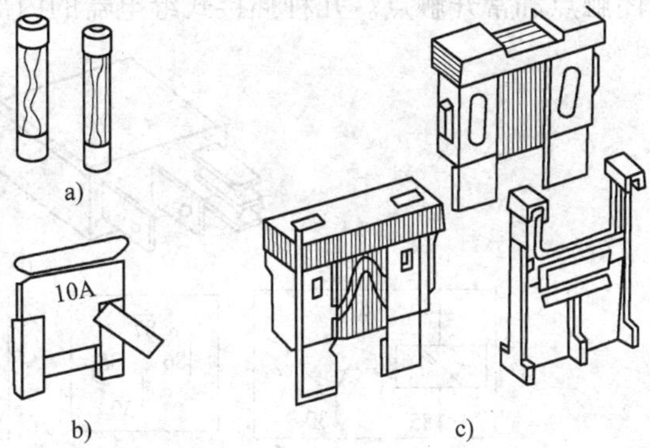

图1-1　常见的熔断器外形

a）熔管式　b）缠丝式　c）插片式

2. 易熔线

易熔线的安装位置接近电源。易熔线是一种截面积一定的、可长时间通过额定电流的铜芯或合金导线。主要用于保护总体电路或较重要电路。若发生过载，易熔线较细的导线将熔断，以在发生损坏前断开电路。

3. 断路器

电路断路器主要用于正常工作时容易过载的电路中，其原理是利用双金属片受热变形使触点分离。按作用形式分非循环式断路器(图1-2)和循环式断路器(图1-3)两类。

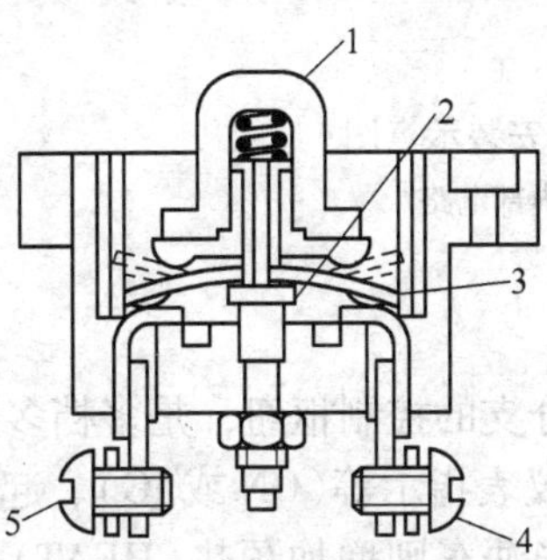

图1-2　非循环式断电器

1—复位按钮　2—双金属片

3—触点　4、5—接线柱

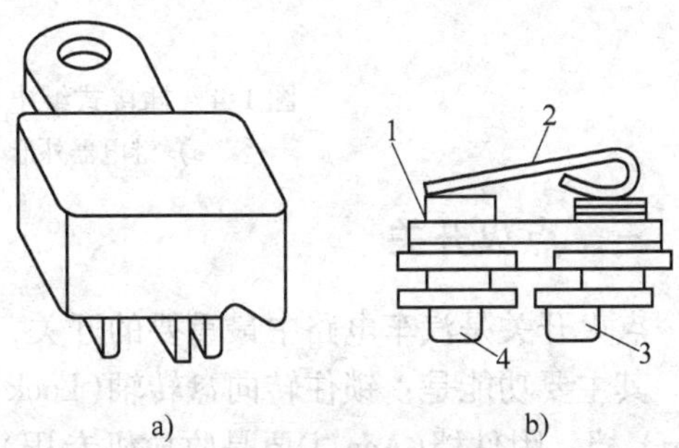

图1-3　循环式断路器

a）外形　b）结构

1—触点　2—双金属片　3、4—接线柱

断路器中包含两种不同金属构成的导电片，在受热后每种金属的膨胀系数不同。当超过一定量的电路流过双金属片时，因为热量的积累，大膨胀系数的金属将产生弯曲，并造成触点断开。因断开电路，没有电流流过，该金属将冷却并收缩，直到触点将电路再次接通。

在实际的运行中，触点断开的速度是很快的。循环式电路断路器持续存在过载，电路断路器将反复循环(断开、闭合)，直到故障排除为止。非循环式断路器在排除故障后，需按下按钮手动复位。

二、继电器

继电器可以实现自动接通或切断一对或多对触点，完成用小电流控制大电流，可以减小控制开关的电流负荷，保护电路中的控制开关。继电器通常分为：常开继电器、常闭继电器、和常开、常闭混合型继电器。

继电器在结构上由一个电磁线圈和一组触点组成，触点可以有一对、两对或多对，分为常闭触点和常开触点。几种插接式继电器的内部结构和安装示意图如图 1-4 所示。

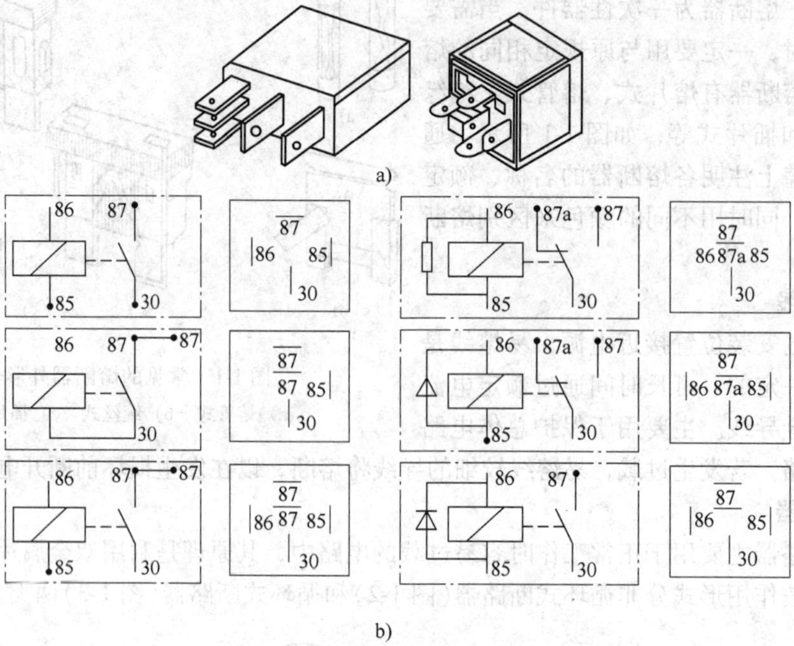

图 1-4　插接式继电器的内部结构和安装示意图

a）继电器外形　b）插脚布置与内部电路

三、点火开关

点火开关是汽车电路中最重要的开关，是各条电路分支的控制枢纽，是多档多接线柱开关。其主要功能是：锁住转向盘转轴(Lock)、接通点火仪表指示等(ON 或 IG)、起动(ST 或 Start) 档、附件档(Acc 主要是收放机专用)，如果用于柴油车则增加预热(HEAT)档。其中起动、预热档因为工作电流很大，开关不应接通过久，所以这两档在操作时必须用手克服弹簧力，扳住钥匙，一松手就弹回点火档，不能自行定位，其他档均可自行定位。点火开关的结构及表示方法如图 1-5 所示。

四、组合开关

组合开关有两种及两种以上的开关集装在一起，可使操纵更加方便。多功能组合开关将照明(前照灯、变光)开关、信号(转向、危险警告、超车)开关、刮水器/洗涤器开关等组合为一体，安装在便于驾驶人操纵的转向柱上。

五、插接器

插接器就是通常说的插头和插座，用于线束与线束或导线与导线间的相互连接。为了防止插接器在汽车行驶过程中脱开，所有的插接器均采用闭锁装置，如图 1-6 所示。

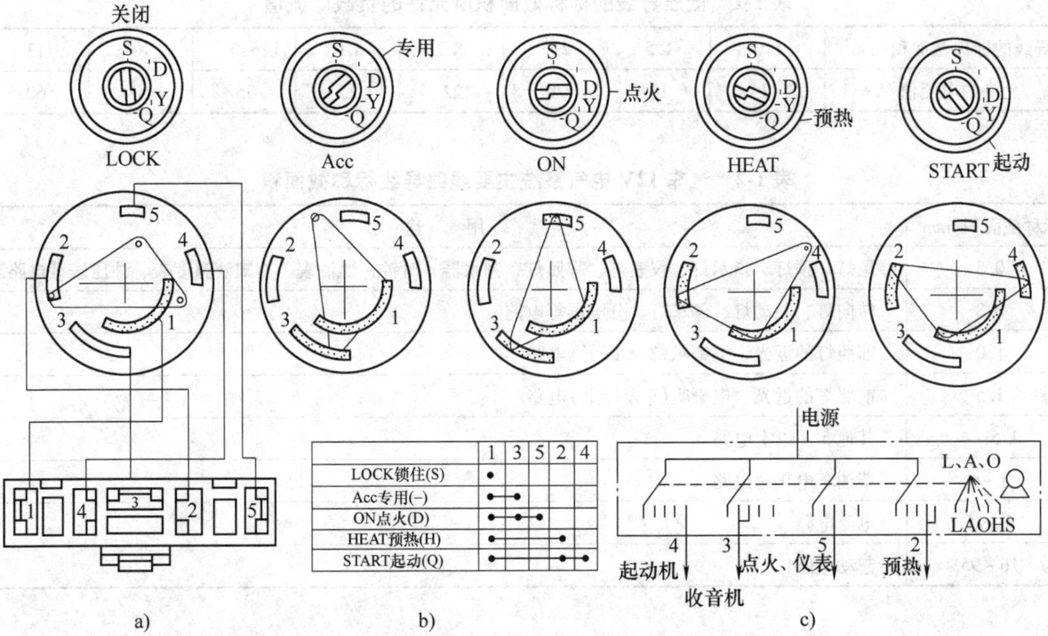

图 1-5　点火开关的结构及表示方法

a）结构图表示法　b）表格表示法　c）图形符号表示法

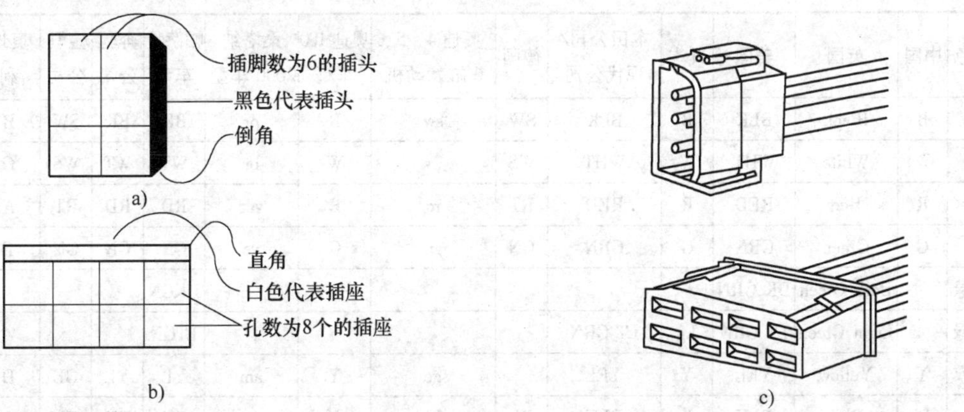

图 1-6　插接器的符号和实物

a）符号　b）符号　c）实物

六、汽车导线与线束

1. 导线

汽车用导线按承受电压的高低可分为高压导线和低压导线。

（1）低压导线

1）导线截面积。导线截面积主要根据用电设备的负载电流大小选择导线的截面积。为保证一定的机械强度，一般低压导线截面积不小于 0.5mm^2。各种低压导线的标称截面积所允许的负载电流值见表 1-1。汽车 12V 电气系统主要线路导线标称截面积见表 1-2。

表 1-1　低压导线的标称截面积所允许的负载电流值

导线的标称截面积/mm^2	1.0	1.5	2.5	3.0	4.0	6.0	10	13
允许的电流值/A	11	14	20	22	25	35	50	60

表 1-2　汽车 12V 电气系统主要线路导线标称截面积

标称截面积/mm^2	用　途
0.5	尾灯、顶灯、指示灯、仪表灯、牌照灯、刮水器、时钟、燃油表、冷却液温度表、油压表等电路
0.8	转向灯、制动灯、停车灯、分电器等电路
1.0	前照灯的近光、电喇叭(3 A 以下)电路
1.5	前照灯的近光、电喇叭(3 A 以上)电路
1.5~4	其他 5 A 以上电路
4~6	柴油车电热塞电路
6~25	电源电路
16~95	起动电路

2）导线颜色。各国汽车厂商在电路图上多以字母(英文字母)表示导线颜色。主要国家汽车制造厂商导线颜色代号见表 1-3。

表 1-3　汽车导线颜色代号

颜色	中国	英国	美国	日本	本田公司/现代公司	德国	奥迪 4、5、6 缸发动机	奥迪 100 车型	桑塔纳 2000 车型	帕萨特车型	奔驰公司	宝马公司	奥地利	法国
黑	B	Black	BLK	B	BLK	SW	sw	B	pr	BK	BK	SW	B	BL
白	W	White	WHT	W	WHT	WS	ws	W	br	WT	WT	WS	C	W
红	R	Red	RED	R	RED	RT	ro	R	vcr	RD	RD	RT	A	R
绿	G	Green	GRN	G	GRN	GN	gn	G	vc	GN	GN	GN	F	GN
深绿		Dark Green	DK GRN							DKGN				
淡绿		Light Green	LT GRN	Lg	LT GRN					LTGN				
黄	Y	Yellow	YEL	Y	YEL		ge	Y	am	YL	YL	GE	D	Y
蓝	Bl	Blue	BLU	L	BLU	BL	bl	U	az	BU	BU	BL	I	BU
淡蓝		Light Blue	LT BLU	Sb	LT BLU					LTBU			K	
深蓝		Dark Blue	DK BLU							DKBU				
粉红	P	Pink	PNK	P	PNK					PK	PK	RS	N	
紫	V	Violet	PPL	PU	PUR	VI	li	P	li	PL(YI)	VI	VI	G	VI
橙	O	Orange	ORN	Or	ORN					OG		OR		
灰	Gr	Grey	GRY	Gr	GRY		gr	S	ci	GY	GY	GR		G
棕	Br	Brown	BRN	Br	BRN	BK	br	N	max	BN	BR	BR	L	
棕褐		Tan	TAN							TN				Br
无色		Clear	CLR							CR				

导线颜色要易于区别，导线上采用条纹标志要对比强烈，双色线的主色占比例大些，辅色占比例小些，主色条纹与辅色条纹沿圆周表面比例为3:1～5:1。双色线标注第一色为主色，第二色为辅色，我国规定汽车导线颜色的选用程序见表1-4。

表1-4　汽车导线颜色的选用程序

选用程序	1	2	3	4	5	6
导线颜色	B	BW	BY	BR		
	W	WR	WB	WB	WY	WG
	R	RW	RB	RY	RG	RBl
	G	GW	GR	GY	GB	GBl
	Y	YR	YB	YG	YB	YW
	Br	BrW	BrR	BrY	BrB	
	Bl	BlW	BlR	BlY	BlB	BlO
	Gr	GR	GrY	GrBL	GrB	GrO

（2）高压导线　在汽车点火线圈至火花塞之间的电路使用高压导线，高压导线分为普通铜芯高压导线和高压阻尼导线，带阻尼的高压导线可抑制和衰减点火系产生的高频电磁波，降低对电控装置和无线设备的干扰。

2. 线束

为使全车线路规整、安装方便及保护导线的绝缘，汽车上的全车线路除高压线、蓄电池电缆和起动机电缆外，一般将同区域的不同规格的导线用薄聚氯乙烯带缠绕包扎成束，称为线束。

同一种车型的线束在制造厂里按车型设计制造好后，用卡簧或绊钉固定在车上的设计位置，其抽头恰好在各电气设备接线柱附近位置，安装时按线号装在其对应的接线柱上。各种车型的线束各不相同，同一车型线束按发动机、底盘和车身分多个线束。

实施及规范

一、安装线束时应注意的事项

1）线束应用卡簧或线卡固定，以免松动磨坏。

2）线束不可接得过紧，尤其在拐弯处更应注意，在绕过锐角或穿过金属孔时，应用橡胶或套管保护，否则容易磨坏线束而发生短路、搭铁，并有烧毁全车线束、酿成火灾的危险。

3）连接电器时，应根据插接器规格以及导线的颜色或接头处套管的颜色，分别接于电器上，若不易辨别导线的头尾时，一般可用试灯区分，不宜用试火法，因为在供电系统中，试火容易烧坏导线。

二、插接器的维修

插接器导线接头常因大气侵蚀或电火花而发生蚀损，因机械振动而使线头断裂。保持接头接触良好，修复损坏线头是线束维修的基本作业。

拆插接器时，需压下闭锁，切不可直接猛拉电线，如图 1-7 所示。若发现插头插座损坏或锈蚀严重，应按图 1-8 所示方法用小螺钉旋具自插口端伸入撬开锁紧环，拉出线头。对锈蚀严重的线头，可用细砂纸打去锈层，若有损坏，应更换插头插座。

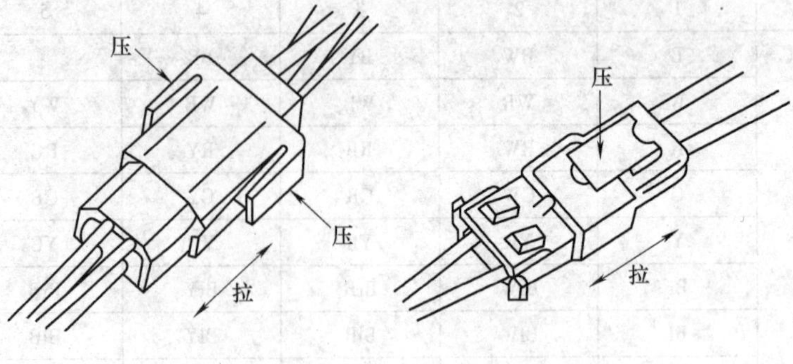

图 1-7　插接器的闭锁装置及拆卸方法

三、开关的检测

将开关拨到相应的位置，用万用表欧姆档检测对应的端子间电阻，接触电阻不能超出范围。

四、熔断器的检查

可用观察法检查，也可用万用表欧姆档测量熔断器是否熔断，如图 1-9 所示。

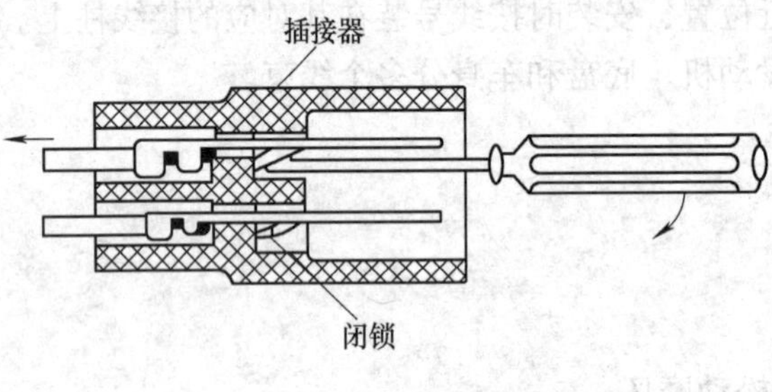

图 1-8　插接器的接头锁紧环拆卸方法

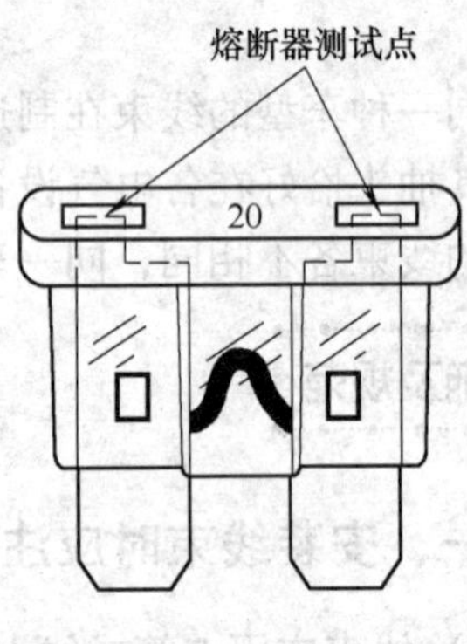

图 1-9　熔断器的检查

五、继电器检测

1. 断路检测

采用万用表测阻法，以图 1-10 所示的继电器为例，用万用表欧姆档检查：如果①脚—②脚通，③脚—④脚通，③脚—⑤脚电阻为∞，则正常，否则有问题。

2. 加电检测

同样见图 1-10，在①脚和②脚之间加 12V 电压，则：③脚—④脚不通，③脚—⑤脚通，为正常。

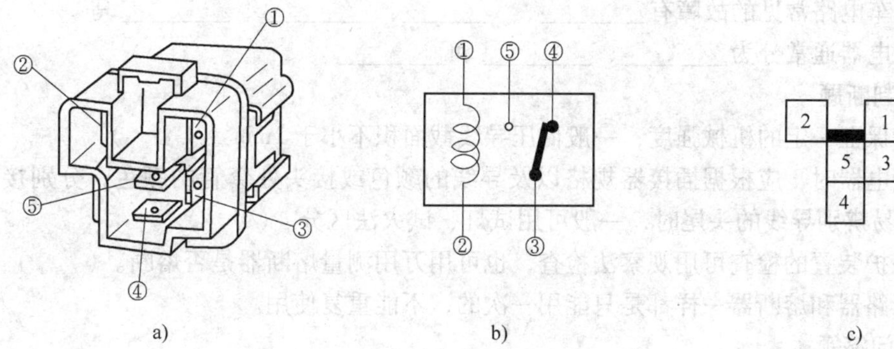

图 1-10　继电器检测

a）继电器外形　b）内部电路　c）插脚布置

六、电路常见故障

汽车电路常见的故障有断路（开路）、短路、搭铁、接触不良等。

1. 断路（开路）故障

线路中本该相连的两点之间断开，电流无法形成回路，使得电气设备无法工作即为断路故障，如图 1-11 所示。

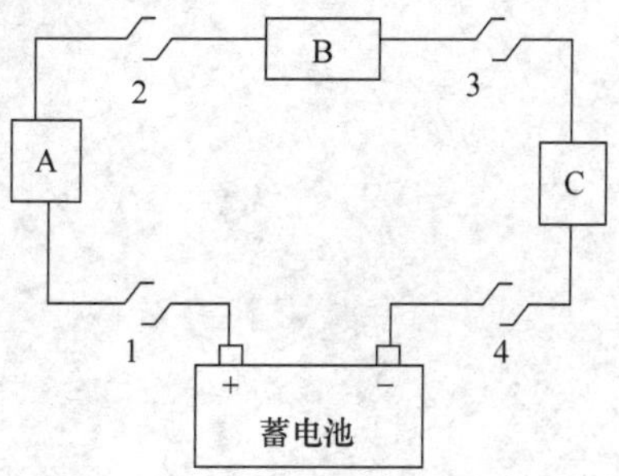

图 1-11　电路断路故障

1～4—断路处

2. 短路故障

线路不该相连的两点之间发生接触，电流绕过部分电气元件，如图 1-12a 所示；或电流被导入到其他电路，如图 1-12b 所示，使得电气设备不能正常工作即为短路故障。搭铁故障也是一种短路故障，如图 1-12c 所示。

3. 接触不良（接触电阻过大）故障

由于磨损、脏污等原因，造成线路中的两点之间接触不实，接触电阻超过了允许范围，使得电气设备工作不可靠或性能下降即为接触不良故障。

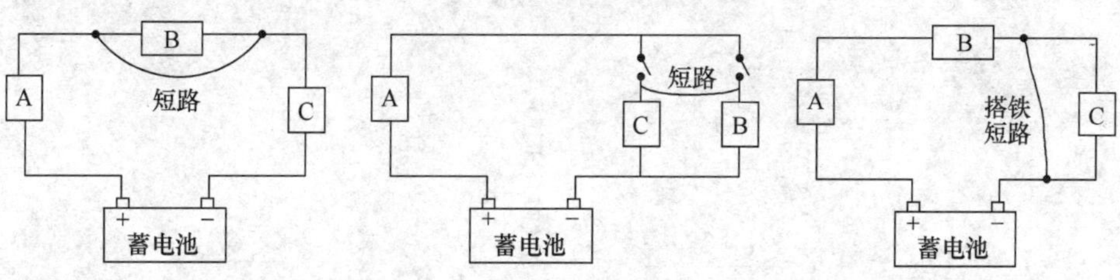

图 1-12　电路短路故障

a）线路不该相连的两点之间发生接触　b）电流被导入到其他电路　c）搭铁故障

课后思考与训练

一、填空题

1. 汽车上的保护装置主要有________、________、________ 和________ 。

2. 汽车电路常见的故障有________、________、________、________ 等。

3. 继电器通常分为________、________ 和________ 。

二、判断题

1. 为保证一定的机械强度，一般低压导线截面积不小于 $1mm^2$。(　　)

2. 接电器时，应根据插接器规格以及导线的颜色或接头处套管的颜色，分别接于电器上，若不易辨别导线的头尾时，一般可用试灯、试火法区分。(　　)

3. 保护装置的检查可用观察法检查，也可用万用测量熔断器是否熔断。(　　)

4. 断路器和熔断器一样都是只能用一次的，不能重复使用。

三、问答题

1. 汽车电路基础元件有哪些？

2. 安装线束时应注意的事项有哪些？

3. 如何对继电器进行检测？

学习情境二

汽车电源系统检修

任务一　蓄电池维护

学习目标

1. 熟悉蓄电池的构造和性能。
2. 了解蓄电池的分类。
3. 能够对蓄电池技术状况进行检查和维护。
4. 掌握蓄电池充电的充电方法。

情境描述

一台汽车停放半年后，不能正常起动发动机。打开汽车前照灯，灯光暗淡；按喇叭，声音微弱沙哑。这表明蓄电池电量不足，应对其进行充电。售后服务经理要求对该车的蓄电池进行充电和维护。

相关知识

一、蓄电池的功用

汽车上装有蓄电池与发电机两个直流电源，全车用电设备均与两电源并联相接。车用蓄电池一般具有如下五个功用：

（1）起动供电　发动机起动时，蓄电池向起动机提供强大的起动电流，同时还向点火系、仪表系供电。

（2）怠速供电　发电机电压较低或不发电、发动机超低速运转或停转时，蓄电池向用电设备供电，同时还向交流发电机励磁绕组供电。

（3）过载供电　当发电机过载时，蓄电池能协助发电机向用电设备供电。

（4）储存电能　发动机高速运转，正常供电的同时，蓄电池将发电机剩余电能转换为化学能储存起来。

（5）充当电容　蓄电池相当于一个大容量的电容器，它不仅能够保持汽车电气系统电压的稳定，还可以吸收电路中出现的瞬时过电压，保护电子元器件。

二、蓄电池的分类

根据电解液的不同，蓄电池可以分为碱性蓄电池和酸性蓄电池两大类。车用蓄电池一般为起动型铅蓄电池，电解液是稀硫酸溶液。根据加工工艺的不同，汽车用铅蓄电池还分为普通型、干荷电型、湿荷电型和免维护型等。干荷电型蓄电池，除具有普通型蓄电池的全部功能外，其主要特点是新的蓄电池内部没有电解液，极板是干的且处于荷电状态，使用时，加足电解液即可，不需进行初充电；湿荷电型蓄电池的极板为荷电状态，内部有少量电解液，大部分电解液被极板和隔板吸收；免维护蓄电池，是在汽车合理使用过程中，不需要添加蒸馏水。

三、普通蓄电池的构造

铅蓄电池主要由正极板、负极板、隔板、电解液、壳体、铅联条、接线柱等部分组成。壳体一般分成三个或六个单格，每个单格注入电解液，插入正、负极板即成为单格电池。每个单格电池的额定电压为2V。目前汽油车普遍采用12V电源，重型柴油车多采用24V电源。蓄电池结构如图2-1所示。

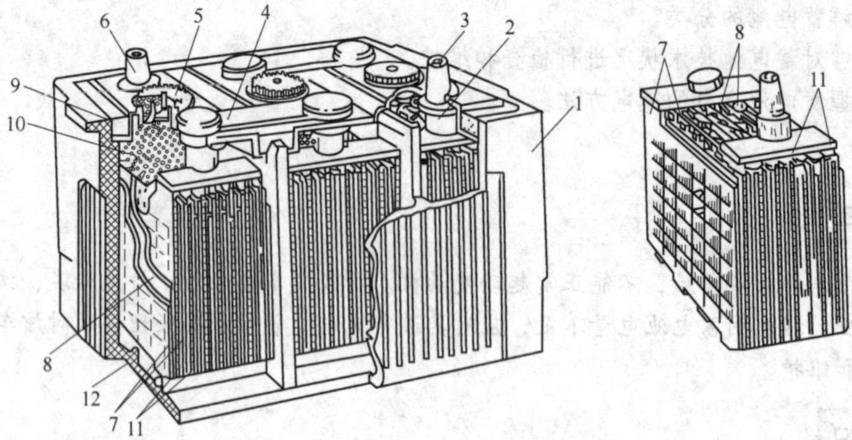

图2-1　蓄电池的结构

1—壳体　2—电极衬套　3—正接线柱　4—联条　5—加液孔螺塞　6—负接线柱　7—负极板　8—隔板　9—封料　10—防护板　11—正极板　12—肋条

1. 极板

极板是蓄电池的核心部分，它由栅架及活性物质组成，如图2-2所示。

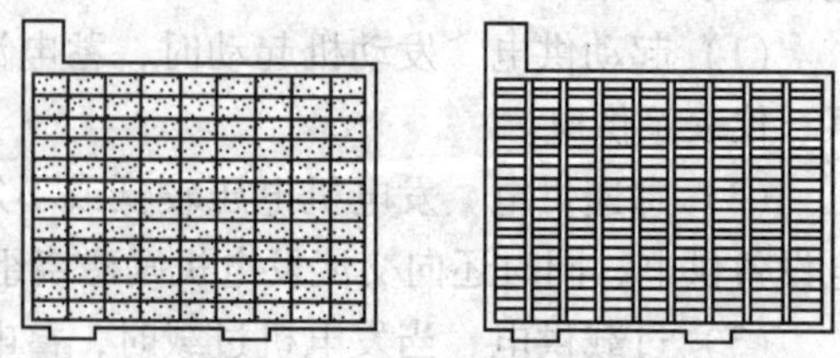

a)　　b)

图2-2　极板和栅架构造图

a）极板　b）栅架

栅架的作用是支撑活性物质并使极板成形，一般由铅锑合金浇铸而成。目前国内外已使用铅锑砷合金作板栅，可以减缓腐蚀速度，提高硬度与机械强度，增强其抗变形能力，延长蓄电池的使用寿命。

活性物质就是极板上的工作物质。正极板上的活性物质为二氧化铅（PbO_2），呈暗棕色；

负极板上的活性物质为海绵状纯铅(Pb)，呈深灰色。

正极活性物质脱落和栅架腐蚀是决定蓄电池使用寿命的主要原因。考虑到使用期限，负极板一般为正极板厚度的70% ~80%。国产普通蓄电池正极板厚度一般为2.2mm，负极板厚度为1.8mm。

将正、负极板各一片浸入电解液中，就可获得约2.1V的电动势。为增大蓄电池容量，可将多片正、负极板分别并联，用横板焊接成正负极板组。正负极板相互交错嵌合，中间插入隔板后装入蓄电池单格内，形成单格电池，如图2-3所示。在每个单格电池中负极板总比正极板多一片。因为正极板活性物质比较疏松，且正极板处的化学反应比负极板上的化学反应剧烈，反应前后活性物质体积变化较大，所以正极板夹在负极板之间，可使其两侧放电均匀，从而减轻正极板的翘曲和活性物质脱落。

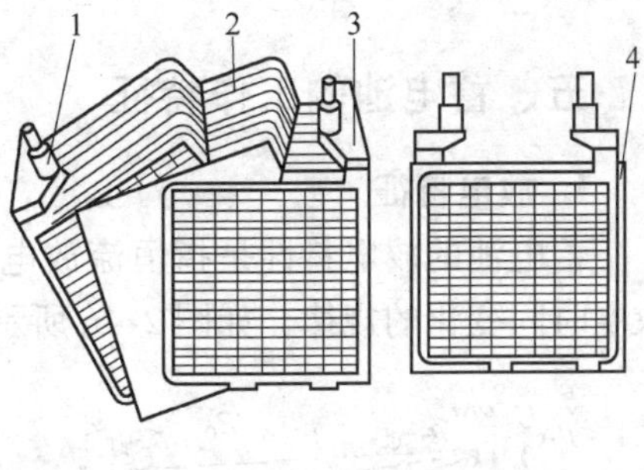

图2-3　装配极板组

1—正极板　2、4—隔板　3—负极板

2. 隔板

隔板为一厚度小于1.0mm的长方形薄片，其长和宽均比极板略大一点。隔板的材料应具有多孔性和渗透性，且化学性质较稳定，具有良好的耐酸性和抗氧化性。隔板的作用是使正、负极板尽量地靠近而不至于短路，缩小蓄电池的体积，防止极板变形和活性物质脱落。

3. 电解液

电解液是由密度为1.84g/cm^{3}的纯硫酸和蒸馏水按一定比例配制而成的混合液。其相对密度随使用地区温度的不同而进行选配。在20℃标准温度下，电解液的密度一般为1.24 ~ 1.31g/cm^3。

4. 壳体

壳体由电池槽和盖组成，用来盛装电解溶液和极板组，使铅蓄电池构成一个整体。常用的材料有硬橡胶和塑料两种。壳体为整体式结构，壳内由间壁分成三个或六个互不相通的单格，底部制有凸筋用来支持极板组。凸筋之间的空隙可以积存极板脱落的活性物质，避免正负极板短路。在蓄电池盖上对应于每个单格的顶部都有一个加液孔，可以用来检查液面高度和测量电解液的相对密度，加液孔平时用加液孔盖拧紧。加液孔盖中心的通气孔应保持畅通。使蓄电池化学反应放出的气体随时逸出。

5. 铅联条

联条的作用是将单格电池串联起来，提高整个铅蓄电池的端电压。普通电池联条也由铅锑合金浇铸而成，硬橡胶外壳电池的联条位于电池小盖上方。塑料外壳蓄电池则采用穿壁式联条。

6. 接线柱

普通蓄电池在首尾两极板组的横板上焊有接线柱，接线柱分锥形、L型、侧孔型三种。

四、蓄电池充放电原理

蓄电池的工作过程就是化学能与电能的转化过程。放电时将化学能转化为电能供用电设备使用；充电时将电能转换为化学能储存起来。蓄电池中正极板上的活性物质是PbO_2，负极板上活性物质是Pb，电解液为H_2SO_4的水溶液。蓄电池放电时，正极板上的PbO_2和负极板上的 Pb 都变成 $PbSO_4$，电解液中的 H_2SO_4 减少，密度下降。蓄电池充电时，则按相反的方向变化，正极板上的 $PbSO_4$ 恢复成 PbO_2，负极板上的 $PbSO_4$ 恢复成 Pb，电解液中的 H_2SO_4增加，密度增大。化学方程式为

$$PbO_2 + 2H_2SO_4 + Pb \underset{\text{充电}}{\overset{\text{放电}}{\rightleftharpoons}} 2PbSO_4 + 2H_2O \tag{2-1}$$

五、蓄电池的工作特征

1. 放电特征

蓄电池的放电特性是指恒流放电时，蓄电池端电压 U_f、电动势 E 和电解液密度 $\rho_{25℃}$ 随放电时间变化的规律，如图 2-4a 所示。

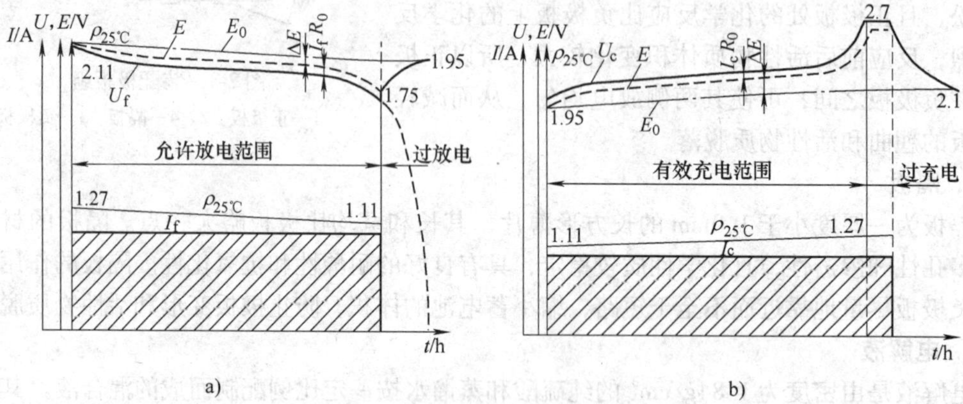

图 2-4　蓄电池充放电特性

a）20h 放电率的放电特性曲线　b）蓄电池的充电特性曲线

放电时，由于蓄电池内阻的影响，蓄电池端电压 U_f 低于其电动势 E，即

$$U_f = E - I_f R_0 \tag{2-2}$$

当 U_f 从 2. 1V 降到 1. 85V 再降到 1. 75V 时，立即停止放电。放电停止后，U_f 上到 1. 95V。一般来说，电解液密度每下降 0. 04g / cm^3，蓄电池放电量大约为额定容量的 25%。

蓄电池放电终了的特征如下：

1）单格电池电压下降至放电终止电压，以 20h 放电率放电，单格电池电压降至 1. 75V。

2）电解液密度下降至最小的许可值，大约为 1. 11g / cm^3。

2. 充电特征

蓄电池充电特性是指以恒电流充电时，蓄电池充电电压、电动势 E 及电解液密度 $\rho_{25℃}$ 等随充电时间变化的规律，如图 2-4b 所示。

一个完全放电的蓄电池，单格电压只有 1. 95V，电解液密度只有 1. 11g/cm^3。在充电过程中，电解液密度随时间变化是逐渐上升的。其端电压变化是：开始充电时，上升迅速，然后缓慢上升至 2. 4V，蓄电池基本充足，电解液开始冒气泡。若继续充电，则电压急剧上升至 2. 7V，电解液密度上升至 1. 27，并激烈地冒气泡，呈“沸腾”状态。若停止充电，则端电压将下降至 2. 1V。

当蓄电池单格电池电压达到 2. 3 ~ 2. 4V 时，极板上 $PbSO_4$已基本被还原成活性物质，这时充电接近终了。

当单格电池电压升至 2.7V 时，继续充电 2～3h，以保证蓄电池完全充电。

充电停止后，附加电位消失，单格电池电压又迅速降至 2.1V 左右。

蓄电池充电终了的特征是：

1）蓄电池的端电压上升至最大值（单个电池电压为 2.7V），且 2h 内不再变化。

2）电解液的密度上升至最大值，且 2h 内基本不变。

3）蓄电池剧烈地放出大量气泡，电解液“沸腾”。

六、蓄电池的技术参数

蓄电池的容量是蓄电池的主要性能参数，标志着蓄电池的对外供电能力。蓄电池的容量是指在放电允许的范围内，蓄电池输出的电量，称为容量，用 C 表示。

$$C = I_f t_f \tag{2-3}$$

式中　C——蓄电池的容量，单位为 A·h；

I_f——放电电流，单位为 A；

t_f——是放电时间，单位为 h。

蓄电池的容量与放电电流的大小以及电解液的温度有关，蓄电池出厂时规定的额定容量是在一定的放电电流、一定的终止电压和一定的电解液温度下测得的。

1. 额定容量

额定容量 C_e 是检验蓄电池质量的重要指标之一。根据国标 GB5008.1－2005 标准规定，将充足电的蓄电池，以 20h 放电率的放电电流（即 $C/20$A），在电解液初始温度为（25±5）℃，密度为（1.28±0.01）g/cm³（25℃）的条件下，连续放电到规定的单格终止电压 1.75V，蓄电池所输出的电量，称为蓄电池的额定容量，记为 C_{20}，单位为 A·h。有的国外蓄电池标号上出现 20HR，指的是 20h 放电率，H 是 Hour（小时），R 是 Rate（比率）。

例如，6－QA－60 型蓄电池，在电解液初始温度为 25℃时，以 3A 的放电电流持续放电 20h，单格电压降到 1.75V，其额定容量则为：$C_{20}=3\text{A}\times 2\text{h}=60\text{A}\cdot\text{h}$。

2. 起动容量

起动容量表示蓄电池在发动机电力起动时的供电能力，用倍率和持续时间表示。起动容量有两种规定：常温起动容量和低温起动容量。

（1）常温起动容量　电解液在 30℃时，以 3 倍额定容量的电流持续放电至终止电压（12V 蓄电池为 9V，6V 蓄电池为 4.5V）所放出的电量称为常温起动容量（持续时间应在 5min 以上）。

例如，对于 6－Q－100 型蓄电池，$C_{20}=100\text{A}\cdot\text{h}$，在电解液初始温度为 25℃时，以 $3C_{20}$A（3×100A＝300A）的电流放电 5min，单格电池电压降至 1.5V，蓄电池端电压降至 9V（1.5V×6＝9V），其起动容量为：（300×5/60）A·h＝25A·h。

（2）低温起动容量　电解液在－18℃时，以 3 倍额定容量的电流持续放电至终止电压（12V 蓄电池为 6V，6V 蓄电池为 3V）所放出的电量称为低温起动容量（持续时间应在 2.5min 以上）。

3. 储备容量

储备容量（RC—reserve capacity）表示在汽车充电系统失效时，蓄电池能为照明和点火系等用电设备提供 25A 恒流的能力。根据国标 GB5008.1—2005 标准规定，蓄电池在（25±5）℃的条件下，以 25A 的额定电流恒流放电至单格终止电压 1.75V（整个电池终止电压为

10.5V)时的放电时间，称为蓄电池的储备容量，单位为min。

4. 冷起动电流

冷起动电流(CCA—cold cranking amperage)通常规定在0℉(-18℃)时，蓄电池30s持续放电至端电压为7.2V时所能提供的电流，是蓄电池对于低温起动性能的表现。蓄电池制造时根据使用地区环境温度不同，有提高耐热性或者提高耐寒性的设计，一般为热带地区设计的蓄电池CCA值低，寒冷地区设计的蓄电池CCA值高。为寒冷地区设计的蓄电池在热带地区使用寿命会缩短。选择蓄电池要根据当地的温度去选CCA值适当的蓄电池，如当地温度就要用CCA值低的产品，因为蓄电池对温度很敏感，一般以温度25℃为基准，温度上升10℃，寿命就会缩短一半。

七、蓄电池的型号

有关蓄电池型号的规定，全世界不同的地域有多个标准，最常见的有中国的国标(GB)、美国汽车工程师学会标准(SAE)，日本工业标准(JIS)、德国标准化学会标准(DIN)和欧洲标准(EN)等。

虽然不同标准的规定方法不同，但其主要内容都包含蓄电池额定电压、额定容量、冷起动电流以及类型、储备容量等。如有的蓄电池上面写着CCA：700；CA：875；RC：106，表示冷起动电流700A；起动电流875A；储备容量106min；也有一些合资品牌蓄电池上同时标注GB和DIN或EN标准型号，如6-QA-180，12V 180Ah 540(EN)，表示额定电压12V，额定容量180Ah，冷起动电流540A。

在这里简要介绍中国的国标(GB)和欧洲标准(EN)其蓄电池型号的含义。

(1) 国产蓄电池型号的编制和含义

1		2		3		4		5
串联的单格电池数	—	蓄电池类型	—	蓄电池特征	—	额定容量	—	特定性能

1) 第1部分表示串联的单格电池数，用阿拉伯数字组成，蓄电池的标准电压是该数字的2倍。

2) 第2部分表示蓄电池的类型，根据其主要用途来划分，用汉语拼音字母表示。第一个字母为“Q”表示起动型铅蓄电池，摩托车用蓄电池代号为“M”。

3) 第3部分表示蓄电池的特征，为极板类型，用汉语拼音字母表示，具体见表2-1。

4) 第4部分表示蓄电池的额定容量，用阿拉伯数字组成。

5) 第5部分是蓄电池的特殊性能，用汉语拼音字母表示，如：“G”表示高起动率；“S”表示塑料槽；“D”表示低温起动性好；省略表示普通型蓄电池。

表2-1 产品特征代号

序号	产品特征	代号	序号	产品特征	代号	序号	产品特征	代号	序号	产品特征	代号
1	干荷电	A	4	少维护	S	7	半密闭式	B	10	激活式	I
2	湿荷电	H	5	防酸式	F	8	液密式	Y	11	带液式	D
3	免维护	W	6	密闭式	M	9	气密式	Q	12	胶质电解液	J

例如：

① 6—QA—100S：表示由 6 个单格串联而成，标准电压为 12V，额定容量 100A · h 的干荷电式蓄电池，它采用了塑料整体式外壳。

② 6—QA—100：表示该电池由六个单元格串联组成，即额定电压为 12V，额定容量为 100A · h 的干荷电式起动型蓄电池。

③ 3—Q—90：表示该蓄电池由三个单格组成，额定电压为 6V，额定容量为 90A · h 的起动型蓄电池。

④ 6—QA—105G：由六个单格串联，额定电压为 12V，额定容量为 105A · h 的起动用干荷电高起动率蓄电池。

（2）欧洲标准蓄电池型号的编制和含义

1	2	3	4
蓄电池电压	蓄电池额定容量	顺序号	1/10 冷起动电流

例如：544 059 036，其含义如下：

544　059　036

5 表示额定电压（1 ~ 4 表示为 6V；5 ~ 7 表示为 12V）

44 表示额定容量（以 20h 放电率的容量，如容量大于 100A · h 时则首字母加 1 由 5 变为 6）

059 为顺序号

036 表示根据 EN 标准的 1/10 冷起动测试电流，该电流为 360A

虽然不同厂家生产的蓄电池的型号适用的标准不同，但是只要关键技术参数、类型和尺寸合适，是可以互相替代使用的。如 GB 6-QA-210 型号的蓄电池与 DIN 或 EN 标准型号 710 014 054的蓄电池相比，它们的额定电压都为 12V，额定容量都为 210A · h。

八、免维护蓄电池

普通的蓄电池虽然具有内阻小、起动输出电流大、电压稳定、工艺简单、造价低廉等优点，但由于其自行放电较严重、失水量大、极柱腐蚀严重，使用寿命短等先天性不足，需要在使用过程中经常或定期的进行维护。为了避免或减少这些既要与硫酸接触，又使驾驶人和修理工非常烦恼的工作，免维护蓄电池应运而生。免维护蓄电池，也叫 MF 蓄电池，是现代汽车上广泛使用的一种新型蓄电池，其结构如图 2-5 所示。

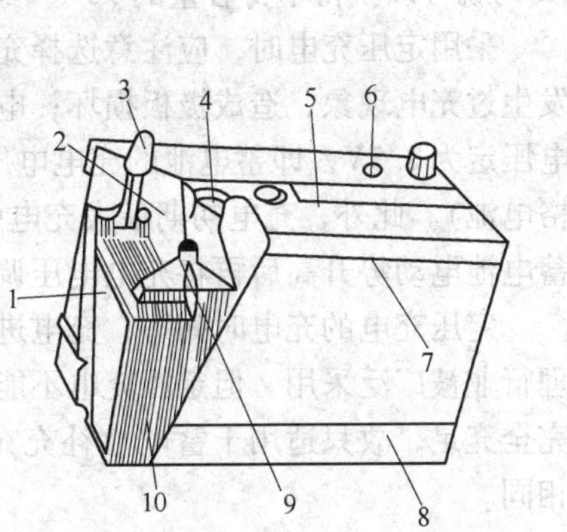

图 2-5　免维护铅蓄电池的构造

1—极板组　2—极板上部　3—压铸成形密封式极桩　4—安全通气装置　5—盖总成　6—内装液体密度计　7—外壳与盖连接处　8—外壳　9—穿壁式单格电池联条　10—袋式隔板

免维护蓄电池在合理的使用期限内无需添加蒸馏水，只要电池装好就行了。在使用过程中不需做任何维护或只需较少的维护工作，即能保证蓄电池的技术状况良好和一定的使用寿命，是一种先进的新型汽车电源。免维护蓄电池的主要缺点是极板制造工艺复杂，价格高。

免维护铅蓄电池的使用特性如下：

1）使用中不需要加水，减少了维护工作。

2）自放电少，寿命长。一般使用寿命在4年左右，为普通蓄电池的2~3倍。

3）接线柱腐蚀较小。免维护蓄电池电池盖上设有安全通气装置，可阻止水蒸气和硫酸气体的通过，减少电解液的消耗，并能减弱电极柱和附近机件的腐蚀。

4）内阻小，起动性能好。

5）耐过充电性能好。

实施及规范

一、蓄电池的充电

1. 充电方法

（1）定流充电　蓄电池在充电过程中，充电电流保持一定的充电方法称为定流充电。由于充电过程中蓄电池电动势随充电时间的增加而升高，因此，定流充电过程需逐步提高充电电压。当单格电池电压上升至2.4V，电解液开始有气泡冒出时，应将电流减半，直至完全充足电为止。采用定流充电时，6V与12V的蓄电池可以串联在一起同时充电。所串联的蓄电池最好与剩余容量相接近，否则充电电流的大小必须按容量最小的来选定，大小为Q_{20}的1/15~1/10，而容量大的蓄电池可能充电不足或者充电太慢。

定流充电有较大的适应性，可以任意选择和调整充电电流，因此可以对各种不同情况及状态的蓄电池充电。例如，新蓄电池的初充电，使用中的蓄电池补充充电，去硫充电等。定流充电的不足之处在于需要经常调节充电电流，充电时间长。

（2）定压充电　蓄电池在充电过程中，电源电压保持不变的充电方法称为定压充电。定压充电开始时，充电电流很大，随蓄电池的电动势不断提高，充电电流逐渐减小。在4~5h内就可以获得本身容量的90%~95%，因而可以大大缩短充电时间。

采用定压充电时，应注意选择充电电压。电压选择过高会造成充电初期充电电流过大和发生过充电现象，造成极板损坏；电压选择过低则会使蓄电池充电不足。一般单格电池充电电压定为2.5V，即蓄电池的充电电压应为(14.80±0.05)V(6格电池)或(7.40±0.05)V(3格电池)。此外，充电初期最大充电电流不应超过0.3 Q_{20}A，否则应适当调低充电电压，待蓄电池电动势升高后再将充电电压调整到规定值。

定压充电的充电时间短，充电进行中不需要人照管，适用于蓄电池补充充电，在汽车修理行业被广泛采用。但定压充电不能调整充电电流的大小，所以适应性较小且不能将蓄电池完全充足，故只适用于蓄电池补充充电。定压充电要求所有参与充电的蓄电池的电压完全相同。

（3）快速充电　采用快速充电，新蓄电池初充电不超过5h，补充充电只需要0.5~1.5h，大大缩短了充电时间，提高了效率。目前采用的快速充电方法有脉冲快速充电法和大电流递减充电法。

快速充电具有充电时间短、空气污染小、省电节能的优点，因此一般在蓄电池集中、充电频繁的场合或应急部门使用快速充电。但其输出容量较低，能量转换效率也较低，不能将蓄电池完全充足，且对蓄电池的寿命有不利的影响。因此，在正常情况下，应按蓄电池生产厂提供的规定电流值进行初充电或补充充电，在特殊情况下才采用快速充电。

2. 充电种类

蓄电池充电可分为初充电、补充充电、去硫化充电、预防硫化过充电等。

(1) 初充电　新蓄电池或更换极板后的蓄电池在使用之前的首次充电，目的是为了恢复极板上部分活性物质因缓慢硫化和自行放电而失去的电量。初充电电流小、充电时间长，电化学反应充分。初充电必须彻底充足。第一阶段充电电流约为额定容量的 1/15，充电至电解液中逸出气泡，单格电压达到 2.4V 时为止。第二阶段充电电流减半，充电至电解液沸腾，密度和端电压连续 3h 不变时为止。

(2) 补充充电　如果电解液密度下降到 $1.150g/cm^3$ 以下，或单格电池电压下降到 1.75V 以下，或冬季放电超过 25%，夏季放电超过 50%，或前照灯灯光比平时暗淡，或起动无力，则必须进行补充充电。

补充充电可采用定流充电，也可采用定压充电。若采用定流充电方法，其充电过程与初充电相似，但充电电流可以略大一些。第一阶段的充电电流为额定容量的 1/10，充电至单格电池电压达到 2.4V 时电流减半，直至充足。

若采用定压充电，其充电方法如下：

1) 将蓄电池与充电电源连接。

2) 将电压调至规定值，观察充电电流，如果电流超过 $0.3C_{20}$ A，应适当降低电压、待蓄电池电动势升高后再将电压调至规定值。

3) 充电电流在连续 2h 内变化不大于 0.1A，且电解液密度无明显变化，则可以认为充电结束。

3. 蓄电池充电注意事项

1) 严格遵守各种充电方法的充电规范。

2) 将充电机与蓄电池连接时，要注意极性。

3) 在充电机工作时，不要连接或脱开充电机引线。

4) 在充电过程中，要注意电压和电解液密度。

5) 在充电过程中，要注意各个单格电池的温升。

6) 充电时打开蓄电池加液孔盖，使气体顺利逸出。

7) 通风要好，严禁在附近产生电火花、明火和吸烟。

8) 充电时导线必须连接可靠。

二、蓄电池的检查

1. 分辨蓄电池正和负接线柱

拆装蓄电池时需要分辨蓄电池的正、负接线柱，一般有以下几种方法：

(1) 根据蓄电池上正和负标记识别　蓄电池上铸有“+”(或 P)的接线柱为正接线柱，有“-”(或 N)的接线柱为负接线柱。

(2) 根据蓄电池接线柱所涂颜色分别　蓄电池正接线柱涂红漆，负接线柱涂黑漆。

(3) 对于没有正、负接线柱标记又没有涂颜色的蓄电池可采用下面几种方法

1) 看接线柱的粗细，粗一些的锥形接线柱为正极，细一些的为负极。

2）看接线柱的自然颜色，呈深褐色的为正接线柱，浅灰色的为负接线柱。

3）看接线柱的表面硬度，用旋具在接线柱表面轻划，较坚硬的为正接线柱，反之为负接线柱。

4）用万用表检测。有的蓄电池没有任何标记，或者蓄电池使用长久、标记被腐蚀损坏造成辨别不清。把万用表置直流电压20V档，红表棒与黑表棒分别接触蓄电池的两个极桩，如果显示的数值是“+”值，则红表棒接触的是正极，黑表棒接触的是负极，如果显示的数值是“-”值，则红表棒接触的是负极，黑表棒接触的是正极。

2. 蓄电池的外观检测

使用蓄电池之前需要对蓄电池的外观进行检测，看是否有容器破裂、接线柱腐蚀等状况。

3. 电解液液面高度的检查

一般汽车行驶1000km，冬季行驶10~15天，夏季行驶6天，应检查蓄电池液面高度。电解液液面高度应高出极板10~15mm。

电解液不足应及时添加蒸馏水，如果是因为电解液溅出而导致液面降低的，应该补加相应密度的电解液，并重新充电调整。电解液液面高度的检查方法如下：

（1）用玻璃管测量法　用玻璃管测量法测量电解液液面高度，如图2-6所示。

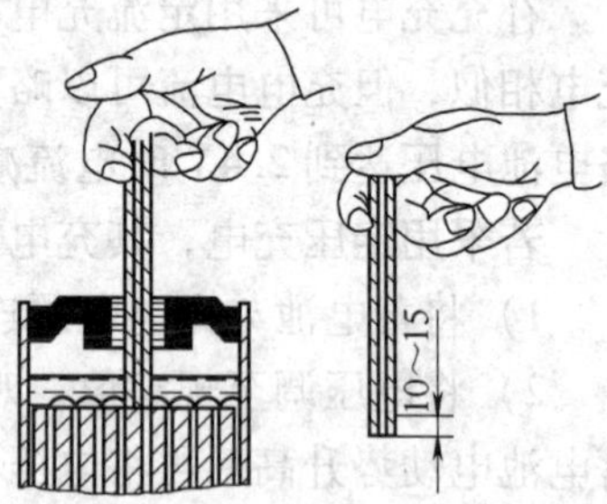

图2-6　电解液液面高度的测量

1）用一空心玻璃管插入蓄电池电解液内极板的上平面处。

2）玻璃管内的电解液与蓄电池液面同高，用大拇指按玻璃管上端，使管口密封。

3）提起玻璃管，玻璃管内的液面高度即为蓄电池电解液液面高度。

（2）观察液面高度指示线法　透明塑料容器的蓄电池，容器壳体上刻有两条指示线，指示最高液面和最低液面。正常液面高度应介于两线之间，低于中线则为液面偏低，应添加蒸馏水。

（3）从加液孔观察判断法　部分进口轿车在电解液加液孔内侧的标准液面位置处开有方视孔，用于检视液面高度，若液面在方孔下面为液面偏低；正好与方孔平齐时为标准；液面高于方孔为偏多。

当电解液液面低于标准时，应及时补充蒸馏水，不能加注冷开水、自来水、河水及其他质地的水。除确知液面降低是由电解液溅出所致外，不允许补充硫酸溶液。这是因为电解液液面正常降低是由电解液中的蒸馏水电解和蒸发所致。

4. 蓄电池电解液密度的测量

电解液密度的大小，是判断蓄电池容量的重要标志。测量蓄电池电解液密度时，蓄电池应处于稳定状态。蓄电池充、放电或加注蒸馏水后，应静置半小时后再测量。

（1）非密封式蓄电池电解液密度的测量　对于非密封式蓄电池，可用吸管式密度计进行测量电解液密度，其过程如图2-7所示。电解液的密度大小是判断蓄电池容量的重要标志，电解液的正常密度见表2-2。

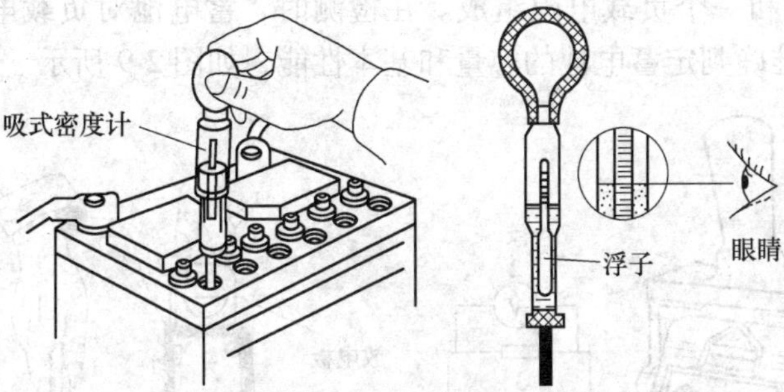

图 2-7　吸管式密度计测量电解液密度

表 2-2　电解液密度　（单位：g/cm^3）

气　温	充足电时电解液密度	放电时电解液密度			
		放电 25%	放电 50%	放电 75%	全放电
冬季气温低于 -40℃地区	1.31	1.27	1.23	1.19	1.15
冬季气温高于 -40℃地区	1.29	1.25	1.21	1.17	1.13
冬季气温高于 -20℃地区	1.27	1.23	1.19	1.15	1.11
冬季气温高于 0℃地区	1.24	1.20	1.16	1.12	1.09

（2）有内置式密度计的免维护蓄电池电解液密度的测量　对于密封式的免维护蓄电池，特殊的温度补偿密度计如图 2-8 所示。密度计上部有一个透明玻璃棒，棒下连接一个小盒，盒子内部有一个绿色小球，当电解液的密度约为蓄电池额定容电 65% 时，绿色小球就会浮起，升至小盒顶端，顶住玻璃球下端，可以看见密度计的中央出现一个小绿点。检测时，如果看到绿点，说明蓄电池的电量已经很足。如果看不到绿点或只是一片黑色，说明需要给蓄电池充电。

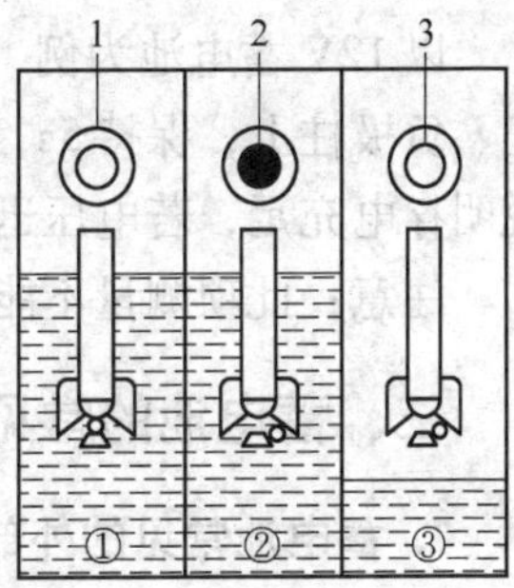

图 2-8　蓄电池技术状态指示器结构原理
1—绿色　2—暗黑　3—无色透明

还有一些内置式密度计用红色标记表示警告标记，一旦出现红色标记，说明蓄电池已经彻底放电，使用前必须充电。

（3）无内置式密度计的免维护蓄电池电解液密度的测量　对于没有内置式密度计的免维护蓄电池，可以通过测量它的静止电动势来判断蓄电池的状态。如果蓄电池刚充过电或者汽车刚行驶过，应该接通前照灯 30s，消除表面充电现象。然后熄灭前照灯，切断所有负载，用万用表测量蓄电池的静止电动势与蓄电池的存电状态之间的关系，其标准值见表 2-3。

表 2-3　蓄电池静止电动势与蓄电池的存电状态之间的关系

存电状态(%)	100	75	50	25	0
静止电动势/V	12.6 以上	12.4	12.2	12	11.9 以下

5. 用高率放电计测试放电程度

高率放电计能模拟起动机工作状态检测蓄电池容量，是目前普遍使用的蓄电池检测仪表。它由一只电压表和一个负载电阻组成。在检测时，蓄电池对负载电阻的放电电流可达100A以上，能比较准确判定蓄电池的容量和基本性能，如图2-9所示。

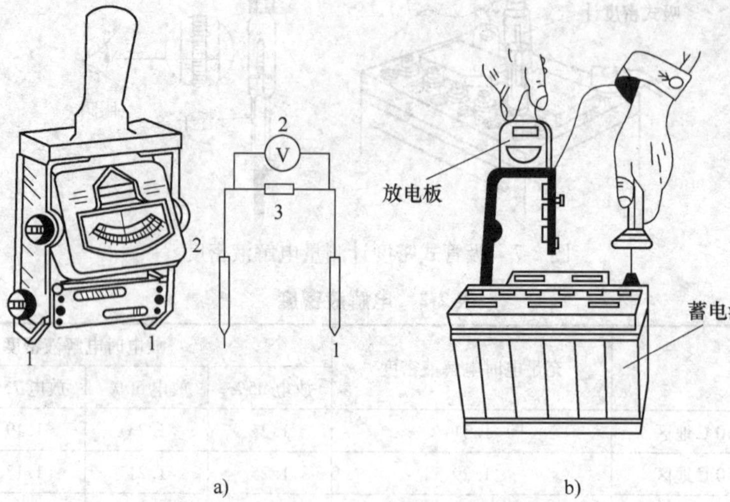

图2-9　高率放电计测量蓄电池放电程度

a）高率放电计　b）用高率放电计测量蓄电池放电

1—放电叉　2—电压表　3—放电电阻

以12V蓄电池为例，使用方法如下：将高率放电计的正、负放电针分别压在蓄电池的正、负极柱上，保持5s，若电压保持在9.6V以上，说明性能良好，若稳定在10.6~11.6V，说明存电充足，若电压迅速下降，说明蓄电池已经损坏。

注意：此项测量不能连续进行，必须间隔1min后才可以再次检测，以防止蓄电池损坏。

三、蓄电池的常见故障及其排除方法

1. 蓄电池常见的外部故障

（1）容器破裂　蓄电池容器大多由硬橡胶或塑料制成，其质地硬脆。检测时可以根据电池电解液液面高度以及电池底部的潮湿情况来判断容器是否有裂纹存在。容器的裂纹一般在其上靠近死角处。蓄电池容器裂纹轻者可修补，重者应更换。

（2）封口胶破裂　封口胶因质量低劣或受撞击容易造成破裂。封口胶破裂，电解液从裂缝中渗出，与杂质或脏物混合会造成短路现象，引起自行放电。封口胶轻微裂缝，可清洁干燥后，用喷灯在裂纹处烤热熔封。严重者可把封口胶清除干净，重新封口。

（3）极柱螺栓和螺母腐蚀　当蓄电池的接线柱腐蚀产生污物，可用竹片将污物刮去，用蘸有质量分数5%的碱溶液的抹布擦去残余的污物和酸液，再用水清洗干净，最后在接线柱表面涂上凡士林保护。严重的腐蚀应更换接线柱螺母和螺栓。

（4）蓄电池爆炸　蓄电池充电后期，电解液中的水会分解成氢气和氧气。如果氢气和氧气不及时逸出，遇到明火接触即迅速燃烧，从而引起爆炸。因此，为了防止蓄电池产生爆炸事故，必须使蓄电池加液孔螺塞的通气孔保持通畅，严禁蓄电池周围有明火，蓄电池内部的连接处的焊接要可靠，以免松动引起火花。

2. 蓄电池常见的内部故障

（1）极板硫化 蓄电池长期充电不足或放电后长时间未充电，极板上会生成一层白色的粗晶粒硫酸铅，正常充电时不能转化为二氧化铅和海绵状纯铅，这种现象称为“硫酸铅硬化”，简称“硫化”。

这种粗而坚硬的硫酸铅晶体导电性差、体积大，会堵塞活性物质的孔隙，阻碍了电解液的渗透和扩散，使蓄电池的内阻增加，起动时不能供给大的起动电流，甚至不能起动发动机。

造成极板硫化的原因如下：

1）充电不足的蓄电池长期放置时，温升时，极板上一部分硫酸铅溶于电解液中；温降时，溶解度随之减小，部分硫酸铅再结晶成粗大颗粒的硫酸铅附在极板上，使之硫化。

2）电池内液面过低，极板上部与空气接触而氧化(主要是负极板)。

3）电解液密度过大或不纯，气温变化大都能使极板硫化。

补救办法：当硫化不严重时，可采用去硫充电法进行充电。当硫化严重时，应予以报废。

（2）自行放电 蓄电池自行放电的原因如下：

1）电解液不纯，杂质与极板之间以及沉附于极板上的不同杂质之间形成电位差，通过电解液产生局部放电。

2）电池溢出的电解液堆积在盖板上，使正负极桩形成通路。

3）极板活性物质脱落，下部沉淀物过多使极板短路。

4）蓄电池长期放置不用，硫酸下沉，下部密度比上部大，极板上下部发生电位差引起自行放电等。发生自放电故障后，应倒出电解液，取出极板组，抽出隔板，再用蒸馏水冲洗极板和隔板，然后重新组装，加入新的电解液重新充电。

（3）极板短路 极板损坏、极板拱曲变形或活性物质大量脱落都会造成极板短路。

极板短路的外部特征是充电电压低，密度上升很慢，充电中气泡很少，而且用高率放电计测试时，单格电池电压很低或者为零。

对于短路的蓄电池必须拆开，查明原因并进行故障排除。

（4）极板活性物质脱落 负极板上活性物质脱落的主要原因是大电流过充电，产生大量的氢气和氧气，当氢气从负极板的孔隙向外冲出时，会使活性物质脱落。汽车行驶中的颠簸振动，也会加速活性物质的脱落。

（5）极板拱曲 蓄电池极板拱曲是由于充电或放电电流过大时，极板活性物质的体积变化不一致而引起的。

四、蓄电池的使用和维护

1. 蓄电池的正确维护

为了使蓄电池经常处于良好的技术状态，延长其使用寿命，对使用中的蓄电池需要进行下列维护工作：

1）观察蓄电池外壳表面有无电解液漏出。

2）要保持蓄电池外部的清洁，经常清除蓄电池上的灰尘、泥土和极柱以及导线接头上的氧化物，擦去电池上部和外表面的电解液和污物。

3）检查蓄电池在车上是否牢靠，导线接头和极柱的连接是否紧固。在其表面涂上凡士林或润滑脂可防止氧化。

4）定期检查和调整每个单格电池内电解液的相对密度和液面高度。液面一般应高出极板 10～15mm，液面过低时应及时补充蒸馏水。除非确知液面降低是由于电解液溅出所致，否则一般不允许加注硫酸溶液。

5）根据当时的季节，及时调节电解液的密度。如果放电程度冬季超过 25%，夏季超过 50%时，就应对蓄电池立即进行补充充电。

6）检查并疏通加液孔盖上的通气孔。

7）经常检查蓄电池的放电程度，如低于规定标准，要立即进行补充充电。不考虑蓄电池放电程度强制性进行补充充电，以保证蓄电池始终保持充足电状态，避免极板硫化。定期补充充电一般为每月一次，城市公共汽车可短些，而长途运输车辆可更长一些。

8）拆卸蓄电池，要先拆负极（搭铁）电缆线，再拆正极电缆线；装配时按相反顺序。

2. 蓄电池的正确使用

1）大电流放电时间不宜过长，使用起动机每次起动时间不超过 5s，起动间隔时间 15s，最多连续起动 3 次。

2）充电电压不能过高，当充电电压增高 10%～12%时，蓄电池的使用寿命将会缩短 2/3左右。

3）要及时、正确地充电。尽量避免蓄电池过放电和长期处于欠充电状态下工作，放完电的蓄电池应在 24h 内充电。

4）装车使用电池定期补充充电。放电程度，冬季不超过 25%，夏季不超过 50%。

5）冬季使用蓄电池，由于气温低，蓄电池充电困难，要特别注意保持充足电状态，以免电解液密度降低而冻结。

课后思考与训练

一、填空题

1. 铅蓄电池主要由________、________、________、________、________等组成。

2. 单格电池的电压是________，三个单格电池串联后，其电压为______。

3. 正负极板是由______和______组成。

4. 正极板上的活性物质是______呈______；负极板上的活性物质是______呈________。

5. 电解液是由________和________配制而成。

6. 配制成的电解液相对密度一般为__________。

7. 铅蓄电池的极桩制造厂已分别刻上“+”和“-”，同时在正极桩上涂________，负极桩上一般________。

二、判断题

1. 电池是将化学能转换成机械能的一种装置。（　　）

2. 现代汽车普遍采用的蓄电池是铅-二氧化铅蓄电池。（　　）

3. 酸性蓄电池的电解液为化学纯净的硫酸和蒸馏水。（　　）

4. 起动发动机的电源是发电机。（　　）

5. 各单格电池之间有间壁相隔，以保证各单格电池的独立性。(　)
6. 栅架的作用是支撑活性物质。(　)
7. 将正负极板各一片插入电解液中，就可获得6V的电动势。(　)
8. 电解液在电池内的液面应高出防护片10~15cm。(　)
9. 如果电解液的液面低于规定值时，应加稀硫酸，以保持一定的液面高度。(　)
10. 加液孔盖是密封的，主要防止电解液逸出和外界空气进入电解液中。(　)
11. 东风EQ1090装有两个6-Q-105型干荷电式铅蓄电池。(　)
12. 铅蓄电池的串联目的是提高蓄电池的额定电压。(　)

三、问答题

1. 铅蓄电池主要有哪些用途?
2. 蓄电池存电不足的表现有哪些?
3. 蓄电池充电的注意事项有哪些?
4. 如何对蓄电池进行补充充电?
5. 如何对蓄电池技术状态进行检测?
6. 如何正确使用蓄电池?
7. 蓄电池放电终了的特征是什么?
8. 蓄电池充电终了的特征是什么?

任务二　发电机与电压调节器检修

学习目标

1. 理解交流发电机的结构和工作原理。
2. 熟悉电压调节器的工作原理。
3. 熟悉发电机与电压调节器的使用注意事项。
4. 能熟练拆装交流发电机总成，熟练检测交流发电机各部件。
5. 能对充电系统常见故障进行检测、诊断和排除。
6. 具备读识和分析充电电路的能力。

情境描述

一辆汽车使用中发现充电指示灯一直不亮，这说明发电机不发电。售后服务经理要求对发电机进行检查，并报告损坏的部件，并进行维修。

相关知识

一、交流发电机的分类

1. 按结构分类

(1) 普通交流发电机　发电机与调节器分开装在汽车上。在载货汽车和大型客车上应用较普遍，如东风 EQ1090 型载货汽车使用的 JF132 和解放 CA1091 型载货汽车使用的 JF1522A 型交流发电机。

（2）整体式交流发电机　发电机内装有电压调节器。此类发电机多用于轿车，如一汽奥迪、上海桑塔纳等轿车上用 JFZ1913Z 型交流发电机。

（3）带泵式交流发电机　多用于柴油车，在发电机后端带有真空制动助力泵，如 JFB1712 型交流发电机。

（4）无刷交流发电机　无电刷和集电环结构的交流发电机。如 JFW1913 型交流发电机。

（5）永磁交流发电机　转子采用永磁材料的交流发电机。

2. 按励磁绕组搭铁方式分类

（1）内搭铁交流发电机　即励磁绕组的一端引线形成励磁接线柱，而励磁绕组的另一端与发电机壳体相连接，如东风 EQ1090 型载货汽车使用的 JF132。

（2）外搭铁交流发电机　即励磁绕组的两个端子都和发电机外壳绝缘，引出两个励磁接线柱，励磁绕组是通过调节器搭铁的，如解放 CA1091 型载货汽车使用的 JF152D 和 JF1522A 型交流发电机。

3. 按发电机装用的二极管数量分类

（1）6 管交流发电机　其整流器由 6 个硅二极管组成，这种形式应用最广，如东风 EQ1090 使用的 JF132、解放 CA1091 作用的 JF1522A、JF152D 型交流发电机。

（2）8 管交流发电机　指在 6 管交流发电机的基础上加装 2 个中性点二极管共计 8 个二极管的交流发电机，如天津夏利 TJ7100 所用的 JFZ1542 型交流发电机。

（3）9 管交流发电机　指在 6 管交流发电机的基础上加装 3 个励磁二极管共计 9 个二极管的交流发电机，如北京 BJ1022 上用的 JFZ141 型交流发电机。

（4）11 管交流发电机　指在 6 管交流发电机的基础上加装 3 个励磁和 2 个中性点二极管共计 11 个二极管的交流发电机，如上海桑塔纳上用 JFZ1913Z 型交流发电机。

二、交流发电机的构造

各种汽车交流发电机，其结构基本相同，都由两大部分组成：三相同步交流发电机和硅二极管整流器。JF123 型交流发电机的结构如图 2-10 所示，主要部件有转子、定子、带轮、风扇、前后端盖及电刷等。

1. 转子

交流发电机的转子(图 2-11)是发电机的磁场部分，它主要由两块爪极、励磁绕组、集电环及轴等组成。转子的作用是产生磁场(在励磁绕组上加入励磁电流)。

由低碳钢制成的 2 块 6 爪磁极压装在转子轴上，爪极的空腔内装有磁轭并绕有励磁绕组，励磁绕组的两端引出线分别焊接在与轴绝缘的集电环上，2 个电刷与集电环接触，将直流电引入励磁绕组(该电流称为发电机的励磁电流)。励磁绕组通入励磁电流后产生磁场，被磁化的爪极其中一块为 N 极，另一块为 S 极，形成相互交错的 N、S 磁极，于是就形成了 4～8 对磁极。

当转子转动时，就形成了旋转的磁场。将转子爪极设计成鸟嘴形的目的是使磁场呈正弦分布，以使电枢绕组产生的感应电动势有较好的正弦波形。

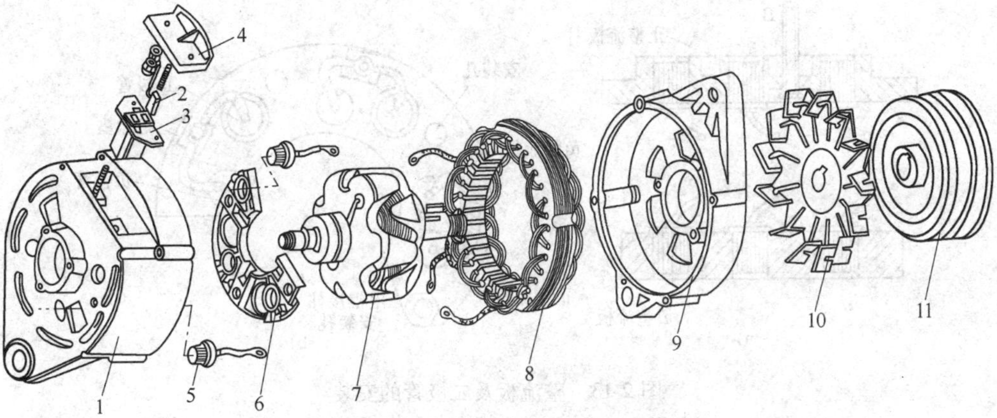

图 2-10　JF132 型交流发电机的结构

1—后端盖　2—电刷　3—电刷架　4—电刷弹簧压盖　5—硅二极管　6—散热板　7—转子　8—定子总成　9—前端盖　10—风扇　11—带轮

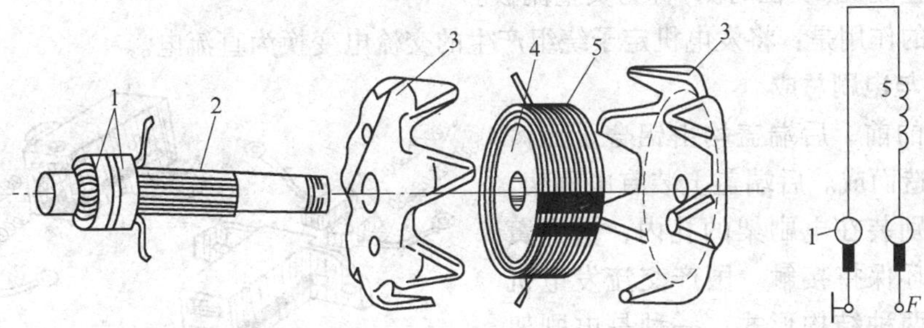

图 2-11　交流发电机转子

1—集电环　2—转子轴　3—爪极　4—磁轭　5—励磁绕组

2. 定子

定子的作用是产生三相交流电(导线切割磁力线)。定子是产生和输出交流电的部件，又叫电枢，由定子铁心和定子绕组组成。定子铁心由相互绝缘的内圆带槽的环状硅钢片叠成。定子槽内置有三相对称绕组，定子及定子绕组的联结方式如图 2-12 所示。三相绕组大多数采用 Y 形(星形)联结，也有用△形(三角形)联结的。

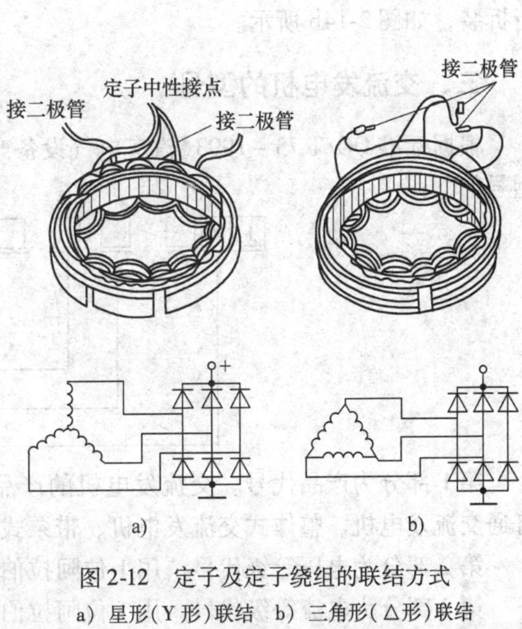

图 2-12　定子及定子绕组的联结方式

a）星形(Y 形)联结　b）三角形(△形)联结

3. 整流器

交流发电机的整流器大多由 6 只硅二极管组成，另外还有是 8 只、9 只和 11 只硅二极管组成的，元件板及硅二极管的安装如图 2-13 所示。

外壳为正极、中心引线为负极的二极

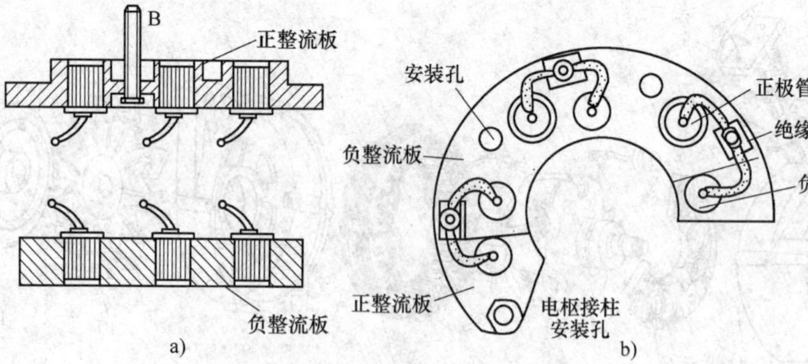

图 2-13　整流板及二极管的安装

a）二极管安装示意图　b）整流板总成

管，称为负极管，管壳底上注有黑色标记；外壳为负极、中心引线为正极的二极管，称为正极管，管壳底上有红色标记。安装三只正极管的整流板（装在外侧）称为正整流板。安装三只负极管的整流板（装在内侧）称为负整流板。

整流器的作用是：将发电机定子绕组产生的交流电变换为直流电。

4. 端盖与电刷总成

发电机的前、后端盖均由铝合金压铸或用砂模铸造而成。后端盖上装有电刷架，两个电刷分别装在电刷架的孔内，借弹簧压力与集电环保持接触。国产交流发电机的电刷架有两种结构形式，一种是电刷架可直接从发电机外部进行拆装，如图 2-14a 所示；另一种则不能直接在发电机外部进行拆装，如图 2-14b 所示。

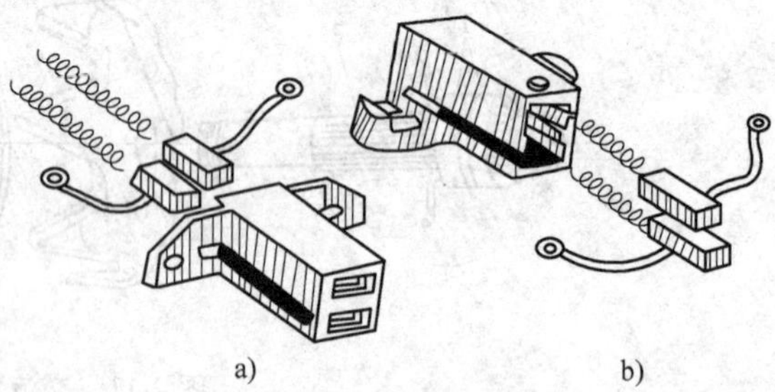

图 2-14　电刷架的结构

a）能从外部拆除　b）不能从外部拆除

三、交流发电机的型号

根据标准 QC/T 73－1993《汽车电气设备产品型号编制方法》的规定，汽车交流发电机的型号如下：

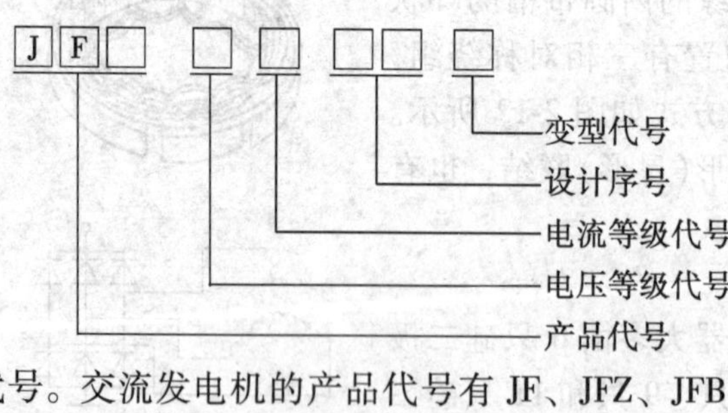

第 1 部分为产品代号。交流发电机的产品代号有 JF、JFZ、JFB、JFW 四种，分别代表普通交流发电机、整体式交流发电机、带泵式交流发电机和无刷式交流发电机。

第 2 部分为电压等级代号。用 1 位阿拉伯数字表示，1－12 V；2－24V；6－6V。

第 3 部分为电流等级代号。用 1 位阿拉伯数字表示。

第4部分为设计序号。按产品的先后顺序，用阿拉伯数字表示。

第5部分为变型代号。交流发电机以调整臂的位置作为变型代号。从驱动端着，Y一右边；Z一左边；无一中间。

例如：桑塔纳、奥迪100轿车所使用的JFZ1913Z型交流发电机，其含义为电压等级为12V、输出电流大于90A、第13次设计、调整臂位于左边的整体式交流发电机。

四、发电机的工作原理

1. 交流发电机的发电原理

交流发电机工作原理如图2-15所示，交流发电机是一个三相同步交流发电机，通过硅二极管组成的三相桥式整流电路，将定子绕组所产生的交流感应电流变为直流输出，所以也称之为硅整流发电机。

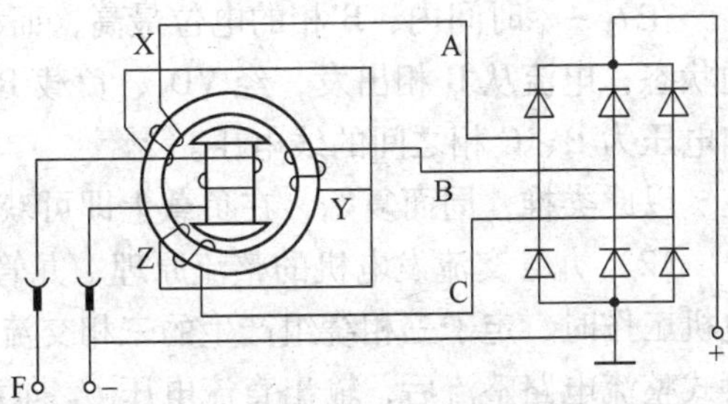

图2-15　交流发电机工作原理图

当外电路通过电刷使励磁绕组通电时，便产生磁场，使爪极被磁化为N极和S极。当转子旋转时，磁通交替地在定子绕组中变化，根据电磁感应原理可知，定子的三相绕组中便产生交变的感应电动势。这就是交流发电机的发电原理。

2. 交流发电机的整流原理

（1）六管交流发电机的整流原理　定子绕组中感应出的交流电动势，是通过6个硅二极管组成的三相桥式整流电路改变为直流电的，三相桥式整流电路及电压波形如图2-16所示。二极管具有单向导电性。当给二极管加上正向电压（正极电位高于负极电位）时导通，即呈现低电阻状态；当给二极管加上反向电压（正极电位低于负极电位）时截止，即呈现高电阻状态。利用二极管的这种单向导电特性，就可以把交流电变为直流电。

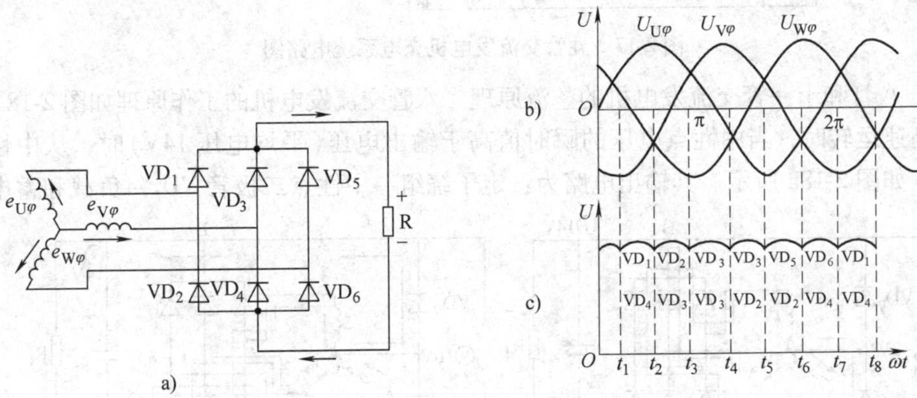

图2-16　三相桥式整流电路及电压波形

a）整流电路图　b）三相绕组电压波形图　c）整流后发电机输出波形图

交流发电机的输出电压的平均值为：

$$U_{av}=2.34U_{\Phi} \tag{2-4}$$

式中 U_{av}——输出直流电压平均值，单位为V；

U_{Φ}——发电机相电压有效值，单位为V。

在 t_1-t_2 时间内，A相的电位最高，而B相的电位最低，故对应 VD_1、VD_4 处于正向导通状态，电流从A相出发，经 VD_1，负载 R_L，VD_4 回到B相构成回路。此时，发电机的输出电压为A、B相之间的线电压。

在 t_2-t_3 时间内，A相的电位最高，而C相的电位最低，故对应 VD_1、VD_6 处于正向导通状态，电流从A相出发，经 VD_1、负载 R_L、VD_6 回到C相构成回路。此时，发电机的输出电压为A、C相之间的线电压。

在 t_3-t_4 时间内，B相的电位最高，而C相的电位最低，故对应 VD_3、VD_6 处于正向导通状态，电流从B相出发，经 VD_3、负载 R_L、VD_6 回到C相构成回路。此时。发电机的输出电压为B、C相之间的线电压。

以此类推，周而复始，在负载上即可获得一个比较平稳的直流脉冲电压。

（2）九管交流发电机的整流原理　九管交流发电机充电系统电路图如图2-17所示。发电机工作时，定子三相绕组产生的三相交流电动势，经 $VD_1\sim VD_6$ 这六个二极管组成的三相桥式整流电路整流后，输出直流电压 U_B 向蓄电池充电和向用电设备供电。发电机的励磁电流由三个励磁二极管 VD_7、VD_8、VD_9 和三个共阳极二极管 VD_2、VD_4、VD_6 组成的三相桥式整流电路整流后的直流电压供给。

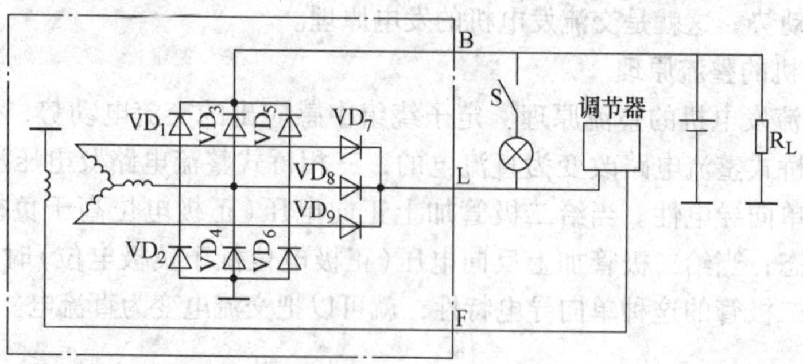

图2-17　九管交流发电机充电系统电路图

（3）八管和十一管交流发电机的整流原理　八管交流发电机的工作原理如图2-18所示。发电机高速运转时，当中性点电压的瞬时值高于输出电压（平均电压14V）时，从中性点输出电流，如图2-18a所示。其输出电路为：定子绕组→中性点二极管 VD_7→负载和蓄电池→

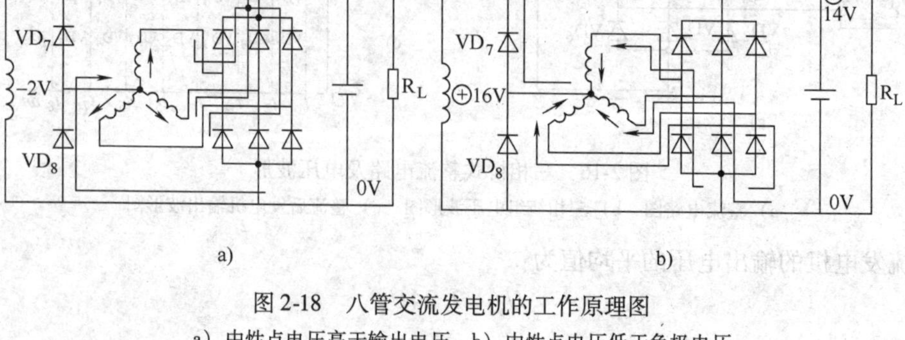

图2-18　八管交流发电机的工作原理图

a）中性点电压高于输出电压　b）中性点电压低于负极电压

负极管→定子绕组。当中性点电压瞬时值低于负极电位时，流过中性点二极管 VD_8的电流如图 2-18b 所示。其输出电路为：定子绕组→正极管→B 接线柱→负载和蓄电池→中性点二极管 VD_8→定子绕组。

加装中性点二极管后，在发电机转速超过 2000r/min 时，其输出功率可提高 11% ~ 15%。中性线是三相电路的公共回线。中性线能保证三相负载成为三个互不影响的独立回路；不论各相负载是否平衡，各相负载均可承受对称的相电压：如果一相发生故障，可保证其他两相正常工作。

十一管交流发电机的整流电路，综合了八管与九管交流发电机整流电路的特点于一体，进一步改善了发电机的性能。

3. 交流发电机的励磁方式

（1）他励发电　在发电机低速运转，发电机电压低于蓄电池电压时，可由蓄电池提供励磁电流，使发电机具有较强的磁场，从而使发电机电压迅速升高。从而实现低速时可向蓄电池充电的目的。

（2）自励发电　发电机转速升高而输出电压升高，当发电机输出电压略高于蓄电池电压时，发电机向蓄电池充电，同时向励磁绕组提供励磁电流，发电机由他励发电转为自励发电。

五、电压调节器

交流发电机工作时，其转速很不稳定且变化范围很大，若对发电机不加以调节，其端电压将随发动机转速的变化而变化，这与用电设备要求电压恒定相矛盾。因此，发电机必须要有一个自动的电压调节装置。交流发电机调节器的作用就是当发动机转速变化时，自动对发电机的电压进行调节，使发电机的电压稳定，以满足汽车用电设备的要求。

电压调节器的类型较多，按元器件的性质来分，可分为触点式（也称电磁振动式）和电子式两大类。其中，触点式按触点的数目又可分单级和双级触点式两种，按是否与其他继电器联动可分为单联式、双联式甚至是三联式；电子式又分晶体管式、集成电路式和晶闸管式三种。按搭铁形式分，可分为内搭铁式（与内搭铁式交流发电机配套使用）和外搭铁式（与外搭铁式交流发电机配套使用）。

由式(2-4)可得推出式(2-5)

$$U = Cn\Phi \tag{2-5}$$

式中　U——发电机输出电压；

C——电动机常数；

n——发电机转速；

Φ——磁极的磁通量。

所以，在发电机转速变化时，要使电压保持一定，只有相应地改变磁极的磁通，即当 n 增高时减小 Φ 使电压保持一定。而磁通 Φ 的大小取决于励磁电流，所以在转速变化时只要自动调节励磁电流就能保持电压恒定。电压调节器就是利用自动调节励磁电流使磁极磁通改变这一原理来调节发电机电压的。

1. 晶体管式调节器的工作原理

晶体管调节器具有体积小、重量轻、调节反应敏捷、无触点烧蚀、使用寿命长等优点。

晶体管调节器与内或外搭铁形式的发电机配套使用，也有内、外搭铁的区别，使用前一定要判断其搭铁形式，并与发电机相应的接柱正确连接。

（1）内搭铁型晶体管调节器　内搭铁型晶体管调节器工作原理如图 2-19 所示。电路由三只电阻 R_1、R_2、R_3，二只晶体管 VT_1、VT_2，一只稳压管 VS 和一只二极管 VD 组成。电阻 R_1 和 R_2 串联组成一个分压器，接在发电机输出端 B + 与搭铁端 E 之间，直接监测发电机的输出电压 U_B。

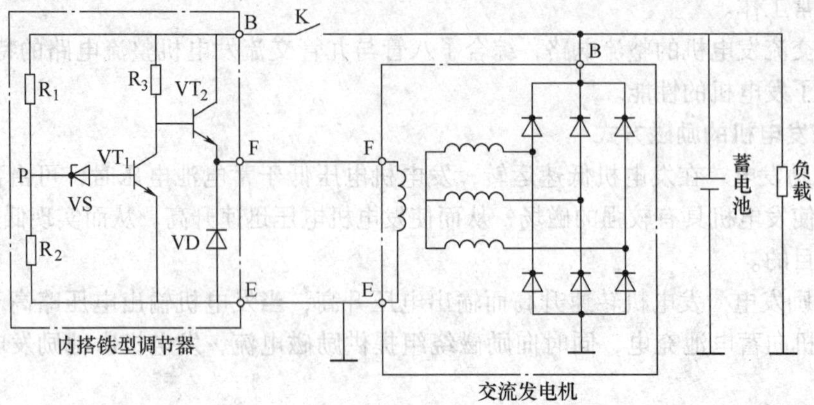

图 2-19　内搭铁型晶体管调节器工作原理

当发电机电压 U_B 升高时，分压电阻 R_2 的电压 U_P；也升高，反之 U_B 下降，U_P 也下降。也就是说电阻 R_2 两端的电压可完全反映发电机输出电压 U_B 的变化。电阻 R_3 既是 VT_1 的分压电阻，又是 VT_2 的偏置电阻。VT_2 为大功率晶体管，和发电机的励磁绕组串联，工作在开关状态，用来接通与切断发电机的励磁电路。

VT_1 为小功率晶体管，用来放大控制信号。稳压管 VS 是感受组件，串联在 VT_1 的基极电路中，并通过 VT_1 的发射结并联于分压电阻 R_2 的两端，以感受发电机输出电压 U_B 的变化。

电路设计思路是：当发电机输出电压 U_B 升高到调节电压上限时，分压电阻 R_2 两端的电压 U_P 加在稳压管 VS 和 VT_1 的基极上，恰好能使稳压管 VS 反向击穿，为 VT_1 提供基极电流，使 VT_1 导通。当发电机输出电压 U_B 下降到调节电压下限时，U_P 不能使稳压管 VS 反向击穿，而使 VT_1 无基极电流而截止。

VD 是续流二极管，励磁绕组由接通变为断开状态时，产生的自感电动势（E 端高电位，B 端低电位）经二极管 VD 构成放电回路，防止晶体管 VT_2 被击穿损坏。

电路工作原理如下：

1）点火开关 K 刚接通时，发动机不转，发电机不发电，蓄电池电压加在分压器 R_1、R_2 上，此时因 U_P 较低不能使稳压管 VS 反向击穿，VT_1 截止。此时，由于 R_3 的分压作用，使得 VT_2 导通，发电机励磁电路接通（他励完成），此时由蓄电池供给励磁电流，电路为：蓄电池正极→点火开关 K→调节器 B 接柱→晶体管 VT_2→调节器 F 接柱→发电机 F 接柱→励磁绕组→发动机 E 接柱→搭铁→蓄电池负极。

随着发动机的起动，发电机转速升高，发电机他励发电，电压上升。

2）当发电机电压升高到略高于蓄电池电压时（发电机转速大约在 900r/min 左右时），发电机自励发电并开始对蓄电池充电，如果此时发电机输出电压 U_B小于调节器调节电压上限，VT_1 继续截止，VT_2 继续导通，但此时的励磁电流由发电机供给，通路为：发电机正极→点火开关 K→调节器 B 接柱→晶体管 VT_2→调节器 F 接柱→发电机 F 接柱→励磁绕组→发动机 E 接柱→搭铁→发电机负极。

由于励磁电路一直导通，发电机电压随转速升高而迅速升高。

3）当发电机电压升高到等于调节上限时，调节器对电压的调节开始。此时电阻 R_1、R_2 上的分压 U_P 达到 VS 击穿电压，VS 导通，VT_1 导通，VT_2 截止，发电机励磁电路被切断，由于励磁被断路，磁通下降，发电机输出电压下降。

4）当发电机电压下降到等于调节下限时，电阻 R_1、R_2 分压减小，U_P 下降到 VS 截止电压，VS 截止，VT_1 截止，VT_2 重新导通，励磁电路重新被接通，发电机电压上升。

重复 3）、4），如此周而复始，发电机输出电压 U_B 被控制在一定范围内。这就是内搭铁型电子调节器的工作原理。

（2）外搭铁型晶体管调节器　外搭铁型晶体管调节器电路原理如图 2-20 所示。该电路工作原理和结构与前述内搭铁型晶体管调节器类似，故不再赘述。

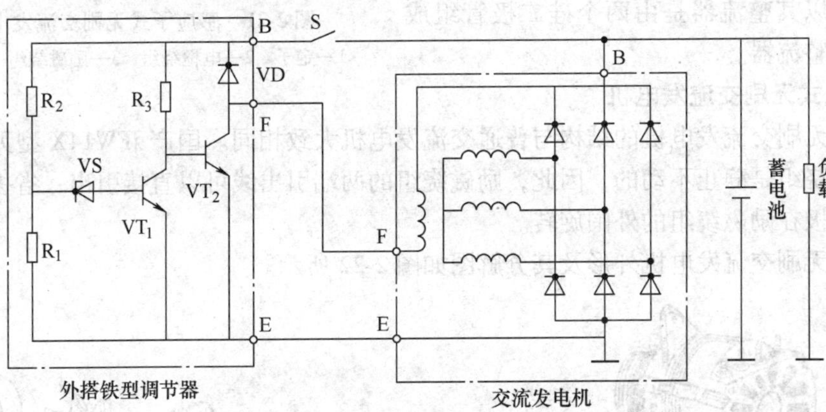

图 2-20　外搭铁型晶体管调节器电路原理图

2. 集成电路电压调节器的工作原理

集成电路电压调节器即 IC 调节器，其基本工作原理与晶体管电压调节器完全一样，也是利用晶体管组成开关电路，以控制励磁电流来调节发电机的输出电压。所不同的是，在集成电路电压调节器上，所有的晶体管都不再用外壳，而是把二极管、晶体管的管芯都集成在一块基片上，这样就实现了调节器的小型化，故可直接将其装在发电机内部或壳体上构成整体式发电机，这样可省去调节器与发电机间的连线，减少线路损耗、提高调节精度（可达 ±0.3V）、耐高温、耐振动、防潮、防尘性能好，寿命长。

六、无刷交流发电机

由于交流发电机用电刷和集电环使励磁绕组构成回路，不可避免产生机械磨损而引起故障。无刷交流发电机提高了发电机的工作可靠性和使用寿命，维修方便，下面介绍几种这类发电机。

1. 感应子式无刷交流发电机

感应子式无刷交流发电机的构造如图 2-21 所示。

其定子铁心内圆上有四个大槽和 12 个小槽，四个大槽将 12 个小槽均分为四个部分，每部分为三个小槽。在四个大槽中，绕放四个励磁绕组，在小槽中绕放电枢绕组，转子由凸齿状冲片铆成。

当励磁绕组中有直流电流通过时，其周围产生磁场，转子被磁化。由于转子凸齿在旋转时和定子铁心相对位置不断变化，使得定子上的电枢绕组产生大小和方向不断变化的感应电动势。将各电枢绕组产生的电动势按相加原则串联起来，再经整流器整流后便得到直流电。由于发电机工作时在电枢绕组中产生的是单相交流电，所以其整流器是由两个硅二极管组成的单相全波整流器。

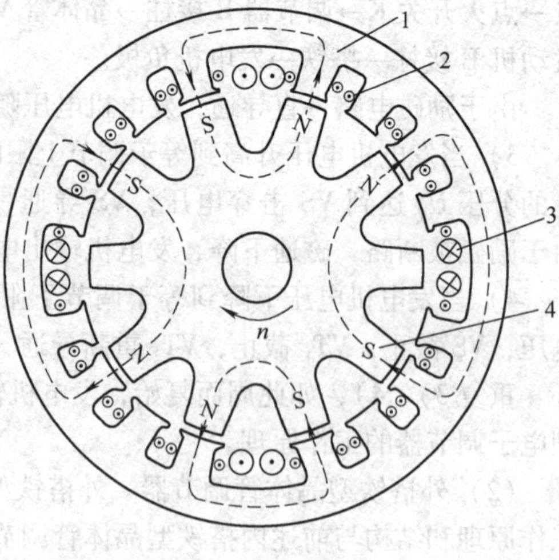

图 2-21　感应子式无刷交流发电机

1—定子　2—电枢绕组　3—励磁绕组　4—转子

2. 爪极式无刷交流发电机

爪极式无刷交流发电机的结构与普通交流发电机大致相同。国产 JFW14X 型无刷交流发电机的励磁绕组是静止不动的，因此，励磁绕组的两端引出线可以直接引出，省去了电刷和集电环，爪极在励磁绕组的外围旋转。

爪极式无刷交流发电机外形及其分解图如图 2-22 所示。

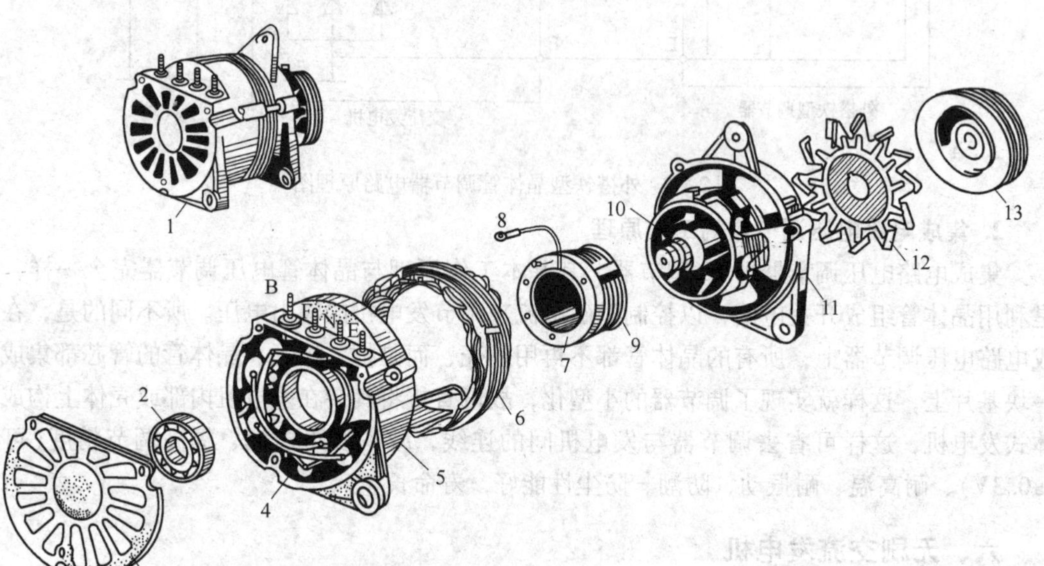

图 2-22　国产 JFW14X 型爪极式无刷交流发电机外形及其分解图

1—外形　2—后轴承　3—防护罩　4—元件板及硅二极管　5—励磁绕组支架及后轴承支架

6—定子总成　7—磁轭　8—励磁绕组接头　9—励磁绕组　10—爪极及转子轴总称

11—前端盖　12—风扇叶　13—传动带轮

其励磁绕组通过一个磁轭托架固定在后端盖上。两个爪极中只有一个爪极直接固定在发电机转子轴上，另一个爪极则用非导磁连接环固定在前述爪极上。当转子轴旋转时，一个爪极就带动另一个爪极一起在定子内转动。图 2-23 为爪极式无刷交流发电机机构原理及磁路图。

当励磁绕组中有直流电通过时，其磁路是：左边的爪极磁极 N→主气隙→定子铁心→主气隙→右边的爪极磁极→转子磁轭→附加气隙→托架→附加气隙。转子旋转时，爪极形成的 N 极和 S 极的磁力线在定子绕组内交替通过，定子槽中的三相绕组就感应出交变电动势，在回路中形成三相交流电，经整流后变为直流电。

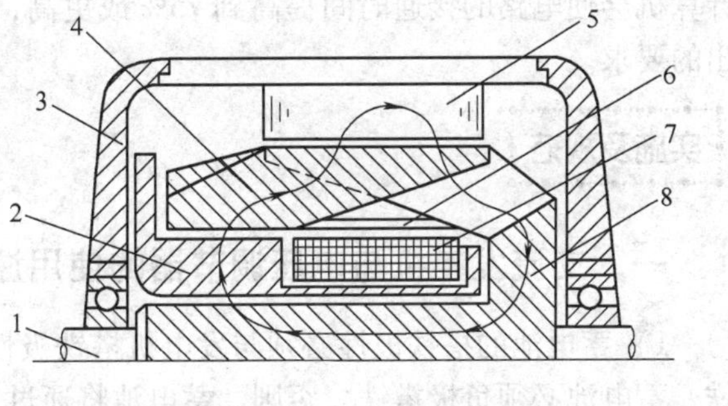

图 2-23　爪极式无刷交流发电机机构原理及磁路图

1—转子轴　2—磁轭托架　3—端盖　4—爪极　5—定子铁心
6—非导磁连接环　7—励磁绕组　8—转子磁轭

这种交流发电机两个爪极之间连接制造工艺困难。此外，由于磁路中增加了两个附加气隙，故在输出相同功率的情况下，其励磁绕组的励磁电流必须增大。

七、计算机控制的调压电路

在越来越多的汽车上，分离式的电压调节器已经被淘汰了，取而代之的是将电压调节器电路接在汽车上的电子控制模块或组件中，如图 2-24 所示，其中模块式计算机用于控制通过转子中励磁绕组的电流。

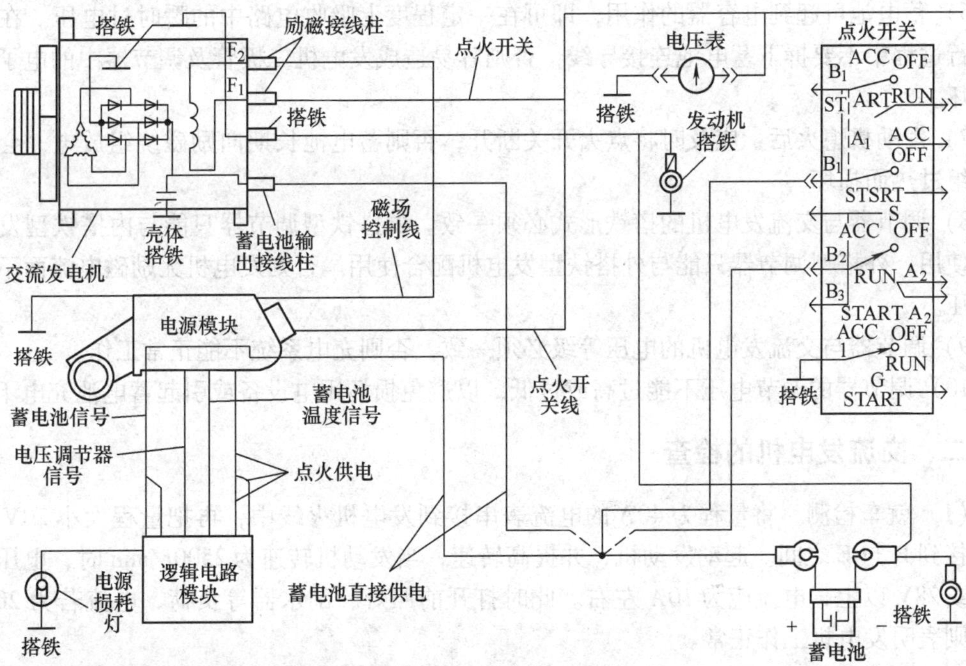

图 2-24　计算机调压电路

这种系统不是利用类似可变电阻的作用来控制通过转子的励磁绕组中的电流，而是由计算机以每秒400个脉冲固定频率向磁场提供电流脉冲，通过改变开与关的时间，就得到了正确的励磁电流平均值，从而使发电机发出适当的输出电压。在发动机高速运转而电路系统低负荷时，励磁电路的接通时间也许只占10%。而在发动机低速运转而电路系统高负荷时，计算机会使电路的接通时间提高到75%或更高，以增加通过励磁电路的平均电流，满足输出的要求。

实施及规范

一、交流发电机与电压调节器的使用注意事项

1）蓄电池的搭铁极性必须与发电机搭铁极性相同。国产及进口交流发电机均为负极搭铁，蓄电池必须负极搭铁。否则，蓄电池将通过二极管大电流放电，使二极管烧坏。

2）发电机运转时，不能使用试火方法检查发电机是否发电，否则容易损坏二极管及其他电子元件。

3）发现交流发电机不发电或者充电电流较小时，应及时找出故障予以排除。如长期带故障运行，发电机可能出现严重故障或损坏。一个二极管短路，将会使其他二极管和定子绕组烧坏。

4）绝对禁止用量程200V以上的交流电压表或兆欧表检查发电机的绝缘性能，否则将损坏整流二极管及调节器中的电子元件。

5）发电机正常运行时，切不可任意拆卸各电器的连接线，以防引起电路中的瞬时过电压损坏二极管及调节器中的电子元件或其他电子设备。

6）蓄电池可起到电容器的作用，即可在一定程度上吸收电路中的瞬时过电压。在发动机运行过程中不要拆下蓄电池连接导线，否则容易造成发电机二极管及调节器中的电子元件的损坏。

7）发动机熄火后，应及时将点火开关断开，否则蓄电池长期向励磁绕组放电，会使励磁绕组过热而损坏。

8）调节器与交流发电机的搭铁形式必须一致。内搭铁型调节器只能与内搭铁型发电机配合使用，外搭型调节器只能与外搭铁型发电机配合使用。否则发电机无励磁电流而不能输出电压。

9）调节器与交流发电机的电压等级必须一致，否则充电系统不能正常工作。

10）调节器的调节电压不能过高或过低，以避免损坏用电设备或引起蓄电池充电不足。

二、交流发电机的检查

（1）就车检测　将量程为40A的电流表串接到发电机火线中，再把量程大小20V的电压表接到B与E之间。起动发动机，并提高转速，当发动机转速为2500r/min时，电压应在14V或28V以上，电流应为10A左右。此时打开前照灯、刮水器等负荷，电流若为20A左右，则表明发电机工作正常。

（2）不解体检测　用万用表检测发电机各接线端子间的电阻，应与规定相符。常见交流发电机各接线柱之间的阻值如表2-4所示。

表 2-4　常见交流发电机各接线柱之间的阻值

发电机型号	F 接线柱与 E 接线柱间/Ω	B 接线柱与 E 接线柱间/Ω		N 接线柱与 E 接线柱或 B 接线柱间/Ω	
		正向	反向	正向	反向
JE11、13、15、21、132N	5 ~7	40 ~50	>10K	10K 左右	>10K
JFW14	3.5 ~3.8				
JFZ1542	2.8 ~3.0				
JFZ1913	2.8 ~3.0	65 ~80			

① F 与 E 之间的电阻值若超过规定值，可能是电刷与集电环接触不良；若小于规定值，可能是励磁绕组之间有匝间短路或搭铁；若电阻为零，可能是 2 个集电环之间有短路或 F 接线柱有搭铁故障。

② B 与 E 之间电阻值若在 10Ω 左右，说明有失效的整流二极管，需拆检；若示值为零，则说明有不同极性的二极管击穿，需拆检。

三、电压调节器的检查

1. 晶体管电压调节器的检查

（1）调节器搭铁形式的判断　调节器搭铁形式的判断可按图 2-25 连线，逐渐调高电压，如“B”与“F”之间的灯泡亮，“F”与“E”之间的灯泡灭，此调节器为外搭铁；如“B”与“F”之间的灯泡灭，“F”与“E”之间的灯泡亮调节器则为内搭铁型。

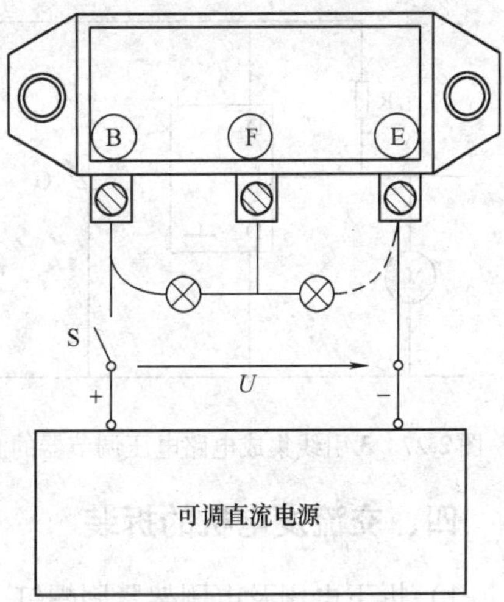

图 2-25　调节器搭铁形式的判断

（2）外搭铁式晶体管电压调节器的测试　外搭铁式晶体管电压调节器的测试如图 2-26a 所示。当电压达到 6V 左右时，指示灯点亮。当电压达到调节电压值时，指示灯应熄灭。

（3）内搭铁式晶体管电压调节器的测试　内搭铁式晶体管电压调节器的测试如图 2-26b 所示。当电压达到 6V 左右时，指示灯点亮。当电压达到调节电压值(12V 系统为 13.5 ~14.5V；24V 系统为 27 ~29V)时，指示灯应熄灭。

2. 集成电路电压调节器的检查

在检查集成电路电压调节器之前，必须弄清楚集成电路电压调节器引出线的根数以及接线方法，以防将电源极性接错。否则加上测试电压以后，调节器会瞬时短路而损坏。有条件的应使用集成电路检查仪测试集成电路调节器。一般情况下可以按下述方法测试集成电路电压调节器。

（1）3 引线集成电路电压调节器的测试　3 引线集成电路电压调节器采用发电机电压检测法。测试电路见图 2-27。图中 R 为一个 3 ~5Ω 的电阻。按图连好线以后，逐渐增加直流电源电压，该直流电压值由电压表 V_2 指示。当 V_2 指示值小于调节器调节电压值时，V_1 电压表上的电压值应在 0.6 ~1V 的范围内；当 V_2 指示值大于调节器调节电压值时，V_1 表上的

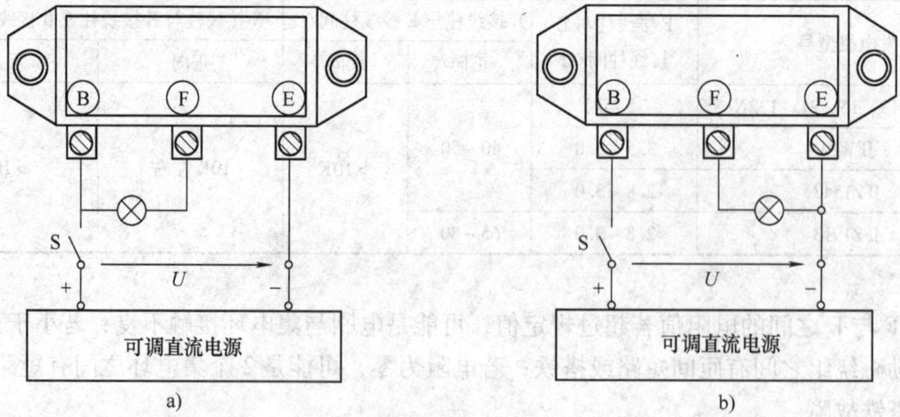

图 2-26　电压调节器的测试

a）外搭铁式晶体管电压调节器的测试　b）内搭铁式电压调节器的测试

电压值应为 V_2 的值。调节时，注意 V_1 调节电压值不能超过 30V。

（2）4 引线集成电路电压调节器的测试　4 引线集成电路电压调节器采用蓄电池电压检测法，测试电路见图 2-28。图中元件参数与 3 引线集成电路电压调节器的测试电路中的元件参数相同，测试方法也相同。V_2 小于调节电压值时，V_1 读数为 0.6 ~1V；V_2 大于调节电压值时，V_1 读数与 V_2 一致。

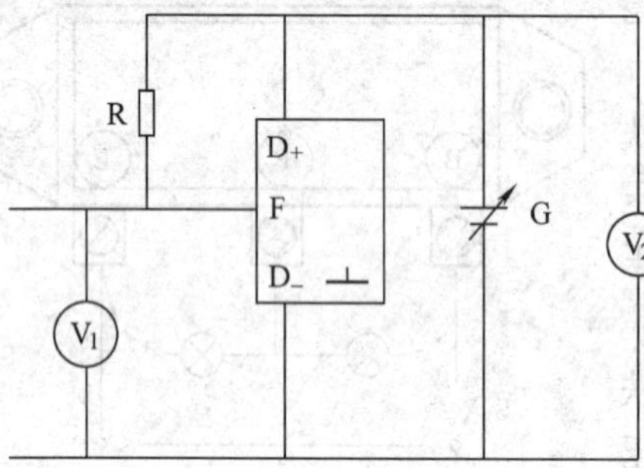

图 2-27　3 引线集成电路电压调节器的测试图

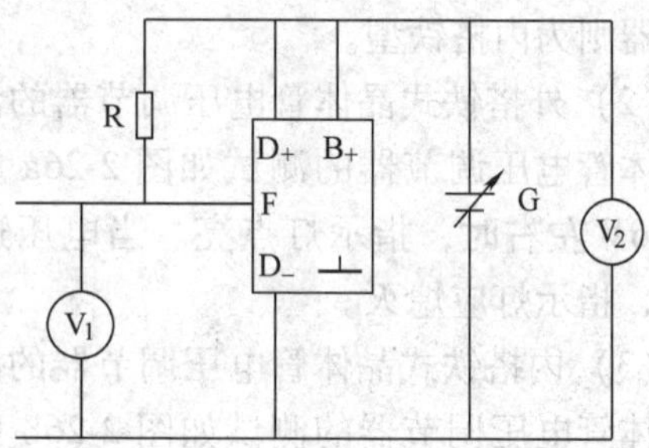

图 2-28　4 引线集成电路调节器的测试

四、交流发电机的拆装

1）拆下电刷及电刷架紧固螺钉，取下电刷架总成。

2）在前后端盖上做记号，拆下连接前后端盖的紧固螺栓，将其分解为与转子结合的前端盖和与定子连接的后端盖两大部分。

3）拆下带轮紧固螺母，再依次取下带轮、风扇、半圆键、定位套。

4）将前端盖与转子分离，可用拉力器或木锤轻轻敲，使之分离。

5）拆下防护罩，拆掉后端盖上的三个螺钉，即可将防护罩取下。

6）拆下定子上四个接线柱在散热板上的连接螺母，使定子与后端盖分离。

7）拆下后端盖上紧固整流器总成的螺钉，取下整流器总成。

五、交流发电机零部件的检查

1. 硅二极管的检查

用万用表检测二极管的正、反向电阻，若反向电阻值大(10kΩ 左右)，正向电阻小(8 ~ 10Ω)，说明二极管良好。若两次测量阻值均为∞，则为断路；若两次测得阻值均为 0，则为短路。

对焊接式整流二极管来说，只要有一只二极管损坏，就需更换该二极管所在的正或负整流板总成；若为压装结构，则只需更换故障二极管即可。

2. 定子绕组的检查

(1) 定子绕组搭铁的检查　用万用表测量定子三相绕组任一端线与铁心间的绝缘电阻，阻值应为无穷大，如图 2-29b 所示。如果电阻值读数很小，说明定子绕组搭铁。

(2) 定子绕组断路与短路的检查　用万用表对定子绕组三个接线端两两相测，正常时阻值小于 1Ω 且相等，如图 2-29a 所示。若指针不动或阻值过大，说明断路；过小(近似等于 0Ω)说明短路。

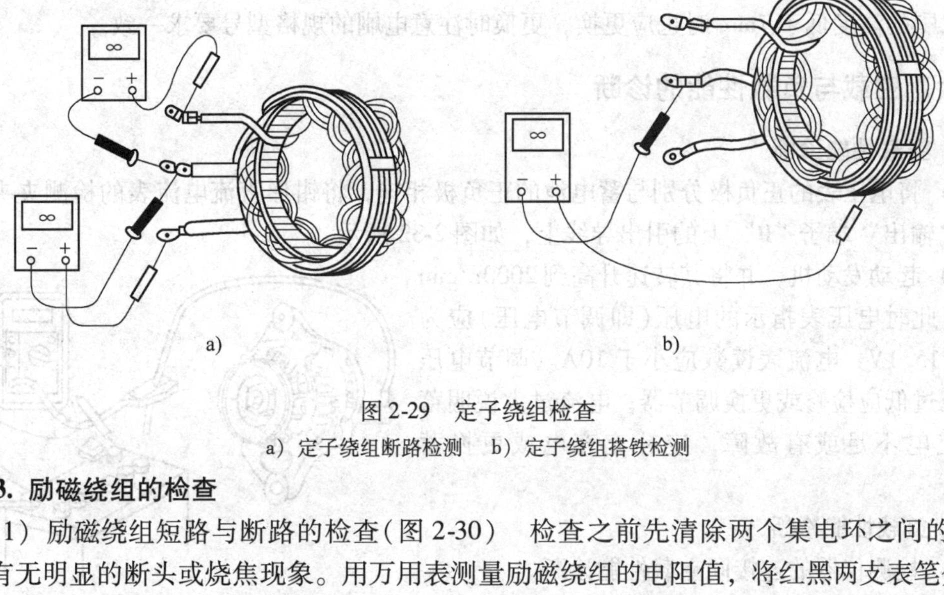

图 2-29　定子绕组检查

a) 定子绕组断路检测　b) 定子绕组搭铁检测

3. 励磁绕组的检查

(1) 励磁绕组短路与断路的检查(图 2-30)　检查之前先清除两个集电环之间的炭粉，观察有无明显的断头或烧焦现象。用万用表测量励磁绕组的电阻值，将红黑两支表笔分别压

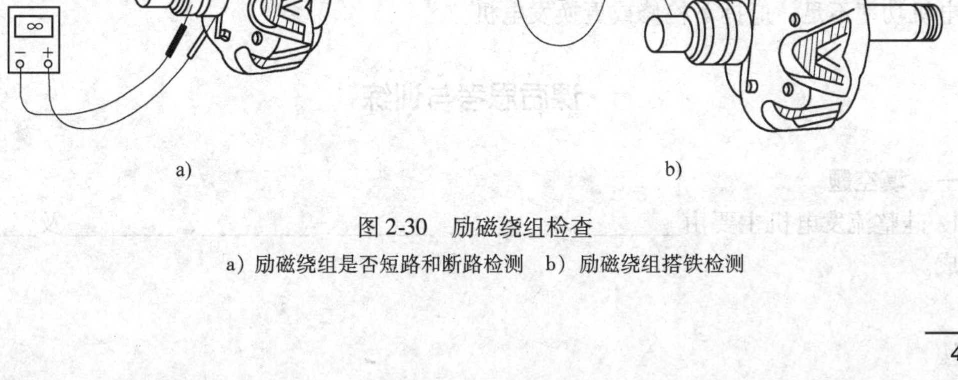

图 2-30　励磁绕组检查

a) 励磁绕组是否短路和断路检测　b) 励磁绕组搭铁检测

在两个集电环上。如果电阻值在规定的范围内，则说明励磁绕组良好；如果测量电阻值偏小，则说明励磁绕组匝间有短路存在；如果测量电阻值为无穷大，则说明励磁绕组断路。

（2）励磁绕组搭铁检查　测量两集电环与转子轴之间的电阻值应无穷大，否则说明励磁绕组有搭铁故障。

4. 转子轴的检查

转子轴的弯曲度可以用百分表检查（如图 2-31 所示），弯曲度应不超过 0.05mm（径向圆跳动公差不超过 0.1mm），否则应予校正。

5. 集电环的检查

集电环的圆柱度误差不得超过 0.025mm，超差应在车床上进行精车加工，集电环表面有轻微烧蚀可用“00”号砂纸打磨，有严重烧蚀的要在车床上精车加工。集电环的厚度小于 1.5mm 应予更换。用万用表测量两集电环间电阻，应为无穷大，否则说明二者之间有短路故障。

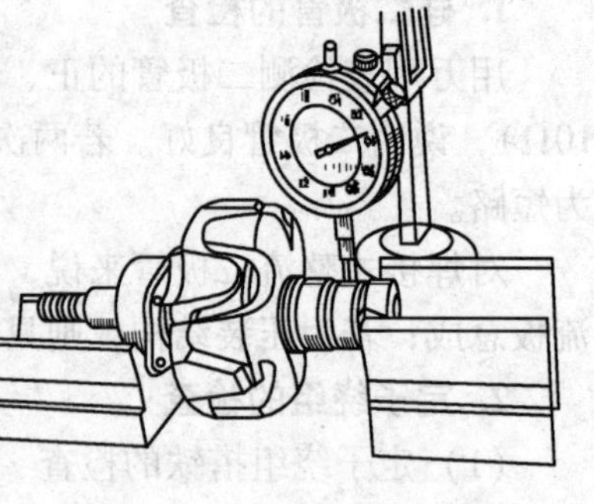
图 2-31　转子轴检查

6. 电刷的检查

电刷的高度低于 7mm 时也应更换，更换时注意电刷的规格型号要求一致。

六、空载与负载性能的诊断

1. 空载性能诊断

1）将电压表的正负极分别与蓄电池的正负极相连，将钳形直流电流表的检测夹夹到发电机“输出”端子“B”上的引出导线上，如图 2-32 所示。

2）起动发动机，并将其转速升高到 2000r/min 运行，此时电压表指示的电压（即调节电压）应为 13.9 ~ 15.1V，电流表读数应小于 10A。调节电压过高或过低应检修或更换调节器；电流过大说明蓄电池充电不足或有故障，应补充充电或更换蓄电池。

2. 负载性能诊断

1）检测仪器的连接同空载性能诊断。

2）起动发动机并使其以 2000r/min 运行。

3）接通前照灯和暖风电动机（夏季则接通空调器），此时调节器电压也应为 13.9 ~ 15.1V，电流表读数应大于 30A。若小于 30A，则说明发电机功率不足，应拆下检修或更换发电机。

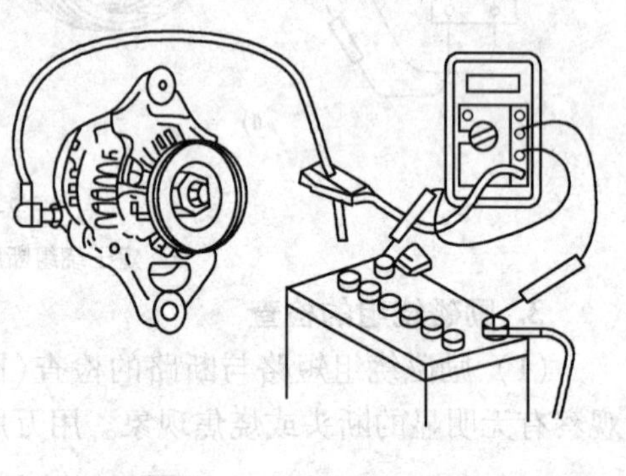
图 2-32　检测充电系统性能

课后思考与训练

一、填空题

1. 硅整流发电机主要由________、________、________、________、________及________等组成。

2. 硅整流发电机的整流器一般是由________只二极管接成________整流电路。

3. 硅整流发电机整流器的作用就是利用二极管的________，通过________整流电路，将电枢绕组产生的三相交流电转换成________。

4. 电压调节器可分为________和________两类。

5. 转子铁心不得有________的现象；转子的直线度检查，轴外圆与集电环的径向圆跳动应________，否则应进行________。

二、判断题

1. 任何发电机定子的作用都是产生交流电。(　　)

2. 硅整流发电机是利用二极管整流。(　　)

3. 目前国产的硅整流发电机均为负极搭铁。(　　)

4. 如果晶体管电压调节器的大功率管断路，在发电机转速较高时其电压将超过规定值。(　　)

5. 可以用试火法检查交流发电机是否发电。(　　)

三、简答题

1. 简述交流发电机的拆装顺序?

2. 简述交流发电机整流器的工作原理?

3. 如何用万用表辨别正二极管和负二极管及其好坏?

4. 如何就车对发电机进行空载与负载性能的诊断?

5. 如何对发电机调节器进行检测?

任务三　汽车电源系统电路检修

学习目标

1. 理解充电系统电路的工作原理。

2. 熟悉典型轿车电源系统电路的工作原理。

3. 能够对电源系统常见故障进行诊断和排除。

4. 具备读识和分析电源系统电路的能力。

情境描述

一辆轿车在中速行驶状态下，充电指示灯时亮时灭，不断闪烁。由故障现象可以初步判断为汽车电源系统出现故障。售后服务经理要求对电源系统进行检查，并报告损坏的部位，并进行维修。

任务分析

要快速准确地检修汽车电源系统故障，不仅要掌握汽车电源系统的组成及主要部件的相关知识，还必须熟练掌握汽车电源系统的电路走向及特点，在此基础上，根据故障现象进行综合分析，做出正确判断，并逐步检查，找出故障点，彻底排除故障。

相关知识

典型车型充电系统电路

1. CA1091 电源电路

CA1091 电源电路如图 2-33 所示，既有电流表又有充电指示灯显示蓄电池充放电状况，充电指示灯利用中性点电压通过起动组合继电器控制。

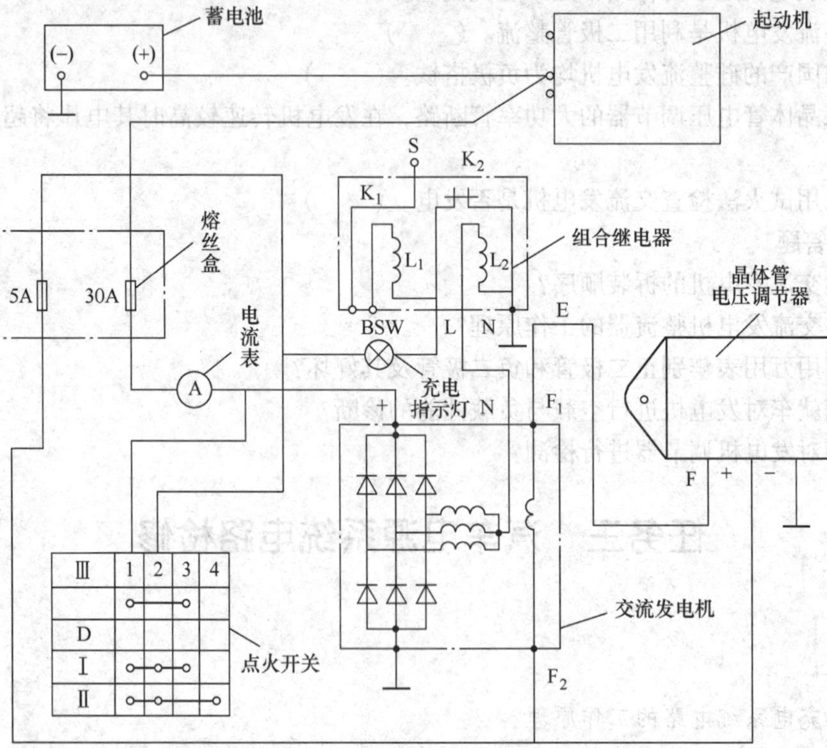

图 2-33 CA1091 电源电路

K_2 为保护继电器常闭触点，除了对起动机具有防止误起动外，还用来控制充电指示灯的亮、灭；L_2 为保护继电器磁场线圈，承受发电机中性点电压。

充电指示灯电流路径为蓄电池“+”极→起动机电源接线柱→30A 熔丝→电流表→点火开关→充电指示灯→组合继电器 L 接线柱→常闭触点 K_2→搭铁→蓄电池“−”极。

发电机励磁绕组电流路径为：蓄电池“+”极→起动机电源接线柱→30A 熔丝→电流表→点火开关→5A 熔丝→发电机 F_2 接线柱→励磁绕组→发电机 F_1 接线柱→调节器 F 接线柱→搭铁→蓄电池“−”极(F_1 与 F_2 两接线柱上的导线可互换)。

2. 桑塔纳 2000 电源系统电路

桑塔纳 2000 系列轿车电源系电路如图 2-34 所示。

交流发电机的电流经发电机的端子 B+用红色导线与起动机 30 端子连接(1996 年后部分轿车输出端 B+用红色导线经蓄电池正极柱连接，易熔线支架固定在蓄电池附近的发动机机身上)。三只励磁二极管与三只负极管也组成一个三相桥式全波整流电路。其输出端 D+

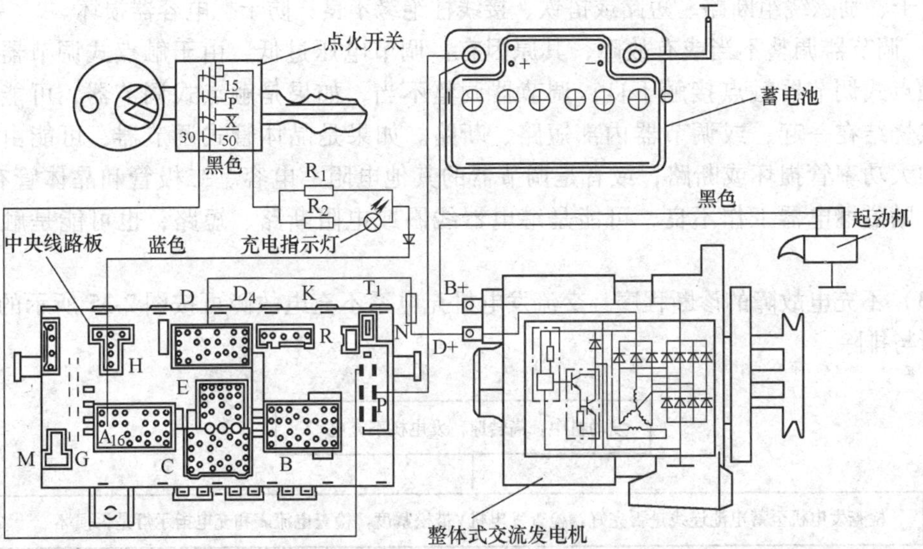

图 2-34　桑塔纳 2000 系列轿车电源系电路

用蓝色导线经蓄电池旁边的单端子连接器 T_1 后与中央线路板 D 插座的 D_4 端子连接，再经中央线路板内部线路与 A 插座的 A_{16} 端子相连。点火开关 30 端子用红色导线经中央线路板上的单端子插座 P 与蓄电池正极连接，点火开关 15 端子用黑色导线与仪表板左下方 14 端子黑色插座的 14 端子连接(图中未画出,可参见原版线路图)，经仪表板印制电路板上的电阻 R_1、R_2 和充电指示灯(R_2 和充电指示灯串联后再与 R_1 并联)和二极管接回到 14 端子黑色插座 12 端子，再用蓝色导线与中央线路板 A 插座的 A_{16} 端子连接。

充电指示灯及发电机励磁绕组电流路径为蓄电池正极→中央线路板单端子插座 P 端子→中央线路板内部线路→中央线路板单端子插座 P 端子→点火开关 30 端子→点火开关→点火开关 15 端子→电阻 R_2 和充电指示灯(发光二极管)→二极管→中央线路板 A_{16} 端子→中央线路板内部线路→中央线路板 D_4 端子→单端子连接器 T_1(蓄电池旁边)→交流发电机 D + 端子→发电机的励磁绕组→电子调节器功率管→搭铁→蓄电池负极。

当发电机电压高于蓄电池电压时，则由三只励磁二极管的共阴极端(D +)直接向励磁绕组提供电流。

实施及规范

一、外装调节器的充电系的故障诊断

1. 交流发电机充电系不充电故障的判断与排除

(1) 故障现象　发动机在中、高速运转时，充电指示灯不熄灭；开前照灯，电流表指示放电。

(2) 故障原因　交流发电机充电系不充电故障的主要有以下原因：

1) 线路的接线断路或短路。

2) 电流表的接线错误。

3) 发电机不发电　包括整流二极管损坏；电刷卡死、电刷与集电环不接触或接触不良；定子、励磁绕组断路、短路或搭铁、接线柱绝缘不良；防干扰电容器损坏。

4）调节器调整不当或有故障，其原因有：调节电压过低，由于触点式调节器调整不当或触点式调节器触点接触不良；调节器调整不当，如果是触点式调节器，可能由于高速触点烧结在一起，或调节器内部短路、断路。如果是晶体管式调节器，可能由于调节器内的大功率管损坏或断路，或者是调节器的其他电阻、电容、二极管和晶体管有断路、短路；励磁继电器工作不良，可能是继电器线圈或电阻断路、短路，也可能是触点接触不良。

(3) 不充电故障的诊断程序　交流发电机充电系不充电故障可按图 2-35 所示的步骤进行判断与排除。

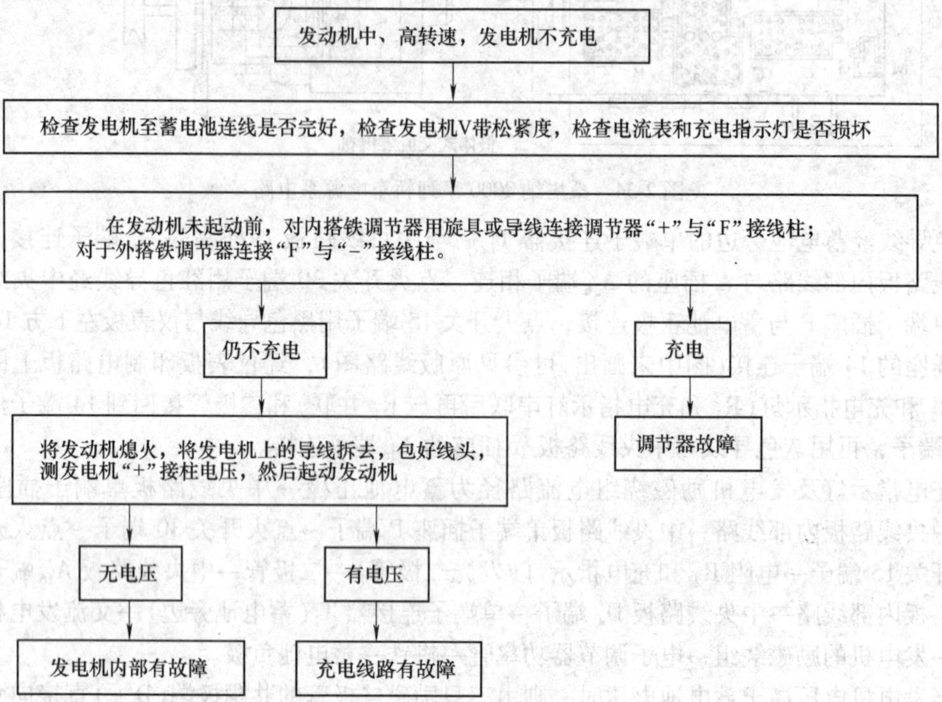

图 2-35　不充电故障判断与排除程序图

2. 交流发电机充电电流过小故障的判断与排除

(1) 充电电流过小故障的现象　在蓄电池充电性能良好情况下，发电机在各转速下充电电流均很小。

(2) 充电电流过小故障的原因　交流发电机充电电流过小故障主要有以下原因：

1）接线的接头松动。

2）发电机发电不足，其原因有：发电机 V 带过松；二极管损坏(个别的)；电刷接触不良，集电环油污；励磁绕组局部短路，定子绕组局部短路或接头松脱。

3）调节器故障：电压调整偏低；触点脏污；继电器触点接触不良。

(3) 充电电流过小故障诊断与排除　充电电流过小的故障，可按图 2-36 所示的步骤进行判断与排除。

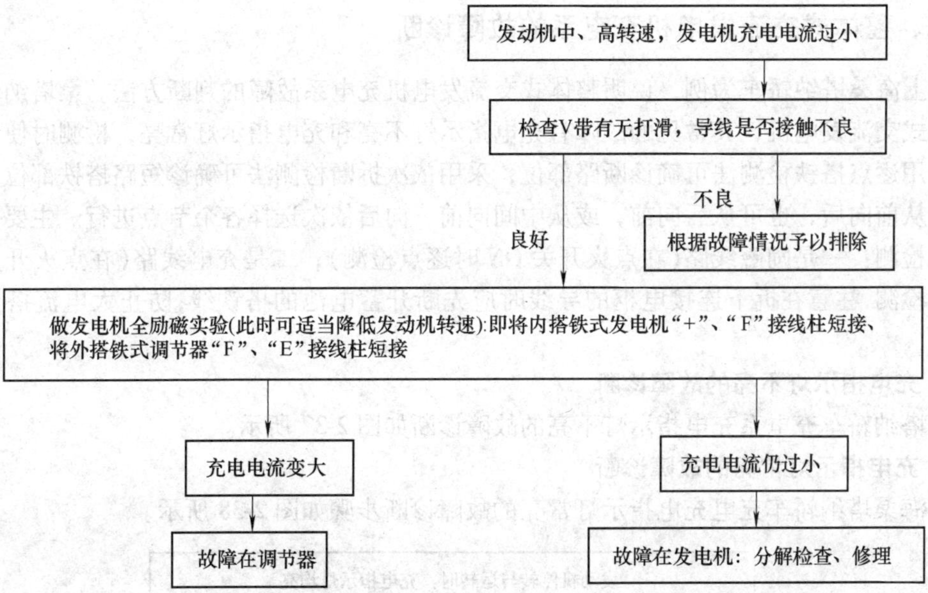

图 2-36　充电电流过小故障判断与排除程序图

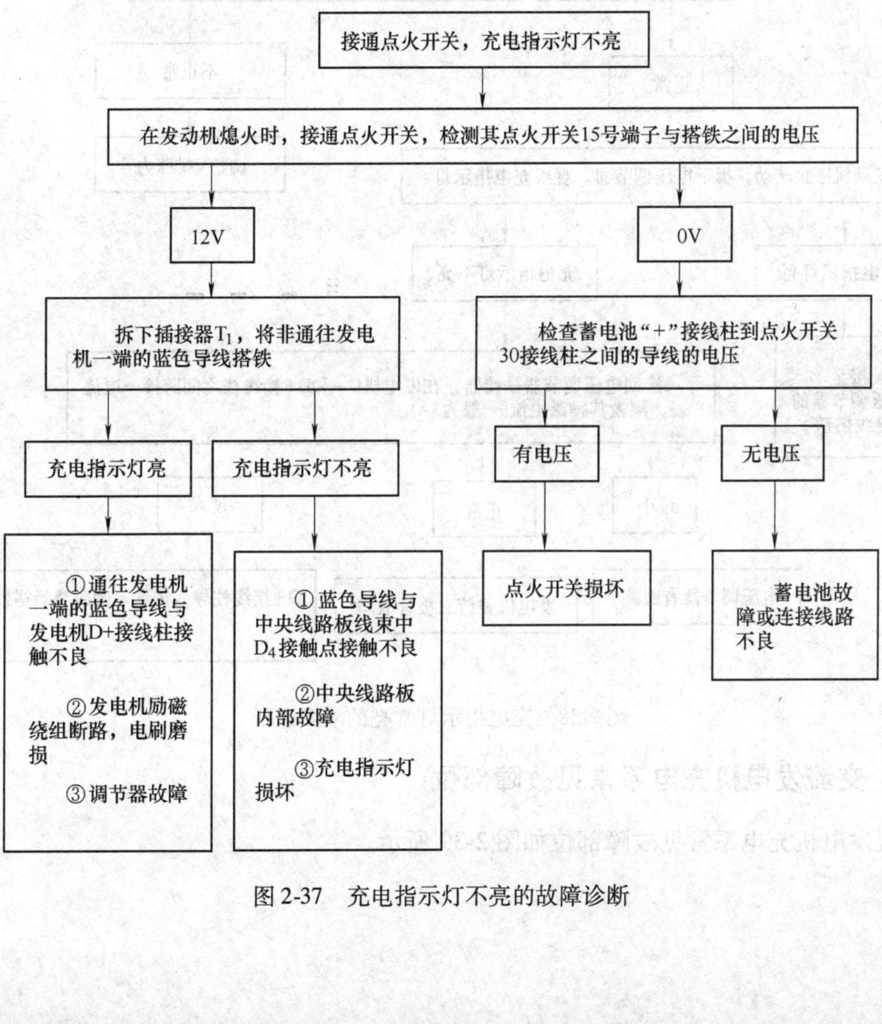

图 2-37　充电指示灯不亮的故障诊断

二、整体式交流发电机充电系的故障诊断

以上海桑塔纳轿车为例，说明整体式交流发电机充电系故障的判断方法。桑塔纳轿车采用整体式交流发电机，其常见的故障有充电指示灯不亮和充电指示灯常亮，检测时使用万用表，采用逐点搭铁检测法可确诊断路部位，采用依次拆断检测法可确诊短路搭铁部位。检测程序可从前向后，也可从后向前，或从中间向前、向后依次选择各个节点进行。主要分两个线路的检测：一是励磁线路(在点火开关 ON 时逐点检测)；二是充电线路(在点火开关 OFF 时逐点检测,注意在拆下连接电枢的导线时应先断开蓄电池的搭铁线,防止大电流搭铁而烧线)。

1. 充电指示灯不亮的故障诊断

桑塔纳轿车充电系充电指示灯不亮的故障诊断如图 2-37 所示。

2. 充电指示灯常亮的故障诊断

上海桑塔纳轿车充电充电指示灯常亮的故障诊断步骤如图 2-38 所示。

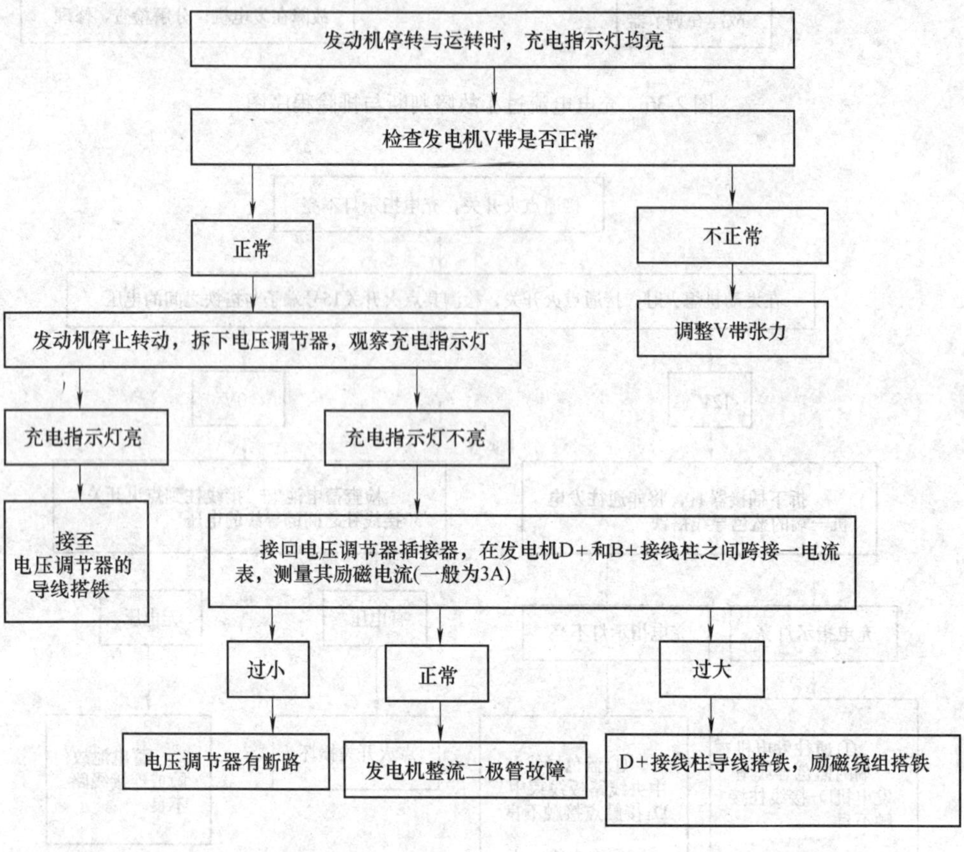

图 2-38　充电指示灯常亮的故障诊断

三、交流发电机充电系常见故障部位

交流发电机充电系常见故障部位如图 2-39 所示。

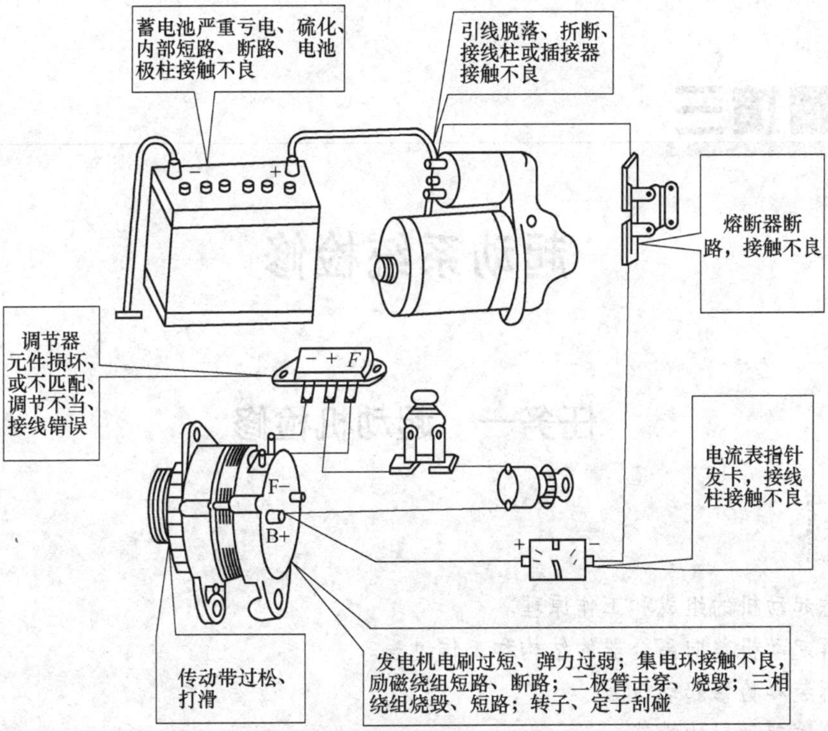

图 2-39　交流发电机充电系常见故障部位

课后思考与训练

一、填空题

1. 充电系主要故障有________、________和________。

2. 发电机不发电的主要原因有________、________、________和________。

二、判断题

1. 大部分汽车充电指示灯亮，表明蓄电池处于充电状态，发电机处于自励状态。(　　)

2. 桑塔纳的发电机是普通的交流发电机。(　　)

3. 发电机充电电流过大的主要原因在电压调节器。(　　)

三、问答题

1. 试述桑塔纳轿车电源系电路的工作原理?

2. 试述如何对充电电流过小的故障进行检修?

3. 如何检修汽车电源系不充电的故障?

学习情境三

起动系统检修

任务一　起动机检修

学习目标

1. 熟悉起动机的组成和工作原理。
2. 了解起动机单向离合器的结构和工作过程。
3. 能拆装和检修起动机。
4. 能测试起动机的性能。
5. 能对起动机常见故障进行检测、诊断和排除。

情境描述

一辆汽车接通点火开关后，起动机转速很快，但发动机不能起动，听不到齿轮的摩擦声和“嗒”、“嗒”声。根据此现象可以判断是起动机故障。售后服务经理要求对起动系统进行检查，报告损坏的部件，并进行维修。

相关知识

一、起动系统的功用与组成

发动机在燃料供给系统、点火系统(汽油机)、气缸压力正常的情况下，设法使曲轴转速达到一定值即可被起动。起动系统(简称起动系)的功用就是通过转动曲轴起动发动机，发动机起动之后，起动系便立即停止工作。

发动机常用的起动方式有人力起动、辅助汽油机起动和电力起动机起动三种。目前大多数车辆都已采用电力起动机起动，电力起动机起动方式是由直流电动机通过传动机构将发动机起动，它具有操作简单、体积小、质量轻、安全可靠、起动迅速并可重复起动等优点。

电力起动系一般由蓄电池、起动机、起动继电器、点火开关等组成，见图3-1。起动机安装在汽车发动机飞轮壳前端的座孔上。

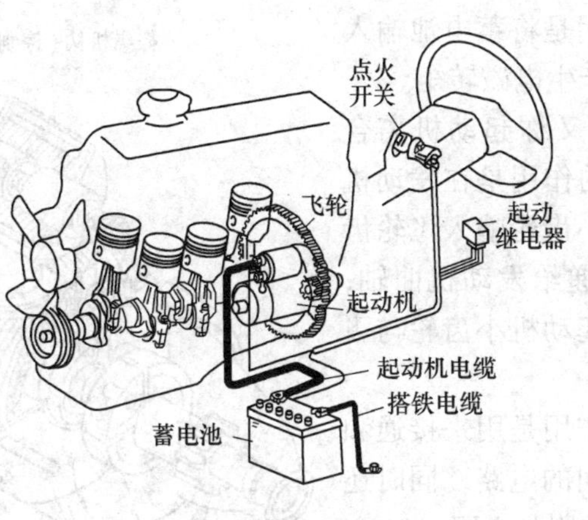

图 3-1　起动机在发动机上的安装

二、起动机的型号

根据国家汽车工业行业标准 QC/T 73—1993《汽车电气设备产品型号编制方法》的规定，起动机的型号如下：

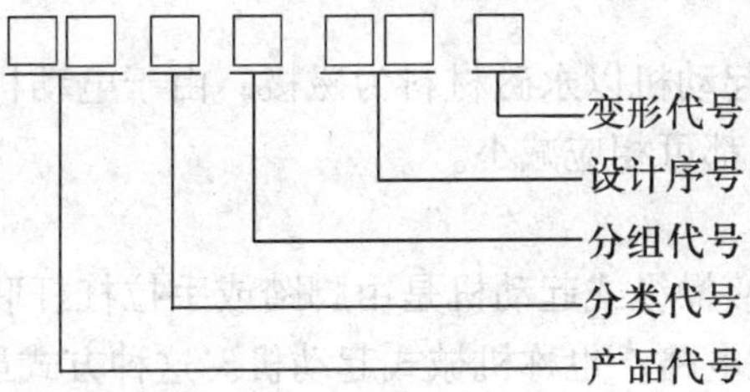

第 1 部分产品代号为 QD：其中 Q 表示起，D 表示动，其产品代号有 QD、QDJ、QDY 分别表示起动机、减速起动机及永磁起动机。

第 2 部分为电压等级代号：1—12V；2—24V；6—6V。

第 3 部分为功率等级代号：其值符合表 3-1 中的规定。

第 4 部分为设计序号。

第 5 部分为变形代号。

例如：

① QD124 表示额定电压为 12V、功率为(1 ~2) ×0. 736kW，第四次设计的起动机。

② QD27E 表示额定电压为 24V、功率为(7 ~10) ×0. 736kW，第五次设计的起动机。

表 3-1　起动机的功率等级代号

分组代号	1	2	3	4	5	6	7	8	9
功率等级/kW	~0. 736	>(1 ~2) ×0. 736	>(2 ~3) ×0. 736	>(3 ~4) ×0. 736	>(4 ~5) ×0. 736	>(5 ~7) ×0. 736	>(7 ~10) ×0. 736	>(10 ~15) ×0. 736	>15 × 0. 736

三、起动机的结构与类型

1. 起动机的组成

起动机由直流电动机、传动机构和操纵机构(控制装置)三部分组成，见图 3-2。

起动机的电动机作用是将蓄电池输入的电能转换为机械能，产生电磁转矩。

起动机的传动机构又称起动机离合器、啮合器。传动机构的作用是在发动机起动时使起动机轴上的小齿轮啮入飞轮齿圈，将起动机的转矩传递给发动机曲轴；在发动机起动后又能使起动机小齿轮与飞轮齿圈自动脱开。

起动机的控制装置作用是用来接通和断开电动机与蓄电池之间的电路，同时还能接入和切断点火线圈的附加电阻。

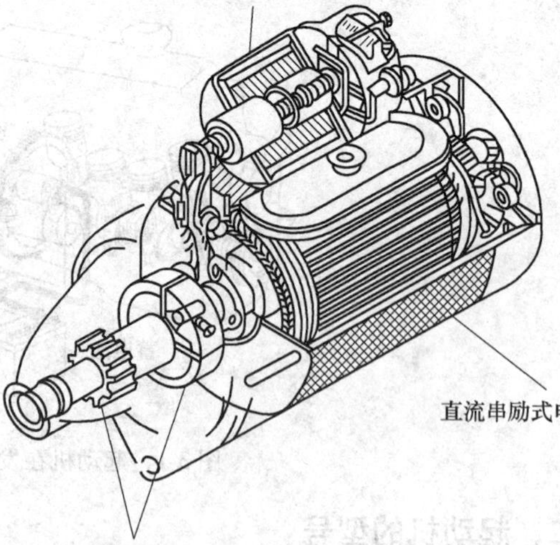

图 3-2　起动机构造

2. 起动机的类型

（1）按电动机磁场产生方式分类

1）励磁式起动机。励磁式起动机一般采用串励直流电动机，各型号的结构相差不大。

2）永磁式起动机。永磁式起动机以永磁材料为磁极，由于电动机中无励磁绕组，故可使起动机结构简化，体积和质量都可相应减小。

（2）按操纵机构分类

1）直接操纵式起动机。直接操纵式起动机是由脚踏或手拉杠杆联动机构直接控制起动机的主电路开关来接通或切断主电路，也称机械式起动机。这种方式虽然结构简单、工作可靠，但由于要求起动机、蓄电池靠近驾驶室而受安装布局的限制，而且操作不便，已很少采用。

2）电磁操纵式起动机。电磁操纵式起动机是由按钮或点火开关控制继电器，再由继电器控制起动机的主开关来接通或切断主电路，也称电磁控制式起动机。这种方式可实现远距离控制，操作方便，在现代汽车上广泛采用。

（3）按传动机构的啮合方式分类

1）惯性啮合式起动机。起动机旋转时，其啮合小齿轮靠惯性力自动啮入飞轮齿圈。起动后，小齿轮又借惯性力自动与飞轮齿圈脱离。这种啮合机构结构简单，但不能传递较大的转矩，而且可靠性较差，已很少采用。

2）强制啮合式起动机。强制啮合式起动机是靠人力或电磁力拉动杠杆强制小齿轮啮入飞轮齿圈的。这种啮合机构结构简单、动作可靠、操作方便，仍被现代汽车所采用。

3）电枢移动式起动机。电枢移动式起动机是靠起动机磁极磁通的吸力，使电枢沿轴向移动而使小齿轮啮入飞轮齿圈的，起动后再由回位弹簧使电枢回位，让驱动齿轮退出飞轮齿圈。这种啮合机构多用于大功率的柴油发动机上。

4）齿轮移动式起动机。它是由电磁开关推动安装在电枢轴孔内的啮合杆，使小齿轮啮入飞轮齿圈的。

5）减速式起动机。减速式起动机是靠电磁吸力推动单向离合器，使小齿轮啮入飞轮齿圈的。减速起动机的结构特点是在电枢和驱动齿轮之间装有一级减速齿轮（一般速比为

3～4)，它的优点是：

① 可采用小型高速低转矩的电动机，使起动机的体积减小、质量减少约35%，并便于安装。

② 提高了起动机的起动转矩，有利于发动机的起动。

③ 电枢轴较短，不易弯曲。

④ 减速齿轮的结构简单、效率高，保证了良好的机械性能。

四、直流电动机的构造及工作原理

1. 直流电动机的构造

直流电动机主要由电枢(转子)、换向器、磁极(定子)、外壳、电刷架与电刷等主要部件构成，如图3-3所示。电枢绕组与励磁绕组串联的直流电动机称为串励式直流电动机。

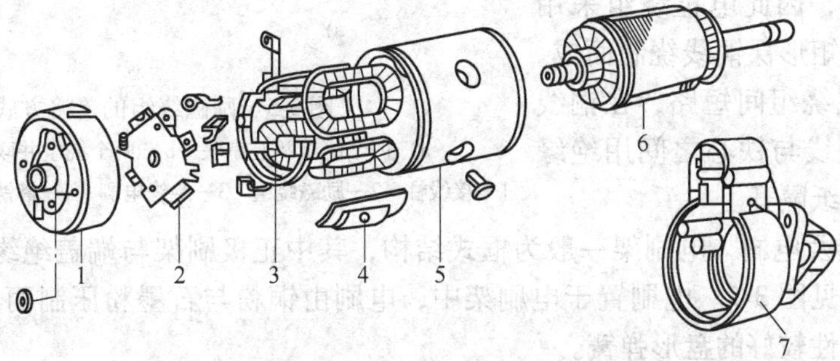

图3-3　直流电动机的构造

1—前端盖　2—电刷及电刷架　3—励磁绕组
4—磁场铁心　5—外壳　6—电枢　7—后端盖

(1) 外壳　大多数起动机外壳的一端有四个检查窗口，有些则没有。外壳中部有一个电流输入接线柱，并在内部与励磁绕组的一端相连。端盖分前后两个，前端盖由钢板压制而成，后端盖由灰铸铁铸造，呈缺口杯状。起动机一般采用青铜石墨轴承或铁基含油滑动轴承。减速起动机由于电枢的转速较高，因此采用滚柱轴承或球轴承。电刷装在前端盖内，后端盖上有拨叉座，盖口有凸缘和安装螺孔，还有拧紧中间轴承板的螺钉孔。

(2) 磁极　磁极由铁心和励磁绕组构成，励磁绕组是由绕在铁心上的线圈构成的电磁铁。励磁绕组固定在起动机外壳里面，励磁绕组与起动机外壳的组装如图3-4所示，用铸钢制造的铁心和起动机外壳连接在一起，可增加励磁绕组的磁场强度。磁极的作用是产生磁场，一般采用四个磁极。为增大电磁转矩，大功率起动机采用六个磁极。励磁绕组也是用粗扁铜线绕制而成，与电枢线组串联。四个励磁绕组的连接方式有两种，一种是四个绕组串联后再与电枢绕组串联，

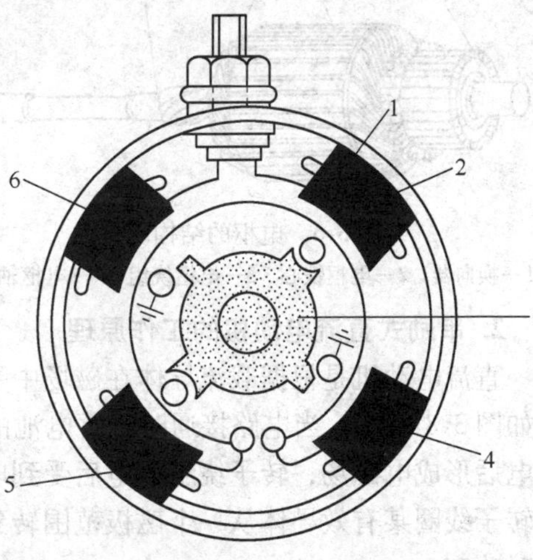

图3-4　励磁绕组与起动机外壳的组装

1、4、5、6—励磁励磁　2—外壳　3—电枢

另一种是两个绕组先串联后并联，然后再与电枢绕组串联。励磁绕组的连接方式如图 3-5 所示。

（3）电枢　电枢是直流电动机的旋转部分，由电枢轴、电枢铁心、电枢绕组等组成，电枢的结构如图 3-6 所示，它的作用是产生电磁转矩。

电枢铁心由硅钢片叠压而成，通过花键压装在电枢轴上。电枢绕组嵌装在铁心的槽内，绕组两端分别焊接在换向器的铜片上。为了得到较大的转矩，流经电枢绕组的电流很大，一般为 200 ~ 600A，因此电枢绕组采用横截面积较大的矩形裸铜线绕制而成。为了防止裸铜线绕组间短路，在铜线与铜线之间、铜线与铁心之间用绝缘性能较好的绝缘纸隔开。

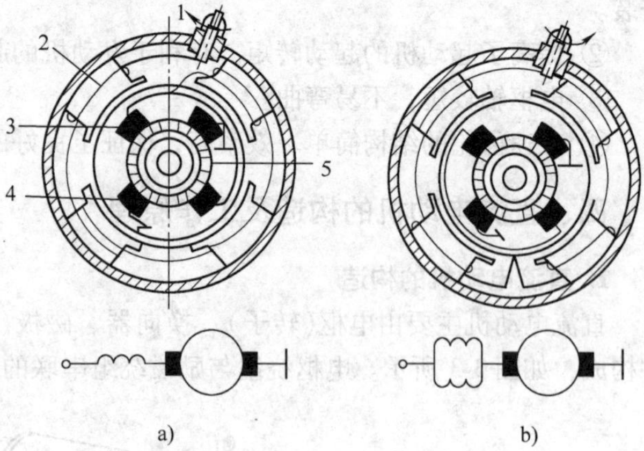

图 3-5　励磁绕组的连接方式

a）四个绕组相互串联　b）两个绕组并联后再串联

1—接线柱　2—励磁绕组　3—绝缘电刷　4—搭铁电刷　5—换向器

（4）换向器及电刷　电刷架一般为框式结构，其中正极刷架与端盖绝缘地固装，负极刷架直接搭铁，见图 3-7。电刷置于电刷架中，电刷由铜粉与石墨粉压制而成，呈棕红色。电刷架上装有弹性较好的盘形弹簧。

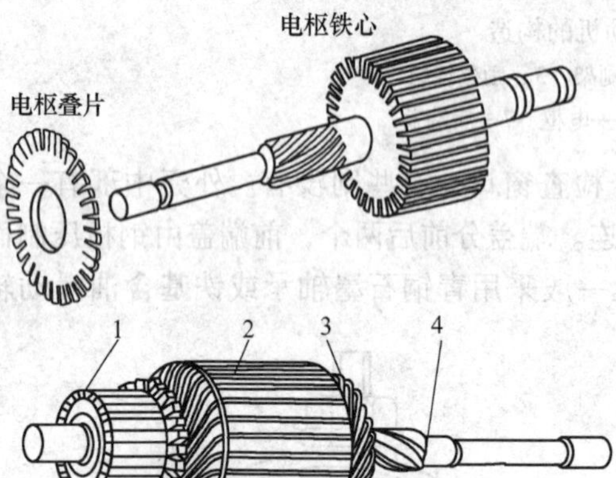

图 3-6　电枢的结构

1—换向器　2—电枢铁心　3—电枢绕组　4—电枢轴

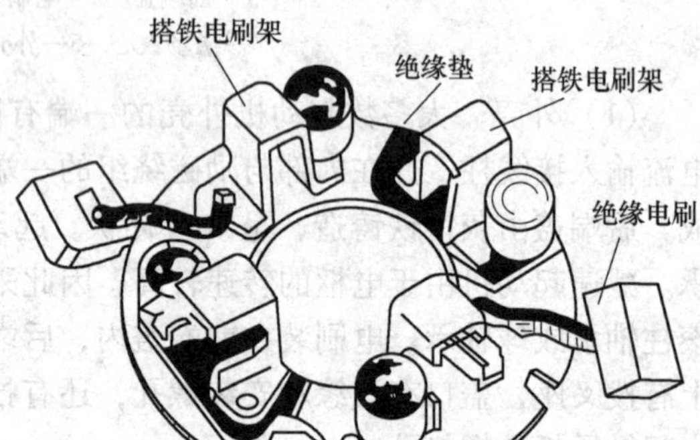

图 3-7　电刷架与电刷

2. 串励式直流电动机的工作原理

直流电动机是根据载流导体在磁场中受力运动的原理设计而成。串励式起动机的工作原理如图 3-8 所示。当电路接通时，蓄电池的电流经励磁线圈和转子线圈形成回路。励磁绕组通电后形成电磁场，转子绕组通电后受到电磁作用力产生旋转运动。换向片和电刷保证旋转的转子线圈某有效导体从一个磁极范围转到另一个异性磁极范围时，导体中的电流方向能够同时改变。

五、起动机的传动机构

起动机的传动机构由驱动齿轮、单向离合器、拨叉、弹簧等组成，安装在起动机轴的花键部分。单向离合器是起动机传动机构的重要部件，其作用是将电动机的转矩传递给发动机的飞轮齿圈，并使发动机迅速起动，同时又能在发动机起动后自动打滑，防止起动机不被飞轮反拖，保护起动机不被损坏。

传动机构中的单向离合器主要有滚柱式单向离合器、摩擦片式单向离合器、弹簧式单向离合器等三种。

1. 滚柱式单向离合器

滚柱式离合器是目前国内外汽车起动机中使用最多的一种。其结构如图 3-9 所示。其中，驱动齿轮与外壳连成一体。外壳内装有十字块，十字块与外壳形成了 4 个楔形槽，槽内装有 4 套滚柱及弹簧。十字块与花键套固定连接，壳底与外壳相互折合密封。花键套筒的外面装有缓冲弹簧、拨环及卡环。单向离合器总成利用花键套与起动机轴的花键形成动配合，可以作轴向移动。

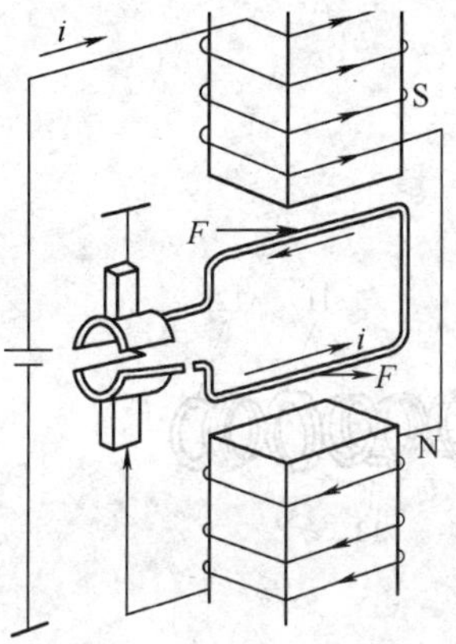

图 3-8 串励式起动机的工作原理

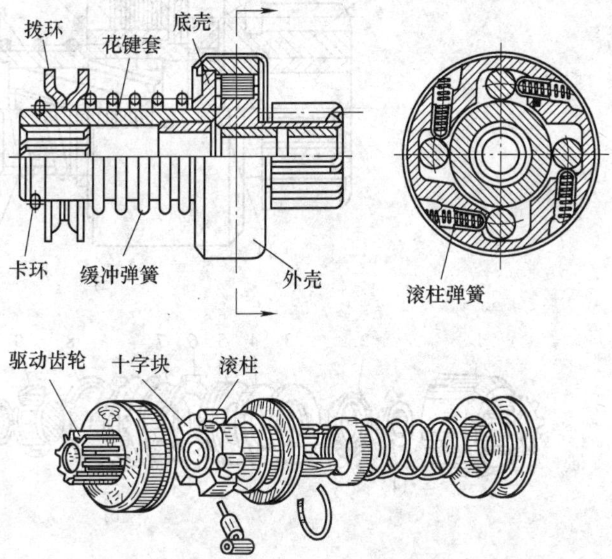

图 3-9 滚柱式单向离合器图

滚柱式单向离合器的工作原理如图 3-10 所示，发动机起动时，经拨叉将单向离合器沿电枢花键轴推出，驱动齿轮啮入发动机飞轮齿圈。由于十字块处于主动状态，随电动机电枢一起旋转，促使 4 个滚柱进入楔形槽的窄端，将十字块与外壳挤紧，于是电动机电枢的转矩就可由十字块经滚柱、外壳传给驱动齿轮，从而达到驱动发动机飞轮齿圈旋转、起动发动机运转的目的，如图 3-10a 所示。当发动机起动后，飞轮齿圈的转速高于驱动齿轮，十字块处于被动状态，

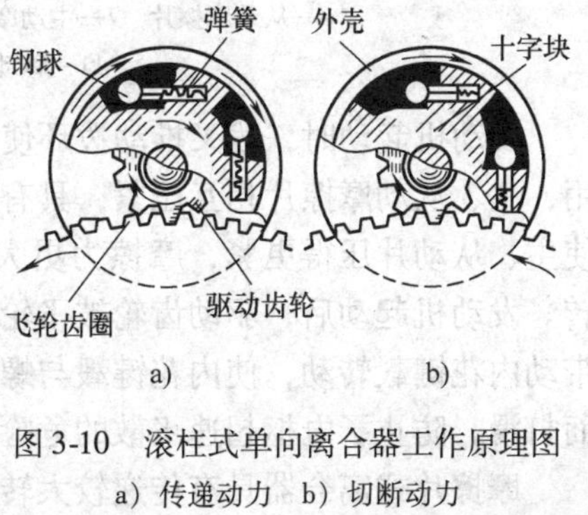

图 3-10 滚柱式单向离合器工作原理图

a）传递动力 b）切断动力

外壳与滚柱的摩擦力使滚柱进入楔形槽的宽端而自由滚动，只有驱动齿轮及外壳随飞轮齿圈作高速旋转，而起动机空转(起动电路并未及时断开)，如图 3-10b 所示。这种单向离合器的打滑功能，防止了电枢超速飞散的危险。起动完毕，由于拨叉回位弹簧的作用，经拨环使单向离合器退回，驱动齿轮完全脱离飞轮齿圈。这种滚柱式离合器具有结构简单。坚固耐用、体积小、质量轻、工作可靠等优点，因此得到广泛采用。其不足是不能用于大功率起动机上。

2. 摩擦片式单向离合器

摩擦式单向离合器的驱动齿轮与外接合鼓制造成一个整体，其结构如图 3-11 所示。在外接合鼓的内壁有 4 道轴向槽沟，装有钢质从动摩擦片。在花键套筒的一端表面亦有 3 条螺旋花键，与内接合鼓内的 3 条螺旋花键配合。内接合鼓的表面也有 4 条轴向槽沟，装有钢或青铜制造的主动摩擦片。主动摩擦片和从动摩擦片彼此相间地排列组装。内接合鼓的外面装有缓冲弹簧，端部固装着拨环。

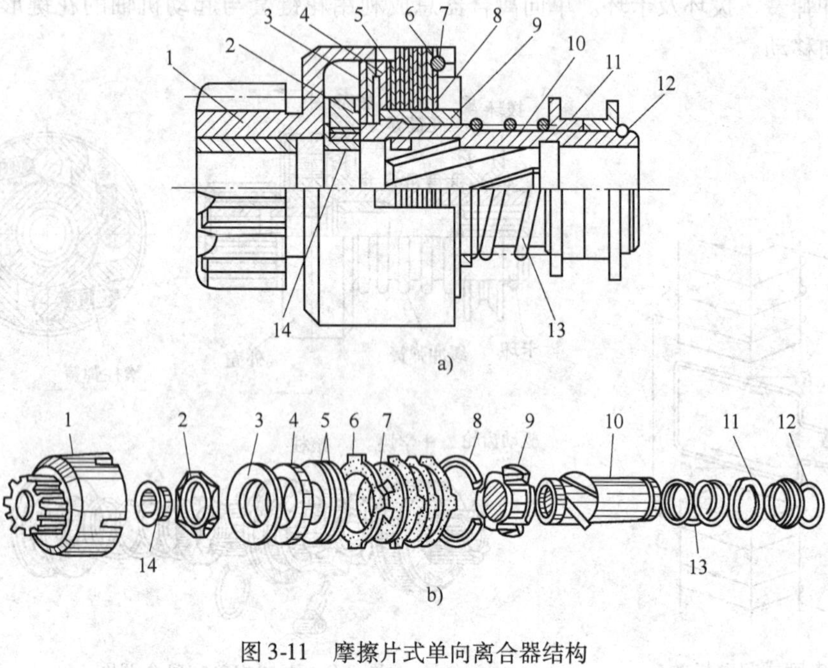

图 3-11　摩擦片式单向离合器结构

a）装配图　b）解体图

1—驱动齿轮与外接合鼓　2—螺母　3—弹性圈　4—压环　5—调整垫圈　6—从动摩擦片　7—主动摩擦片　8、12—卡环　9—内接合鼓　10—传动套筒　11—移动衬套　13—缓冲弹簧　14—挡圈

发动机起动时，拨叉推动拨环使内接合鼓沿 3 条螺旋花键向外移动，由于螺旋花键的作用，主、从动摩擦片相互压紧，具有了摩擦力。当驱动齿轮啮入飞轮齿圈后，电动机的转矩使主、从动片压得更紧，摩擦力更大，起动机的转矩通过摩擦传给飞轮齿圈，驱动曲轴旋转。发动机起动后，驱动齿轮被飞轮齿圈带动高速旋转，从动摩擦片到主动摩擦片的摩擦力带动内花键毂转动，使内花键毂与螺旋花键旋松，于是主动和被动摩擦片之间的摩擦力消失而打滑，防止了电枢超速飞散的危险。

摩擦片式离合器具有传递较大转矩，防止过载损坏起动机的优点，多用在大功率起动机上。但由于摩擦片容易磨损而影响起动性能，需要经常检查、调整或更换。

3. 弹簧式单向离合器

弹簧式单向离合器的结构如图3-12所示，传动套安装在电枢轴的花键上，驱动齿轮套装在电枢轴前端的光滑部分，在驱动齿轮与传动套外圆上装有扭力弹簧，扭力弹簧的内径略大于两套筒的外径。起动发动机时，传动叉拨动拨环，并压缩缓冲弹簧，推动单向离合器移向飞轮齿圈一端，使小齿轮啮入飞轮齿圈。电枢旋转时带动传动套筒旋转，在摩擦力的作用下，扭力弹簧被扭紧，将两个套筒抱死，起动机转矩便经扭力弹簧传给驱动齿轮再传给飞轮。起动机起动后，驱动齿轮飞轮齿圈拖动，同时驱动齿轮与传动套的主、从动关系也发生改变，这种变化使扭力弹簧被旋松而打滑，从而使电枢轴避免了超速运转的危险。

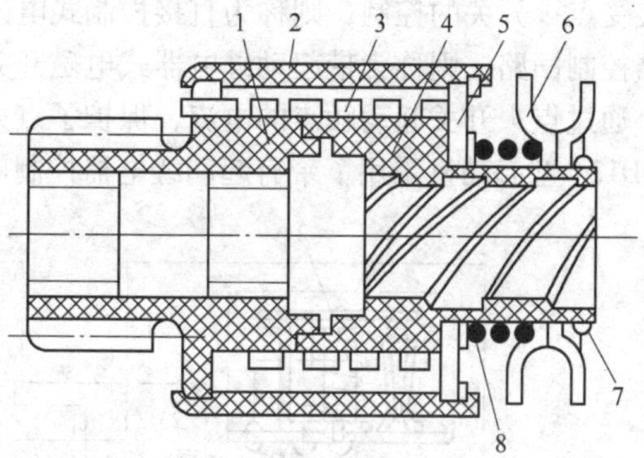

图3-12　弹簧式单向离合器结构

1—驱动齿轮与套筒　2—护套　3—扭力弹簧　4—传动套筒　5—垫圈　6—移动衬套　7—卡簧　8—缓冲弹簧

弹簧式离合器具有结构简单、制造工艺简单、成本低等优点，但由于驱动弹簧所需圈数较多，使其轴向尺寸增大。

六、控制装置

控制装置的作用是控制驱动齿轮和飞轮的啮合与分离，并且控制电动机电路的接通与切断。现代汽车上广泛使用的电磁式控制装置(电磁开关)如图3-13所示。其主要由吸拉线圈、保持线圈、回位弹簧、活动铁心和接触盘(片)等组成。

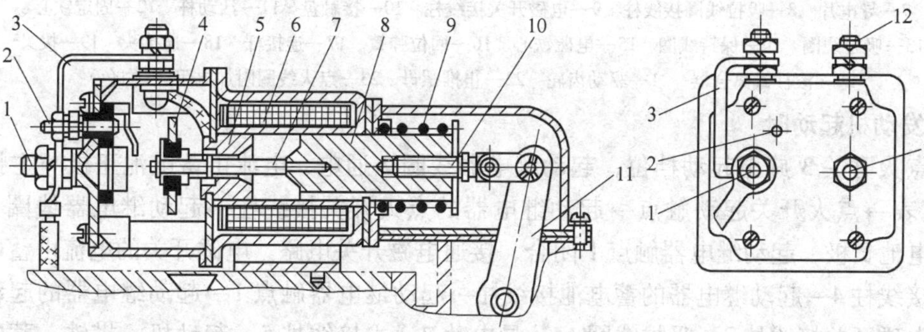

图3-13　电磁式控制装置

1、13—主接线柱　2—附加电阻短路接线柱　3—导电片　4—接触盘　5—固定铁心　6—吸拉线圈和保持线圈　7—推杆　8—活动铁心　9—回位弹簧　10—调节螺钉　11—拨叉　12—起动接线柱

电磁开关上有两个线圈，吸拉线圈和保持线圈6，两线圈的公共端接起动开关或起动接线柱12，吸拉线圈的另一端接起动机开关主接线柱，保持线圈的另一端搭铁。活动铁心8与拨叉11通过调节螺钉10相连，固定铁心5的中心装有推杆7，其上套有接触盘4。活动

铁心 8、推杆 7 及接触盘 4 上均有复位弹簧。

起动机的工作主要受电磁开关的控制，而电磁开关又受其他装置控制。如果电磁开关直接受点火开关的控制，则称为直接控制式电磁开关；如果在电磁开关的控制回路中加入继电器控制回路，则称为带起动继电器式电磁开关。利用起动继电器来控制电磁开关回路，能减小通过点火开关起动触点的电流，保护了点火开关不会烧蚀，延长了点火开关的使用寿命。QD124 型起动机采用了带有起动继电器控制电磁开关的起动系，其控制电路如图 3-14 所示。

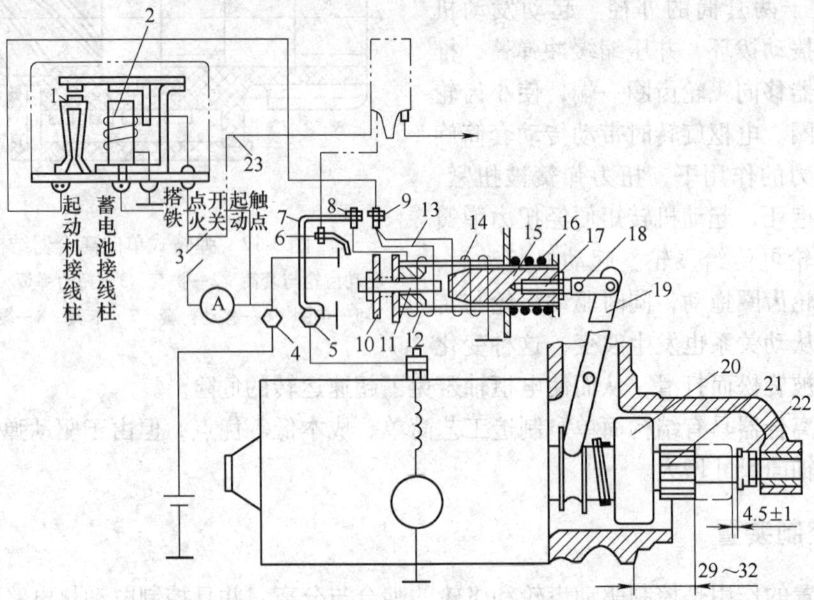

图 3-14　带有起动继电器控制电磁开关的起动系控制电路

1—起动继电器触点　2—起动继电器线圈　3—点火开关　4、5—主接线柱　6—辅助接线柱　7—导电片　8—吸拉线圈接线柱　9—电磁开关接线柱　10—接触盘　11—活动杆　12—固定铁心　13—吸拉线圈　14—保持线圈　15—电磁铁心　16—回位弹簧　17—连接杆　18—连接头　19—拨叉　20—滚柱式离合器　21—驱动齿轮　22—止推螺母　23—点火线圈附加电阻线（白色）

1. 发动机起动时

将点火开关 3 旋至起动档位，起动继电器线圈 2 通电，电流由蓄电池正极→主接线柱 4→电流表→点火开关起动触点→起动继电器的点火开关接线柱→起动继电器线圈 2→搭铁→蓄电池负极，起动继电器触点 1 闭合，接通电磁开关电路。电磁开关的电流由蓄电池正极→主接线柱 4→起动继电器的蓄电池接线柱→起动继电器触点 1→起动继电器的起动机接线柱→电磁开关接线柱 9→吸拉线圈 13→导电片 7→主接线柱 5→起动机→搭铁→蓄电池负极；同时电流由电磁开关接线柱 9 经保持线圈 14 回到蓄电池负极。两个线圈的电流同方向产生合成电磁力将电磁铁心 15 吸入，在起动机缓慢转动之下，拨叉 19 推出滚柱式离合器 20，使驱动齿轮 21 柔和地啮入飞轮齿环。

2. 驱动齿轮啮合一半时

当齿轮啮合约一半时，电磁铁心 15 顶动活动杆 11 而移至极限位置，此时齿轮已全部啮合好，接触盘 10 同时将辅助接线柱 6 和主接线柱 4、5 相继接通，于是起动机在短接点火线圈附加电阻线 23 的条件下产生起动转矩，将发动机起动。较大的起动电流直接从蓄电池正极→主接线柱 4→接触盘 10→主接线柱 5→起动机→搭铁→蓄电池负极。电磁开关闭合后将吸拉线圈 13 短接，齿轮的啮合靠保持线圈 14 产生的电磁力维持在工作位置，此时保持线圈的工作电路为蓄电池正极→主接线柱 4→起动继电器的蓄电池接线柱→起动继电器触点 1→起动继电器的起动机接线柱→电磁开关接线柱 9→保持线圈 14→搭铁→蓄电池负极。

3. 发动机起动后

当发动机起动后，滚柱式离合器 20 开始打滑，松开点火开关 3 即自动返回到正常点火档位，起动继电器线圈 2 断电，起动继电器触点 1 跳开，使电磁开关两个线圈串联，吸拉线圈 13 流过反向电流，加速电磁力的消失，其电路为：蓄电池正极→主接线柱 4→接触盘 10→主接线柱 5→导电片 7→吸拉线圈 13→电磁开关接线柱 9→保持线圈 14→搭铁→蓄电池负极。由于电磁开关电磁力迅速消失，电磁铁心 15 和活动杆 11 在回位弹簧 16 作用下返回。接触盘 10 先离开主接线柱 4、5，触点切断了起动机电源，点火线圈附加电阻也随即接入点火系统。最后拨叉 19 将打滑的离合器拨回，驱动齿轮便脱离了飞轮齿环，起动机完成起动工作。

七、减速式起动机

减速式起动机的结构特点是在电枢轴和驱动齿轮之间装有一级减速齿轮（一般传动比为 3 ~ 5），优点是：在同样输出功率下，其体积和质量比普通起动机小 30% ~ 50%，并便于安装，提高了起动转矩，有利于低温起动。起动机的减速机构常见的有外啮合式、内啮合式和行星齿轮式三种。

1. 外啮合式减速起动机

丰田汽车采用的外啮合式减速起动机分解图如图 3-15 所示。该起动机的传动中心距为 30mm 左右，在电枢与驱动齿轮之间，利用惰轮作中间传动，且电磁开关铁心与驱动齿轮及飞轮齿圈啮合，无需拨叉，起动机的减速传动效率高，成本适中，广泛应用于小功率的起动机上。

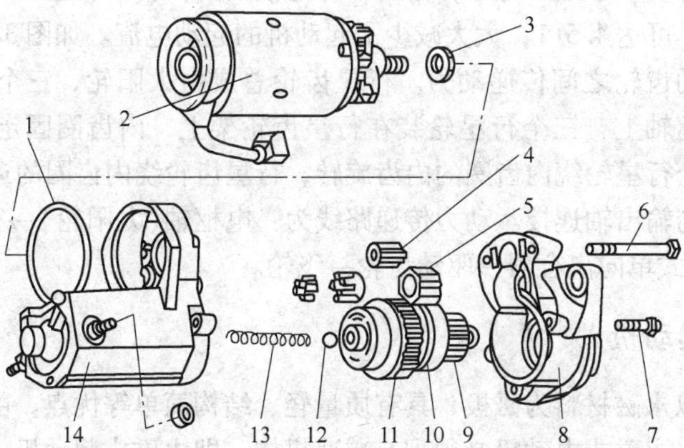

图 3-15　丰田汽车采用的外啮合式减速起动机分解图

1—橡胶圈　2—电动机　3—毡垫圈　4—主动齿轮
5—惰轮　6—穿钉　7—螺栓　8—外壳　9—驱动齿轮
10—单向离合器　11—从动齿轮　12—钢球
13—回位弹簧　14—电磁开关

2. 内啮合式减速起动机

内啮合式减速起动机结构图如图 3-16 所示。该种起动机的传动中心距离为 20mm 左右，减速传动效率高，但成本也高。

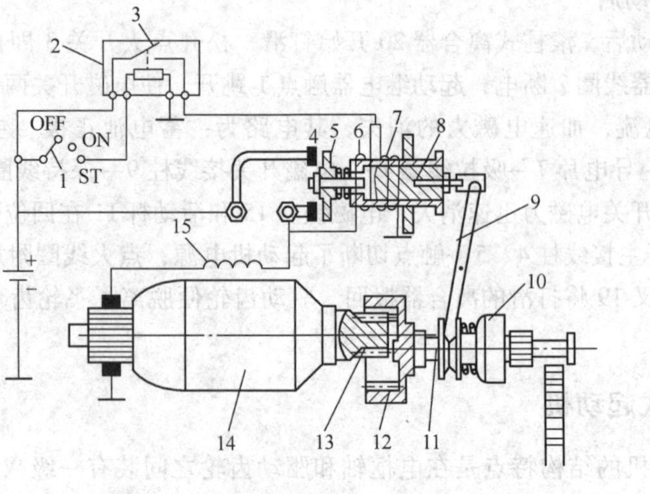

图 3-16　内啮合式减速起动机结构图

1—点火开关　2—起动继电器　3—起动继电器触点
4—主接线柱内侧触头　5—接触盘　6—吸拉线圈
7—保持线圈　8—活动铁心　9—拨叉　10—单向离合器
11—螺旋花键轴　12—内啮合减速齿轮　13—主动齿轮
14—电枢　15—励磁绕组

3. 行星齿轮式减速起动机

该种起动机的传动中心距离为零，输出轴与电枢轴同轴，可使整机尺寸减小。同时该种起动机传动比最大，可达 4. 5∶1，大大减少了起动机的起动电流。如图 3-17 所示，行星齿轮减速器在电枢与驱动齿轮之间传递动力。行星齿轮总成由太阳轮、三个行星轮和内齿圈组成。太阳轮装在电枢轴上，三个行星轮装在行星齿轮架上，内齿圈固定不动。当电枢旋转时，太阳轮带动三个行星轮绕内齿圈的内齿旋转，行星齿轮绕内齿圈的运动，带动行星齿轮架旋转，行星轮架与输出轴连接。动力传递路线为：电枢轴(太阳轮)→行星齿轮及支架(与输出轴一体)→滚柱式单向离合器→驱动齿轮→飞轮。

八、永磁式起动机

永磁式起动机以永磁材料为磁极，具有质量轻、结构简单等优点。由于永磁式电动机的机械特性较差，所以永磁式电动机必须配有减速机构，即永磁式起动机一般都是永磁式减速起动机。该种起动机一般有 2 ~ 3 对磁极，在其他方面与有励磁绕组的起动机一样。应用车型为美国通用汽车公司的部分轿车，北京切诺基汽车等。

奥迪五缸车用永磁式减速起动机分解图如图 3-18 所示。该起动机采用了行星齿轮式减速机构、滚柱式单向离合器。

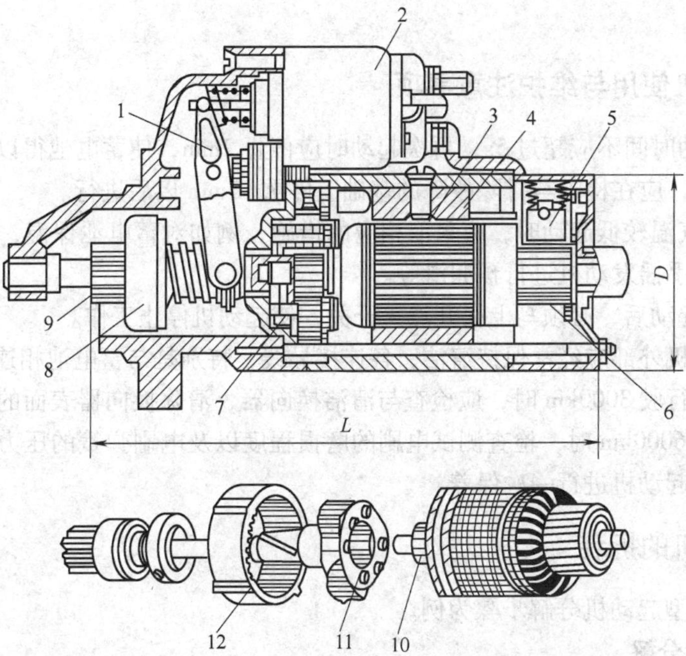

图 3-17　行星齿轮式减速起动机

1—拨叉　2—电磁开关　3—电枢　4—磁场　5—电刷　6—换向器

7—行星齿轮式减速机构　8—滚柱式单向离合器　9—驱动齿轮

10—电枢轴　11—行星齿轮架　12—内齿圈

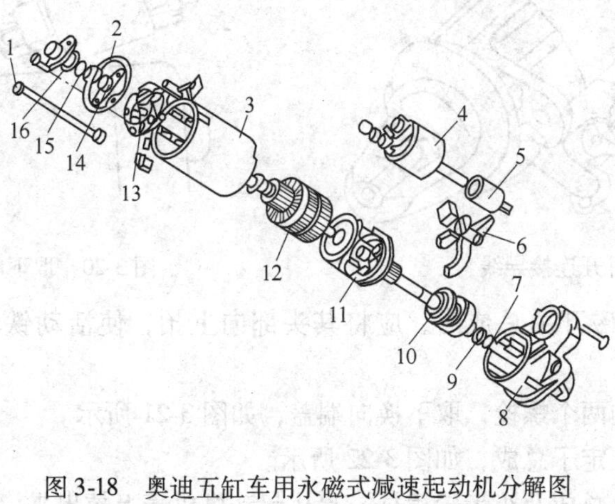

图 3-18　奥迪五缸车用永磁式减速起动机分解图

1—穿钉　2—调整垫片　3—机壳　4—电磁开关

5—活动铁心　6—拨叉　7—卡环　8—驱动端盖

9—止推垫圈　10—滚柱式单向离合器　11—行星齿轮式减速机构　12—转子　13—电刷架

14—端盖　15—锁片　16—密封圈

实施及规范

一、起动机使用与维护注意事项

1）每次起动时间不应超过5s，再次起动时应停止2min，使蓄电池得以恢复。如果必须连续第三次起动，应在检查与排除故障的基础上停歇15min以后进行。

2）在冬季气温较低起动时，应采取相应的措施，例如对蓄电池保温，确保蓄电池有充足的起动容量、手摇发动机进行预润滑等。

3）发动机起动后，必须马上松开点火开关，使起动机停止工作。

此外，起动机外部应经常保持清洁，各连接导线，特别是与蓄电池相连接的导线，应连接紧固；汽车每行驶3000km时，应检查与清洁换向器，清除换向器表面的磨屑和脏污；汽车每行驶5000～6000km时，检查测试电刷的磨损程度以及电刷弹簧的压力，均应在规定范围之内；每年对起动机进行一次保养。

二、起动机的拆装

以QD124H型起动机分解步骤为例。

1. 起动机的分解

1）从电磁开关接线柱上拆开起动机与电磁开关之间的连接导线，如图3-19所示。

2）松开电磁开关总成的两个固定螺母。取下电磁开关总成，如图3-20所示。

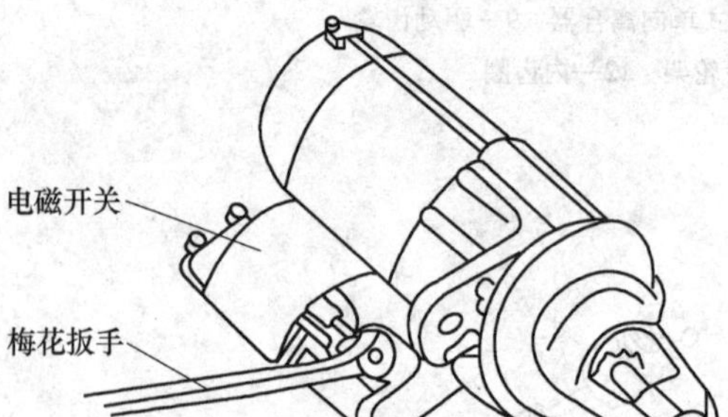

图3-19　拆开连接导线

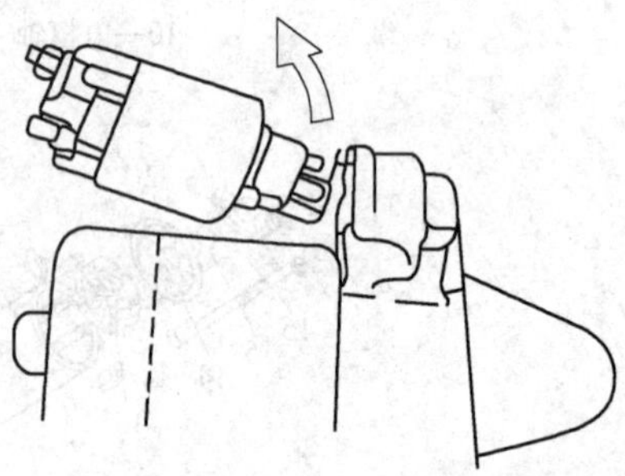

图3-20　取下电磁开关总成

注意：在取出电磁开关总成时，应将其头部向上抬，使活动铁心端头与拨杆脱开后取出。

3）拆除换向器的两个螺栓，取下换向端盖，如图3-21所示。

4）拆下电刷架及定子总成，如图3-22所示。

5）将起动机电枢总成及小齿轮拨杆一起从起动机机壳上拉出来，如图3-23所示。

6）从电枢轴上拆下电枢止推挡圈的右半环、卡环、电枢止推挡圈左半环，拆下单向离合器总成，如图3-24所示。

2. 组装

起动机的组装程序与分解相反，但要注意：在组装起动机前，应将起动机的轴承和滑动部位涂以润滑脂。

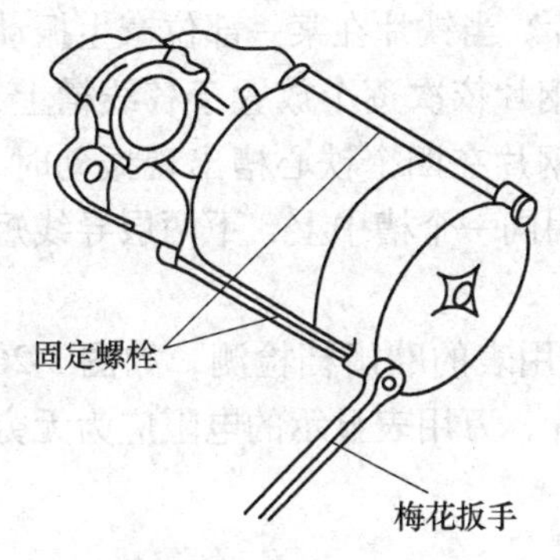

图 3-21　拆除换向器螺栓

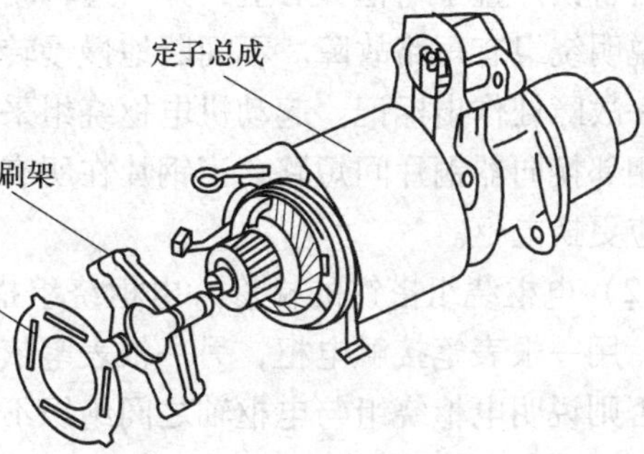

图 3-22　拆除电刷架及定子总成

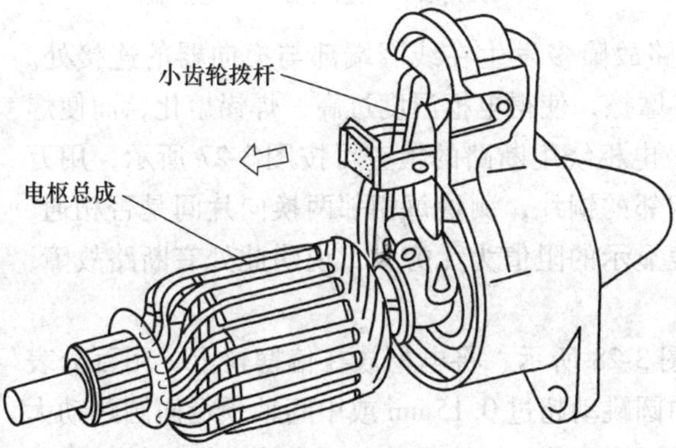

图 3-23　电枢总成的拆除

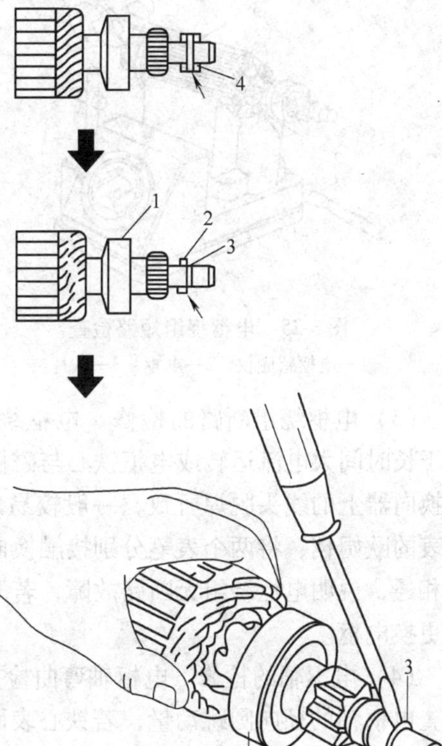

图 3-24　单向离合器拆解
1—单向离合器　2—卡环　3—推挡圈左半环　4—推挡圈右半环

三、起动机的检修

1. 电枢的检修

电枢绕组常见的故障有断路、匝间短路和搭铁等。

（1）电枢绕组短路的检修　电枢绕组发生短路故障时，利用电气万能试验台上的电枢感应仪进行检查。电枢绕组短路检查如图 3-25 所示，把电枢放在电枢感应仪上，当测试仪通电后将铁片置于电枢铁心上，并一边转动电枢一边移动铁片。当铁片在某一部位产生振动时，说明绕组有短路故障。不间断地慢慢转动电枢一圈，将钢片依次逐个放置于各线槽上，对每一故障处作出标记。起动机电枢绕组采用波绕法时，当钢片在四个铁心槽出现振动时，说明相邻换向器铜片间短路；当钢片在所有槽上振动时，说明同一个槽中上、下两层导线短路，应更换电枢。

（2）电枢绕组搭铁的检修　电枢绕组搭铁的检查是用万用表的欧姆档检测，如图 3-26 所示，用一根表笔接触电枢，另一根表笔依次接触换向器铜片，万用表显示的电阻应为无穷大，否则说明电枢绕组与电枢轴之间绝缘不良，有搭铁之处。

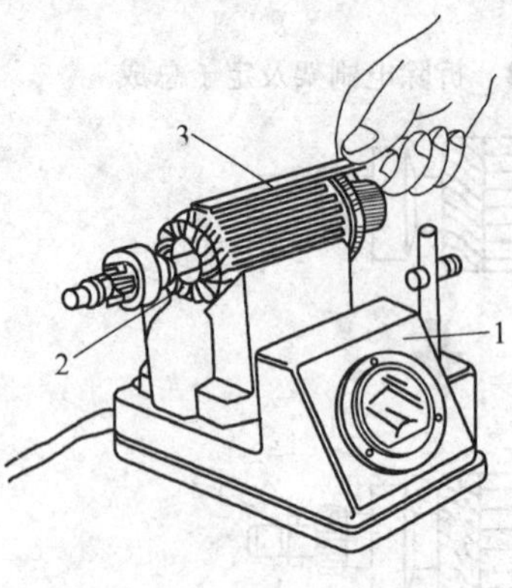

图 3-25　电枢绕组短路检查

1—电枢感应仪　2—电枢　3—铁片

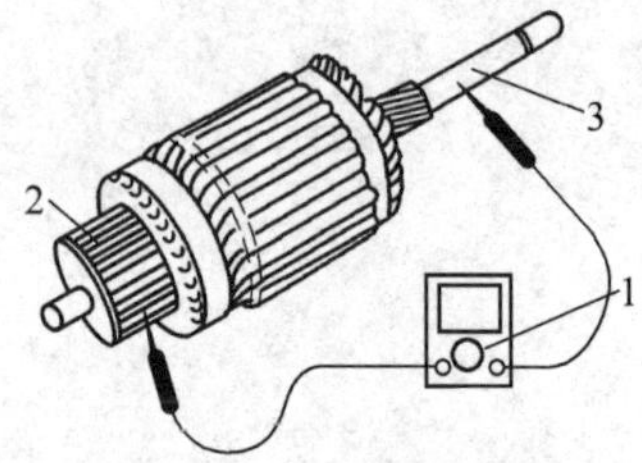

图 3-26　电枢绕组搭铁检修

1—万用表　2—换向器　3—电枢轴

（3）电枢绕组断路的检修　电枢绕组断路故障多发生在线圈端部与换向器的连接处。由于长时间大电流运转或电枢铁心与磁极铁心摩擦，使得电枢温度过高，焊锡熔化，而使焊在换向器上的线头脱焊所致，一般较易发现。电枢绕组断路的检查可按图 3-27 所示，用万用表的欧姆档，将两个表笔分别接触换向器相邻的铜片，测量每相邻两换向片间是否相通，如相通，说明电枢绕组无断路故障，若万用表显示的阻值为无穷大，说明此处有断路故障，应更换电枢。

（4）电枢轴的检修　电枢轴弯曲检查如图 3-28 所示，将电枢放在偏摆仪上，用百分表检查电枢轴的径向圆跳动量，若铁心表面径向圆跳动超过 0. 15mm 或中间轴颈径向圆跳动大于 0. 05mm 时，说明电枢轴弯曲严重，均应进行校正或更换。另外，还应检查电枢轴上的花

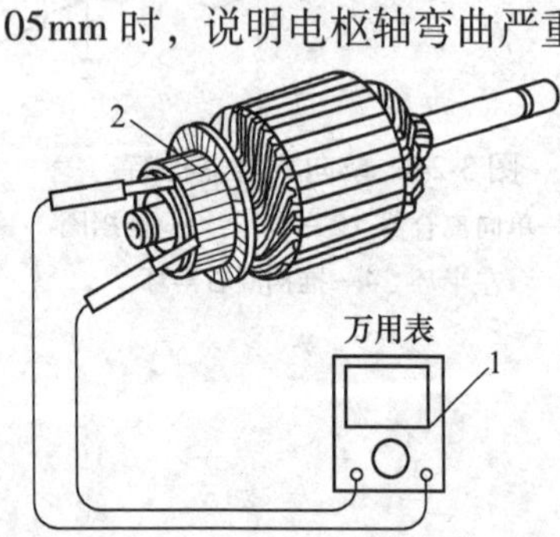

图 3-27　电枢绕组断路检查

1—万用表　2—换向器

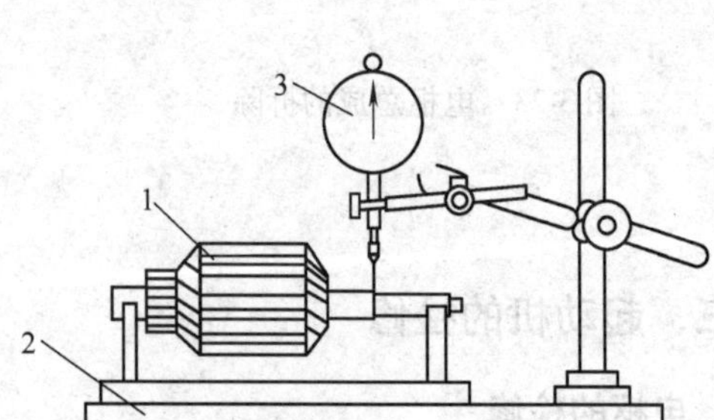

图 3-28　电枢轴弯曲检查

1—电枢　2—偏摆仪　3—百分表

键齿槽，如发现严重磨损或损坏，则应修复或更换。

2. 换向器的检修

（1）换向器最小直径的检查　换向器最小直径检查如图 3-29 所示，用游标卡尺检查换向器外径尺寸，换向器外径一般不小于标准值 1mm，否则应更换电枢。

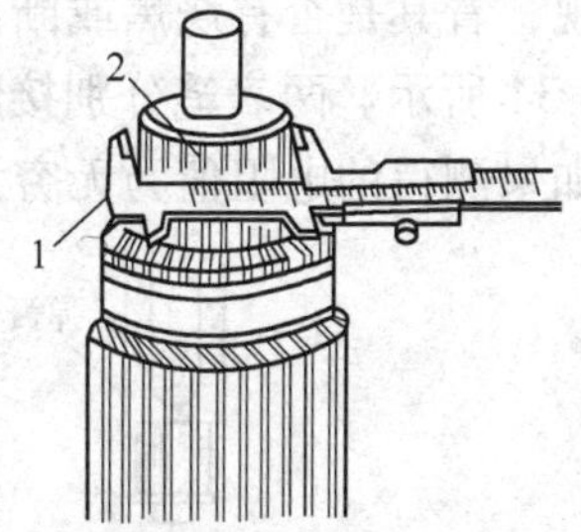

图 3-29　换向器最小直径检查

1—卡尺　2—换向器

（2）换向器弯曲度的检修　换向器弯曲度检查如图 3-30 所示，用砂纸打磨换向器表面后，用百分表检查换向器表面的径向圆跳动量，一般换向器圆柱度误差不应大于 0.05mm，否则应在车床上修整。

（3）换向器磨损的检修　换向器磨损情况检查如图 3-31 所示，检查换向器的绝缘云母片的深度，标准值为 0.5～0.8mm，使用极限值为 0.2mm。如果云母槽深度低于极限值，可用锉刀修整，再用细砂纸打磨。修整时锉刀要与换向器外圆母线平行。

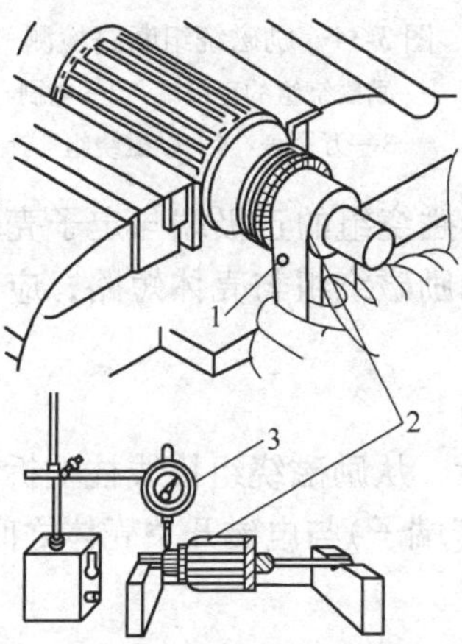

图 3-30　换向器弯曲度检查

1—砂纸　2—换向器　3—百分表

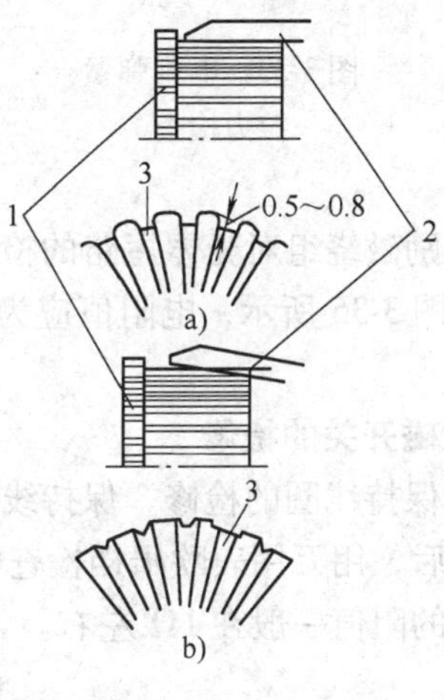

图 3-31　换向器磨损情况检查

a）检查和修整　b）修整后的形状

1—换向器　2—锉刀　3—绝缘云母片

3. 电刷的检修

电刷长度检查如图 3-32 所示，用卡尺检查电刷长度，电刷长度应不低于新电刷长度的 2/3（国产起动机新电刷长度一般为 14mm），即 7～10mm，否则应予以更换。电刷与换向器的接触面积应在 75% 以上，否则应研磨电刷。电刷在电刷架内应活动自如无卡滞现象。

电刷弹簧拉力检查如图 3-33 所示，用弹簧秤测量弹簧拉力，应在 18～22N 之间。如果达不到规定值，应更换新的弹簧。

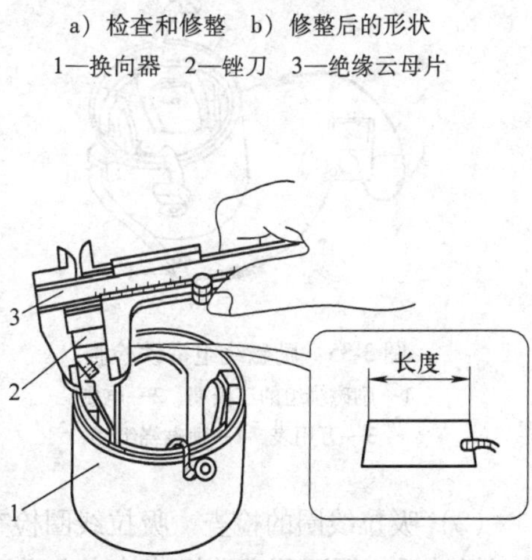

图 3-32　电刷长度检查

1—外壳　2—电刷　3—卡尺

4. 励磁绕组的检修

（1）励磁绕组断路的检修　首先通过外部验

视，看其是否有烧焦或断路处，若外部验视未发现问题，可用万用表的欧姆档检测，如图3-34 所示。两表笔分别接触起动机外壳引线(即电流输入接线柱)与励磁绕组绝缘电刷接头，如果测得的电阻值为无穷大，说明励磁绕组断路，应予以检修或更换。

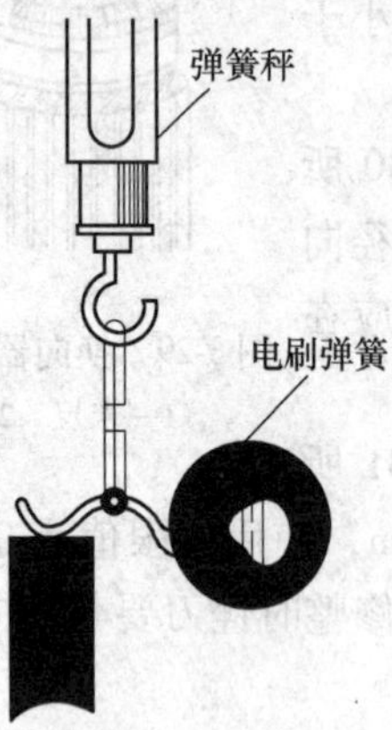

图 3-33　电刷弹簧拉力检查

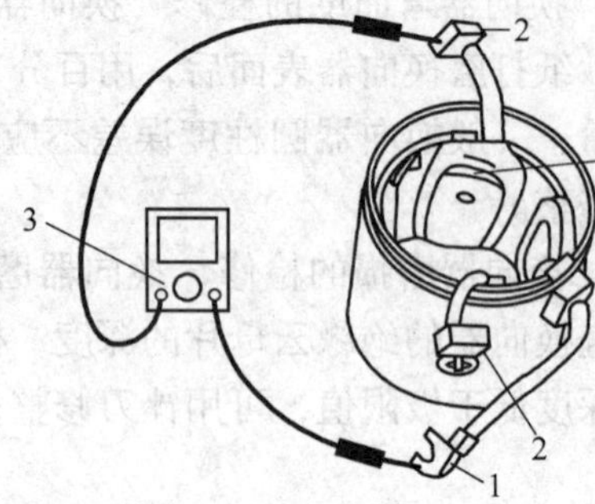

图 3-34　励磁绕组断路检测
1—励磁绕组的正极端　2—电刷
3—万用表　4—励磁绕组

（2）励磁绕组对壳体短路的检修　用万用表检查励磁绕组的正极端与定子壳体之间的电阻，如图 3-35 所示，电阻值应为无穷大。否则，表示励磁绕组与壳体短路，应予以检修或更换。

5. 电磁开关的检修

（1）保持线圈的检修　保持线圈检查如图 3-36 所示，从励磁绕组接线柱上拆下励磁绕组正极端后，用万用表欧姆档检查电磁开关接线柱(“50”端子)与电磁开关壳体之间的电阻，保持线圈的阻值一般在 1Ω 左右。

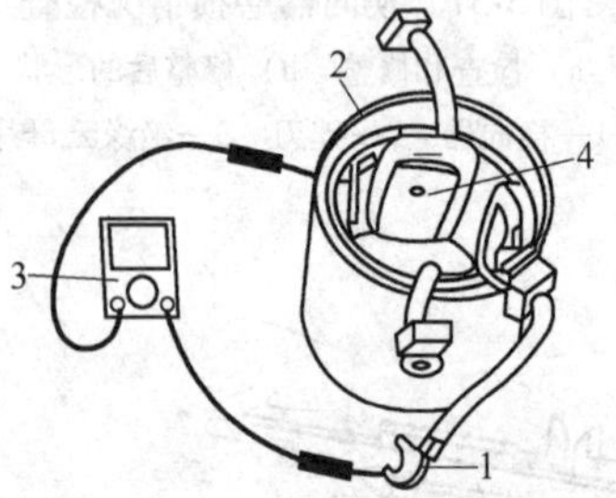

图 3-35　励磁绕组搭铁检查
1—励磁绕组的正极端　2—电刷
3—万用表　4—励磁绕组

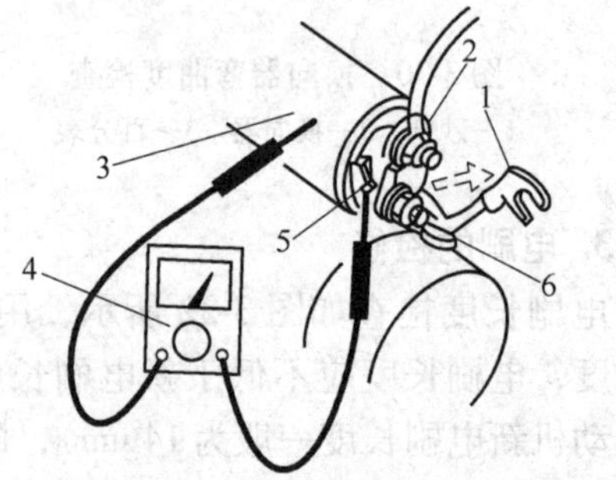

图 3-36　保持线圈检查
1—励磁绕组正极端　2—主接线柱(“30”端子)
3—电磁开关　4—万用表　5—电磁开关接线柱(“50”端子)　6—励磁绕组接线柱

（2）吸拉线圈的检查　吸拉线圈检查如图 3-37 所示，从励磁绕组接线柱上拆下励磁绕组正极端后，用万用表欧姆档检查电磁开关与励磁绕组接线柱之间的电阻，吸引线圈的电阻值一般在 0.6Ω 以下。

测量吸引和保持线圈的电阻时，如万用表所测电阻为无穷大，说明线圈断路；若电阻值小于规定值，说明线圈有匝间短路。线圈断路或短路均需更换。

6. 传动机构的检修

(1) 检查拨叉　拨叉应无变形、断裂、松旷等现象，回位弹簧应无锈蚀、弹力正常，否则应更换。

(2) 驱动齿轮的检查　驱动齿轮的齿长不得小于全齿长的1/3，且不得有缺损、裂痕，否则应予以更换；齿轮磨损严重或扭曲变形时，也应予以更换。

(3) 单向离合器的安装与检查　将单向离合器夹在台虎钳上，用扭力扳手转动，如图3-38所示，应能承受制动实验时的最大转矩而不打滑。滚柱式单向离合器能在25.5N·m、摩擦片式单向离合器能在117～176N·m转矩之间不打滑，否则就应该进行修理。

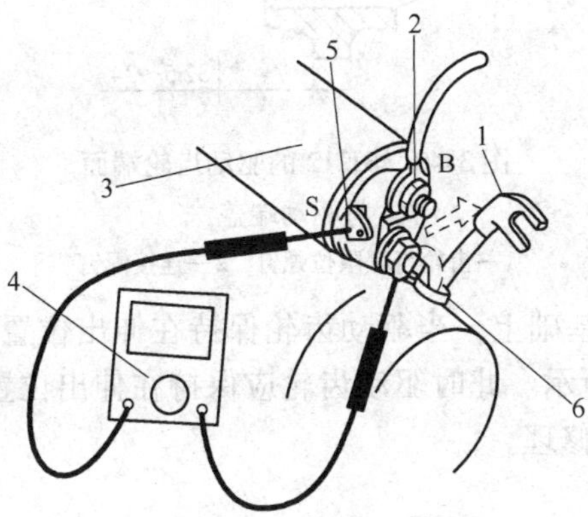

图3-37　吸拉线圈检查

1—励磁绕组正极端　2—主接线柱（"30"端子）　3—电磁开关　4—万用表　5—电磁开关接线柱（"50"端子）　6—励磁绕组接线柱

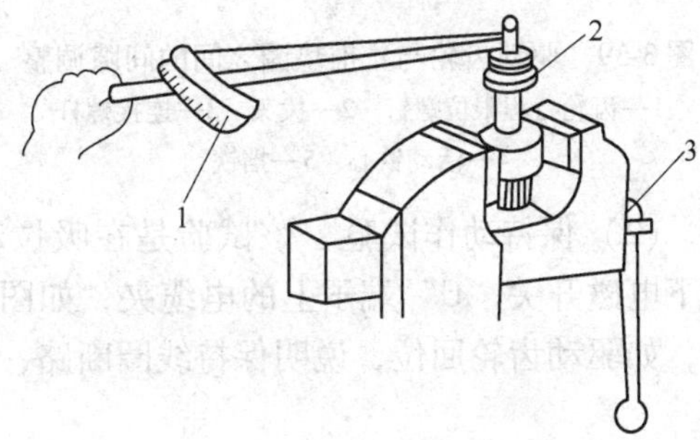

图3-38　单向离合器安装与检查

1—扳手　2—单向离合器　3—台虎钳

四、起动机的调整与试验

1. 起动机的调整

(1) 驱动齿轮与止推垫圈之间的间隙调整　驱动齿轮与止推垫圈之间的间隙调整如图3-39所示，将电磁开关的活动铁心推至使其开关刚好接通的位置，并保持稳定，测量驱动齿轮与止推垫圈端面之间的间隙值，一般为4～5mm。如不符合，可适当拧入或旋出拨叉2与活动铁心4的连接螺杆3，然后再将活动铁心顶到极限位置。此时驱动齿轮与止推垫圈之间的间隙应减小到1.5～2.5mm。如不符合，可调整齿轮行程限位螺钉1，直至合格为止。

(2) 起动机驱动齿轮端面与驱动端盖突缘面之间距离的调整　有些汽车(如EQ1090，BJ212等)的起动机，规定了起动机不工作时驱动齿轮端面与后端盖突缘面之间的距离。BJ212的驱动齿轮端面与驱动端盖如图3-40所示。EQ1090的规定值为29～32mm，BJ212的为32.5～34mm。不符合规定值时，可调整后端盖上的齿轮行程限位螺钉。

2. 电磁开关试验

(1) 吸拉动作试验　将起动机固定在台虎钳上，拆下起动机端子"C"上的励磁绕组电缆引线端子，用带夹电缆将起动机"C"端子和电磁开关壳体与蓄电池负极连接，如图3-41

所示。用带夹电缆将起动机“50”端子与蓄电池正极连接，此时驱动齿轮应向外移动。如驱动齿轮不动，说明电磁开关有故障，应予以修理或更换。

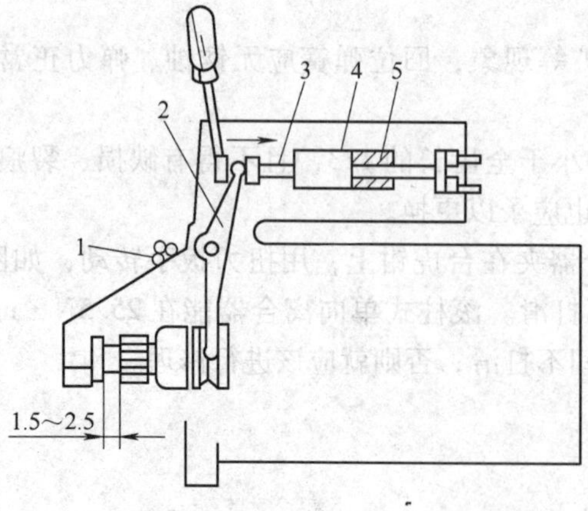

图 3-39　驱动齿轮与止推垫圈之间的间隙调整

1—齿轮行程限位螺钉　2—拨叉　3—连接螺杆　4—活动铁心　5—挡铁

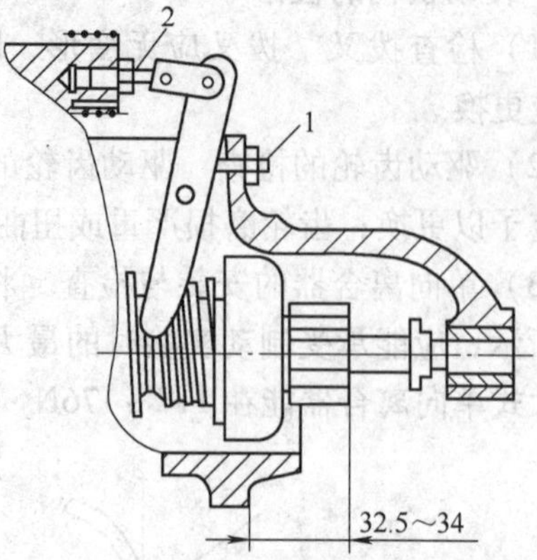

图 3-40　BJ212 的驱动齿轮端面与驱动端盖

1—齿轮行程限位螺钉　2—连接螺钉

（2）保持动作试验　该试验是在吸拉动作的基础上，当驱动齿轮保持在伸出位置时，拆下电磁开关“C”端子上的电缆夹，如图 3-42 所示。此时驱动齿轮应保持在伸出位置不动，如驱动齿轮回位，说明保持线圈断路，应予以修理。

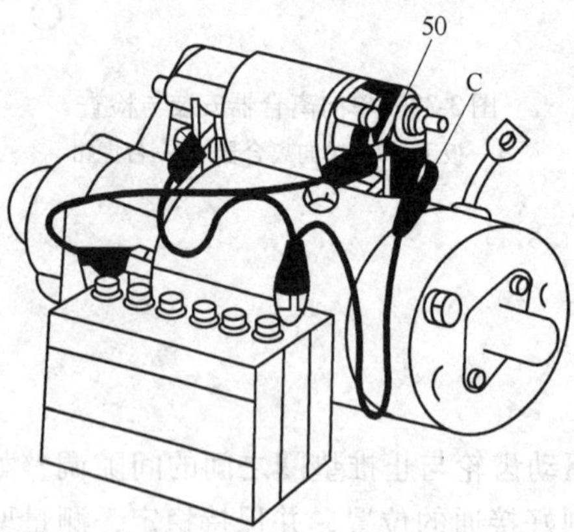

图 3-41　吸拉动作试验线路

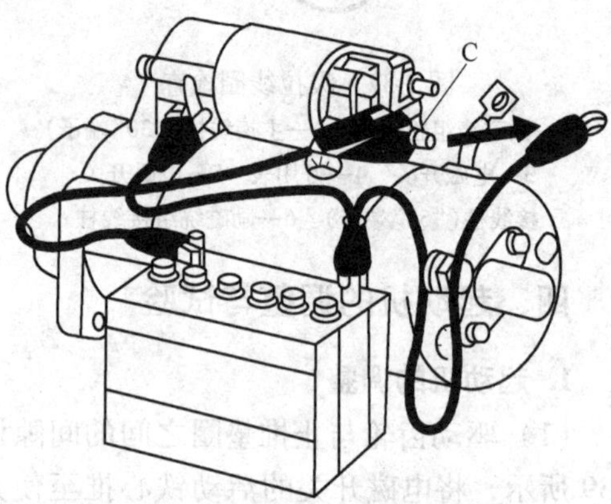

图 3-42　保持动作试验方法

（3）回位动作试验　在保持动作的基础上，再拆下起动机壳体上的电缆夹，如图 3-43 所示。此时驱动齿轮应迅速回位，如驱动齿轮不能回位，说明回位弹簧失效，应更换弹簧或电磁开关总成。

3. 无负荷测试

无负荷测试用于检查起动机电磁开关的接触点以及换向器和电刷之间的接触状况。测试方法如图 3-44 所示。

1）用台虎钳固定住夹在铝板或者布之间的起动机。

2）将拆下的励磁线圈引线连接到 C 端子。

3）将蓄电池正极（+）端子连接到 30 端子和 50 端子上。

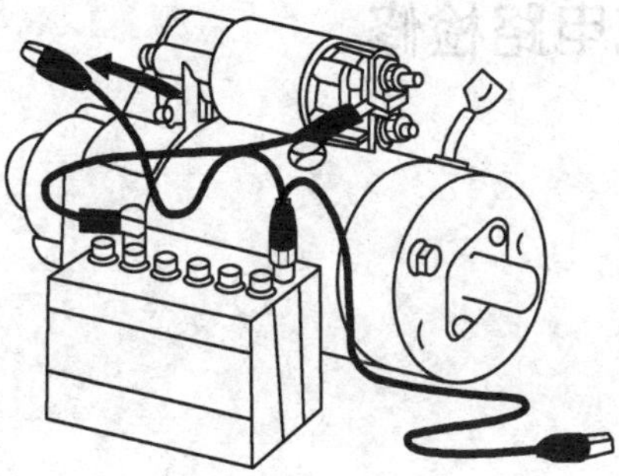

图 3-43　回位动作试验方法

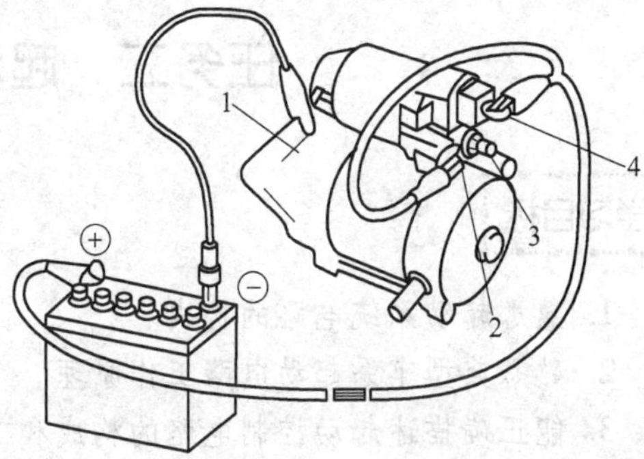

图 3-44　无负荷测试

1—起动机壳体　2—50 端子　3—C 端子　4—30 端子

4）将测试仪连接在蓄电池正极（+）端子和 30 端子之间。

5）将蓄电池负极（-）端子连接到起动机壳体上，然后转动起动机。

6）测量流入起动机的电流。

课后思考与训练

一、填空题

1. 直流串励式电动机的励磁绕组有两种连接方式：一种是 4 个绕组依次串联后再与电枢组____；另一种是励磁绕组两两串联后再________然后与电枢线组________。

2. 起动机电刷的高度低于原高度的________时，应予更换。更换的电刷应研磨其接触面，研磨后的接触面积大于________%。

3. 在进行电磁开关保持线圈检查时，应将万用表的表笔分别接________接线柱和________，根据测量电阻值判定其技术情况。

4. 每次起动时间不应超过________ s，再次起动时应停止________ min，使蓄电池得以恢复。如果有连续第三次起动，应在检查与排除故障的基础上停歇________ min 以后进行。

5. 起动机电磁开关内有________和________两个线圈，推杆上装有铜质________，刚接通电磁开关电路时，推杆是由________推动运动的。

6. 单向滚柱式离合器的驱动齿轮与外壳连成________，外壳内装有________，十字块与花键套筒________，在外壳与十字块形成的四个________槽内分别装有一套________。

二、判断题

1. 起动机投入工作时，应先接通主电路，然后再使齿轮啮合。（　）

2. 换向器的作用是把交流电变为直流电。（　）

三、问答题

1. 起动继电器的作用是什么？简述其工作过程？

2. 简述起动机电磁开关的工作过程？

3. 起动机检修后的试验应做哪些实验？

4. 如何对起动机零件进行检修？

任务二　起动系统电路检修

学习目标

1. 熟悉起动系统电路的构成。
2. 熟悉典型车系起动电路工作原理。
3. 能正确描述起动控制电路的构成和工作原理。
4. 能检修起动系统电路的常见故障。

情境描述

一辆桑塔纳2000型轿车，采用QD1225起动机，接通点火开关起动后，放松点火开关，起动机的驱动齿轮与发动机飞轮齿圈仍然啮合，导致起动机一直处于高速运转状态。售后服务经理要求对起动系统线路和起动机进行检修。

相关知识

一、起动系统电路的构成

目前，起动系统电路有两种形式。一种是不带起动继电器的，如图3-45所示；另一种是带起动继电器的，如图3-14所示。不论有无起动继电器，我们都可将起动电路分为两大部分。一部分是主电路，另一部分为控制电路。主电路是在起动机工作时为起动机励磁线圈

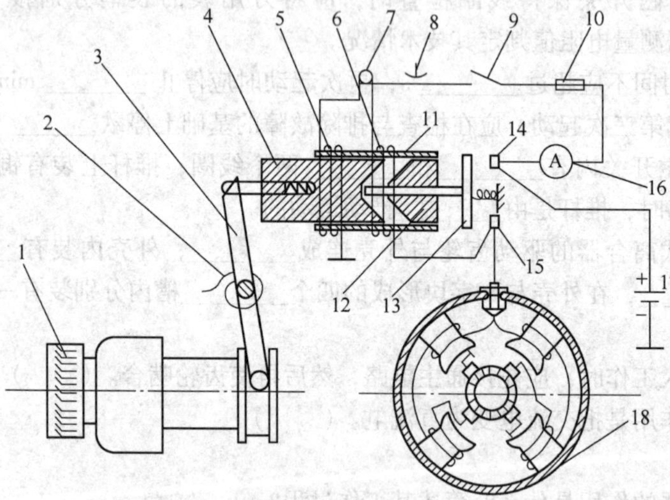

图3-45　不带起动继电器的起动电路图

1—驱动齿轮　2—拨叉回位弹簧　3—拨叉　4—电磁铁心　5—保持线圈
6—吸引线圈　7—接线柱　8—起动按钮　9—起动总开关　10—熔断器
11—电动机　12—挡铁　13—接触盘　14、15—主接线柱　16—电流表
17—蓄电池　18—直流电动机

和电枢绕组提供电能(流)的电路。其电路连接路线是：蓄电池正极→主接线柱 14→起动机电磁开关内部的接触盘 13→主接线柱 15→起动机励磁绕组→电枢绕组→起动机外壳→搭铁→蓄电池负极。控制电路的作用是控制起动机电磁开关动作，一方面使起动主电路按通，另一方面使起动机小齿轮与飞轮接合达到使起动机带动发动机飞轮齿圈转动的目的。不带起动继电器的起动控制电路是通过点火开关直接控制起动机电磁开关工作，由于起动机电磁开关在工作时电流较大，容易使点火开关损坏，所以现在的汽车已很少采用。带起动继电器的起动控制电路通过控制起动继电器内的电磁线圈，使继电器内部的常开触点闭合而接通起动电磁开关电路，使起动电磁开关工作。

上述两种电路在发动机起动后，如果不小心将点火开关再转动到起动位置，起动电路会被接通而造成打齿现象(这是因为发动机工作时,起动机小齿轮试图与飞轮齿圈啮合,由于转速不同而造成的)。因此，有些车辆采用了组合继电器，如图 3-46 所示。

二、CA1091 型汽车起动电路

解放 CA1091 型汽车起动系电路如图 3-46 所示。

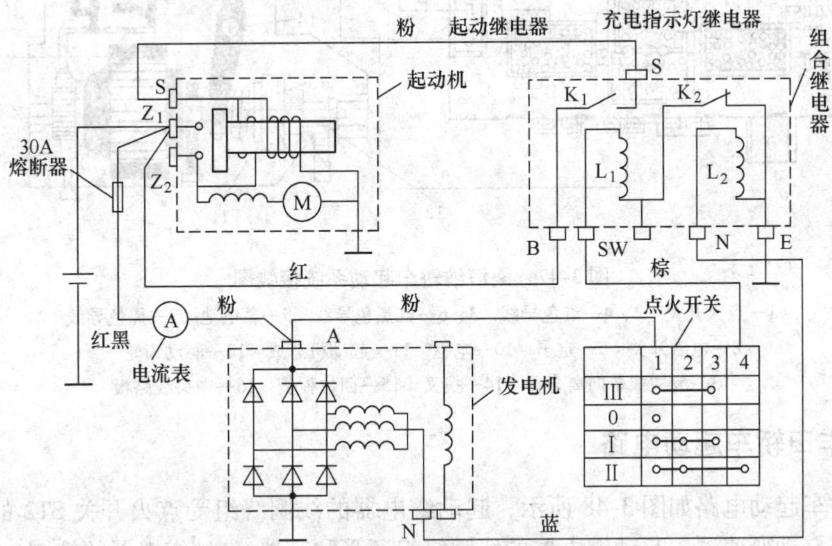

图 3-46　CA1091 型汽车起动系统电路

该起动电路最大的特点就是带有组合起动继电器，具有起动保护作用。即发动机在运行状态下，如果因误操作而将点火开关转到起动档，起动机不会工作，这样避免了飞轮在调整运转时，起动机驱动齿轮的啮入(因线速度不一致,很难啮入)而造成打齿的现象。

该电路与图 3-14 所示电路相比，起动继电器采用了组合继电器，起动继电器的线圈绕组 L_1 受另外一个继电器的常闭触点 K_2 的控制，发动机运转时，发电机中性点的电压加在继电器的线圈绕组 L_2 上，吸下常闭触点 K_2，使起动继电器的线圈绕组 L_1 处于断路状态，即使此时将点火开关转到起动档，因 L_1 中没有电流，不会将触点 K_1 吸合，起动机无法工作，起到了保护作用。

三、桑塔纳起动电路

桑塔纳轿车起动系统接线如图 3-47 所示，起动机电源端子“30”用黑色导线 7 与蓄电池正极相连，起动机端子“50”用红/黑色导线 6 与中央线路板 C 插座的 18 接点 C_{18} 连接。点火开关 1 的“50”与 B 插座的 8 接点 B_{18} 连接。B_{18} 与 C_{18} 通过中央线路板内部相连。

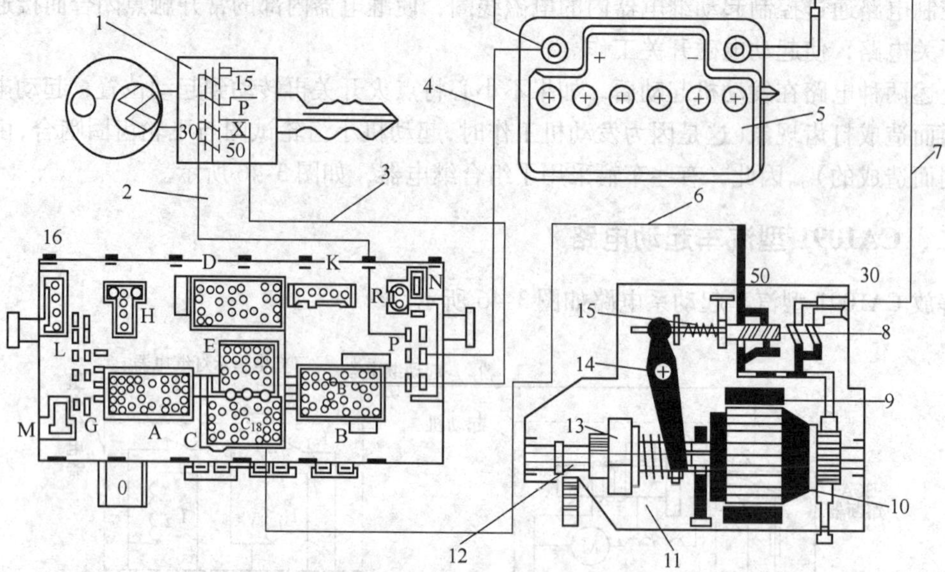

图 3-47　桑塔纳轿车起动系统接线图

1—点火开关　2、4—红色导线　3、6—红黑色导线　5—蓄电池　7—黑色导线
8—电磁开关　9—定子　10—电枢　11—起动机总成　12—驱动齿轮
13—滚柱式单向离合器　14—拨叉　15—回位弹簧　16—中央线路板

四、丰田轿车起动电路

丰田轿车起动电路如图 3-48 所示，起动继电器的线圈绕组受点火开关 ST2 的控制，如果配置的是自动变速器，起动继电器的线圈绕组还受驻车档/空档继电器的控制，也就是说，只有自动变速器的档位处于驻车档/空档时，才有可能起动发动机。此外，当点火开关旋到起动位置时，从点火开关的 ST2 端子还给发动机 ECU 及组合仪表提供一个信号，用作与起动有关的其他控制或指示。

五、上海帕萨特 B5 起动机电路

上海帕萨特 B5 起动机电路如图 3-49 所示。该起动机电路属于无起动继电器的直接控制式起动机电路。图中起动机 B 的 30 端子通过黑色 $25mm^2$ 的导线与蓄电池的正极相连，起动机的控制端子 50 连接到一个方框内的“9”，表示连接最底下长横线(元器件位置横线)中，与标有“9”号位置相对应的点火开关 D 上方框内有“2”的方框相连，因为起动机的位置，在下端位置横线中对应的是“2”号位置。也就是连到了点火开关的 50b 端子，说明起动机的电磁开关直接受点火开关的控制。点火开关的 30 端子是常火线，与蓄电池的正极相连。

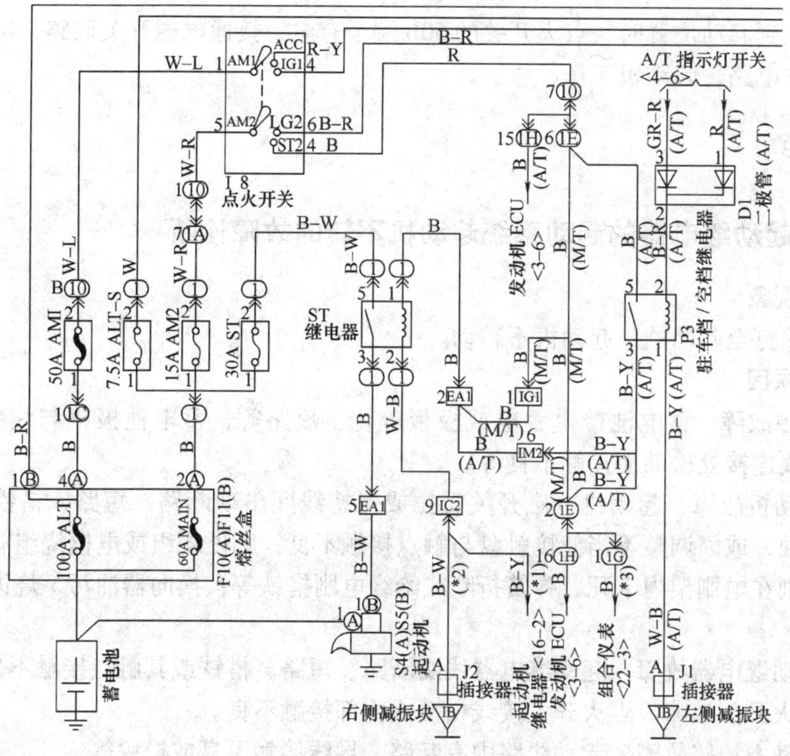

图 3-48　丰田轿车起动电路

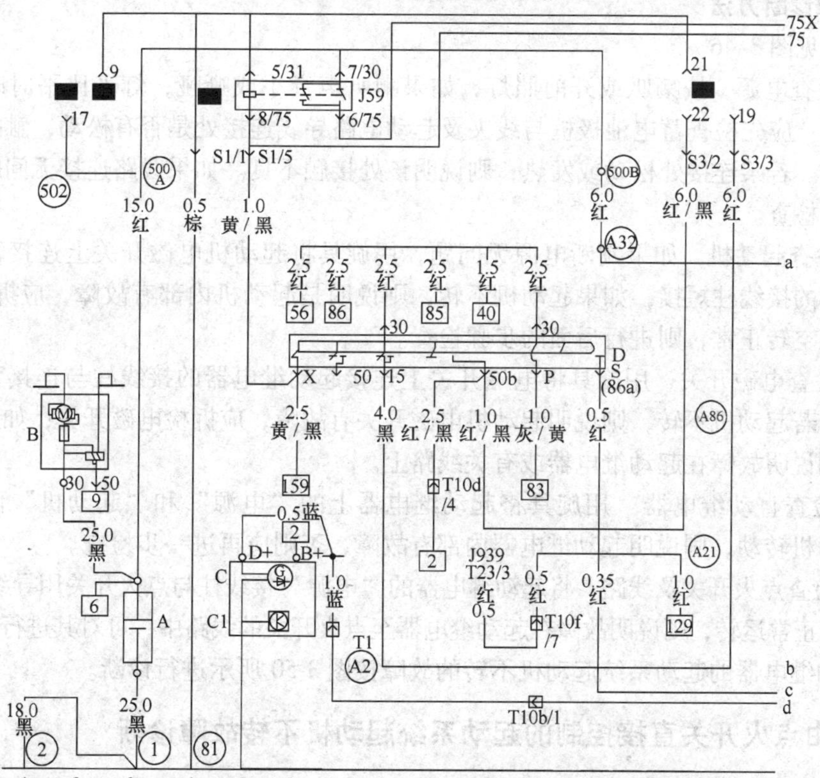

A: 蓄电池；　B: 起动机；　C: 发动机；　C1: 调压器；　D: 点火开关

图 3-49　上海帕萨特 B5 起动机电路

当点火开关旋到起动位置时，点火开关的50b端子有电，接通电磁开关回路，电磁开关再接通起动机的主电路，起动机工作。

实施及规范

一、带起动继电器的起动系统起动机不转的故障诊断

1. 故障现象

点火开关打至起动档，起动机不转动。

2. 故障原因

（1）电源故障　蓄电池严重亏电或极板硫化、短路等，蓄电池极桩与线夹接触不良，起动电路导线连接处松动而接触不良等。

（2）起动机故障　起动机电磁开关吸拉或保持线圈出现断路、短路、搭铁故障，电磁开关触点烧蚀，或因调整不当使接触盘与触点接触不良；励磁绕组或电枢绕组有断路、短路或搭铁；电刷在电刷架内卡死、弹簧折断或绝缘电刷搭铁等；换向器油污、烧蚀、磨损产生沟槽。

（3）起动继电器故障　起动继电器线圈断路、短路、搭铁或其触点接触不良等。

（4）点火开关故障　点火开关接线松动或内部接触不良。

（5）起动系线路故障　起动线路中有断路、导线接触不良或松脱等。

3. 故障诊断方法

电路参见图3-46。

（1）检查电源　按喇叭或开前照灯，如果喇叭声音小或嘶哑，灯光比平时暗淡，说明电源有问题。应先检查蓄电池极桩与线夹及起动电路导线连接处是否有松动，触摸导线连接处是否发热。若某连接处松动或发热，则说明该处接触不良。如果线路连接无问题，则应对蓄电池进行检查。

（2）检查起动机　如果判断电源无问题，用旋具将起动机电磁开关上连接蓄电池和电动机导电片的接线柱短接，如果起动机不转，则说明是起动机内部有故障，应拆检起动机；如果起动机空转正常，则进行后面的步骤检查。

（3）检查电磁开关　用旋具将电磁开关上连接起动继电器的接线柱与连接蓄电池的接线柱短接，若起动机不转，则说明起动机电磁开关有故障，应拆检电磁开关；如果起动机运转正常，则说明故障在起动继电器或有关线路上。

（4）检查直动继电器　用旋具将起动继电器上的“电源”和“起动机”两接线柱短接，若起动机转动，则说明起动继电器内部有故障，否则应再进一步检查。

（5）检查点火开关及线路　将起动继电器的“电源”接线柱与点火开关用导线直接相连，若起动机能正常运转，则说明故障在起动继电器至点火开关的线路中，可对其进行检修。

带起动继电器的起动系统起动机不转的故障按图3-50所示进行诊断。

二、由点火开关直接控制的起动系统起动机不转故障诊断

1. 故障现象

点火开关打至起动档，起动机不转。

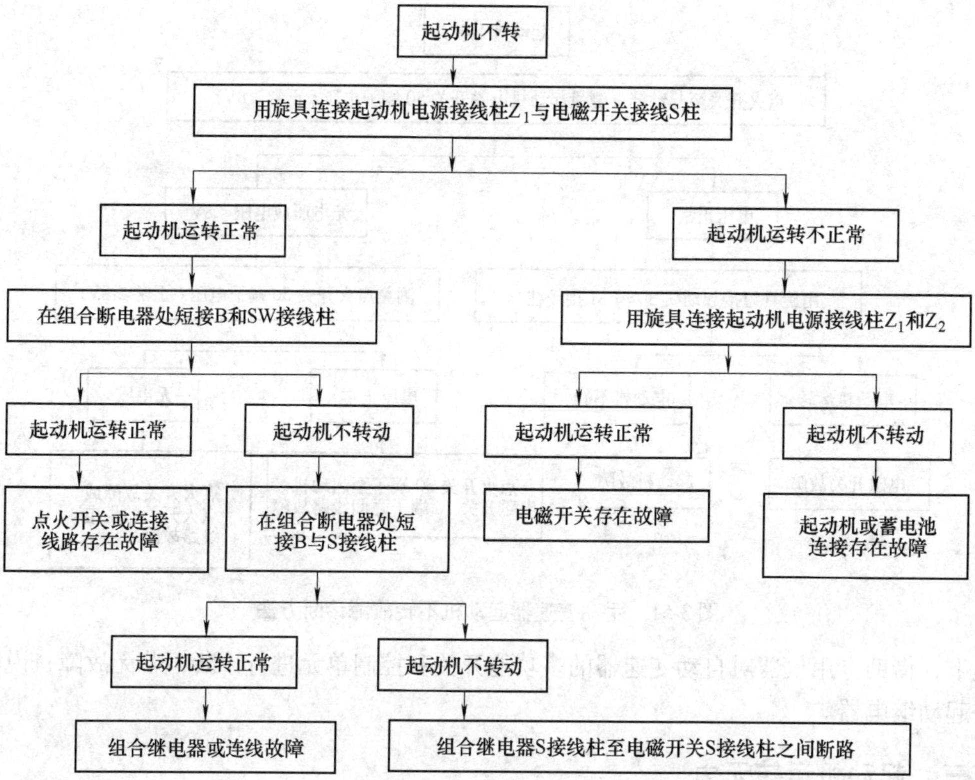

图 3-50　带起动继电器的起动系统起动机不转的故障诊断

2. 故障原因

1）蓄电池严重亏电。

2）蓄电池接线柱氧化严重。

3）线路接触不良或有断路处。

4）点火开关故障。

5）起动机电磁开关故障。

6）起动机故障。

7）自动变速器不在 N 位或 P 位(自动变速器车辆)。

8）自动变速器多功能开关有故障(自动变速器车辆)。

9）自动变速器控制单元有故障(自动变速器车辆)。

3. 故障诊断方法

对于手动变速器车辆可使用万用表进行检测。在确保蓄电池有电、起动机电磁开关各接线以及搭铁良好的前提下，参照电路图 3-48，按照图 3-51 所示进行故障诊断。

对于自动变速器车辆，首先要确认变速杆是否处在 N 位或 P 位。在蓄电池有电、起动机电磁开关各接线以及各搭铁良好前提下，可在起动机处用导线短接 30 与 50 端子。若起动机不转，则说明故障在起动机自身(此时可进一步进行诊断,用较粗导线在起动机处短接 30 与 M 接线柱,若起动机运转,则说明故障在电磁开关;否则说明故障在起动机内部)；若起动机转动，需在起动继电器处进一步进行诊断，在确认各接线良好且点火开关起动供电正常的

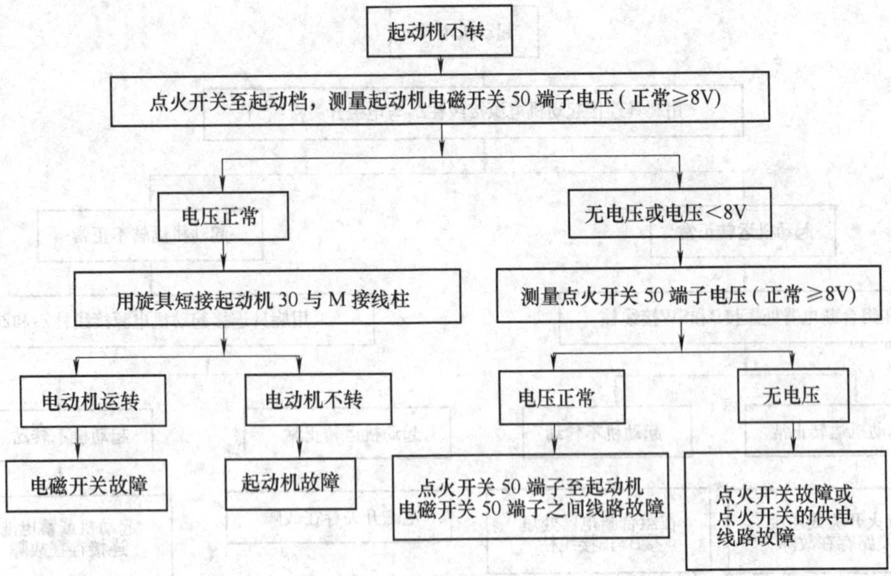

图 3-51　手动变速器起动机不转故障诊断方法

前提下，借助专用仪器对自动变速器的多功能开关和控制单元进行诊断，若无故障，说明故障在起动继电器。

三、起动机运转无力

1. 故障现象

起动时，起动机转速明显偏低甚至于停转。

2. 故障原因

（1）电源故障　蓄电池亏电或极板硫化短路，起动电路导线接触不良等。

（2）起动机故障　换向器与电刷接触不良，电磁开关接触点和触点接触不良，电动机激励绕组或电枢绕组有局部短路等。

3. 故障诊断方法

如果出现起动机运转无力，在正确使用发动机机油和具有合适的 V 带张紧度的情况下，首先检查起动机电源，如果起动机电源无问题，则应拆检起动机。首先检查电磁开关接触盘、换向器与电刷的接触情况，其次检查励磁绕组和电枢绕组。起动机运转无力可按图 3-52 所示进行故障诊断。

四、起动机空转

1. 故障现象

接通点火开关后，只有起动机快速旋转而发动机曲轴不转。

2. 故障原因

1）起动机单向啮合器打滑。

2）飞轮齿圈牙齿严重磨损或损坏。

3）电磁开关控制的起动机，其电磁开关铁心行程太短。

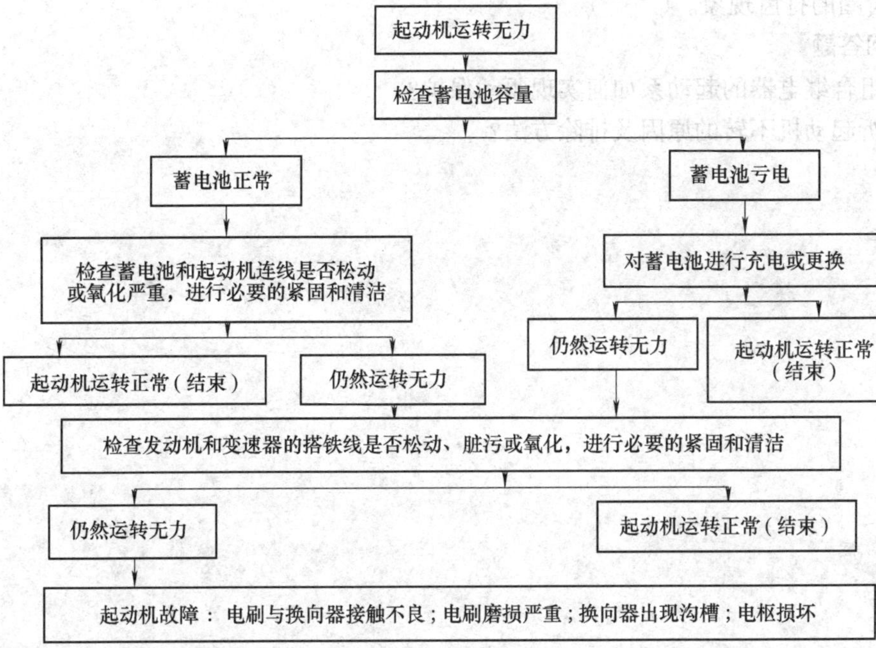

图 3-52　起动机运转无力故障诊断

4）拨叉与铁心连接处脱开，或拨叉安装在单向离合器拨叉套外面。

3. 故障诊断与排除

1）起动机空转时，有较轻的摩擦声音，起动机驱动齿轮不能与飞轮轮齿啮合而产生空转，即驱动齿轮还没有啮合到飞轮轮齿中，电磁开关就提前接通，说明主回路的接触盘行程过短，应拆下起动机，进行起动机接通时刻的调整；或为飞轮上的齿圈在飞轮上滑动。

2）起动机空转时，有严重的碰撞轮齿的声音，说明飞轮轮齿或起动机驱动齿轮严重磨损，应拆下起动机进一步检查，根据实际情况更换驱动齿轮或飞轮轮齿。

3）起动机空转时，速度较快但无碰齿声音，说明起动机单向离合器打滑，即驱动齿轮已经啮入飞轮轮齿中，但不能带动飞轮旋转，指示起动机电枢轴在空转，应更换单向离合器总成。

课后思考与训练

一、填空题

1. 起动系组合继电器包括有________继电器和________继电器；________继电器利用________电压控制。

2. 所谓起动机的驱动保护电路，是指发动机起动后，若未及时松点火开关，起动机会________；若发动机正常运转，把点火开关旋至起动档，起动机________。

二、判断题

1. 解放 CA1091 型汽车的起动电路具有自动保护作用。（　　）

2. CA1091 型汽车发动机正常运转时，若将点火开关转至起动档，将出现起动机驱动齿

轮与飞轮齿圈的打齿现象。（ ）

三、问答题

1. 有组合继电器的起动系如何实现驱动保护？

2. 分析起动机不转的原因及排除方法？

学习情境四

电子点火系统检修

学习目标

1. 了解传统点火系统的组成和工作原理。
2. 理解电子点火系统的组成、工作原理。
3. 能识别点火系统各部件的安装位置。
4. 具备读识和分析点火系统电路的能力。
5. 能对点火系统进行基本的检修。

情境描述

一辆桑塔纳轿车在行驶中突然发动机熄火，进行跳火试验，发现高压无火，初步确定是点火系统的故障。售后服务经理要求制定一份对电子点火系进行检查的计划，并进行维修。

相关知识

一、发动机点火系统发展概况

最早的汽车采用磁电机为电源的点火系统。如今，磁电机点火系统在一些摩托车上还有应用。

1908 年，汽车上开始使用传统点火系统。

20 世纪 60 年代，出现了以晶体管代替触点来通断点火线圈初级电流的电子点火系统。解决了传统点火系工作时由于触点火花较大而带来的一系列问题，使点火性能得到了较大的提高。目前，电子点火系统基本取代了传统点火系统。

20 世纪 70 年代，无触点的电子点火系统开始应用。我国目前生产的汽车如奥迪、捷达、桑塔纳、标致等小轿车以及解放 CA1092 型、东风 EQ1090 型载货汽车也都采用了无触点电子点火系。

到了 20 世纪 70 年代末期，以微机控制点火时刻的电子控制系统开始在汽车上使用。这种点火系统解决了传统分电器真空和离心点火提前调节装置不能适应发动机工况和状态改变时对点火提前角的实际需要的问题，使发动机的油耗和排污进一步降低。目前，最先进的是无分电器的电子点火系统。

二、发动机点火系统的分类

目前汽车上使用的点火系统种类较多，主要有以下几种类型。

1. 按点火系统电源分类

（1）磁电机点火系统　现在应用于部分摩托车等小型发动机上。

（2）蓄电池点火系统　点火系统电源是蓄电池或发电机，在汽车和摩托车上都有广泛应用。

2. 按点火系统储存点火能量的方式分类

（1）电感蓄能式点火系统　点火系统产生高压前从电源获取的能量是电感线圈以磁场能的方式储存的，即以点火线圈建立磁场能量的方式储存点火能量。

目前使用的绝大部分点火系统为电感储能式。电感储能式点火系统又可分为传统点火系统、电子点火系统和微机控制点火系统。

（2）电容储能式点火系统　点火系统产生高压前从电源获取的能量以蓄能电容建立电场能量的方式储存点火能量。此点火系统主要应用于赛车上。

3. 按点火信号产生的方式分类

对于无触点电子点火系统和微机控制点火系统，可以按照信号发生器的工作原理不同，分为以下几种类型：

（1）磁感应式　由分电器轴驱动的导磁转子转动，改变磁路磁阻，使感应线圈的磁通量发生变化而产生点火电压信号。

（2）霍尔效应式　由分电器轴驱动的导磁转子转动，通过霍尔元件所通过的磁通量的变化而产生点火信号。

（3）光电式　由分电器轴驱动的遮光转子转动，通过阻挡和穿过发光二极管光线的变化，使光敏晶体管产生点火信号。

（4）振荡式　由分电器轴驱动的耦合转子转动，通过振荡电路起振和不起振的变化，再经滤波电路滤波后而得到点火信号。

4. 按组成和产生高压电的方式分类

汽车点火系统按其组成和产生高压电的方式不同可分为传统点火系统，电子点火系统和计算机控制点火系统三种类型。

（1）传统点火系统　传统点火系统又称为机械触点式点火系统，它是利用机械式开关来控制点火的。

随着人们对汽油发动机在动力性和安全性、降低油耗和减少排放污染等方面技术指标要求的不断提高，这种点火装置已不能满足高速发动机的点火要求，成了进一步提高发动机转速、降低燃油消耗和废气排放污染的障碍。

传统点火系统结构简单，成本低廉，但故障率高，高速性能差，已淘汰。

（2）电子点火系统　电子点火系统可分为有触点式和无触点式电子点火系统。

有触点式电子点火系统是利用原分电器中断电器的触点，来控制晶体管的导通和截止，使流经触点的电流很小，解决了传统点火系统工作时由于断电器触点火花较大而带来的触点烧蚀、点火能量损失等问题，并较大幅度地提高了点火性能。

无触点的电子点火系统是利用点火信号发生器产生点火开关信号来控制晶体管的导通和

截止。如今，无触点电子点火装置在国内外已基本普及。但点火提前机构仍然沿用了传统点火系统中的机械式点火提前机构及真空式点火提前机构。

电子点火系统具有高速性能好、点火时间精确、结构简单、质量轻、体积小等优点，已逐步淘汰传统点火系统。

（3）计算机控制点火系统　随着微机控制的喷油系统的应用与发展，以微机控制点火时刻的点火系统开始在汽车上使用。计算机根据各种传感器输入的信号，经过数学运算和逻辑判断，控制初级电流通断。它解决了传统点火系统中点火提前装置不能适应发动机工况和状态改变时实际需要的问题，使发动机的油耗和排污进一步降低。计算机控制点火系统是最先进的点火系统，应用越来越广泛。

三、点火系统的作用与要求

1. 点火系统的作用

点火系统的作用是在汽油发动机压缩行程终了时，用电火花点燃气缸内的可燃混合气，并满足可燃混合气充分地燃烧及发动机工作稳定的性能要求，使汽油发动机顺利地实现机械能的输出。

2. 对点火系统的要求

根据发动机各工况的要求，点火系统应保证在各种使用条件下可靠地点燃可燃混合气。因此，对点火系统的要求如下：

（1）能产生足以击穿火花塞电极间隙的高电压　使火花塞电极之间产生火花的电压称为击穿电压。影响击穿电压的因素有：火花塞两电极间隙，电极的温度与极性，气缸内混合气的压力与温度，发动机正常工作时击穿电压一般均在15kV以上；发动机在满载低速时击穿电压为8～10kV；起动时需19kV。考虑各种不利因素的影响，通常点火系统的设计电压为30kV。

（2）电火花应具有足够的点火能量　正常工作情况下，可靠点燃可燃混合气的点火能量为0.05～0.080J，起动时需0.1J左右的点火能量。

（3）点火时刻能与发动机各种工况相适应　发动机的温度、负荷、转速和燃油品质等，都直接影响混合气的燃烧速度。点火系统必须能适应上述情况变化并实现最佳点火时刻的变化。

四、点火系统的组成和工作原理

1. 传统点火系统的组成和工作原理

（1）传统点火系统的组成　传统点火系统由电源（蓄电池，发电机）、点火开关、点火线圈（变压器）、断电器、配电器、电容器、火花塞、高压导线、附加电阻等组成，如图4-1所示。

（2）传统点火系统工作原理　在传统点火系统中，由蓄电池或发电机供给12V的低压电，经点火线圈和断电器将其转变为高电压，再通过配电器分配到各缸火花塞，使其电极之间产生电火花。其工作原理如图4-2所示。

发动机工作时，断电器凸轮在配气凸轮轴的驱动下也随之旋转，凸轮旋转时，交替地将触点闭合和打开。

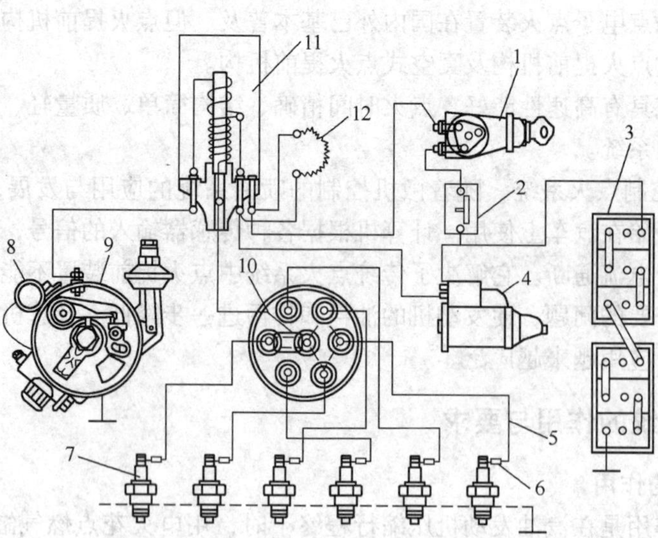

图 4-1　传统点火系统组成

1—点火开关　2—电流表　3—蓄电池　4—起动机　5—高压导线
6—高压阻尼电阻　7—火花塞　8—电容器　9—断电器
10—配电器　11—点火线圈　12—附加电阻

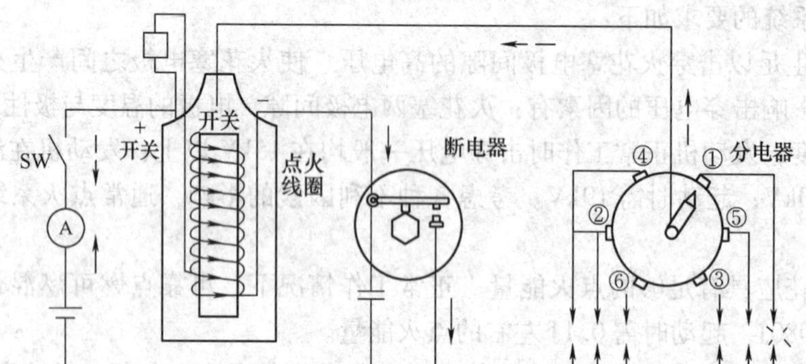

图 4-2　传统点火系统的工作原理图

在点火开关(SW)接通的情况下，当触点闭合时，初级线圈中有电流流过(初级电流 I_1 用实线表示)，电流从蓄电池正极→点火开关 SW→点火线圈“+开关”接线柱→附加电阻→“开关”接线柱→点火线圈的初级线组→“-”接线柱→断电器触点→搭铁→蓄电池负极。

初级电流在线圈的铁心中形成磁场，经过一定时间后，当凸轮将触点打开时，初级电路被切断，初级电流消失，它所形成的磁场也随之迅速变化，在两个线圈中都感应出电动势。由于次级线圈的匝数多，因而在次级线圈内就感应出 15~20kV 的电动势，它足以击穿火花塞的电极间隙，产生火花点燃混合气。

次级电流(I_2用虚线箭头表示)的回路为：次级线圈→“开关”接线柱→附加电阻→“+开关”接线柱→点火开关→电流表→蓄电池→搭铁→火花塞旁电极→中心电极→配电器

（旁电极、分火头）→次级线圈。

配电器轴每转一圈，各缸按点火顺序轮流点火一次。

由上述可知，在点火系统中有两个电路：初级电流 I_1 流经的电流为低压电路，而高压电流 I_2 流经的电路为高压电路。

发动机工作时，上述过程周而复始的重复着，若要停止发动机的工作，只要断开点火开关，切断初级电路即可。

2. 电子点火系统的组成和工作原理

电子点火装置，具有次级电压更高，点火能量更大，对火花塞积炭不敏感，高速点火可靠等优点，使发动机混合气燃烧更充分、工作更可靠，同时还对降低燃料的消耗、改善排放污染起到了积极的作用。

无触点电子点火系统按信号发生器的工作原理有磁感应式（即磁脉冲式）电子点火系统、霍尔效应式电子点火系统、光电式电子点火系统和振荡式电子点火系统。常用的有磁感应式和霍尔效应式电子点火系统。

无触点电子点火系统主要由点火信号发生器、电子点火器、配电器、点火线圈、火花塞等部件组成，如图 4-3 所示。

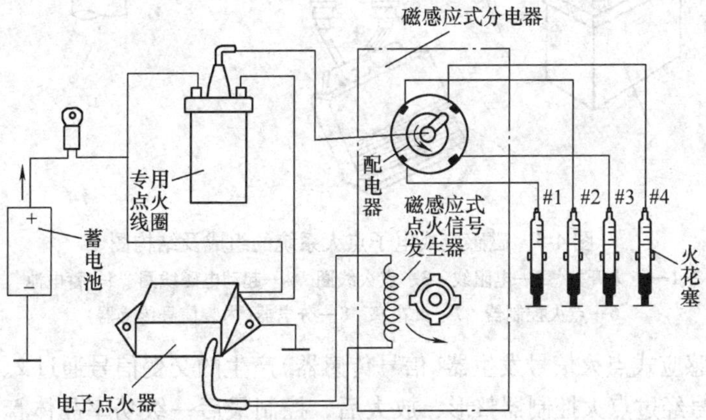

图 4-3　无触点电子点火系统的组成

无触点电子点火系统的基本工作原理：点火信号发生器产生电压信号（有模拟信号和数字信号两种），经电子点火器大功率晶体管放大、整形等处理后，控制串联在点火线圈初级回路的大功率晶体管的导通和截止。大功率晶体管导通时，点火线圈初级电路接通，点火系统储能；大功率晶体管截止时，点火线圈初级电路被断开，次级线圈便产生高压，如图 4-4 所示。

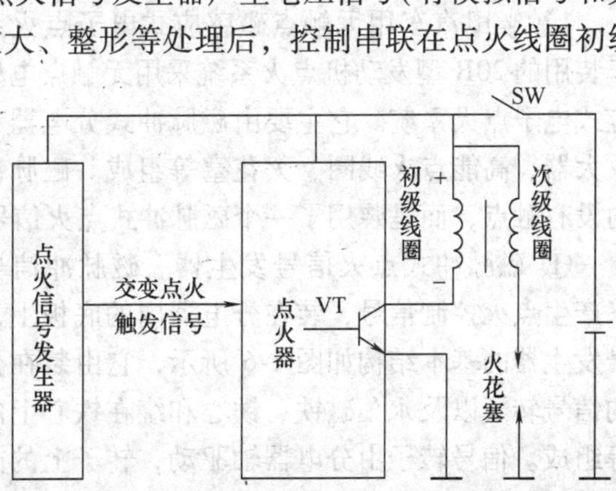

图 4-4　电子点火系统的基本工作原理

（1）磁感应式电子点火系统　解放 CA1092、丰田、富康、北京 BJ2020、东风 1092 等车型均采用了磁感应式电子点火系统。

磁感应式电子点火系统也叫磁脉冲式无

触点电子点火系统，是用磁脉冲信号发生器代替传统的断电器。当分电器旋转时，磁脉冲信号发生器产生信号电压，经脉冲信号放大器放大后，推动大功率管工作，控制点火线圈初级线圈电路的通断，使次级线圈产生高压电，通过火花塞跳火点燃混合气。

从外观上看，磁感应式电子点火系统仅比传统点火系统增加了一个点火控制器(电子点火模块)。解放 CA1092 汽车使用的磁感应式电子点火系统由电源、点火开关、带点火控制器(电子点火模块)的点火线圈、带磁感应式信号传感器的分电器总成及火花塞等部件组成，如图 4-5 所示。

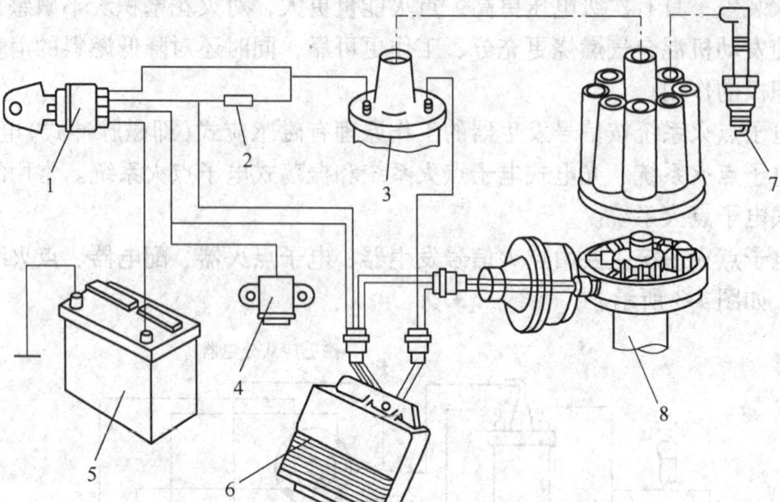

图 4-5　磁感应式电子点火系统的组成及结构图

1—点火开关　2—电阻线　3—点火线圈　4—起动电磁线圈　5—蓄电池　6—点火控制器　7—火花塞　8—分电器(内装信号传感器)

分电器内磁感应式点火信号发生器(信号传感器)产生的交变信号通过 2、3 两端子输入点火控制器，该信号经过点火控制器整形、放大后，控制最后一级功率晶体管(达林顿管)的通断，从而控制端子 6 与端子 1 之间的通断，即控制了点火线圈中初级电流的通断，点火线圈次级线圈产生的高压电经过分电器分配给各缸火花塞。

1) 丰田汽车用无触点磁感应式电子点火系。丰田汽车装用的 20R 型发动机点火系统采用无触点电感储能磁感应式电子点火系统。它主要由磁脉冲式分电器、脉冲信号放大器、高能点火线圈、火花塞等组成。磁脉冲式分电器内没有触点，而是装用了一个磁脉冲式点火信号发生器。

① 磁脉冲式点火信号发生器。磁脉冲信号发生器用来产生点火控制信号，装在分电器内的底板上，磁脉冲信号发生器的基本结构如图 4-6 所示，它由装在分电器轴上的信号转子以及永久磁铁、铁心和绕在铁心上的传感线圈等组成。信号转子由分电器轴驱动，转子上的凸齿数与发动机气缸数相等。

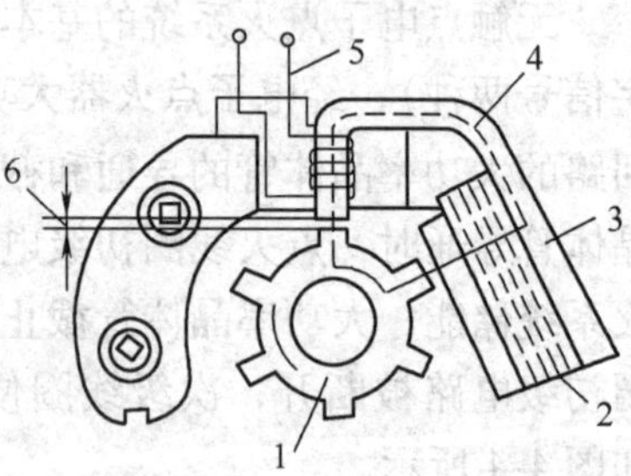

图 4-6　20R 型发动机磁脉冲信号发生器的基本结构

1—信号转子　2—永久磁铁　3—铁心　4—磁通　5—传感线圈　6—空气隙

磁感应式点火信号发生器是利用电磁感应原理工作的。当通过传感线圈的磁通发生变化时，在传感线圈内便产生交变电动势。其永久磁铁的磁路是：永久磁铁 N 极→空气隙→信号转子→空气隙→铁心(通过传感线圈)→永久磁铁 S 极。当发动机未转动时，信号转子不动，通过传感线圈的磁通未发生变化，传感线圈不产生电动势，因而无信号输出。当发动机转动时，信号转子便由分电器轴带动旋转，这时信号转子的凸齿与铁心间的空气隙将发生变化，使通过传感线圈的磁通发生变化，因此在传感线圈中便产生感应电动势。磁脉冲信号发生器的工作原理如图 4-7 所示。

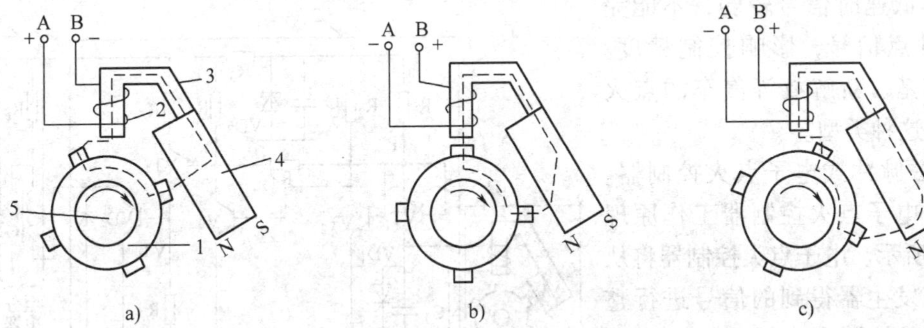

图 4-7　20R 型发动机磁脉冲信号发生器工作原理

a）转子凸齿转向线圈铁心　b）转子凸齿与线圈铁心中心线对齐　c）转子凸齿离开线圈铁心

1—信号转子　2—传感器线圈　3—衔铁　4—永久磁铁　5—分电器轴

点火信号发生器的信号转子 1 由分电器轴 5 带动旋转，信号转子随分电器旋转一周，传感线圈上产生的脉冲信号个数正好与气缸数相同。当信号转子顺时针转到衔铁 3 对着信号转子两凸齿中心线时，衔铁与信号转子间的气隙最大，因而通过传感线圈的磁通量最小，且磁通的变化率为零，传感线圈的感应电动势 e 也为零。当信号转子的凸齿逐渐接近衔铁时，如图 4-7a 所示，凸齿与衔铁的气隙越来越小，通过传感器线圈的磁通量越来越大。当凸齿前齿角扫过衔铁顶部相对边缘时，通过传感线圈的磁通量急剧增加，磁通的变化率最大，传感线圈上感应电动势 e 急剧上升达正幅值(A 端为“+”，B 端为“−”)，如图 4-8 中点 a 所示。

当信号转子的凸齿齿轮顶与衔铁顶部正对时，如图 4-7b 所示，此时虽然磁路气隙最小，磁通量最大，但磁通的变化率趋于零，因而传感线圈上的感应电动势 e 急剧下降到零，如图 4-8 中点 b 所示。当信号转子继续顺时针转动时，如图 4-7c 所示，信号转子凸齿与衔铁间的气隙逐渐增大，通过传感线圈的磁通量逐渐减小。当凸齿后齿角扫过衔铁顶部下一边缘时，通过传感线圈的磁通量急剧减小，磁通量的变化率最大，感应电动势改变方向，传感线圈上感应电动

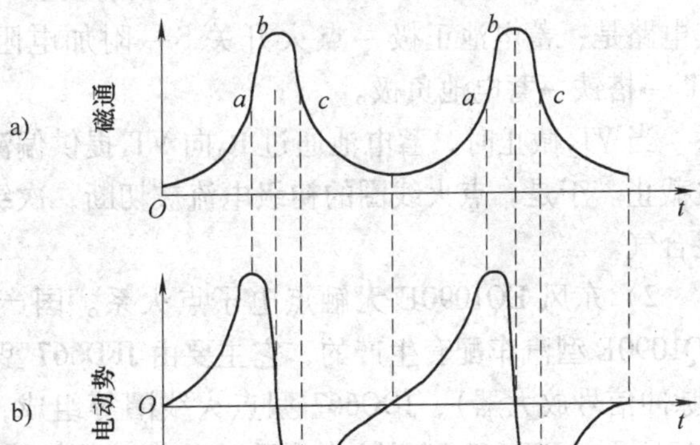

图 4-8　传感线圈的磁通量及感应电动势变化情况

a）磁通变化　b）电动势变化

势 e 急剧下降达负幅值(A 端为“－”,B 端为“＋”)，如图 4-8 中点 c 所示。当信号转子继续顺时针转动，转到衔铁对着下两个凸齿中心线时，衔铁与信号转子间的气隙最大，因而通过传感线圈的磁通量最小，且磁通的变化率为零，传感线圈的感应电动势 e 为零。此后，磁通及感应电动势又开始重复图 4-7 所示过程。信号转子每转一周，传感线圈两端输出四个交变信号。周而复始，发动机转速越快，磁通的变化率越大，所产生的磁脉冲电压也越高。

磁感应式点火信号发生器优点是磁感应式信号发生器结构较简单；便于批量生产；耐高温，适用各种工作环境。

但其低速时信号较弱，不能完全反映触点信号，影响控制精度。北京切诺基、新解放等汽车的点火系统都是这种类型。

② 磁脉冲式电子点火控制器。磁感应式电子点火控制器工作原理如图 4-9 所示。电子点火控制器将从点火信号发生器得到的信号进行整形、放大以控制点火线圈初级电路的通断。它由点火信号检出电路(晶体管 VT_2)、信号放大电路(晶体管 VT_3、VT_4)和功率放大电路(大功率晶体管 VT_5)等组成。其工作原理如下：VT_2为触发管，当它导通时，其集电极的电位降低，使 VT_3 截止。VT_3 截止时，蓄电池通过 R_5 向 VT_4 提供偏流，使 VT_4 导通。VT_4 导通时 R_7 上的电压降又加在 VT_5 的发射极上，使 VT_5 导通。这样初级线圈便有电流通过，其电路是：蓄电池正极→点火开关 S→附加电阻 R→点火线圈初级线圈→大功率晶体管 VT_5→搭铁→蓄电池负极。

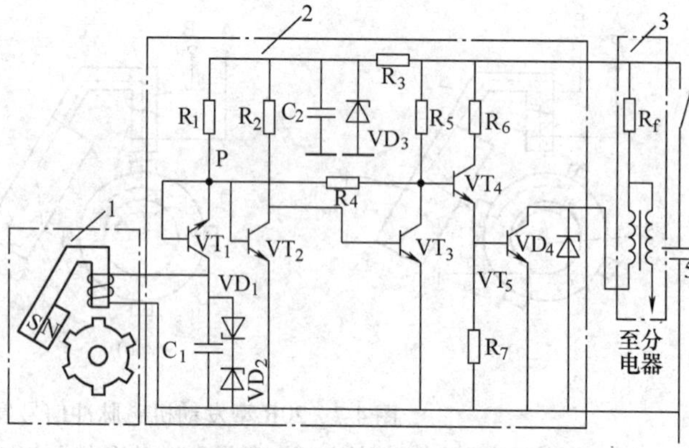

图 4-9　磁脉冲式无触点电子点火装置原理图

1—点火信号发生器　2—点火控制器　3—点火线圈　4—点火开关　5—蓄电池

当 VT_2 截止时，蓄电池通过 R_2 向 VT_3 提供偏流，使 VT_3 导通。VT_3 导通则 VT_4 截止，VT_5 也截止。于是，点火线圈的初级电流被切断，次级线圈产生高压电，击穿火花塞间隙，点燃混合气。

2）东风 EQ1090E 无触点电子点火系。国产 JFD667 型无触点电子点火装置是为东风 EQ1090E 型汽车配套生产的，它主要由 JFD667 型无触点分电器、JKF667 型电子点火控制器(脉冲信号放大器)、JDQ667 型点火线圈等组成，JFD667 型磁脉冲式无触点点火装置如图 4-10所示。JFD667 型磁脉冲式无触点分电器仍保留有配电器、离心提前机构和真空提前机构。它与传统分电器的根本区别是用磁脉冲式点火信号发生器替代了断电器。

① 磁脉冲式点火信号发生器。磁脉冲式点火信号发生器由信号转子、定子、永久磁环、传感线圈以及导磁碗等组成，其机构如图 4-11 所示。

信号转子与分电器轴相连，定子则固定在分电器底板上。信号转子和定子各具有与发动机气缸数相等的凸齿。当信号转子随分电器轴转动时，其上的凸齿与定子凸齿之间的气隙便发生周期性的变化，使穿过传感线圈的磁通也发生周期性的变化。于是，在传感线圈中产生了交变的信号电压。该信号电压经过电子组件放大后，控制晶体管的导通与截止，即控制点

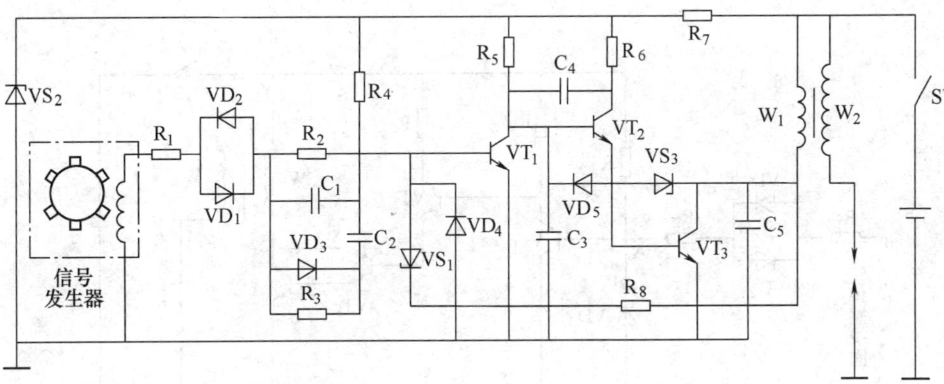

图 4-10　JFD667 型磁脉冲式无触点点火装置

火线圈初级电流的通断。

② JKF667 型电子点火控制器。JKF667 型电子点火控制器电路如图 4-12 所示。

合上点火开关 SW，蓄电池经 R_3 向 VT_1 提供基极电流使其导通。于是，VT_2 的基极电位接近零，使 VT_2 和 VT_3 截止。这样，即使点火开关接通，只要发动机不运转，点火线圈初级线圈内无电流通过，可以防止点火开关未切断而使点火线圈过热及蓄电池长期放电的现象发生。

当发动机运转时，分电器轴带动转子转动，传感线圈便产生交变信号电压。当输出电压为负时，使 VT_1 的基极电位下降至负值，VT_1 截止。于是蓄电池通过 R_4 向 VT_2 提供偏置电流，使 VT_2 和 VT_3 导通，点火线圈初级线圈中有电流通过。当输出电压为正时，使 VT_1 的基极电位升高，VT_1 导通，VT_2 和 VT_3 截止，初级电流被切断，次级线圈中感应高压电动势。

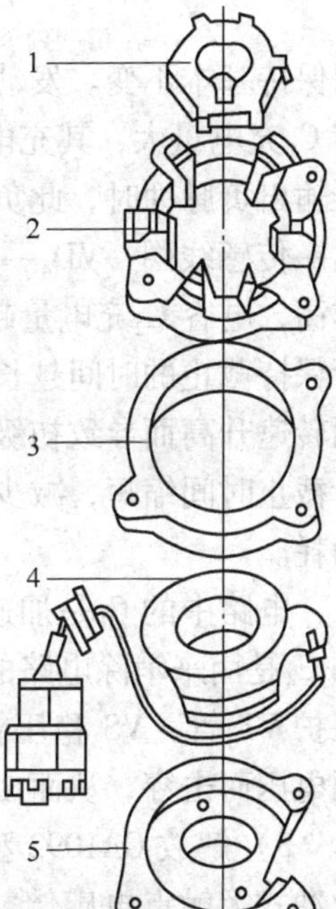

图 4-11　东风 EQ1090E 无触点电子点火系统磁脉冲式点火信号发生器

1—信号转子　2—定子　3—永久磁环　4—传感线圈　5—导磁碗

为了使发动机在不同电源电压和不同转速下具有足够的点火能量，JKF 型点火装置设有点火自动控制功能，其原理分析如下：

适应电源电压变化。当蓄电池电压较低时，由于 VS_2 稳定工作电压为 6V，此时 VS_1 处于截止状态，VT_1 基极电流仅由 R_4 支路供给，则 VT_1 处于微饱和状态，容易退出饱和转为截止，从而延长 VT_2 和 VT_3 的导通时间，即增加点火线圈初级线圈通电时间，使得在较低电源电压下也能储存足够的点火能量。当蓄电池电压升高到 10V 以上时，VS_1 导通，此时 VT_1 基极电流由 R_4 和 R_5 两支路同时供给，使 VT_1 饱和程度加深，退出饱和转为截止需要时间增长，从而缩短了 VT_2 和 VT_3 的导通时间，使点火线圈初级线圈的储能不随电源电压的升高而增加。由此可见，VS_1、R_5 负反馈支路对 VT_1 静态工作点具有调节控制作用，从而达到点火能量不受电源电压波动的影响。

适应发动机转速的变化。汽车在运行时，发动机的转速总是有变化的。JFD 电路中设置有初级电流控制电路，由 VD_3、R_3、C_2 组成，使得发动机转速变化时，初级线圈的电储能时

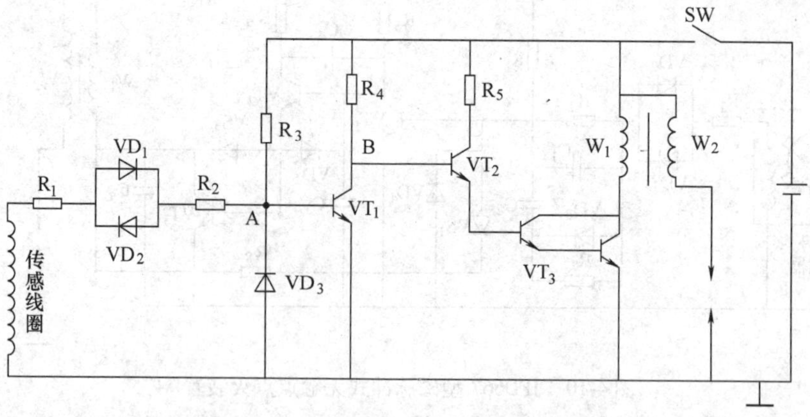

图 4-12　JKF667 型电子点火控制器电路

间保持基本不变。发动机高速时，信号发生器输出电压高。当信号发生器输出正脉冲时，电容 C_2充电量大，其充电电路为：传感线圈→R_1→VD_1→VD_3→C_2→VT_1→搭铁。当信号发生器输出负脉冲时，此负脉冲电压与电容 C_2上充电电压同极性串联，电容 C_2经 R_3→VD_2→R_1→传感线圈→VD_4→C_2以及 R_3→R_2→C_2放电，VT_1管发射极反向偏置而截止。发动机转速越高，电容 C_2充电量越大，其放电时，VT_1管截止程度越深，C_2放电所需的时间越长，VT_1管保持截止的时间越长，VT_2和 VT_3导通、初级线圈的电储能的时间越长。这样就可以改善因转速升高而导致初级线圈储能不足的缺点。而在低速下，C_2充电量小，其放电时维持 VT_1管截止时间缩短，减少初级线圈的电储能时间，避免初级线圈过热，也节省了供电系的电能消耗。

电路中的 C_1是加速电容，用来加速 VT_1管的转换过程，以减少 VT_1 管的过度损耗；C_3和 C_4是用来消除电路的高频自激振荡；C_5是用来吸收初级线圈断电时产生的瞬变电压，以保护 VT_3管；VS_3稳压管的作用是通过 VD_5和 C_3支路，保护 VT_3管集电极不致被电路中的浪涌电压而击穿，从而使复合大功率管 VT_3免遭瞬变过电压损坏。

3）解放 CA1092 型汽车无触点电子点火系。解放 CA1092 型汽车电子点火系也是采用磁脉冲式无触点电感储能电子点火装置。它由磁脉冲式无触点分电器、点火控制器(脉冲信号)，高能点火线圈、高压阻尼线和火花塞等组成。磁脉冲式无触点分电器除用磁脉冲式点火信号发生器取代触点式分电器中的断电器外，其他部分与触点式分电器的相应部分相同。

① 磁脉冲式点火信号发生器。解放 CA1092 型汽车磁脉冲式点火信号发生器如图 4-13 所示，由信号转子、传感线圈、定子、塑性永磁片、导磁板、底板和分电器轴等组成，其工作原理与 JFD667 型分电器的磁脉冲信号发生器基本相同。

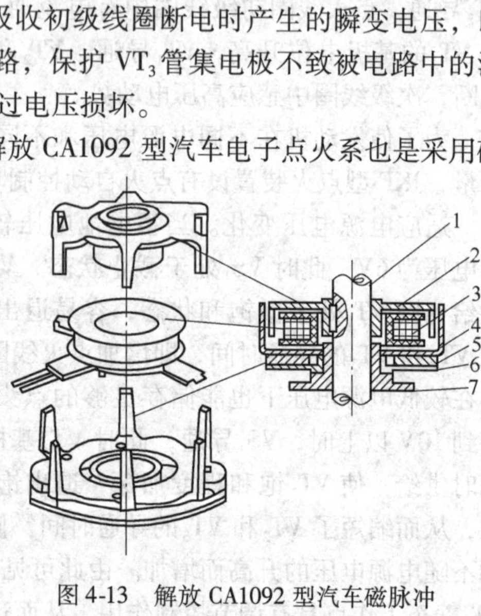

图 4-13　解放 CA1092 型汽车磁脉冲式点火信号发生器

1—分电器轴　2—信号转子　3—传感线圈　4—定子　5—塑性永磁片　6—导磁板　7—底板

② 电子点火控制器。电子点火控制器采用 6TS2107 型点火模块，其内部电路由型号 89S01

的专用点火集成电路和大功率达林顿管等外围元件组成。6TS2107 型电子点火控制器采用厚膜混合电路技术制造及全密封的结构，其电路如图 4-14 所示。电子点火控制器工作原理如下：

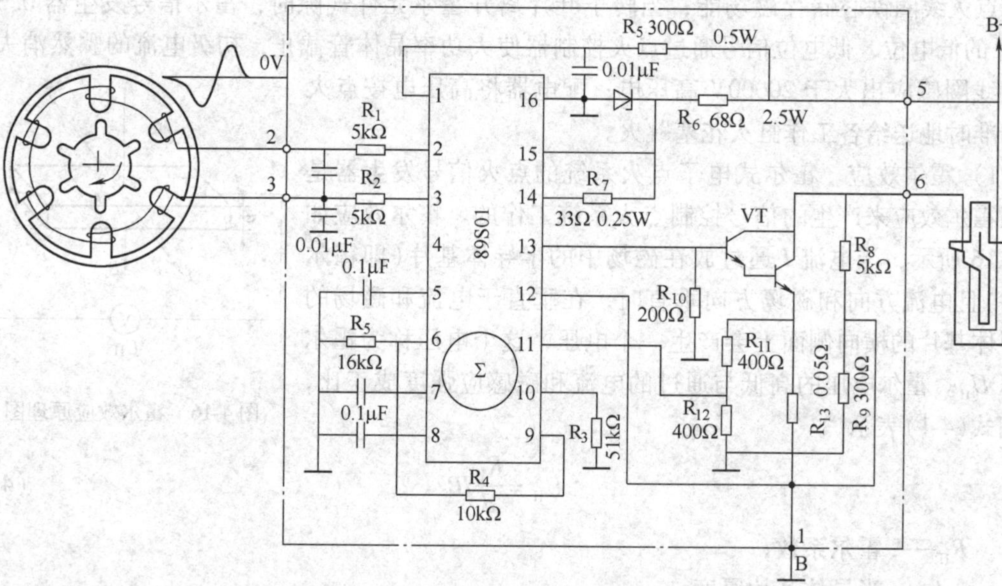

图 4-14　6TS2107 型电子点火控制器电路

磁脉冲式分电器输出的信号电压加在 2 端和 3 端。当信号电压下降至某值时，输出管 VT 导通，此时电流经过点火线圈初级线圈，铁心中产生磁场。当信号电压上升到某值时，VT 截止，此时点火线圈初级电流切断，磁场迅速消失，于是在次级线圈中产生高压电。

6TS2107 型点火模块除点火功能外，还有恒电流控制功能、停车断电保护功能、低速推迟点火、超压保护功能等附加功能。

(2) 霍尔式电子点火系统　上海桑塔纳、捷达、和奥迪 100 型轿车均采用霍尔式无触点电子点火系统。霍尔式电子点火系统利用霍尔器件的霍尔效应制成霍尔式点火信号发生器，产生点火信号，控制点火工作。

桑塔纳点火系统主要部件有内装霍尔式点火信号发生器的分电器、点火控制器(电子点火模块)、高能点火线圈、火花塞、蓄电池、点火开关等，如图 4-15 所示。

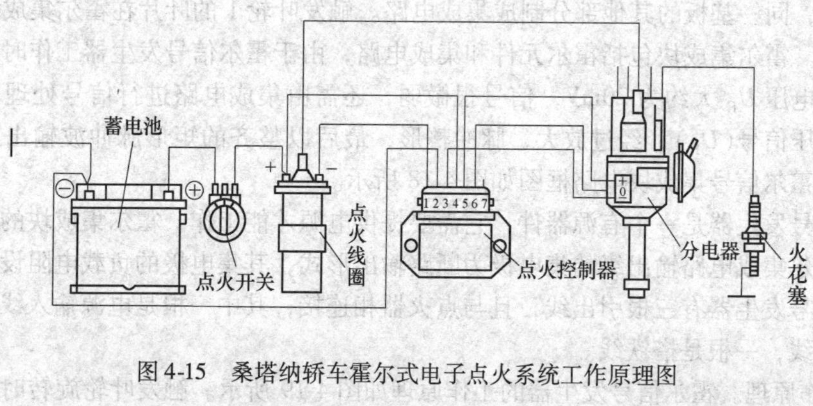

图 4-15　桑塔纳轿车霍尔式电子点火系统工作原理图

接通点火开关 ON 档或 ST 档：发动机曲轴带分电器轴转动时，信号发生器转子叶片交替穿过霍尔元件气隙。当转子叶片进入气隙时，霍尔信号发生器输出 11.1～11.4V 的高电位，高电位信号通过点火控制器的集成电路使大功率晶体管导通饱和，接通点火线圈初级电流，点火线圈铁心储存磁场能；当转子叶片离开霍尔元件气隙时，霍尔信号发生器 0.3～0.4V 的低电位，低电位信号通过点火控制器使大功率晶体管截止，初级电流的骤然消失使次级线圈感应出大于 20000V 高压电；配电器将高压电按点火顺序准时地送给各工作缸火花塞跳火。

1）霍尔效应。霍尔式电子点火系统的点火信号发生器是利用霍尔效应来产生的信号控制点火系统工作的。霍尔效应如图 4-16 所示，当电流 I 通过放在磁场中的半导体基片（即霍尔元件）且电流方向和磁场方向垂直时，在垂直于电流和磁场的半导体基片的横向侧面上会产生一个电压，这个电压称为霍尔电压 U_H。霍尔电压的高低与通过的电流和磁感应强度成正比，可用式(4-1)表示

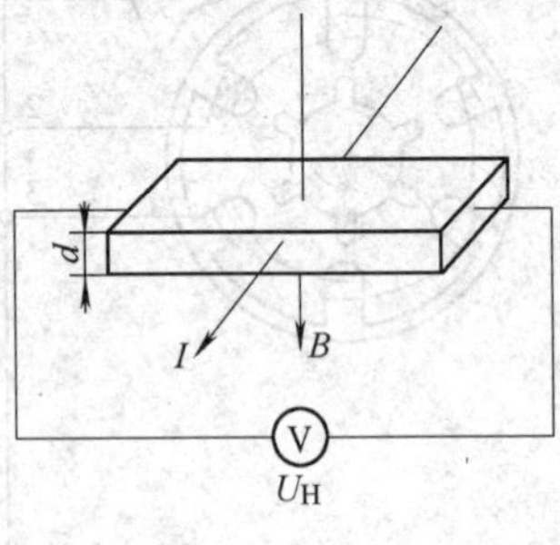

图 4-16 霍尔效应原理图

$$U_H = \frac{R_H}{d} IB \tag{4-1}$$

式中 R_H——霍尔系数；

d——半导体基片厚度；

I——电流；

B——磁感应强度。

由式(4-1)可知，当通过的电流 I 为一定值时，霍尔电压 U_H 随磁感应强度 B 的大小而变化；同时也可看出，霍尔电压 U_H 的高低与磁通的变化速率无关。

2）霍尔信号发生器结构。霍尔式点火信号发生器是根据霍尔效应原理制成的，如图 4-17 所示。它由触发叶轮和霍尔传感器组成。它装在分电器内，主要由转子和定子组成（即由触发叶轮和信号触发开关等组成），转子即触发叶轮。触发叶轮像传统分电器的凸轮一样，套装在分电器轴的上部，由分电器轴带动旋转，又能相对分电器轴作少量转动，以保证离心调节装置正常工作。触发叶轮的叶片数与气缸数相等，其上部套装分火头，与触发叶轮一起转动。

霍尔传感器 4 由带导板（导磁）的永久磁铁 3 和霍尔集成块 2 组成。霍尔集成块 2 的外层为霍尔元件，同一基板的其他部分制成集成电路。触发叶轮 1 的叶片在霍尔集成块和永久磁铁之间转动。霍尔集成块包括霍尔元件和集成电路，由于霍尔信号发生器工作时，霍尔元件产生的霍尔电压 U_H 大约为 20mV，信号很微弱，还需由集成电路进行信号处理。霍尔元件产生霍尔电压信号（U_H），经过放大、脉冲整形，最后以整齐的矩形脉冲波输出，输出可达几百毫伏。霍尔信号集成块电路框图如图 4-18 所示。

霍尔信号发生器是一个有源器件，它需要提供电源才能工作。霍尔集成块的电源由点火器提供。霍尔集成电路输出级的集电极为断路输出形式，其集电极的负载电阻设置在点火器内。霍尔信号发生器有三根引出线，且与点火器相连接，其中一根是电源输入线，一根是霍尔信号输出线，一根是搭铁线。

3）工作原理。霍尔信号发生器的工作原理如图 4-19 所示。触发叶轮旋转时，每当叶片

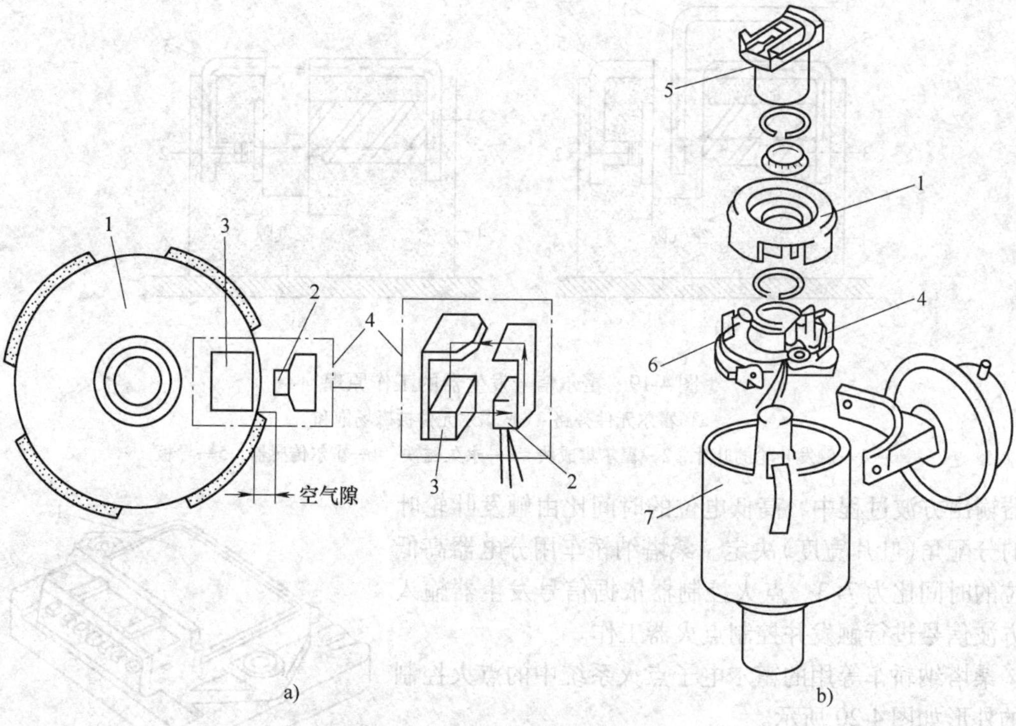

图 4-17　霍尔信号发生器

a）示意图　b）结构图

1—触发叶轮　2—霍尔集成块　3—带导板的永久磁铁　4—霍尔传感器
5—分火头　6—触发开关托盘　7—分电器壳体

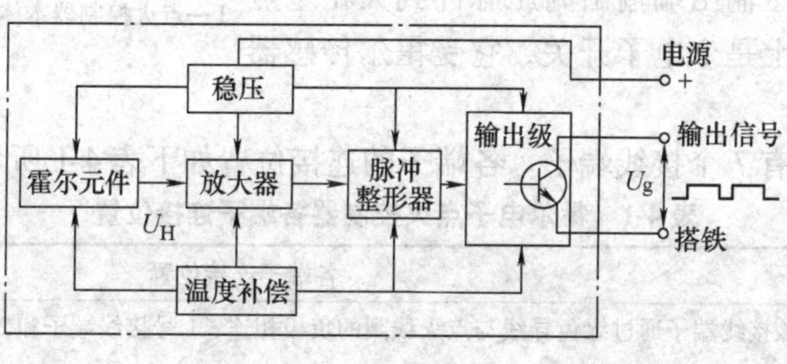

图 4-18　霍尔信号集成块电路框图

U_H—霍尔电压　U_g—霍尔传感器输出信号电压

进入永久磁铁与霍尔集成块之间的空气隙时，霍尔集成块中的磁场即被触发叶轮的叶片所旁路(或称隔磁)，如图 4-19a 所示，这时霍尔元件不产生霍尔电压，集成电路输出级的晶体管处于截止状态，信号发生器输出高电位。

而当触发叶轮的叶片离开永久磁铁与霍尔元件间的空气隙时，永久磁铁的磁通便通过霍尔集成块和导板构成回路，如图 4-19b 所示，这是霍尔元件产生霍尔电压，集成电路输出级的晶体管处于导通状态，信号发生器输出低电位。

由此可见，叶片进入空气隙时，信号发生器输出高电位，叶片离开空气隙时，信号发生器输出低电位。触发叶轮每转一周，便产生与叶片数相等个数的霍尔脉冲电压 U_H。信号发

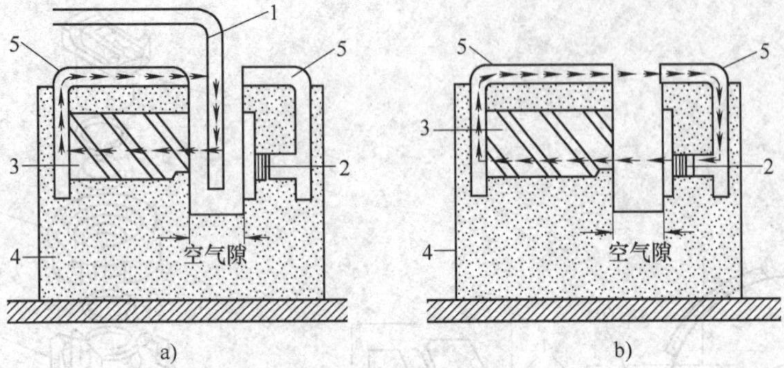

图 4-19 霍尔信号发生器的工作原理

a）霍尔元件旁路 b）霍尔元件被磁场饱和

1—触发叶轮的叶片 2—霍尔集成块 3—永久磁铁 4—霍尔传感器 5—导板

生器输出方波过程中，高低电位的时间比由触发叶轮叶片的分配角(叶片宽度)决定。桑塔纳轿车用分电器高低电位的时间比为7:3。点火控制器依据信号发生器输入的方波信号进行触发并控制点火器工作。

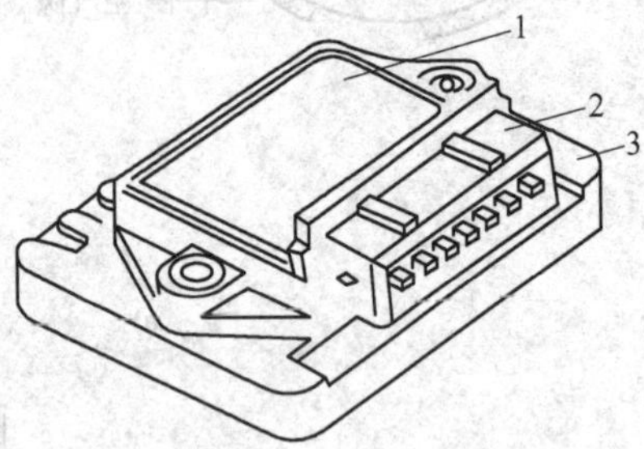

图 4-20 桑塔纳轿车点火控制器外形图

1—点火控制器本体 2—插接件 3—散热片

桑塔纳轿车等用的霍尔电子点火系统中的点火控制器的外形如图 4-20 所示。

霍尔点火控制器与信号发生器通过三线插头相连接，当信号输出端把信号输入到点火控制器后，经过其内部电路处理，控制一只大功率晶体管，进而控制点火线圈，使点火线圈高压输出端输出高压脉冲到火花塞点火。霍尔点火器实质上是个电子开关，它受霍尔传感器产生的信号电压控制。

霍尔点火控制器有 7 个接线端子。各端子的连接位置如下表 4-1 所示。

表 4-1 霍尔电子点火控制器各端子连接位置

接 线 端 子	各端子连接位置
1 号接线端子	该接线端子通过绿色导线与点火线圈的负极相连；1 号接线端子和 2 号接线端子之间为点火控制器的大功率晶体管
2 号接线端子	该接线端子搭铁(棕色导线)
3 号接线端子	该接线端子接霍尔分电器 3 号线(棕白色)为电源 - 信号共用负极(即搭铁)
4 号接线端子	该接线端子(黑色)为点火控制器电源线
5 号接线端子	该接线端子接霍尔分电器 5 号线(呈红色)为信号发生电源
6 号接线端子	该接线端子(绿白线)为信号线
7 号接线端子	该接线端子没用(不使用)

霍尔点火控制器的功能有接通和切断初级电路的开关功能、点火线圈的限流控制、闭合角控制、过压保护和停车断电保护等。

由于该点火器具备较多的功能，因而使该点火器具有的优越性有点火能量高、在怠速至高速整个发动机转速范围内基本保持恒定、高速不断火、低速耗能少和起动可靠等优点。

五、点火系统的主要部件

1. 点火线圈

点火线圈是将电源低压电转变成高压电。点火线圈由初级线圈、次级线圈和铁心等组成。按磁路的结构形式不同，可分为开磁路点火线圈和闭磁路点火线圈。

（1）开磁路点火线圈　开磁路点火线圈的结构如图 4-21 所示，点火线圈中心是用硅钢片叠成的条形铁心，由于铁心没有构成闭合回路，所以称为开磁路点火线圈，其磁路如图 4-22 所示。铁心外部套有绝缘的纸板套管，套管上绕有次级线圈，直径为 0.06 ~ 0.10mm 的漆包线，次级线圈一般约为 2 万匝。初级线圈是直径为 0.5 ~ 1.0mm 的高强漆包线，绕在次级线圈的外面，初级线圈一般约为 200 匝，线圈和外壳之间装有导磁钢套。为加强绝缘与防潮，条形铁心底部装有瓷绝缘支座，外壳内充满沥青或变压器油等绝缘物。点火线圈的顶部是胶木盖，并加以密封。

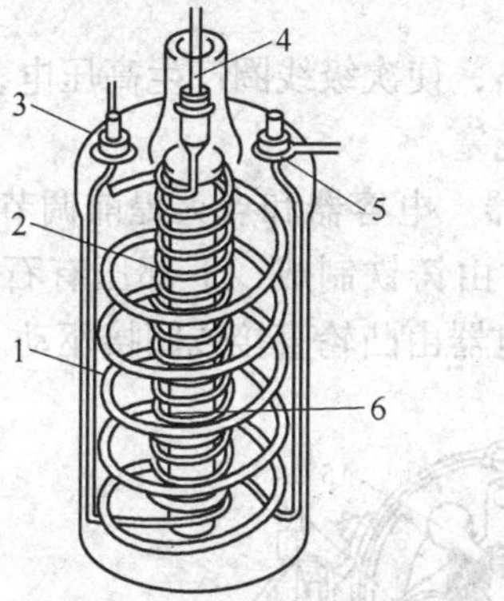

图 4-21　开磁路点火线圈的结构

1—初级线圈　2—次级线圈　3—点火线圈“+”接线柱　4—中央高压线接线柱　5—点火线圈“－”极接线柱　6—铁心

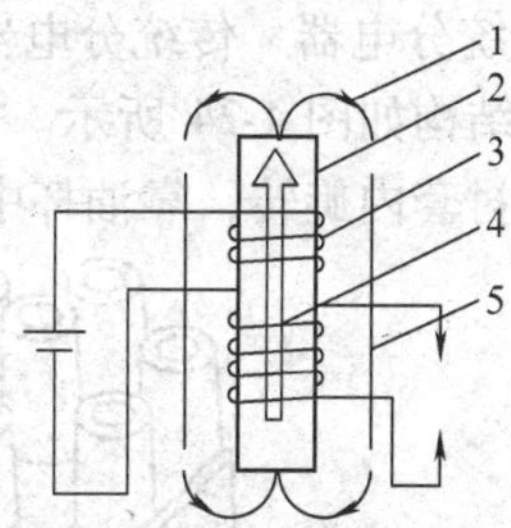

图 4-22　开磁路点火线圈的磁路

1—磁力线　2—铁心　3—初级线圈　4—次级线圈　5—导磁钢套

为改善点火性能，在应用开磁路点火线圈的点火系统初级电路中，一般设有附加电阻（热敏电阻），温度升高，附加电阻阻值增大。这样，当点火线圈温度高时，可减小初级电流，防止点火线圈过热。同时，在起动机起动发动机时，利用起动电路将附加电阻短路，增大初级电流，提高次级电压，有利于发动机起动。附加电阻有两种结构形式，一种是设在点火线圈外部，这种形式的点火线圈有三个接线柱；还有一种附加电阻为导线形式，用来连接点火开关与点火线圈，这种形式的点火线圈有两个接柱。

在早期的点火系统中，开磁路点火线圈应用较多。但由于开磁路点火线圈磁路磁阻大，磁通量泄漏多，因此，能量转换效率低，现已很少应用。

（2）闭磁路点火线圈　闭磁路点火线圈也称为高能点火线圈，其结构如图 4-23 所示。在“口”字形或“日”字形铁心内绕有次级线圈，在次级线圈外面绕有初级线圈，初级线圈产生的磁通通过铁心构成闭合磁路。铁心中留一小空隙是为了减少铁心磁滞现象。

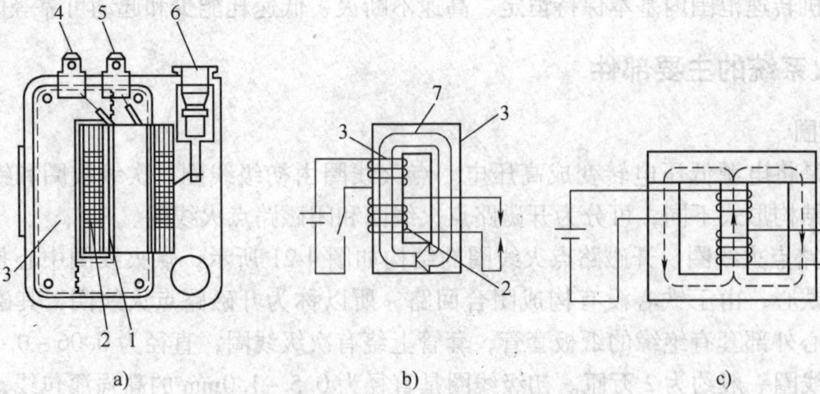

图 4-23　闭磁路点火线圈的结构

a）闭磁路点火线圈　b）"口"字形铁心　c）"日"字形铁心

1—初级线圈　2—次组线圈　3—铁心　4—正接线柱　5—负接线柱　6—高压接线柱　7—磁力线

2. 分电器

分电器的作用是接通或切断点火线圈的初级回路，使次级线圈产生高压电，并按发动机的工作顺序，在最佳点火时刻将高压电送到各缸火花塞。

（1）传统分电器　传统分电器由断电器、配电器、电容器和点火提前调节机构等组成，传统分电器结构如图 4-24 所示。分电器的壳体通常由铸铁制成，下部压有石墨青铜衬套，分电器轴在衬套内旋转，靠油杯中的机油润滑。分电器由凸轮直接或间接驱动。

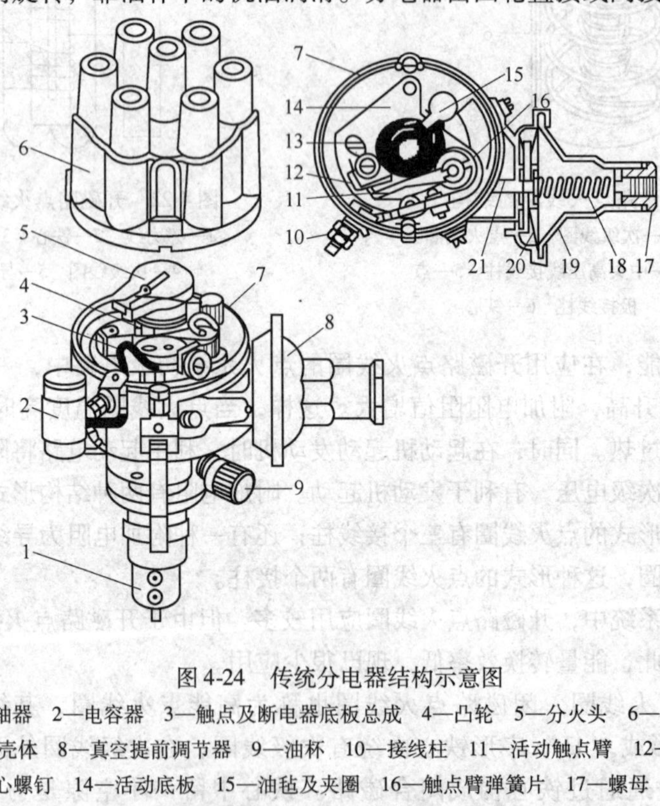

图 4-24　传统分电器结构示意图

1—联轴器　2—电容器　3—触点及断电器底板总成　4—凸轮　5—分火头　6—分电器盖

7—分电器壳体　8—真空提前调节器　9—油杯　10—接线柱　11—活动触点臂　12—固定触点臂

13—偏心螺钉　14—活动底板　15—油毡及夹圈　16—触点臂弹簧片　17—螺母　18—弹簧

19—真空提前调节器外壳　20—真空提前调节器膜片　21—拉杆

1）断电器。断电器是一个串联在点火线圈初级线圈电路中控制低压电流的开关设备，由活动触点、固定触点及凸轮组成。其作用是周期性地接通和切断点火线圈低压电路。断电器触点由钨合金制成，固定触点经底板搭铁。活动触点与壳体之间是绝缘的，它通过触点臂经触点弹簧片与分电器低压接线柱相通。活动触点臂有孔端松套在活动底板的销轴上，通过触点臂弹簧片的弹力使顶块紧压在凸轮上。凸轮具有与发动机气缸数相同的凸角，凸轮与拨板制成一体，装在分电器轴上，经离心重块由分电器轴驱动。旋动偏心螺钉即可通过改变固定触点的位置来调整断电器触点的间隙。

2）配电器。配电器安装在断电器上方，由胶木制的分电器盖和分火头组成，其作用是按发动机点火顺序，将高压电分配到各缸火花塞上。分火头插装在凸轮的顶端，和凸轮一起旋转，其上有金属导电片。分电器盖的中间有高压线插孔，其内装有带弹簧的炭柱，压在分火头的导电片上。分电器盖的外围有与发动机气缸数相等的旁电极插孔，以安装分缸高压线。分火头上的导电片距离旁电极有0.2～0.8mm的间隙，当分火头旋转时，断电器触点打开，而此时分火头正好对准某一旁电极，于是高压电自导电片跳至与其相对的旁电极，再按点火顺序将高压电经高压分线送至各缸相应的火花塞。

3）电容器。电容器的作用是：当触点分开时可减小触点间的火花，防止触点烧蚀；同时，由于电容器能吸收触点分开时的电能，使初级电流迅速切断，提高了磁场变化的速率，从而提高次级电压。

电容器装在分电器壳体上。电容器外壳与一条箔带相连，作为搭铁电极；另一条箔带则通过与外壳绝缘的导线引出，作为另一极，接分电器接线柱。

4）点火提前角调节机构。火花塞必须在活塞到达上止点前某一最佳时刻点火，点燃发动机气缸内的混合气，才能使发动机输出最大功率和减少排放污染。将活塞到达上止点前点火的提前量用点火提前角来表示，所谓点火提前角是指从点火开始到活塞上行至上止点曲轴所转过的角度。最佳点火提前角由发动机的性能决定，同时受发动机转速、负荷、燃油品质等因素影响。为了保证发动机在任何工况下都能实现最佳点火，在分电器中设置了离心式提前机构、真空提前机构和辛烷值选择器。

① 离心点火提前机构。当发动机转速低时，活塞往复运动速度慢，每一工作行程的时间变长。若混合气的燃烧速度不变，此时点火提前角应减小，避免混合气过早燃烧。反之当发动机转速提高时，应增大点火提前角。

离心点火提前机构的功能是在发动机转速发生变化时自动调节点火提前角，它通常装在断电器固定底板的下部，结构如图4-25所示。在分电器轴上固定有托板，两个重块分别套在托板的柱销上，重块另一端由弹簧拉住，凸轮和拨板为一体，套

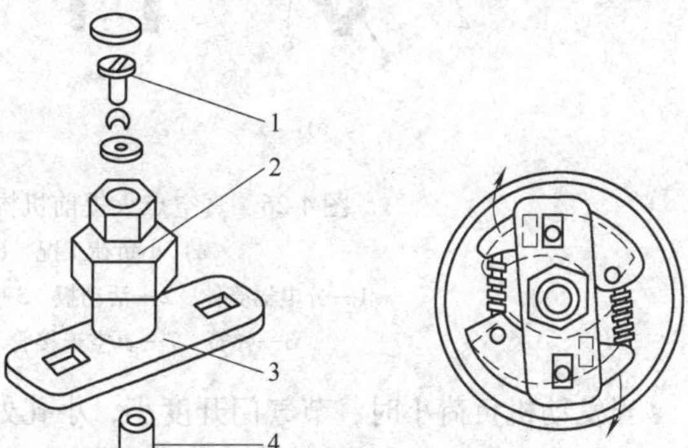

图4-25　离心点火提前机构的结构

1—凸轮固定螺钉及垫片　2—凸轮　3—拨板　4—分电器轴　5—离心重块　6—弹簧　7—托板　8—销钉　9—柱销

在分电器轴的上端，而拨板两端的孔则插在离心块的销钉上。

随着发动机转速升高，重块的离心力增大，克服弹簧拉力绕柱销转动一角度，销钉推动拨板，使凸轮沿旋转方向相对于轴转过一角度，点火提前角增大。转速下降时，弹簧将重块拉回，使提前角自动减小。

有的离心点火提前机构每个重块设有一粗一细两个弹簧，两个弹簧弹性不同。粗的弹簧安装后成为自由的状态，细的一根安装后略略拉紧。在低速范围内，只有细弹簧起作用，当转速提高到一定程度后，两根弹簧同时起作用，以便点火提前角开始成正比增大，以后又趋向平缓，即点火提前角与转速不是线性关系，使之更符合发动机转速变化时对点火提前角的要求。

② 真空点火提前机构。当发动机负荷增大时，节气门开度增大，进入气缸的混合气增多，残余废气减少，使被压缩的混合气的压力增大、温度升高，从而使燃烧速度加快，应减小点火提前角。反之，当发动机负荷减小时，应增大点火提前角。

真空点火提前机构的功能是在发动机负荷变化时，自动调节点火提前角。安装在分电器壳体的外侧，内部构造及工作原理如图 4-26 所示，壳内装有膜片，将其内部分成两个腔室，位于分电器壳体一侧的腔室与大气相通，另一腔室用管子接到化油器下体空气管上的一个专设的小通气孔，该孔在节气门怠速开度时，正处于节气门前方，与怠速过渡喷孔邻近。膜片中心固装着拉杆 4，拉杆的另一端固装一销钉，断电器活动底板就套装在拉杆的销钉上，因此拉杆运动可带动断电器活动底板转动。

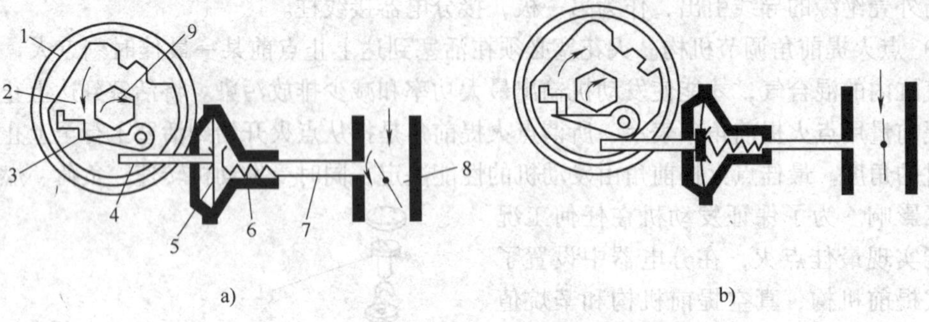

图 4-26　真空点火提前机构的内部构造及工作原理

a）小负荷工况　b）大负荷工况

1—分电器壳体　2—活动板　3—触点副　4—拉杆　5—膜片
6—弹簧　7—真空连接管　8—节气门　9—凸轮

当发动机负荷小时，节气门开度小，小孔处真空度较大，吸动膜片，拉杆 4 推动活动板带着触点副逆凸轮旋转方向转动一定角度，使点火提前角增大。节气门开度大时（负荷增大），小孔处真空度降低，膜片在弹簧力作用下，使点火提前角自动减小。怠速时，节气门接近全闭，小孔处于节气门上方，真空度几乎为零，使点火提前角很小或基本不提前，以保证怠速稳定运转。

③ 辛烷值选择器。辛烷值选择器的作用是根据燃油辛烷值的不同，由人工调节点火提前角，也称人工调节器。通过转动分电器的壳体来带动触点，使触点与分电器轴做相对移动，从而改变点火提前角。

（2）无触点分电器　无触点分电器主要由信号发生器、配电器和点火提前调节装置组成。配电器和点火提前调节装置与传统分电器类似。

磁感应式分电器主要由磁感应式信号发生器(信号传感器)、配电器、真空点火提前装置、离心点火提前装置等组成,如图4-27所示。

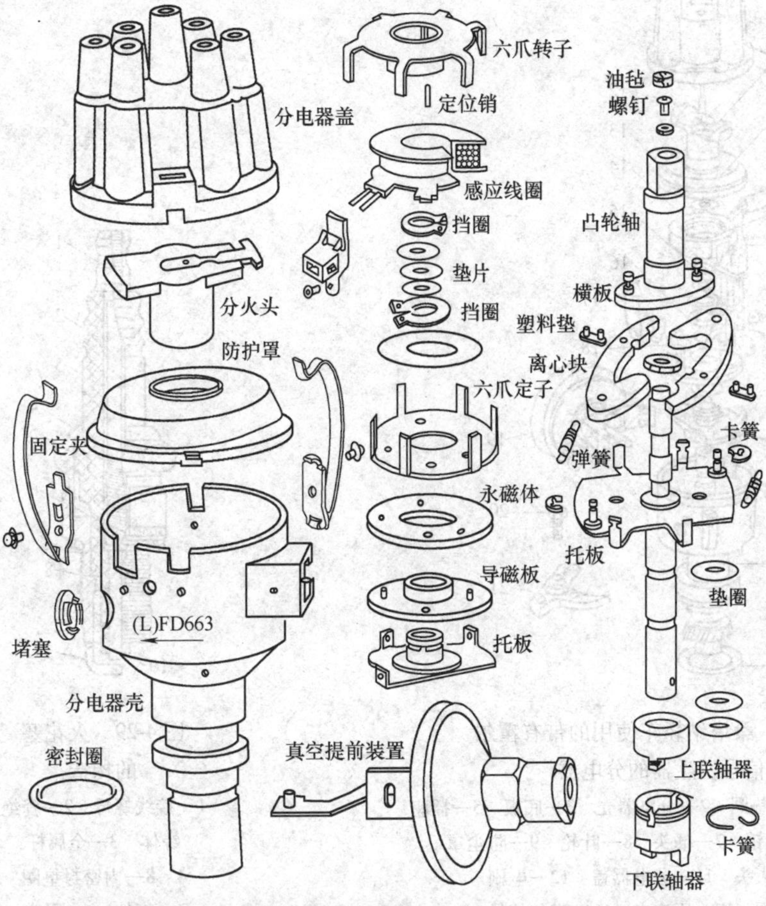

图4-27 解放CA1092汽车用磁感应式分电器的解体图

无触点分电器的结构如图4-28所示。霍尔式无触点分电器主要由霍尔式信号发生器(信号传感器)、配电器、真空点火提前装置、离心点火提前装置等组成,如图4-28所示。

3. 火花塞

火花塞的工作条件十分恶劣,它承受高压、高温及燃烧产物的强烈腐蚀。因此,火花塞必须具有足够的强度,能承受温度的强烈变化,应有良好的热特性,火花塞的电极应采用难熔、耐腐蚀的材料制成。

(1) 火花塞的构造 火花塞的构造如图4-29所示,中心电极用镍铬合金制成,具有良好的耐高温、耐腐蚀性能,中心电极做成两段,中间加有导电玻璃,由于导电玻璃和瓷绝缘体的膨胀系数相近,因此,导电玻璃主要是起密封作用。火花塞间隙多为1.0~1.2mm。

(2) 火花塞的热特性 火花塞的热特性是指火花塞裙部(下部)的温度特性。实践证明,火花塞裙部温度保持在500~600℃时,落在绝缘体上的油滴能立即烧去,通常将这个温度称为火花塞的自净温度。低于这个温度时,火花塞易产生积炭,高于这个温度时,在火花塞表面易产生炽热点，形成早燃。因此，要使火花塞正常工作，就要保证火花塞的裙部温度为自净温度。

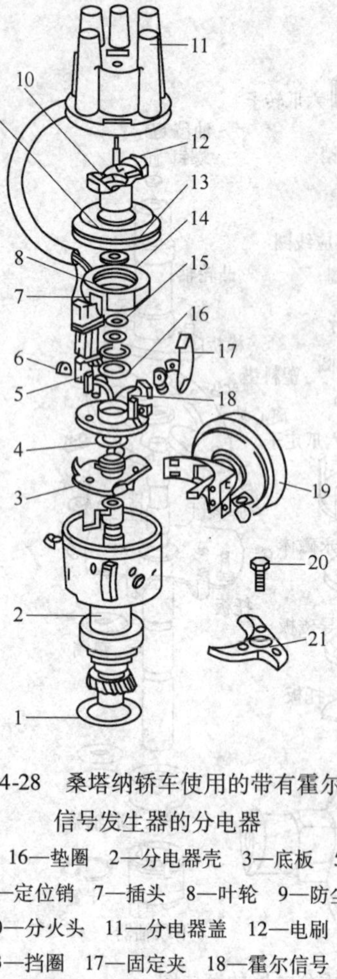

图 4-28　桑塔纳轿车使用的带有霍尔信号发生器的分电器

1、4、15、16—垫圈　2—分电器壳　3—底板　5—插座　6、14—定位销　7—插头　8—叶轮　9—防尘罩　10—分火头　11—分电器盖　12—电刷　13—挡圈　17—固定夹　18—霍尔信号发生器　19—真空式调节器　20—固定螺栓　21—压板

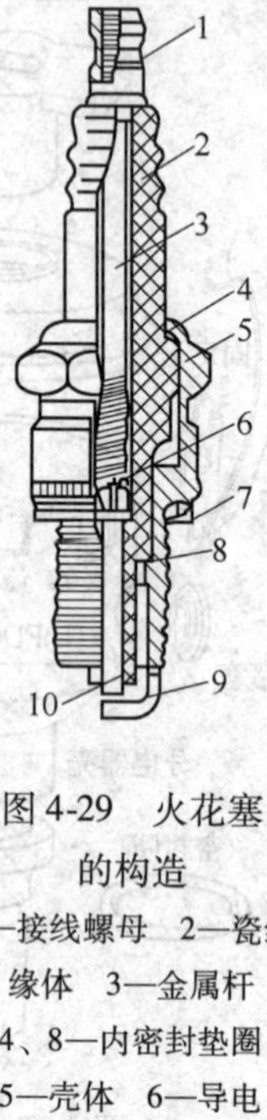

图 4-29　火花塞的构造

1—接线螺母　2—瓷绝缘体　3—金属杆　4、8—内密封垫圈　5—壳体　6—导电玻璃　7—密封垫圈　9—侧电极　10—中心电极

火花塞的热特性主要决定于绝缘体裙部的长度。绝缘体裙部长的火花塞，其受热面积大，传热距离长，散热困难，裙部温度高，称为热型火花塞；反之，裙部短的火花塞，吸热面积小，传热距离短，散热容易，裙部温度低，称为冷型火花塞，如图 4-30 所示。热型火花塞用于低压缩比、低转速、小功率的发动机中；冷型火花塞用于高压缩比、高转速、大功率的发动机中。

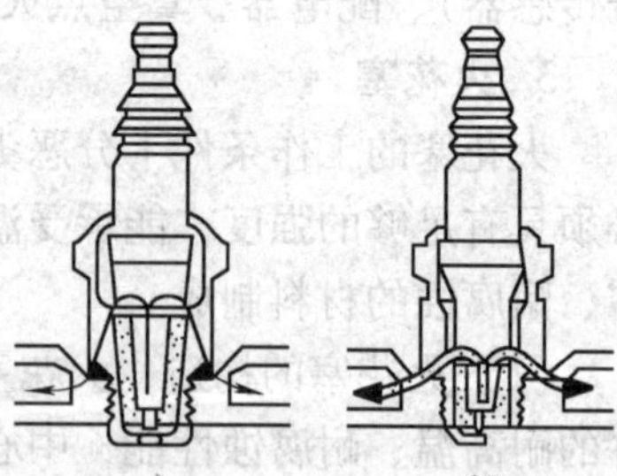

a)　　b)

图 4-30　火花塞的热特性

a）热型　b）冷型

（3）火花塞的类型　常见的火花塞结构类型如图 4-31 所示。

（4）火花塞的型号　根据 ZB/T J37003—1989 标准规定，火花塞型号由三部分组成：

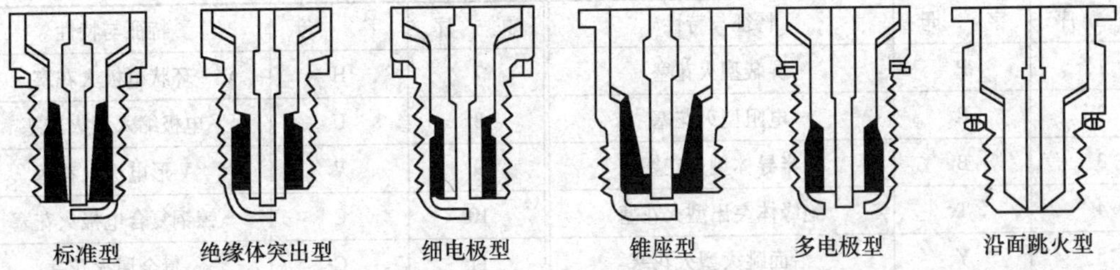

图 4-31　常见的火花塞结构类型

1	2	3

1—汉语拼音字母，表示火花塞结构类型及主要形式尺寸，字母的含义如表 4-2 所示。

2—阿拉伯数字，表示火花塞热值。

3—汉语拼音字母，表示火花塞派生产品结构、结构特征、材料特性及特殊技术要求，字母的含义如表 4-3 所示。

例如，F4TC 型火花塞，其螺纹旋合长度为 19mm，壳体六角对边为 20. 8mm，热值为 4 的 M12 ×1. 25 螺纹规格，带电阻的镍铜复合电极绝缘体突出型平座火花塞。

表 4-2　火花塞结构类型代号

代表字母	螺纹规格	安装座形式	螺纹旋合长度/mm	壳体六角对边/mm
A	M10 ×1	平座	12. 7	16
C	M12 ×1. 25	平座	12. 7	17
D		平座	19	17
E		平座	12. 7	20. 8
F		平座	19	20. 8
G		平座	9. 5	20. 8
H		平座	11	2038
Z		平座	11	19
J		平座	12. 7	16
K		平座	19	16
L		矮型平座	9. 5	19
M		矮型平座	11	19
N		矮型平座	7. 8	19
P		锥座	11. 2	16
Q		锥座	17. 5	16
R	M18 ×1. 5	平座	12	20. 8
S		锥座	19	22
T		锥座	10. 9	20. 8

表 4-3　火花塞派生产品的特征、特性排列顺序

顺　序	字　母	特征与特性	顺　序	字　母	特征与特性
1	P	屏蔽型火花塞	7	H	环状电极火花塞
2	R	电阻型火花塞	8	U	电极缩入型火花塞
3	B	半导体型火花塞	9	V	V 形电极火花塞
4	T	绝缘体突出型火花塞	10	C	镍铜复合电极火花塞
5	Y	沿面跳火型火花塞	11	G	贵金属火花塞
6	J	多电极型火花塞	12	F	非标准火花塞

实施及规范

一、电子点火系统的使用注意事项

电子点火系统的形式较多，电路、原理差异较大，使用要求也各不相同，应严格按厂家规定进行。为避免对人体或系统本身造成伤害，在进行检修时，应注意以下几点：

1）接线必须正确、牢固，插接器要插接良好。系统中的晶体管器件应安放在易于散热、通风良好的位置上。

2）如果点火系统有故障或被怀疑有故障，而又必须拖动汽车时，应先拆开点火器的插接件。

3）清洗发动机时，应断开点火开关，并不能直接清洗电子组件。

4）拆卸、连接点火系统导线（包括高压线）及用仪器检测时，应先断开点火开关。同时，应谨慎使用“试火法”、“短路法”检查点火系统故障，以防发生意外。

5）电子点火系统的分电器、点火控制装置、高能点火线圈一般都是专用产品，不得随意替代。如果中途出现故障又一时无法排除，需用传统点火系统替代时，应将分电器、点火控制器和点火线圈全部拆下，换上传统点火装置组件，并按其要求接线、调试。

6）无触点信号发生器的信号转子与定子或凸齿之间的间隙应调整到规定值。如解放 CA1092 型汽车为 0.3 ~ 0.5mm，日本丰田汽车为 0.2 ~ 0.4mm。且在检查转盘凸齿与传感器铁心之间的间隙时，必须使用塑料塞尺，禁止使用一般的钢质塞尺。

7）为防止干扰，只能使用 1kΩ 的电阻和 1 ~ 5kΩ 的火花塞插头。

8）电子点火系统中电子元件较多，精度要求高，一般不得随意拆卸或焊接。确实需更换损坏的晶体管或集成块时，应选用型号相同或性能参数均较原件优良的代用件。装配时应注意管脚极性。

二、电子点火系统的故障诊断

电子点火系统的电路、原理差异较大，因此产生故障的部件原因也不尽相同，诊断故障的方法自然区别较大，现就一般规律简述如下。

1. 直观检查

仔细检查接线、插接件是否可靠，电线有无老化与破损，蓄电池的技术状况是否良好。

2. 点火系的检查

判断故障在低压电路还是在高压电路，判断方法与传统点火系统基本相同。采用高压跳火法检查时，从分电器盖上拔出中央高压线，使其端头离缸体 5 ~ 7mm，然后接通点火开关，摇转曲轴，观察跳火情况。

1）跳火正常，则表明点火线圈输出的低压电路正常，故障在高压电路。高压电路的故障诊断与传统方法完全相同。

2）无火花，则为低压电路故障。此时应分别检查点火信号发生器、电子组件和高能点火线圈。

3. 点火信号发生器

（1）磁感应式点火信号发生器的检查　检查转子凸齿与定子铁心或凸齿之间的气隙，约为 0.2 ~ 0.5mm。检查传感器线圈电阻，并与标准值比较。电阻值若无穷大，为断路；电阻值若较小，为匝间短路。传感器的电阻参考值：日本丰田汽车为 140 ~ 180Ω；JFD667 为 500 ~ 600Ω；CA1092 为 600 ~ 800Ω。检查传感器的输出信号电压并与规定值（一般为 1 ~ 1.5V）比较，偏低或为零则表明有故障。

（2）霍尔信号发生器的检查

1）测量信号发生器的输出电压。关闭点火开关，打开分电器盖，拔出分电器盖上的中央高压线并搭铁，将电压表的两触针分别接在插接件信号输出线（0）和搭铁线（－）接线柱上，检查霍尔信号发生器输出电压，如图 4-32 所示。然后打开点火开关，按发动机转动方向转动发动机，同时观察电压表上的读数，其值一般在 0 ~ 9V 之间变化。当分电器触发叶轮的叶片在空气隙中时，其电压值为 2 ~ 9V；当触发叶轮的叶片不在空气隙中时，其电压值约为 0.3 ~ 0.4V，若电压不在 0 ~ 9V 之间变化，则应更换霍尔信号发生器。

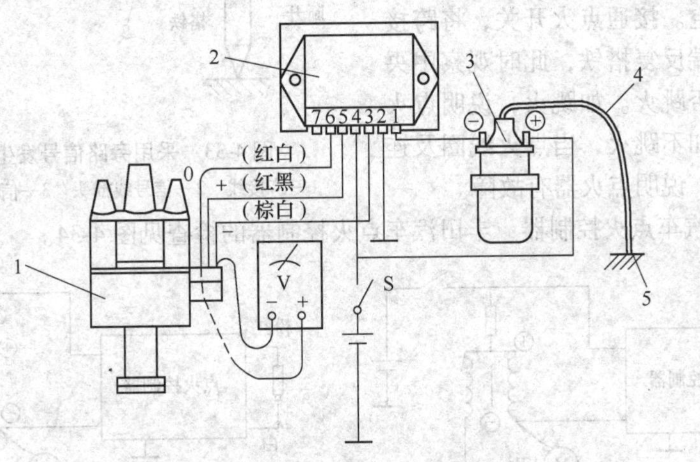

图 4-32　检查霍尔信号发生器输出电压

1—分电器　2—点火控制器　3—点火线圈

4—中央高压线　5—发动机缸体

2）模拟信号发生器动作。在实际工作中，常采用模拟信号发生器动作来判断其好坏。关闭点火开关，打开分电器盖，转动曲轴，使分电器触发叶轮的叶片不在气隙中。拔出分电器盖上的中央高压线，使其端部离气缸体 5 ~ 7mm，然后接通点火开关，用小旋具在信号发生器的气隙中，轻轻插入和拔出，模拟触发叶轮叶片在空气隙动作，如果此时高压线端都跳火，说明霍尔信号发生器、点火器、点火线圈及连接导线性能良好；如不跳火，在点火线圈、点火器及连接导线正常的情况下，说明信号发生器有故障，应予以更换。

4. 点火控制器

（1）霍尔电子点火器

1）确认点火器电源电路是否正常。关断点火开关，拔下点火器的插接件，利用万用表测量线束插头的4和2接线柱之间电压，接通点火开关，电压表测得电压值应该约为蓄电池电压。否则，应找出电源断路故障并予以拆除。

2）确认点火器工作性能。关断点火开关，连接好点火器插接件，拔下分电器霍尔信号发生器插接件，将电压表两触针接在点火线圈的15(+)和1(-)接线柱上。当接通点火开关时，电压表的电压值应为2~6V，并在1~2s后必须降为零值，否则应更换点火器。

3）确认点火器向霍尔信号发生器输出电压值是否正常。关断点火开关，将电压表的两触针接在霍尔信号发生器线束插头(+)和(-)接线柱上，接通点火开关时，电压表测得的电压值应为5~11V，如低于5V或为0V，再用同样方法对点火器插接件中的接线柱5和3进行测试，若电压值为5V以上，则说明点火器与信号发生器之间的线束有断路故障，应予以排除；若电压值仍为5V以下，则应更换点火器。

4）实际工作中，常采用旁路霍尔信号发生器的方法检查点火器。其方法是：关断点火开关，拔下分电器盖上的中央高压线，使其端部离气缸体5~7mm，拔下分电器信号发生器线束插接件，用跨接线让其一端按图4-33接在信号线插头上，另一端暂时悬空。接通点火开关，将跨接线悬空的另一端反复搭铁，此时观察中央高压线端部是否跳火。如跳火，说明点火器工作良好；如不跳火，当点火线圈及连接导线正常时，说明点火器有故障。

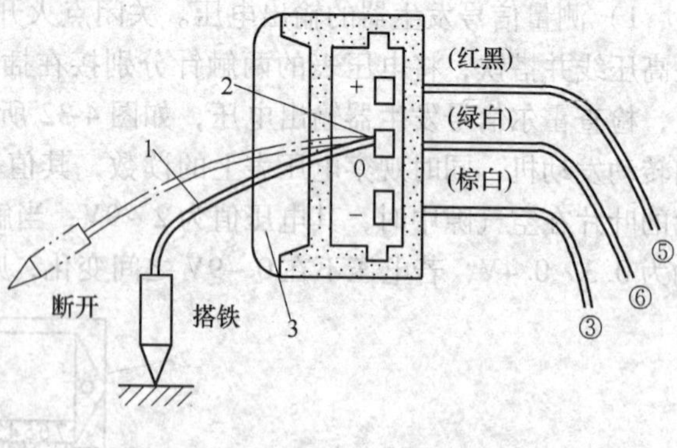

图4-33　采用旁路信号发生器的方法

1—跨接线　2—信号线插头　3—信号发生器插接件

（2）丰田汽车点火控制器　丰田汽车点火控制器的检查见图4-34。

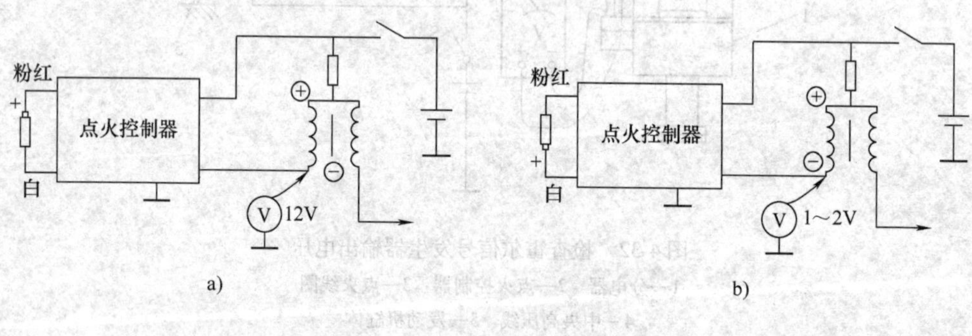

图4-34　丰田汽车点火控制器的检查

a）大功率晶体管导通　b）大功率晶体管截止

1）拔下分电器上的线路插接。

2）接通点火开关，用一个1.5V的干电池，将它的正、负极分别接点火控制器的两输入线，如图 4-34 所示，用万用表测量点火线圈“-”接线柱与搭铁之间的电压。两次测量的结果应分别为 1~2V 和 12V，否则说明点火控制器有故障。

5. 点火线圈检查

点火线圈的检查主要是用万用表测量初级线圈和次级线圈的电阻值，并根据其大小判断是否短路、断路。点火线圈初、次级线圈电阻的参考值，丰田汽车为 1.3~1.7Ω 和 10~16kΩ，CA1092 为 0.7~0.8kΩ 和 3~4kΩ，必要时应上试验台复检。

6. 火花塞的检查

检查火花塞是否积炭，绝缘体是否损坏，电极间隙是否符合标准。必要时调整电极间隙。

7. 高压电路电阻的检查

1）分火头电阻的检查如图 4-35 所示。无触点为 0.6~1.4kΩ，有触点为 4~6kΩ。

2）火花塞插头电阻的检查如图 4-36 所示。插头的电阻为 0.6~1.4kΩ。

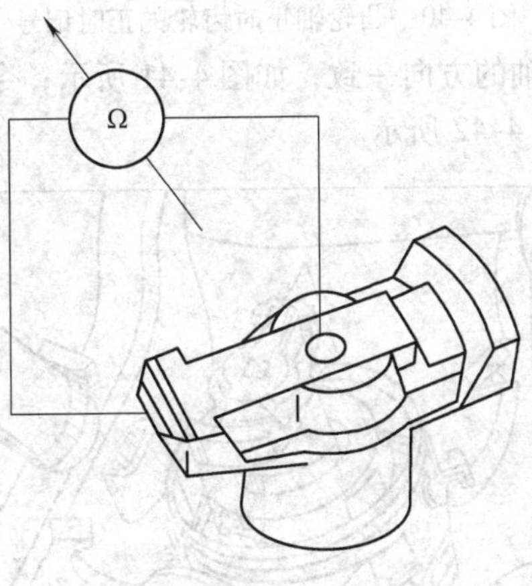

图 4-35 分火头电阻的检查图

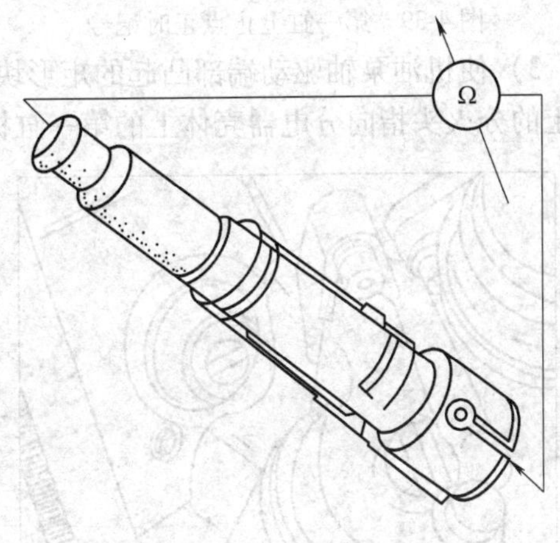

图 4-36 火花塞插头电阻的检查

3）防干扰接头电阻的检查如图 4-37 所示。无屏蔽为 0.6~1.4kΩ，有屏蔽为 4~6kΩ。

4）高压线电阻的检查如图 4-38 所示。点火线圈与分电器之间总电阻为 2.8kΩ；分电器与火花塞之间总电阻为 0.6~7.4kΩ，高压导线电阻为 0。

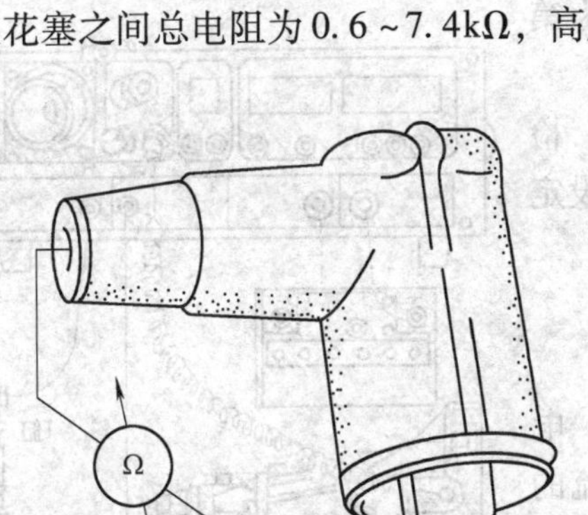

图 4-37 防干扰接头电阻的检查

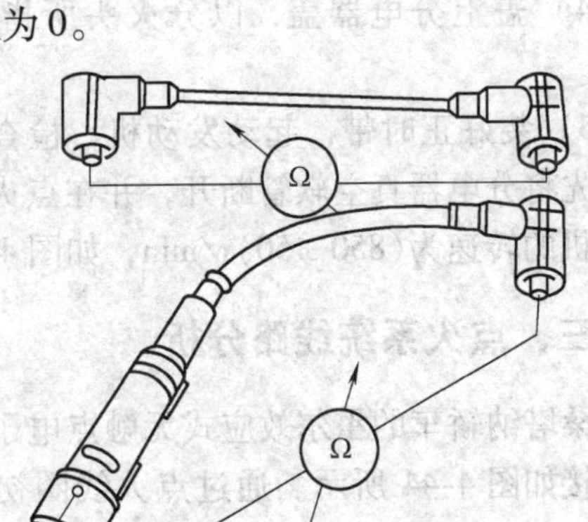

图 4-38 高压线电阻的检查

8. 点火正时的确定

1）转动曲轴，将发动机第一缸活塞置于上止点位置。如图 4-39 所示为离合器壳体上的观察孔，此时，飞轮上的刻度线与壳体上的指针对齐。

2）转动凸轮轴，使凸轮轴上正时齿轮的标记与气门室罩底面平齐，如图 4-40 所示。

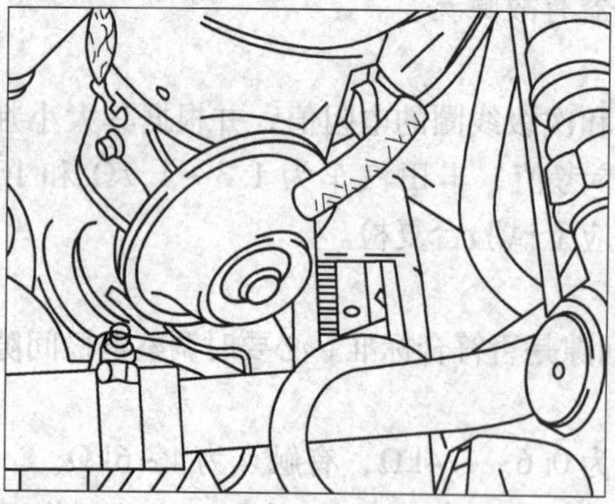

图 4-39　第一缸上止点正时记号

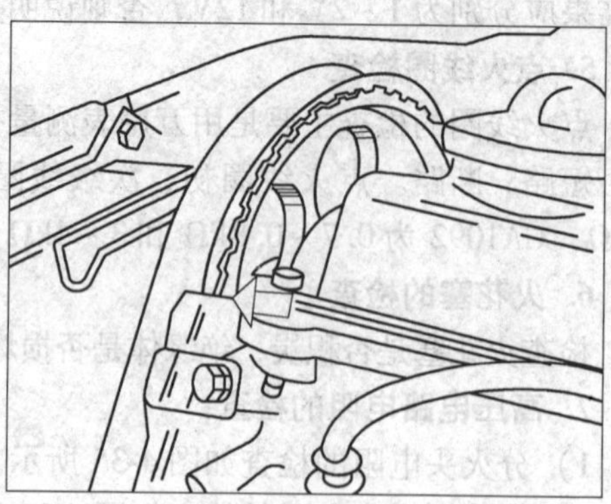

图 4-40　凸轮轴正时齿轮的正时记号

3）使机油泵轴驱动端部凸起的矩形块长边与曲轴的方向一致，如图 4-41 所示；令分电器上的分火头指向分电器壳体上的第一缸标记，如图 4-42 所示。

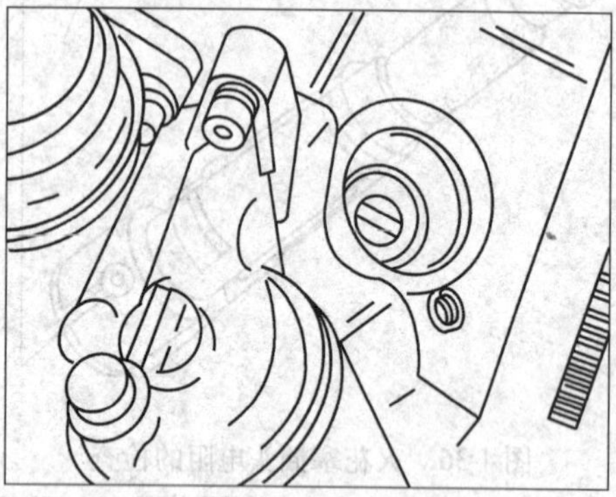

图 4-41　机油泵轴端凸起的矩形块方向

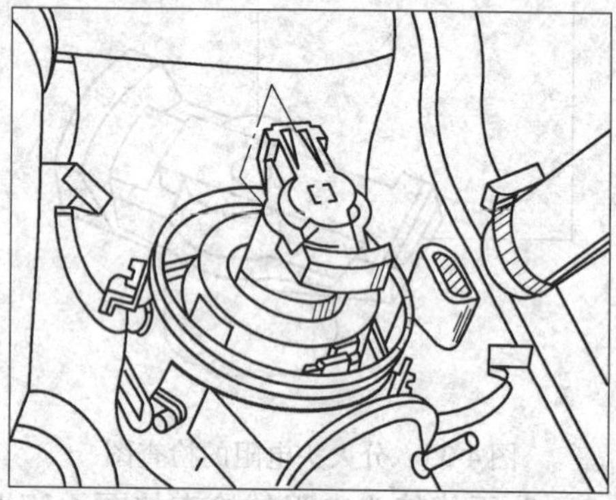

图 4-42　分火头指向分电器壳体上的第一缸标记

4）盖上分电器盖，以分火头所指的旁电极为第一缸。

5）装好正时带，起动发动机，检查点火正时。检查前先将分电器真空软管断开，并在点火测试仪上设定发动机的转速为(850±50)r/min，如图 4-43 所示。

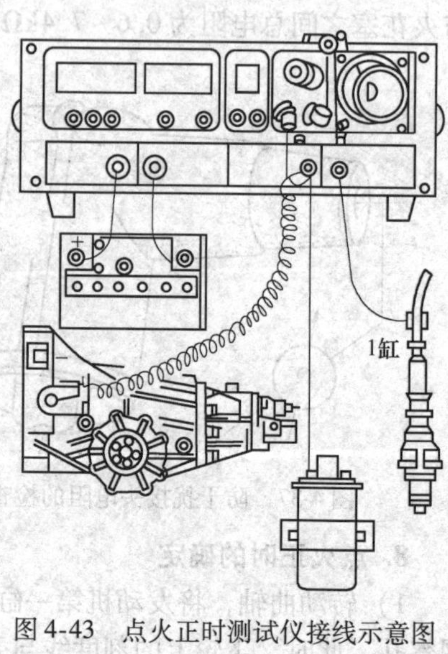

图 4-43　点火正时测试仪接线示意图

三、点火系统线路分析

桑塔纳轿车的霍尔效应式无触点电子点火系统，电路连接如图 4-44 所示。通过点火线圈初级线圈电流的通断，在次级线圈上感应出高压电，通过高压线路及正时分配使各缸火花塞跳火。初级电流的通断受点火控制器的控制，而点火控制器依靠霍尔传感器的信号来控制。

低压电流路径：蓄电池“+”接线柱(经电缆)→

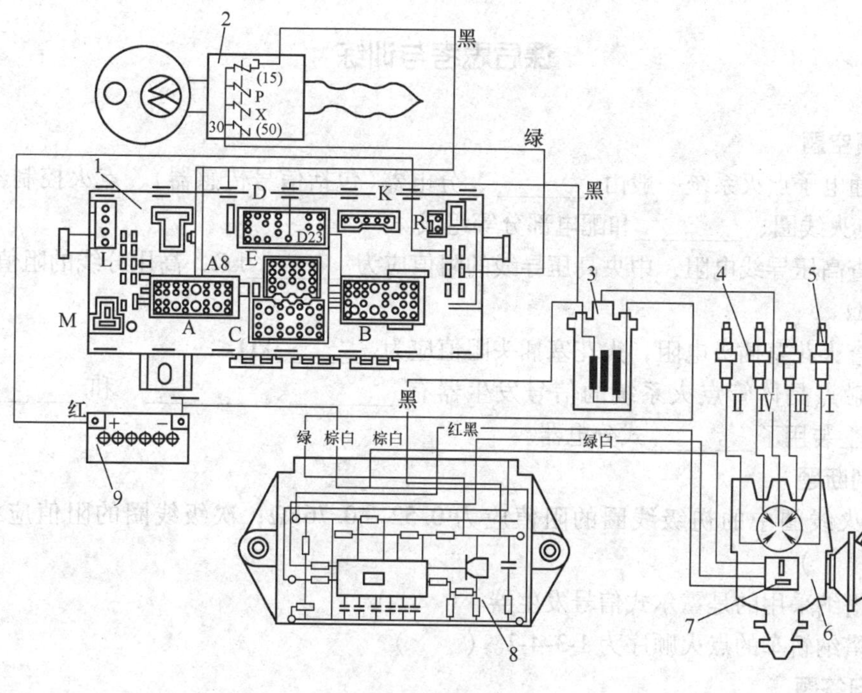

图 4-44　桑塔纳轿车霍尔式电子点火系统电路连接

1—中央线路板　2—点火开关　3—点火线圈　4—高压导线　5—火花塞
6—分电器　7—霍尔传感器　8—点火控制器　9—蓄电池

起动机的“30”接线柱(经红线)→中央接线板 P→另一 P 接线柱(经红线)→点火开关“30”接线柱→点火开关“15”接线柱(经黑线)→中央接线板 A8 接线柱→D23 接线柱(经黑线)→点火线圈“+”接线柱。然后分两路:

一路进入点火线圈内部经初级线圈到“−”接线柱(经绿线)→点火控制器“1”接线柱→点火控制器内部→点火控制器“2”接线柱(经棕线)发动机缸体搭铁(经搭铁线)→蓄电池“−”接线柱。

另一路向点火控制器供电，从点火线圈“+”接线柱(经黑线)→点火控制器“4”接线柱→点火控制器内部→点火控制器“2”接线柱(经棕线)→发动机缸体搭铁(经搭铁线)→蓄电池“−”接线柱。

另一方面，第一路的导通和断开受分电器霍尔式点火传感器的控制，接线如下：点火控制器“5”接线柱(经红/黑线)→霍尔分电器“+”接线柱；霍尔分电器“−”接线柱(经棕/白线)→点火控制器“3”接线柱；点火控制器“6”接线柱(经绿/白线)→霍尔分电器“信号”接线柱，向霍尔分电器提供 12V 电压(高电位)，此信号线受霍尔电压控制。当产生霍尔电压时，霍尔分电器使该线路搭铁(低电位)，当点火控制器检测到该信号是低电位时，便断开初级电流，从而在点火线圈中感应出高压电来。该信号在高电位和低电位之间来回变化，以使初级电流通-断-通-断，从而使点火线圈中的次级线圈感应出高压。

高压电流路径：为次级线圈→点火线圈“+”接线柱→D23→A8→点火开关→蓄电池→搭铁→火花塞电极→中心电极→分电器盖配电器(旁电极、分火头)→次级线圈。

课后思考与训练

一、填空题

1. 普通电子点火系统一般由________、分电器(包括信号传感器)、点火控制器或者点火模板、点火线圈、________和配电部分等组成。

2. 检查高压导线电阻，中央高压导线的阻值应为________kΩ，高压分线的阻值应为________kΩ。

3. 检查火花塞插头电阻，火花塞插头阻值应为________kΩ。

4. 无触点晶体管点火系统的信号发生器有________、________、和________三种。CA1092 车上装用了________式分电器。

二、判断题

1. 点火线圈中的初级线圈的阻值应为 0.52 ~ 0.76kΩ；次级线圈的阻值应为 2.4 ~ 3.5kΩ。(　　)

2. 桑塔纳采用的是霍尔式信号发生器。(　　)

3. 桑塔纳轿车的点火顺序为 1-3-4-2。(　　)

三、问答题

1. 简述传统点火系统的工作原理?
2. 普通电子点火系统的特点有哪些?
3. 简述磁感应式电子点火系统的工作原理?
4. 简述如何测量霍尔效应式传感器?
5. 简述桑塔纳点火系统的工作原理?
6. 如何对霍尔式电子点火系进行检修?
7. 如何对磁感应式电子点火系进行检修?

学习情境五

汽车照明与信号系统检修

任务一　汽车照明系统检修

学习目标

1. 熟悉照明系统的作用、组成。
2. 熟悉前照灯的作用、分类、构造及防眩目措施。
3. 能对前照灯进行检测调整。
4. 能对照明系统的常见故障进行检测、诊断和排除。
5. 能识读照明系统电路图。

情境描述

一辆车的前照灯不亮了，超车灯也失灵了。售后服务经理要求对每个工作步骤做出计划，并将故障排除。

相关知识

汽车照明系统由电源、照明灯具、控制装置等组成。其作用主要是夜间道路照明、车厢内部照明、车辆宽度标示、仪表与夜间检修等。车外照明灯有：前照灯、雾灯、牌照灯等。车内照明灯有：顶灯、仪表灯、阅读灯等。工作灯有：行李箱灯、外接工作灯插座等。

一、前照灯

1. 汽车前照灯的结构及类型

前照灯主要用于夜间行车道路照明，有些车型也兼作超车信号灯。灯光为白色，有两灯制和四灯制两种配置方式，功率一般为 40～60W。前照灯有较特殊的光学结构，因为它既要保证夜间车前道路 100m 以上有明亮而均匀的照明，又要具有防眩目装置。避免夜间两车交会时造成对方驾驶员眩目而发生事故。前照灯主要由灯泡、反射镜和配光镜三部分组成。灯泡有充气灯泡、卤钨灯泡和新型高压放电氙灯等几种类型。

2. 前照灯防眩目措施

夜间两车交汇时，前照灯强烈的灯光会造成迎面驾驶员眩目，极易引发交通事故。为了解决会车时驾驶员眩目问题，双光灯芯前照灯应运而生，即同时具有远近两种灯芯，通过变光开关切换远光和近光，在夜间行车时，采用远光灯以保证照明，在会车时，采用近光灯以防眩目。

防眩目的设计是针对近光的配光方式进行的。国内外生产的双丝灯泡的前照灯，有美国式配光(SAE 方式,又称对称形配光)和欧洲式配光(ECE 方式,又称非对称形配光)两种配光方式。

对称形配光方式中，远光灯丝位于反射镜的焦点位置，射出的光线远而亮；近光灯丝功率较远光灯丝小(远光灯丝功率为 45～60W,近光灯丝功率为 22～55W)，位于反射镜焦点的上方并稍向右偏斜。由于其光线弱，且经反射镜反射后光线大部分向下倾斜，从而减少了对迎面来车驾驶员的眩目作用，如图 5-1a、图 5-1b 所示。

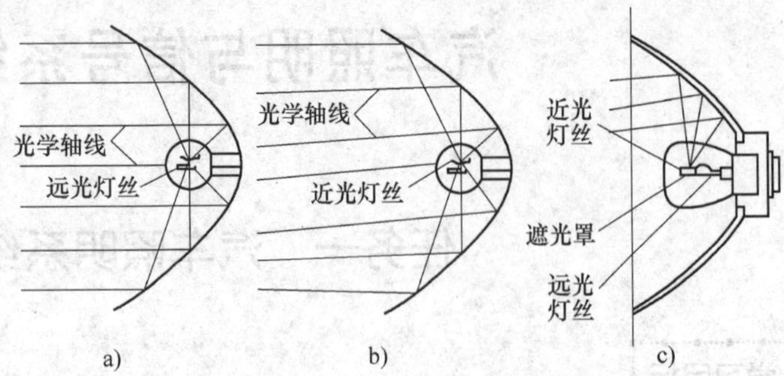

图 5-1　双丝灯泡近光灯工作情况

a）对称形配光的远光效果　b）对称形配光的近光效果　c）非对称形配光的近光效果

非对称形配光方式中，远光灯丝同样位于反射镜的焦点处，近光灯丝则位于焦点前方且稍高出光学轴线，其下方装有金属配光屏，由近光灯丝射向反射镜上部的光线，反射后倾向路面，而配光屏挡住了灯丝射向反射镜下半部的光线，故没有向上反射能引起眩目的光线。如图 5-1c 所示。

同时，由于配光屏安装时偏转一定的角度，左侧边缘倾斜 15°，则非对称近光的光形出现一条明显的明暗截止线，如图 5-2 所示，近光的光形向上成 45°斜线至水平线垂直距 250mm 转向水平的折线。此配光性能是在前照灯基准中心前 25m，过 HV 点的铅垂直配光屏幕上测定的。由图 5-2 可见，在配光屏幕上的区域Ⅲ是一个明显的暗区，该区 B50L 点表示相距 50m 处迎面来车驾驶员眼睛的位置，由于此点光的照度值规定的很低(最大值为

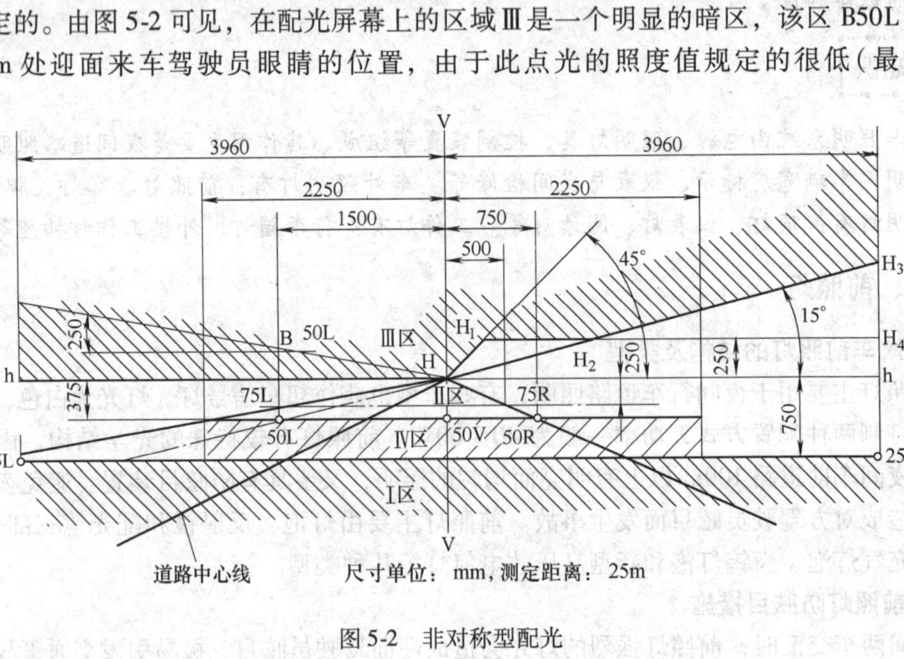

图 5-2　非对称型配光

0.3lx)，所以可避免迎面来车驾驶员的眩目。这种非对称形的配光性能，符合联合国欧洲经济委员会制订的ECE标准，因此又称ECE方式，被世界公认是比较理想的配光。

近来，国外又发展了一种更优良的光形，明暗截止线呈Z形，故称为Z形配光，该种配光不仅可以避免迎面来车的驾驶员的眩目，还可以防止迎面而来的行人和非机动车使用者的眩目，更加保证了汽车夜间行驶的安全。各种配光的光形如图5-3所示。

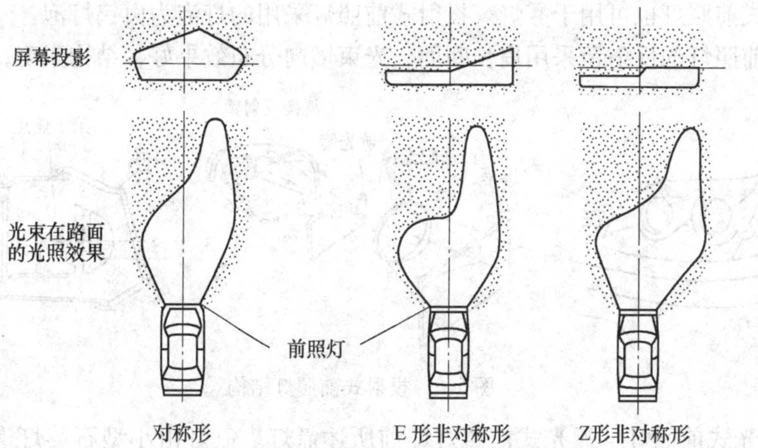

图5-3　前照灯配光的光形

3. 前照灯的分类

(1) 可拆式前照灯　这种前照灯的配光镜靠反射镜边缘上的齿簧与反射镜组合在一起，并用箍圈和螺钉将它们固定在灯壳上。可拆式前照灯由于密封性不好，反射镜易受灰尘和湿气的污染而变黑，严重影响照明效果，目前已很少采用。

(2) 半封闭式前照灯　半封闭式前照灯的结构如图5-4所示。其配光镜是由反射镜边缘上的齿簧固定在反射镜上，两者之间由橡胶圈或密封胶密封。灯泡从反射镜后端进行拆装，维修方便，因此得到普遍使用。

半封闭式前照灯内部灯泡可以单独更换，最常见的故障就是更换灯泡。若半封闭式前照灯的配光镜等损坏，需更换整个前照灯。更换时，先拔下灯泡上的插座，取下密封罩、卡簧，即可取下灯泡。

(3) 全封闭式前照灯　全封闭式前照灯又称为真空灯，它的反射镜和配光镜制成一体，里面装有灯丝，并充以惰性气体。灯丝焊在反射镜底座上。反射镜的镜片为真空镀铝，其结构如图5-5所示。这种结构的优点是可以完全避免反射镜受到污染。但是，当灯丝烧坏后，

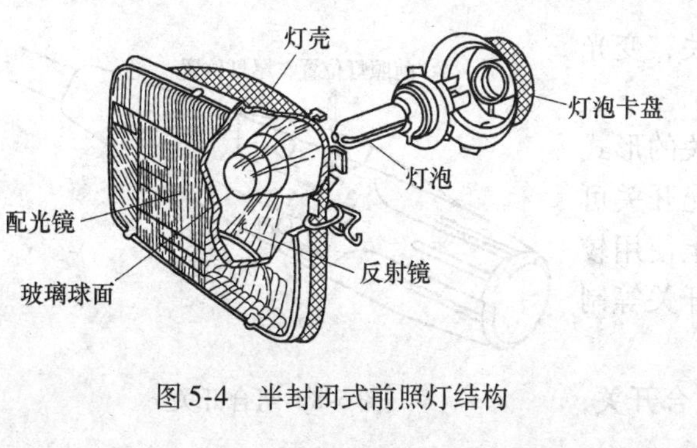

图5-4　半封闭式前照灯结构

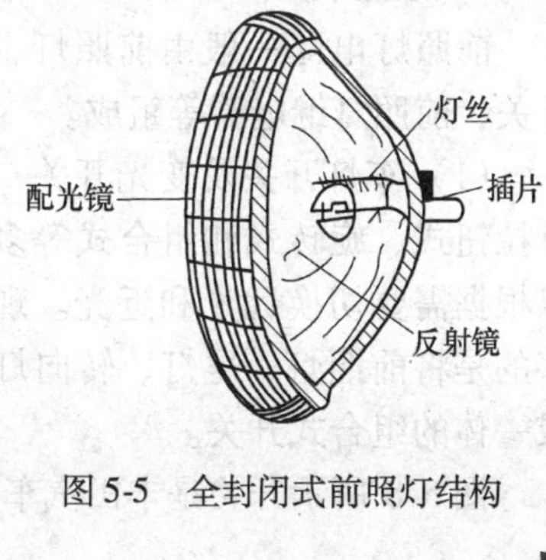

图5-5　全封闭式前照灯结构

需要更换前照灯总成，成本较高。

（4）投射式前照灯　投射式前照灯结构如图 5-6 所示，其反射镜近似于椭圆形状，具有两个焦点。第一焦点处放置灯泡，第二焦点是由光线形成的，凸形配光镜的焦点与第二焦点一致。来自灯泡的光利用反射镜聚集成第二焦点，再通过配光镜将聚集的光投射到前方。在第二焦点附近设有遮光板，可遮挡上半部分光，形成明暗分明的配光。由于具有这种配光特性，投射式前照灯也可用于雾灯。投射式前照灯采用的灯泡为卤钨灯泡。

投射式前照灯的反射镜采用扁长断面，光束横向分布效果好，结构紧凑，经济实用。

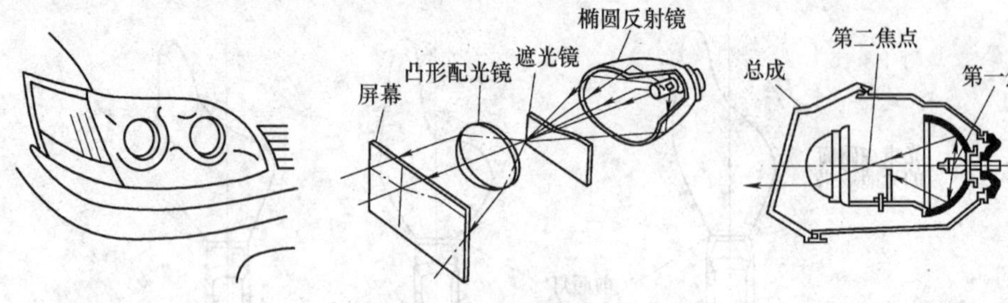

图 5-6　投射式前照灯结构

（5）弧光式前照灯　弧光式前照灯即前所述氙灯。氙灯由小型石英灯泡、变压器和电子单元组成，其结构如图 5-7 所示。氙灯灯泡的玻璃用坚硬的耐温耐压石英玻璃（二氧化硅）制成，灯内充入高压氙气，接通电源后，通过变压器，在几微秒内升压到 2kV 以上的高压脉冲电加在石英灯泡内的金属电极之间，激励灯泡内的物质（氙气、少量的水银蒸气、金属卤化物）在电弧中电离产生光亮。由于高温导致碰撞激发，随着压力升高，线光谱变宽形成带光谱。在灯开关接通的一瞬间，氙灯即产生与 55W 卤素灯一样的亮度，约 3s 达到全部光通量。

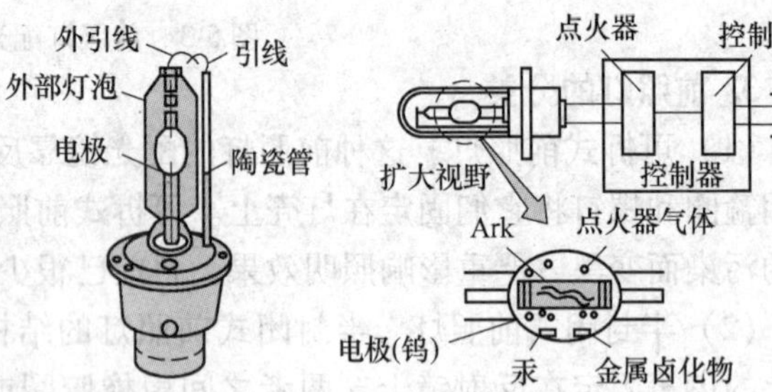

图 5-7　氙灯结构示意图

据测试，一个 35W 的氙灯光源可产生 55W 卤素灯 2 倍的光通量，使用寿命与汽车差不多。因此，安装氙灯不但可以减少电能消耗，还相应提高了车辆的性能，这对轿车而言具有很重要的意义。

4. 前照灯控制电路

前照灯电路一般由前照灯、车灯开关、变光开关、前照灯继电器等组成。

（1）车灯开关及变光开关　车灯开关的形式有拉钮式、旋转式和组合式等多种，变光开关可以根据需要切换远光和近光。现代汽车上使用较多的是将前照灯、尾灯、转向灯及变光开关等制成一体的组合式开关。

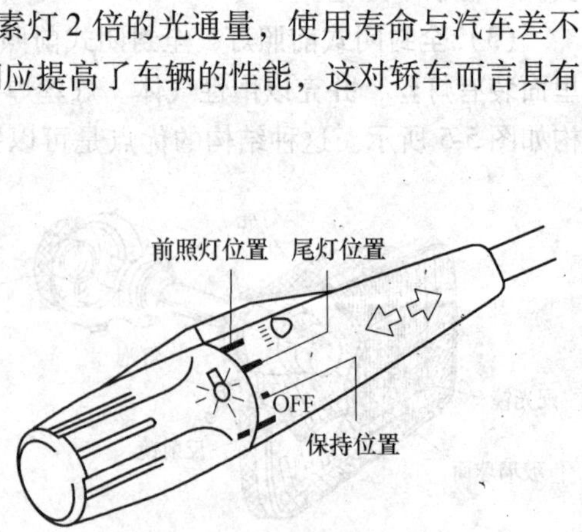

图 5-8　组合开关

图 5-8 所示开关是丰田汽车使用的组合开关，

转动开关端部，便可依次接通尾灯(包括位灯)和前照灯，将开关向下压，便由近光变为远光；将开关向上扳，亦可变为远光，不同的是松手后，开关自动弹回近光位置，此位置用来作为夜间行车时的超车信号。前后扳动开关，可使左右转向灯工作。

目前车辆上组合式变光开关安装在转向盘下方，便于驾驶人操作。

（2）前照灯控制电路

1）桑塔纳轿车前照灯电路。桑塔纳轿车采用两灯式前照灯，其简化的前照灯电路如图 5-9 所示。它由车灯开关 E1、变光和超车灯组合开关 E4 及前照灯组成。

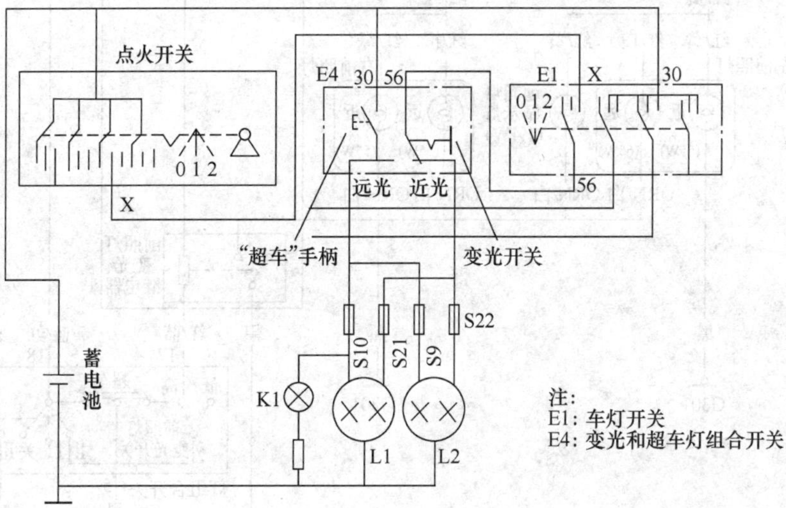

图 5-9　桑塔纳轿车简化前照灯电路原理图

正常情况下，前照灯通过点火开关(1 档位至 X 端子)，经车灯开关 E1(56 端子)及变光开关实现控制，当车灯开关 E1 处于 2 档时，可通过变光开关变换远、近光照明。

当向上拨动组合开关 E4 的“超车”手柄时，两前照灯 L1、L2 的远光灯丝点亮，同时仪表板上的远光指示灯 K1 点亮；手柄松开时，组合开关 E4 在回位弹簧的作用下自动断电，此为点动，以满足超车时灯光照明的要求。

2）本田雅阁轿车前照灯电路。本田雅阁轿车前照灯电路如图 5-10 所示。它由前照灯继电器、前照灯变光继电器和灯光组合开关(灯光开关)及前照灯组成。

正常情况下，灯光开关打至Ⅱ档，使前照灯继电器线圈得电，继电器触点闭合即接通前照灯近光灯，此时前照灯变光开关在“低”位，前照灯变光继电器未得电；当前照灯变光开关打至“高”位，前照灯变光继电器的电磁线圈通电，触点闭合，远光灯即经变光继电器触点形成回路，远光灯亮。

当灯光开关在“关”档位时，按下“超车”手柄，可直接接通前照灯继电器和前照灯变光继电器，点亮远光灯，同样获得超车的灯光要求。

5. 前照灯的新型控制技术

为了提高汽车行驶的安全性和方便性，很多新型车辆采用了电子控制装置，可对前照灯自动控制。常用的控制装置有：前照灯自动变光器、前照灯状态控制装置、前照灯昏暗自动发光器、前照灯关闭自动延时器等。

（1）前照灯自动变光器　在夜间两车相对行驶，当相距 150～200m 时，对方的灯光

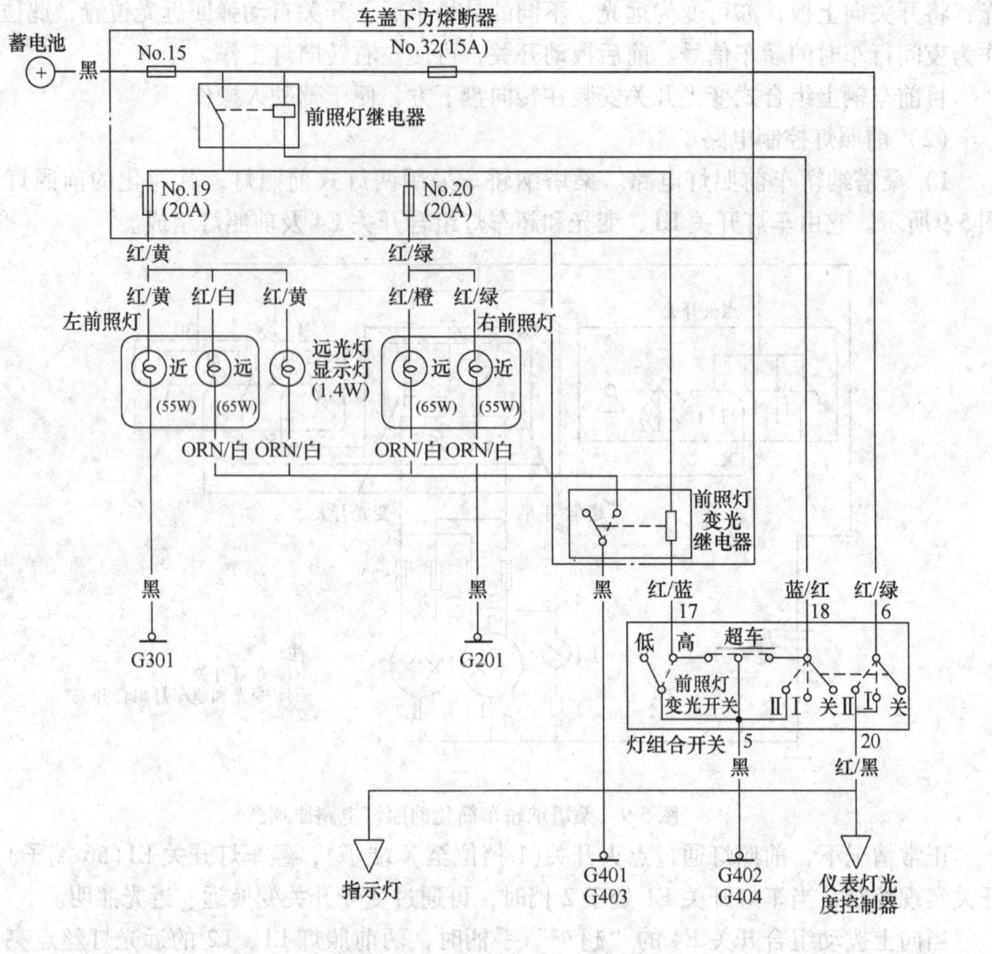

图 5-10　本田雅阁轿车前照灯电路图

照射到自动变光器上，就立即自动变远光为近光，从而有效地避免了远光给对方驾驶员带来的眩目，待两车相会后，变光器又自动变近光为远光，汽车即可恢复原来的行驶速度。

具有光敏电阻的自动变光器的电路图如图 5-11 所示。它主要由电子电路(包括晶体管 VT1 ~ VT6,二极管 VD 及电阻 R2 ~ R15,光敏电阻 R 和继电器 D 组成)。为了防止电子电路出故障后影响夜间行驶，还保留脚踏变光开关。

在对面无车时，继电器 K 的线圈没有电流，远光触点接通，此时远光亮。当对面车在 150 ~200m 时，其灯光照在光敏电阻 R 上，使其值突然变小，VT1 获得较大的正向偏压而导通，使 VT2 也获得较大的正向偏压而导通，VT3 的基极电流被短路，使 VT4 的基极电位升高，VT4 导通。接通了 VT5 的基极电路，产生基极电流，VT5 导通使线圈继电器的 K 内有电流通过，产生较大的电磁力使触点和远光灯接线柱 1 断开，而和近光灯的接线柱 2 接通，此时灯光由远光变为近光。

在两车会车后，作用在变光器光敏电阻的强光信号消失，其阻值迅速增大使 VT1 的正向偏压迅速降低，使 VT1 截止，VT2 的基极电流被断路，VT2 也截止。VT3 的基极电位升

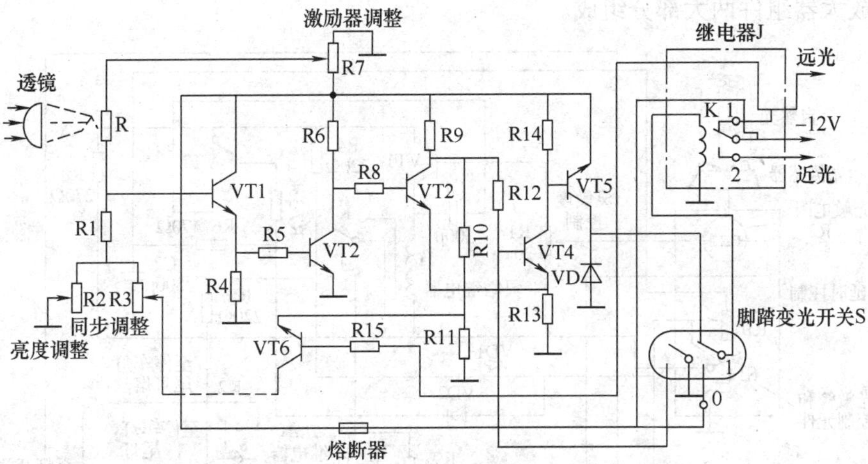

图 5-11 具有光敏电阻的自动变光器的电路

高，产生基极电流，VT3 导通。使 VT4 的基极电流被短路，VT4 截止，从而切断 VT5 的基极电流，VT5 截止，切断继电器线圈 K 的电流，触点和近光接线柱 2 断开，又和远光接线柱 1 接触，恢复远光灯的工作。

如电子控制部分出现故障，可用脚踏变光开关。当踏下变光开关 S 时，S 由“1”位置变为“0”位置，使继电器的线圈 K 获得电流，产生电磁力，使触点 K 与接线柱 1 断开与 2 接触，使前照灯由远光变为近光。松开脚踏变光开关时，S 由“0”位置回到“1”位，切断继电器线圈中的电流，触点 K 又和接线柱“1”接触，变近光为远光。

（2）前照灯状态自动调整系统　前照灯的照明范围随汽车的负荷变化而变化，当汽车的负荷较大时，前照灯距地面变近，使照明范围变小，反之，虽使照明范围增大，但会造成对面来车驾驶员的眩目，这样都会造成安全事故。为了克服负荷对照明的影响，有些先进的车上装设有前照灯状态自动调整系统。根据汽车负荷的不同自动调整前照灯前倾的角度，使照明范围保持不变。博世公司生产的前照灯自动调整系统的工作原理如图 5-12 所示。

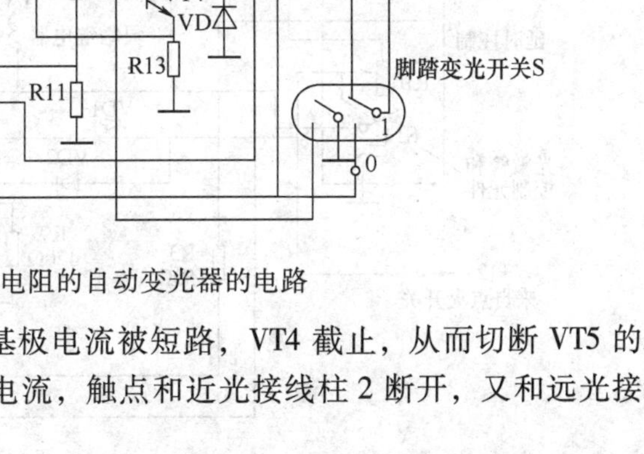

图 5-12 前照灯状态自动调整系统

1—电感传感器 2—信号合成器 3—前桥 4—后桥 5—标准信号发生器

电感传感器 1 接受前后桥和车身的相对位移，并把这一位置转变成表征车身实际高度的电信号，此信号被送到信号合成器与标准信号发生器 5 送来的标准信号进行比较，得到差值信号，经放大器放大后，输送给双金属片执行机构，双金属片随失调信号的变化，得到不同的热量，产生相应的变形，作用于转动杆，使前照灯围绕支点转动到适当位置。

（3）昏暗自动发光控制系统　昏暗自动发光控制系统的功用是，在行驶中，当车前的自然光的强度减低到一定程度时，自动将前照灯的电路接通，以确保行车安全，同时还有延时关灯的作用。昏暗自动发光控制系统电路如图 5-13 所示。它主要由光传感器和控制元件及晶体管放大器组件两大部分组成。

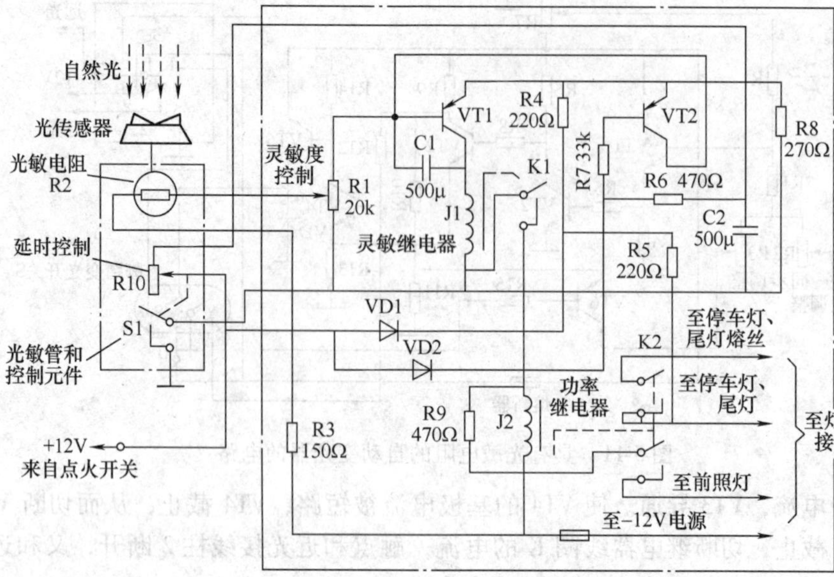

图 5-13　昏暗自动发光控制系统电路

光传感器是一个光敏电阻(R2)，它的阻值随着光照强度的变化而变化。光的强度越大，其阻值越小。

控制元件由控制旋钮操纵，它用于变更手动或自动和调整延时关灯的时间。

放大器组件包括晶体管放大器、灵敏继电器功率继电器和延时关灯控制管 VT2。它的作用是根据光传感器传来的信号，控制前照灯的通/断。

在使用自动控制系统时，先将延时关灯控制放至“接通”位置(即 S1 接通)，再接通点火开关和关掉前照灯开关。此时，昏暗自动发光系统即可进行工作。

汽车在行驶中，当自然光的强度降低时，光敏电阻 R2 的阻值增加，使 VT1 基极上的电位降低，当下降到一定程度时，VT1 导通，接通灵敏继电器线圈 K 的电路，电流经蓄电池正级→VD1→R4→VT1 的发射极和集电极→K1→S1→搭铁→蓄电池负极。线圈 K1 产生电磁力使触点 K1 闭合，接通了功率继电器线圈 K2 的电路，电流由蓄电池正级→K2→S1→搭铁→蓄电池负极，K2 线圈产生电磁力，开关 S2 被吸合，接通至前照灯的电路，前照灯被点亮。

当自然光增强时，光敏电阻 R2 的阻值减小，VT2 的基电极电位升高，升高到一定程度，使 VT1 截止。切断灵敏继电器线圈 K 的电路，触点 S1 断开，切断前照灯电路，前照灯熄灭。

电路的延时作用是通过电容 C2 和晶体管 VT2 来完成的。当点火开关断开时，由于 C2 两端的电压不能马上消失，所以使 VT2 和 VT1 仍然保持导通，触点 S1 和开关 S2 也处于接通位置，前照灯常亮，直到 C2 上的电压减小到使 VT2 截止为止，VT1 也截止，灵敏继电器线圈 L 断电，S1 断开，从而切断功率继电器线圈 K2 的电路，S2 断开，前照灯熄灭。延时时间的长短由电位器 R10 进行调节。

(4) 前照灯关闭自动延时控制装置　前照灯关闭自动延时控制装置的主要功能是当

汽车夜间停入车库后，为驾驶人下车离开车库提供一段时间的照明，以免驾驶人摸黑走出车库时造成事故。图 5-14 为集成电路 ICCSG5551 和继电器 J 组成的前照灯关闭延时装置电路，其延时关闭时间为 50s。

当汽车停下后，按下延时按钮 K3。蓄电池通过 K1、K3、R1、R2 向电容器 C2 充电，然后松开 K3，关掉 K2，C2 电压便作用于 IC 的输入端 6 和 2 上，由于输出端 3 输出高电平，使继电器线圈中有电流通过。产生吸力使触点闭合，蓄电池经触点和 VD1 向前照灯供电，所以前照灯继续亮，直到 C2 放完电，继电器的线圈断电触点断开。

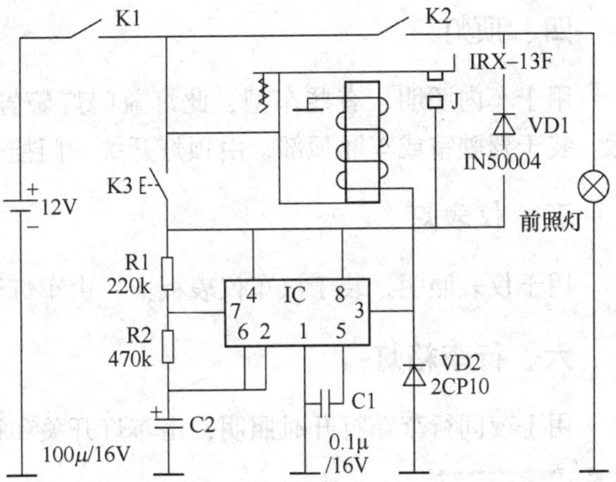

图 5-14　前照灯关闭自动延时控制器电路

K1—电源开关　K 2—车灯开关　K 3—延时按钮

二、雾灯

雾灯采用波光较长的黄色、橙色或红色。其穿透能力强，用来在雨雾天气行车时道路的照明和发出警示。雾灯有前雾灯和后雾灯两种。前雾灯装于汽车前部比前照灯稍低的位置，左右各一个。后雾灯装于汽车尾部，有些车辆只一个后雾灯。如桑塔纳轿车(左后方规格 12V/21W)。常用的雾灯系统如图 5-15 所示。

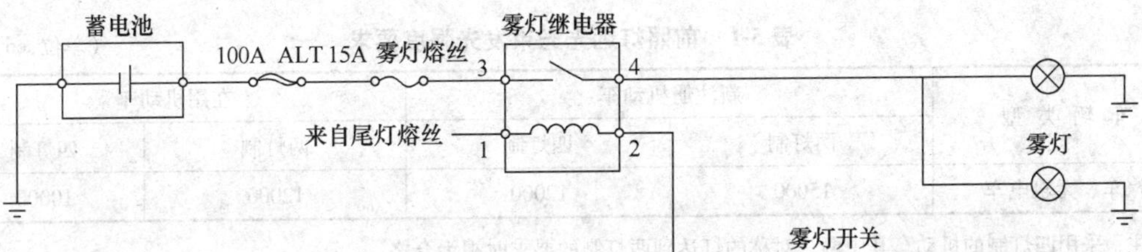

图 5-15　雾灯系统控制电路

雾灯系统控制电路工作过程：按下雾灯开关，雾灯继电器电磁线圈有电流通过，其常开触点闭合；蓄电池电流经雾灯继电器常开触点至雾灯搭铁，雾灯点亮。雾灯一般由车灯开关和雾灯开关控制。

三、牌照灯

用于夜间照亮汽车牌照，并作为汽车尾部的灯光标志，装于汽车尾部的牌照上方，由车灯开关控制。

四、顶灯

用于车内照明，有些车型，此灯兼门灯警告灯，当门关闭不严时灯亮，提醒驾驶人注意。装于驾驶室或车厢顶部，由顶灯开关和门控开关控制。

五、仪表灯

用于仪表照明，装于汽车仪表板上，由车灯开关控制。

六、行李箱灯

用于夜间行李箱打开时照明，由车灯开关和行李箱门控开关控制。

实施及规范

一、前照灯光束调整

前照灯是汽车在夜间或在能见度较低的条件下，为驾驶员提供行车道路照明的重要设备，而且也是驾驶员发出警示，进行联络的灯光信号装置。所以前照灯必须有足够的发光强度和正确的照射方向。前照灯的发光强度和光束的照射方向被列为机动车运行安全检测的必检项目。

前照灯的发光强度是指光源在给定方向上所能发出的光线强度(单位:坎;单位符号:cd)。国家标准对汽车前照灯远光光束的发光强度有明确的要求，具体标准如表5-1所示。

表 5-1 前照灯远光光束发光强度要求

(单位:cd)

车辆类型	新注册机动车		在用机动车	
	两灯制	四灯制	两灯制	四灯制
汽车、无轨电车	15000	12000	12000	10000

注：采用四灯制的机动车其中两只对称的灯达到两灯制的要求时视为合格。

前照灯的检验可以采用屏幕检验法或仪器检验法。用屏幕法检测前照灯，方法简单易行，但只能检测出光束的偏斜方向和偏斜量，不能检测发光强度。发光强度一般用前照灯检测仪进行检测。

前照灯检测仪按测量方法不同分为聚光式、屏幕式、投影式、自动追踪光轴式、全自动式等多种，使用方法虽各不相同，但检测原理大同小异，具体的使用方法可以参考其说明书操作。目前应用较多的是全自动式检测仪。它利用光电池受光线照射后产生电动势，再由光度计(实质为电流表)来指示前照灯的发光强度。前照灯的发光强度高，光电池产生的电流大，光度计指示的值就高。

这里着重介绍屏幕检验法。

前照灯的光束照射位置是光轴中心相对于前照灯配光镜几何中心在垂直方向偏上或偏下、水平方向偏左或偏右的距离。对于对称配光特性的前照灯，一般把光束最亮区域的中心作为光轴中心，用此检测光束的照射位置。对于非对称配光特性的前照灯，一般以光束明暗截止线交点或中心作为光轴中心，用此检测光束照射位置。

前照灯的远光一般都采用对称式配光，光形分布具有水平方向宽、垂直方向窄等特点。

我国规定：前照灯的近光采用非对称式配光，光形分布是近光光束最亮部分向右下方向偏移，在配光屏幕上具有明显的明暗截止线。用屏幕可以检测前照灯的光束照射位置。国家标准对汽车前照灯光束照射位置的规定是：机动车在检验前照灯近光光束的照射位置时，被测车辆空载(允许乘坐一名驾驶人)，轮胎气压正常，汽车正对屏幕10m处，光束明暗截止线转角或中心的高度应为0.6～0.8H(H为前照灯中心高度)，其水平方向位置向左偏或向右偏均不得超过100mm。四灯制前照灯远光单束灯的调整，要求在屏幕上光束中心离地面高度为0.85～0.90H，水平位置要求左灯向左或向右偏均不得大于170mm。前照灯光束照射位置不符合规定要求时，应利用上下、左右调整螺钉进行调整，装用远、近双丝灯的前照灯以调整近光光束为主。

具体方法如图5-16所示。将准备工作做好后，把车辆和校验屏幕垂直停放在水平路面上，车和屏幕的正对距离为10m，在屏幕上画一条汽车中心垂直线*A-A*和一条前照灯中心点离地高度水平线*A′-A′*，打开近光灯，设车灯中心离地高度为*H*，在屏幕上找出近光灯光束的左右照射中心*a*、*b*，连接*a*、*b*点并适当延长得一水平线*B-B*。将实际照射结果与标准比较，*a*与*b*两点的距离应为车灯中心的水平距离且被垂直线*A-A*平分(左右偏差可允许不超过10cm)，水平线*B-B*的离地高度为0.6～0.8*H*。非对称光束的明暗截止线应与*B-B*线重合，转角点应与*a*、*b*点重合，转角为15°。如不符合标准，可调整灯座上的左右及上下调整螺钉(图5-17)。屏幕检验法对不同车型，需经常更换屏幕，因此有检测效率低的缺点。

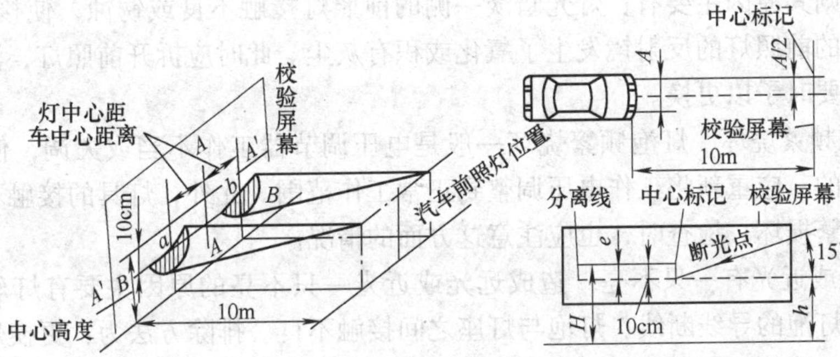

图5-16　非对称型屏幕式调整

二、前照灯及电路的故障诊断

汽车照明系统中，除前照灯外，其他灯都是最简单的电路，一般也很少出现故障，因此，这里只对前照灯及其电路的故障进行分析。

前照灯及电路的故障不外乎两类：一类是器件本身的故障；另一类是线路存在的故障。我们应先检查器件本身的故障，如没有，则按各系统的线路逐级检查，认真查明出现故障的原因及可能存在的隐患，正确地加以排除。

1. 前照灯的故障诊断

(1) 灯光不亮　引起灯光不亮的原因主要有熔丝熔断、灯光开关或继电器损坏及电源

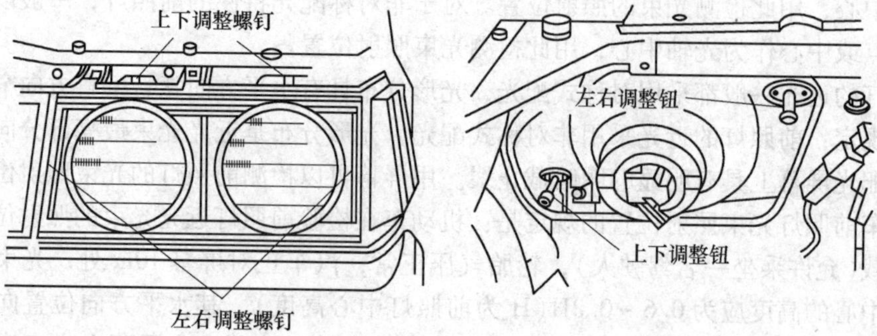

图 5-17　前照灯调整部位

线松动或脱落断路故障等。

诊断方法为：更换熔丝，利用万用表仔细检查线路是否短路；检查灯光变灯开关，必要时予以更换；检查前照灯配线及前照灯搭铁是否良好，必要时予以修理和更换；检查电源线路是否有松动、脱落、断路，必要时进行紧固和更换。

（2）亮度下降　若灯光亮度不够，多为蓄电池电量不足或发电机及调节器故障所引起。另外，导线接头松动或接触不良、导线过细或搭铁不良、散光镜坏或反射镜有尘垢、灯泡玻璃表面发黑或功率过低及灯丝没有位于反射镜焦点上，均可导致灯光暗淡。

检查时，首先检查蓄电池和发电机的工作状态。若不符合要求，应先恢复电源系统的正常工作电压。在电源正常的状态下，检查线路的连接情况及灯具是否良好。

如果接通前照灯后，不论是远光还是近光，均只有一侧前照灯灯光较亮，而另一侧前照灯灯光暗淡，则其原因主要有：灯光暗淡一侧的前照灯接触不良或锈蚀，使接触电阻增大；灯光暗淡一侧的前照灯的反射镜发生了氧化或积有灰尘。此时应拆开前照灯，清理散光玻璃和反射镜，必要时予以更换。

（3）灯泡频繁烧坏　灯泡频繁烧坏一般是电压调节器工作不当或失调，使发电机输出电压过高造成的，应重新将工作电压调整到正常工作范围。此外，灯具的接触不良也有可能造成灯泡的频繁损坏。检查时，也应注意这方面的情况。

（4）远光或近光有一只不亮　造成远光或近光一只不亮的原因主要有灯丝烧断、接线板或插线器到灯泡的导线断线、灯泡与灯座之间接触不良。排除方法为：更换灯泡；修理灯座、清理污垢、除锈使其接触良好；检修电路。

（5）远光、近光不全　造成远光、近光不全的原因主要有变光开关损坏、导线断路、远光灯或近光灯熔丝烧断、灯光继电器损坏、灯光总开关损坏等。可按检查熔丝、检查线路、检查变光开关、检查灯光继电器、检查灯光系统总开关的顺序逐一排除，如有器件损坏则予以更换。

（6）前照灯突然失控　如果前照灯远光突然变暗、不聚光，仪表盘上远光指示灯在变光开关打到近光时仍然发亮，全车前照灯灯光突然失控，说明近光灯丝已被烧断，并与远光灯丝串联在一起了，这时应更换前照灯灯泡。

2. 前照灯电路的故障诊断

（1）熔断器熔丝熔断故障　熔断器熔丝熔断通常是因为线路中出现了超负荷而造成的，在将熔断器复位或更换新的熔丝之前，应查找超负荷的原因，其方法是：将熔断器所接各灯的接线从灯座拔掉，用万用表测量灯端与搭铁之间的电阻，若电阻较小或为0，则可断定线路中有搭铁故障。排除故障后，才可将熔断器复位。

（2）灯光继电器故障　汽车用灯光继电器一般是一只电磁线圈和一对触点组成，其故障一般为触点烧蚀或线圈损坏。诊断方法为：用万用表欧姆档测量继电器线圈两端的电阻值，若电阻值偏离标准值很大时，确定为线圈损坏，应予以修复或更换；触点烧蚀可直接用肉眼观察触点表面状况，也可用手使两触点闭合，用万用表测其阻值，阻值应接近0Ω，如果接触电阻过大，可用“00”号纱布擦拭干净。

（3）灯光开关故障　灯光控制开关是否有故障，一般通过测量各档位相应接线柱或线路连接器的连接端子的通断情况来判断，通常用万用表电阻档或直流试灯检查。若与要求不符，应予分解检修或更换。

（4）线路故障　线路故障指短路、断路和搭铁故障，诊断可用万用表或试灯进行，根据电路图逐段检查线路，即可找出故障的部位。

课后思考与训练

一、填空题

1. 汽车照明系统由________、________、________等组成。

2. 前照灯主要由________、________和________三部分组成。

3. 前照灯检测仪按测量方法不同分为________、________、________、________、________等多种

4. 前照灯及电路的故障一类是________的故障；另一类是________的故障。

二、判断题

1. 前照灯的发光强度和光束的照射方向被列为机动车运行安全检测的必检项目。（　　）

2. 若灯光亮度不够，多为蓄电池电量不足或发电机及调节器故障所引起。（　　）

3. 灯泡频繁烧坏一般是电压调节器工作不当或失调，使发电机输出电压过高造成的，应重新将工作电压调整到正常工作范围。（　　）

4. 熔断器熔丝熔断通常是因为线路中出现了超负荷而造成的。（　　）

三、问答题

1. 简述汽车照明系的作用和组成？

2. 试述对前照灯光束照射位置的要求？

3. 试论述汽车前照灯不亮的原因和及其排除方法？

任务二　汽车信号系统检修

学习目标

1. 了解汽车信号系统的组成。

2. 熟悉信号装置的功用、构造和工作过程。

3. 能对转向灯进行故障诊断和检修。

4. 能对电喇叭进行调整和故障分析。

5. 能识读信号系统电路图。

情境描述

一辆轿车其左右转向灯均不亮，但是按下危险警告灯开关，所有转向灯同时闪烁。售后服务经理要求对每个工作步骤做出计划，并将故障排除。

相关知识

信号系统主要用于向他人或其他车辆发出警告和示意的信号，其主要信号设备有：转向信号灯、危险报警灯、位灯、示廓灯、挂车标志灯、制动灯、倒车灯、驻车灯和喇叭等。

一、转向信号装置

转向信号装置主要由转向灯开关、转向信号灯和闪光器等组成，其电路如图 5-18 所示。转向信号灯由闪光器控制发出明暗交替的闪光信号，闪光频率应控制在 50～110 次/min 范围内，一般为 60～95 次/min。

1. 闪光器

闪光器按结构和工作原理可分为电容式、翼片式、水银式、电子式等多种。电容式和翼片式闪光器闪光频率较为稳定，翼片式闪光器还具有结构简单、体积小、工作时伴有响声，可起监控作用等特点。电子式闪光器具有性能稳定、工作可靠等优点，目前已广泛应用。

（1）电容式闪光器　SG112 电容式闪光器的结构与工作原理如图 5-19 所示，主要由一个继电器和一个电容器组成。

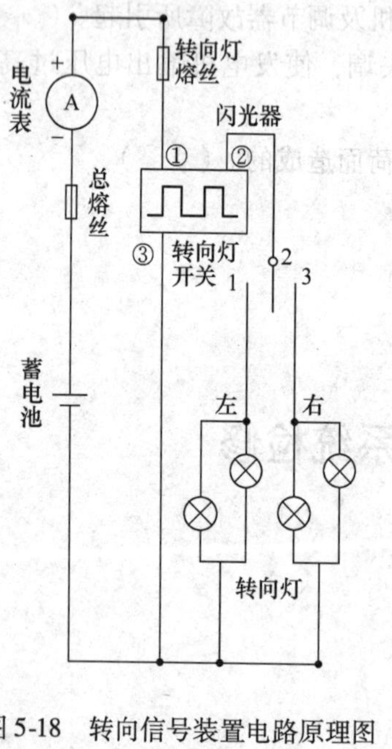

图 5-18　转向信号装置电路原理图

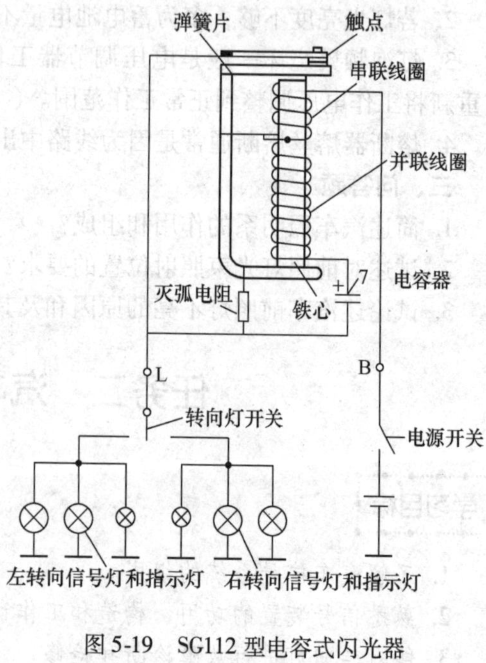

图 5-19　SG112 型电容式闪光器

在继电器的铁心上绕有串联线圈和并联线圈，电容器采用大容量的电解电容器。电容式闪光器是利用电容器充、放电延时特性，使继电器的两个线圈产生的电磁吸力时而相加，时而相减，继电器便产生周期的开关动作，从而使转向信号灯闪烁。

当汽车向左转弯时，接通转向灯开关，左转向信号灯就被串入电路中。此时并联线圈、电容器及电阻被触点短路，而电流通过串联线圈产生的电磁吸力大于弹簧片的作用力，触点迅速被打开，转向信号灯处于暗的状态(转向信号灯和指示灯尚未来得及亮)。触点打开后，蓄电池经串联线圈、并联线圈向电容器充电，由于并联线圈的电阻较大，充电电流很小，不足以使转向信号灯亮。则转向信号灯仍处于暗的状态。同时充电电流通过串联线圈和并联线圈产生的电磁吸力方向相同，使触点继续打开，随着电容器的充电，电容器两端的电压逐渐升高，其充电电流逐渐减小，串联线圈和并联线圈的电磁吸力减小使触点重又闭合。触点闭合后，转向信号灯和指示灯处于亮的状态。与此同时，电容器通过并联线圈和触点放电，其放电电流通过并联线圈时产生的磁场方向与串联线圈相反，所产生的电磁吸力减小，故触点仍保持闭合，左转向信号灯和指示灯继续发亮。随着电容器的放电，电容器两端电压逐渐下降，其放电电流减小，则并联线圈的退磁作用减弱，串联线圈的电磁吸力增强，触点重又打开，灯变暗。如此反复，继电器的触点不断开闭，使转向信号灯和指示灯发出闪光。灭弧电阻与触点并联，用来减小触点火花。

(2) 电子闪光器　电子闪光器的结构和线路繁多，有由晶体管和小型继电器组成的有触点电子式闪光器、由集成电路和小型继电器组成的有触点集成电路闪光器以及全晶体管式无触点闪光器等。由于前两种电子闪光器使用的电子元件少，成本较低，特别是继电器触点能发出有节奏的声响提示驾驶员电子闪光器的工作情况，故目前应用较多。

带继电器的有触点电子式闪光器如图 5-20 所示。主要由一个晶体管的开关电路和一个继电器所组成。当汽车向右转弯时，接通电源开关 SW 和转向灯开关 K，电流流经电阻 R_1、继电器 J 的常闭触点、接线柱 S、转向灯开关 K 至右转向信号灯，右转向信号灯亮。当电流通过 R_1 时，在 R_1 上产生电压降，晶体管 VT 因正向偏压而导通，集电极电流 Ic 通过继电器 J 的线圈，使继电器常闭触点立即断开，右转向信号灯熄灭。晶体管 VT 导通的同时，VT 的基极电流向电容器 C 充电，随着电容器电荷的积累，充电电流 I_b 逐渐减小，晶体管 VT 的集电极电流 I_c 也随之减小，当此电流不足以维持衔铁的吸合而释放时，继电器 J 的常闭触点又重新闭合，转向信号灯再次发亮。这时电容器 C 通过电阻 R_2、继电器的常闭触点、电阻 R_3 放电。放电电流在 R_2 上产生的电压降为了提供反向偏压，加速了 VT 的截止，使继电器 J 的常闭触点迅速断开。当放电电流接近零时，R_1 上的电压降又为 VT 提供正向偏压使其导通。这样，电容器 C 不断地充电和放电，晶体管 VT 也就不断地导通与截止，控制继电器的触点反复地闭合、断开，使转向信号灯发出闪光。

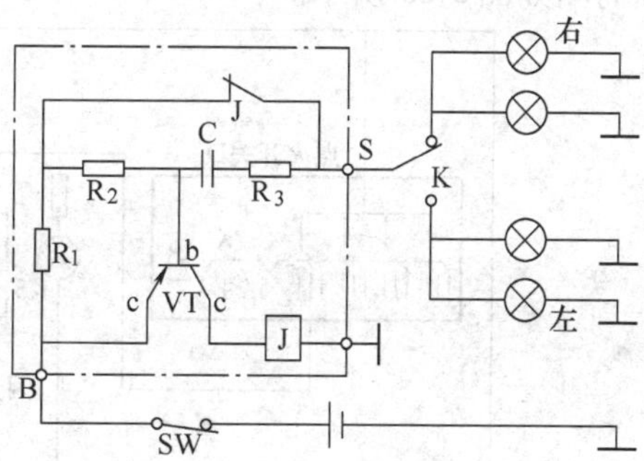

图 5-20　带继电器的有触点电子式闪光器

无触点式晶体管闪光器电路如图 5-21 所示。无触点晶体管闪光器又称全电子式闪光器，即把触点式晶体管闪光器中的继电器去掉，采用大功率晶体管来取代原来的继电器。其振荡部分实际为一典型的非稳态多谐振荡器，振荡器电路结构对称，即 $R_1 = R_4$、$R_2 = R_3$、$C_1 =$

C_2，VT_1 与 VT_2 为同型号的晶体管，且其参数相同。闪光器的输出级采用一只大功率晶体管 VT_3。当 VT_3 导通时，可将转向灯电路接通，使灯点亮；当 VT_3 截止时，转向灯电路被切断而使灯变暗，从而发出频率为 70～90 次/min 的闪光信号。

2. 转向灯及危险警告灯电路

（1）一般电路原理图　转向灯及危险警告灯电路简图如图 5-22 所示，点火后，通过闪光器，转向灯开关可控制对应的转向信号灯及转向指示灯闪烁；紧急状态时，危险报警开关闭合，由蓄电池正极经危险报警开关触点、闪光器直接接通左右转向信号灯及相应指示灯，使信号灯同时闪烁。

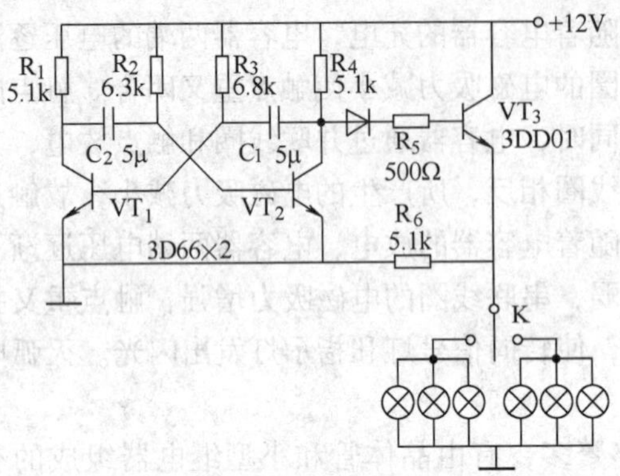

图 5-21　无触点式晶体管闪光器电路

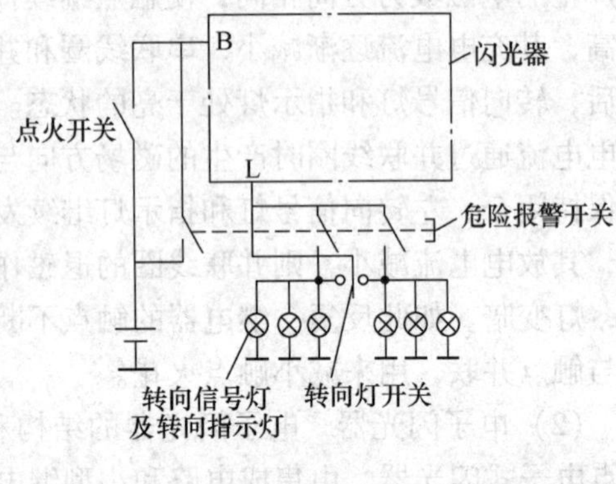

图 5-22　转向灯及危险警告灯电路简图

（2）桑塔纳轿车转向信号及危险警告电路　桑塔纳轿车转向信号系统主要由报警灯开关、闪光器、转向灯开关、转向灯以及熔断器等构成。其转向灯及危险警告灯系统电路原理图简图如图 5-23 所示。

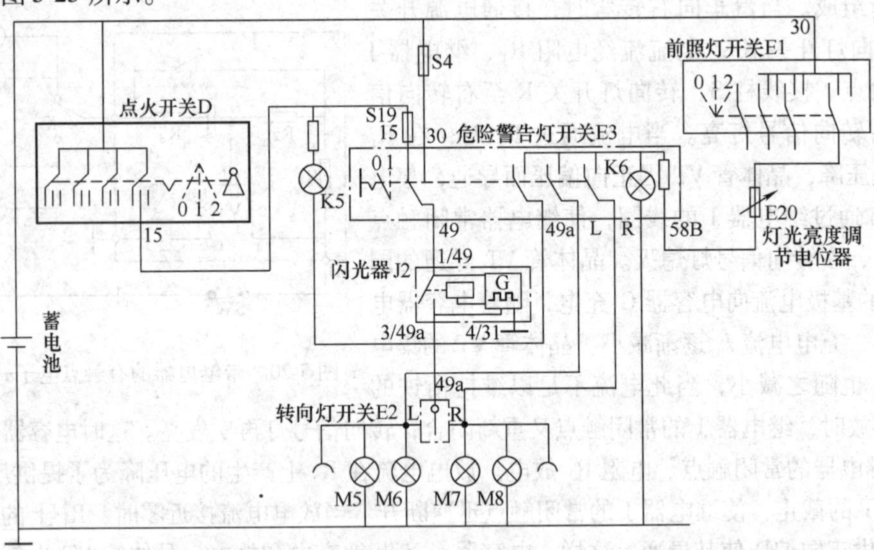

图 5-23　桑塔纳轿车转向信号及危险警告电路简化原理图

正常情况下，危险警告灯开关在“0”档，经转向灯开关 E2 控制转向灯，其电流通路为：蓄电池正极经点火开关由 15 号线输出，经熔断器 S19 过危险警告灯开关“0”档触点，经闪光器及转向灯开关至转向灯后回蓄电池负极。

紧急情况下，危险警告灯开关至“1”档，蓄电池正极直接接经危险警告灯开关“1”档触点，过闪光器后再由危险警告灯开关触点接通所有转向灯，回蓄电池负极，获得报警显示。其中危险警告灯开关内的照明灯泡K6平时经仪表板调光电阻通电而较暗，当接通危险警告灯时，K6因直接通电而亮度变亮。

二、电喇叭

喇叭按发音动力有气喇叭和电喇叭之分；按外形有螺旋形、筒形、盆形之分；按声频有高音和低音之分。气喇叭是利用气流使金属膜片振动发声，多用在装有气压制动的中、重型载货汽车和大型客车上。电喇叭的声音清脆悦耳，其音量不超过105dB，被广泛应用于各种类型的汽车。

电喇叭按有无触点可分为普通电喇叭和电子电喇叭。普通电喇叭主要是靠触点的闭合断开来控制电磁线圈激励膜片振动而产生音响的；电子电喇叭中无触点，它是利用晶体管电路激励膜片振动产生音响的。

在中小型汽车上，由于安装的位置限制多采用螺旋形和盆形电喇叭。盆形电喇叭具有体积小、重量轻、指向好、噪声小等优点。

1. 盆形电喇叭

盆形电喇叭工结构如图5-24所示。其主要由上下铁心、线圈、衔铁、共鸣板、膜片、触点以及电容器等组成。膜片和共鸣板与衔铁、上铁心联成一体。当按下按钮时，电流由蓄电池正极经线圈、触点、按钮、搭铁至蓄电池负极。当电流通过线圈时，产生电磁吸力，吸下衔铁，与下铁心碰撞，衔铁压下活动触点臂，使触点分开而切断电路。此时线圈电流中断，电磁吸力消失，在膜片的弹力作用下，衔铁又返回原位，触点闭合，电路重又接通。此后，上述过程反复进行，膜片不断振动，从而发出一定音调的音波，共鸣板与膜片刚性连接，在振动时发出声音，使声音更加悦耳。为了减小触点火花，保护触点，在触点间并联了一个电容器(或消弧电阻)。

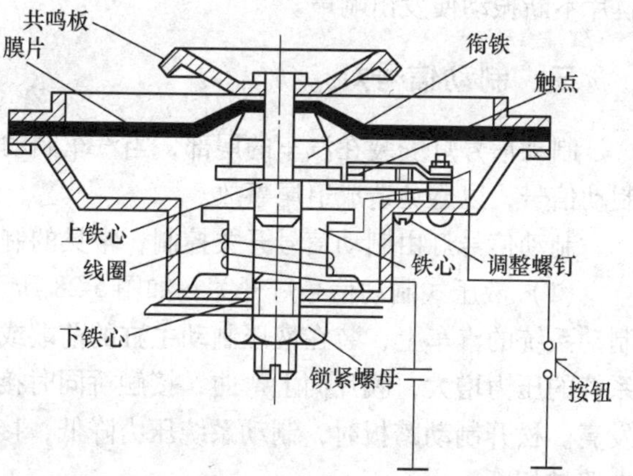

图5-24　盆形电喇叭

用电喇叭的按钮直接控制时，按钮容易烧坏，故常采用喇叭继电器，如图5-25所示。当按下按钮时，电流从蓄电池正极→继电器线圈→按钮→搭铁→蓄电池负极。继电器线圈产生电磁吸力，使继电器触点闭合。

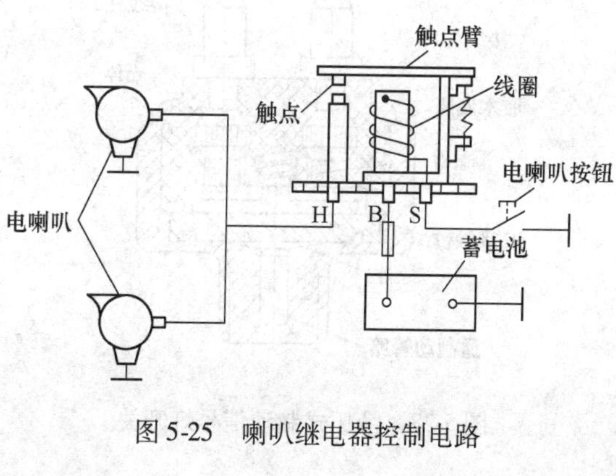

图5-25　喇叭继电器控制电路

2. 电子电喇叭

盆形电子电喇叭的结构如图5-26所示，

其电路如图 5-27 所示。

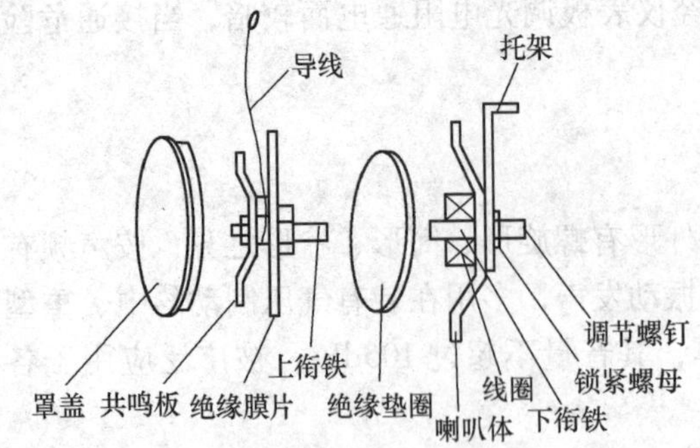

图 5-26　盆形电子电喇叭的结构

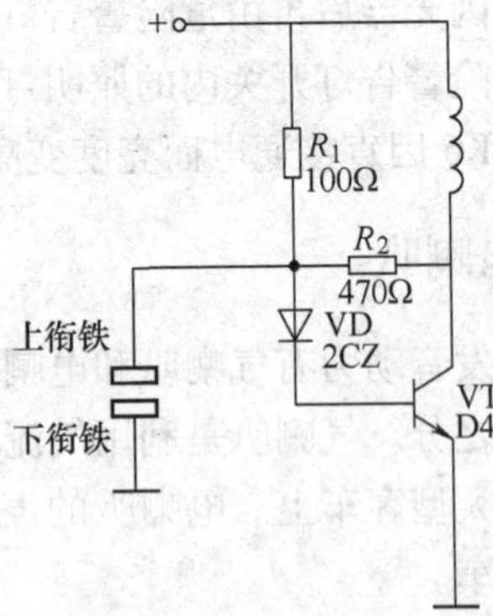

图 5-27　WDL-120G 型电子电喇叭电路

当喇叭电路接通电源后，由于晶体管 VT 加正向偏压而导通，线圈中便有电流通过，产生电磁力，吸引上衔铁，连同绝缘膜片和共鸣板一起动作，当上衔铁与下衔铁接触而直接搭铁时，晶体管 VT 失去偏压而截止，切断线圈中的电流，电磁力消失，膜片与共鸣板在弹力作用下复位，上、下衔铁又恢复为断开状态，晶体管 VT 重又导通。如此周而复始地动作，膜片不断振动便发出响声。

三、制动信号灯

制动信号灯安装在汽车的尾部，当汽车制动时，红色信号灯亮，给尾随其后的车辆发出制动信号，以避免造成追尾事故。

制动信号灯由制动信号开关控制，常见的制动信号灯开关有以下几种情况。

（1）液压式制动信号灯开关　如图 5-28 所示为液压式制动信号灯开关，用于采用液压制动系统的汽车上，装在液压制动主缸的前端或制动管路中。当踩下制动踏板时，由于制动系统的压力增大，膜片向上弯曲，接触桥同时接通接线柱 1 和接线柱 2，使制动信号灯通电发亮。松开制动踏板时，制动系统压力降低，接触桥在回位弹簧的作用下复位，制动信号灯电路被切断。

（2）气压式制动信号灯开关　如图 5-29 所示为气压式制动信号灯开关，用于采用气压

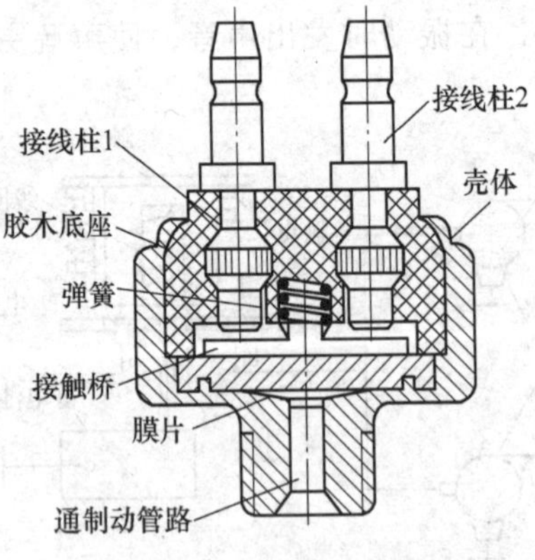

图 5-28　液压式制动信号灯开关

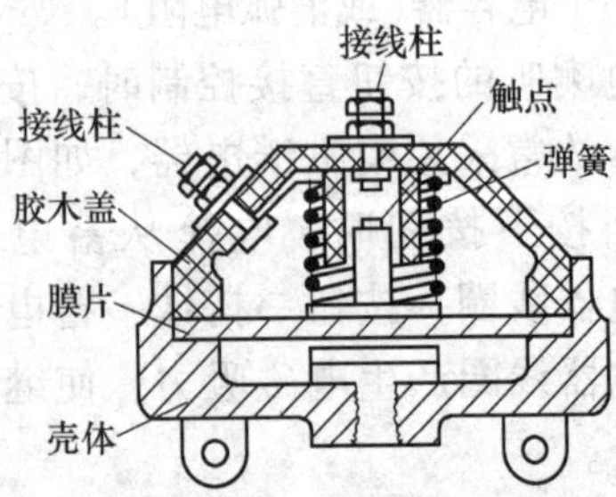

图 5-29　气压式制动信号灯开关

制动系统的汽车，通常被安装在制动系统的气压管路上。制动时，制动压缩空气推动橡胶膜片向下弯曲，使触点闭合，接通制动信号灯电路。

(3) 弹簧式制动信号灯开关　弹簧式制动信号灯开关是一种较为常用的制动开关，装在制动踏板的后面，如图 5-30 所示。当踏下制动踏板时，开关闭合，制动信号灯亮。

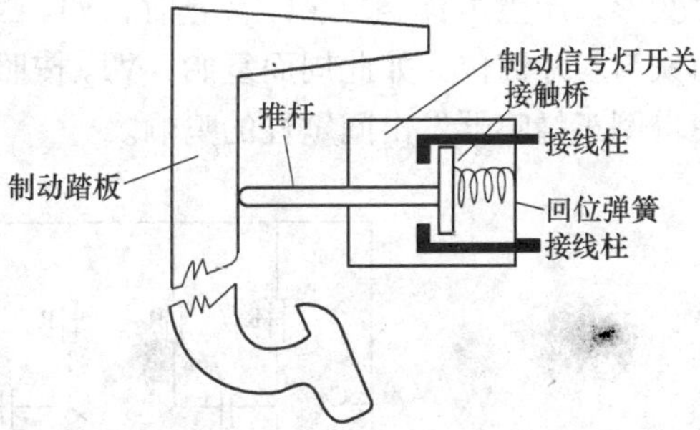

图 5-30　弹簧式制动信号灯开关

(4) 制动信号灯电路　制动信号灯电路一般不受点火开关控制，直接由电源、熔丝到制动信号灯开关。制动信号灯电路根据尾灯的组合形式有以下几种情况。

采用三灯的组合式尾灯在这种组合式尾灯中，采用单丝灯泡，每个灯泡只有一个功能，随着功能的增加，尾灯灯泡的数量还要增加，如图 5-31 所示。

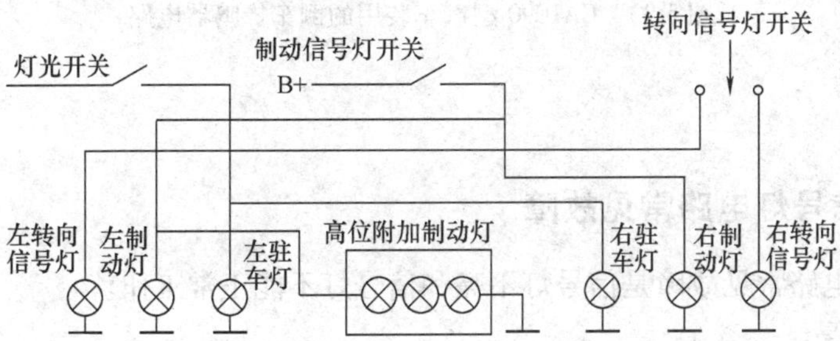

图 5-31　三灯组合式尾灯

四、倒车信号

倒车时，为了警告车后的行人和车辆驾驶人，在汽车的后部常装有倒车灯、倒车蜂鸣器或语音倒车报警器等倒车信号装置，它们均由装在变速器盖上的倒车开关自动控制。

倒车灯安装于车辆尾部，给驾驶人提供额外照明，使其能够在夜间倒车时看清汽车的后部，也警告后面车辆，该汽车驾驶人想要倒车或正在倒车。

当把变速杆拨到倒档时，倒车开关触点闭合，于是倒车灯、倒车蜂鸣器或语音倒车报警器便与电源接通，使倒车灯点亮、蜂鸣器发出断续的鸣叫声。其简化电路如图 5-32 所示。

图 5-32　倒车灯电路示意图

倒车蜂鸣器是一种间歇发声的音响装置，CA1090 型汽车装用的倒车蜂鸣器的电路如图 5-33 所示。其发音部分是一只功率较小的电喇叭，控制电路是一个由无稳态电路和反相器组成的开关电路。由于 VT_1 和 VT_2 之间采用电容器耦合，所以 VT_1 与 VT_2 只有两个暂时的稳定状态，或 VT_1 导通，VT_2 截止；或 VT_1 截止，VT_2 导通。这两个状态周期地自动翻转。VT_3 在电路中起开关作用，它与 VT_2 直接耦合，VT_2 的发射极电流就是 VT_3 的基极电流。当 VT_2 导通时，VT_3 基极有足够大的基极电流，也导通。电流便从电源正极，经 VT_3、蜂鸣器的常闭触点 K、线圈流回电源负极。线圈通电后，使线圈中的铁心磁化，吸动衔铁，带动膜片变形，产生声音，当 VT_2 截止时，VT_3 因无基极电流而截止，于是线圈断电，铁心退磁，衔铁与膜片回位。如此周而复始，VT_2 按照无稳态电路的翻转频率不断地导通、截止，从而使得倒车蜂鸣器发出间歇性的鸣响。

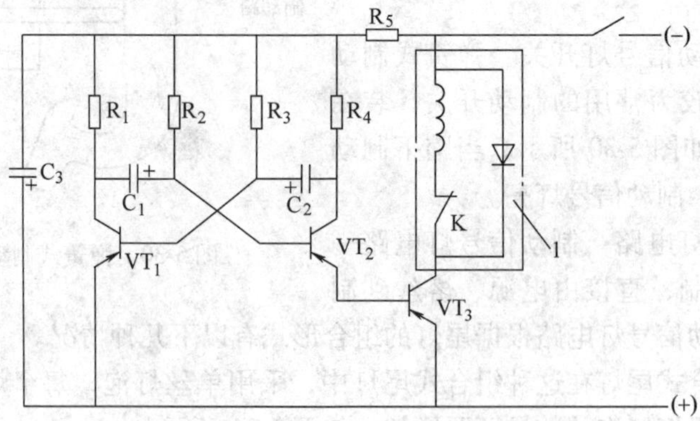

图 5-33　CA1090 型汽车装用的倒车蜂鸣器电路

实施及规范

一、转向信号灯电路常见故障

转向信号灯电路常见故障是信号灯不亮和信号灯不能正常工作。

1. 信号灯不亮

引起信号灯不亮的原因主要有：灯泡损坏、熔丝熔断、灯光开关或继电器损坏及线路短路或断路故障等。

在进行故障诊断时，应根据电路图对电路进行检查，判断出故障的部位。

1）灯泡或熔断器损坏。如果一只灯不亮，一般为灯丝烧断，将灯泡拆下后检查，若灯泡损坏，则更换新灯泡。如果几只灯都不亮，按喇叭，喇叭不响，则可能是总熔断器熔断。若同属一个熔丝的灯泡都不亮，则可能是熔丝熔断。处理这两类故障时，在将总熔断器复位或更换新的熔丝之前，应查找超负荷的原因。其方法是：将熔丝所接各灯的接线从灯座拔掉，用万用表测量灯端与搭铁之间的电阻，若电阻较小或为零，则可断定线路中有搭铁故障。排除故障后，再把熔断器复位或更换新的熔丝。

2）灯光开关、继电器及线路的检查。检查继电器时，将继电器线圈直接供电，检查继电器是否能正常工作，如不能正常工作，应更换继电器。

灯光开关的检查可用万用表检查开关的通断情况，若与要求不符，应更换开关。

在检查线路时，可用万用表或试灯逐段检查线路，找出短路或断路故障的部位。

2. 信号灯不能正常工作

1）两侧转向灯同时亮。这种故障通常是因转向开关失效引起。

2）转向灯开关打到左侧或右侧时，转向指示灯闪烁比正常情况快。这种故障说明这一侧的转向灯灯泡有烧坏的，或转向灯的接线、搭铁不良。

3）转向灯常亮不闪。这种故障说明闪光器损坏或接线错误，应立即检查闪光器及电路接线。

4）闪频过高或过低。这种故障可能的原因有灯泡功率不当、电源电压过高或过低或闪光器工作不良，触点间隙过大或过小，应采取相应的检查灯泡、调整电压调节器和更换闪光器，调整触点的措施。

二、电喇叭的常见故障与排除

1. 电喇叭的调整

（1）音调的调整　喇叭的音调取决于膜片的振动频率，而该频率又取决于上、下铁心的间隙(气隙)。旋动调整螺母，减小衔铁与铁心之间的间隙，可以提高音调。间隙一般为0.5～1.5mm，太小会发生碰撞，太大则会吸不动衔铁。调整时，铁心要平整，铁心与衔铁四周的间隙要均匀，否则会产生杂声。

（2）音量的调整　喇叭的音量取决于线圈电流的大小。增大触点的接触压力(触点的接触电阻减小,触点闭合时间增大,通过线圈的电流增大)，可以增大音量(图5-34)。

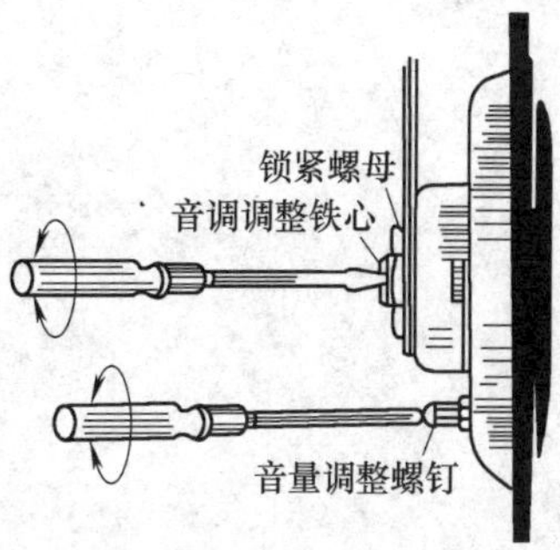

图5-34　盆型喇叭调整

2. 电喇叭音量小

故障原因是电喇叭触点烧蚀，电喇叭搭铁不良。排除方法：电喇叭触点烧蚀，更换电喇叭。搭铁不良，视情处理。对于螺旋形电喇叭，使用中不要进水，安装注意方向，开口朝下。

3. 电喇叭不响

故障原因是熔丝熔断、继电器或电喇叭按钮有故障。先检查熔丝、电喇叭搭铁情况及线路连接，以上情况都正常时进行下列检查(参图5-25)。

1）将继电器“S”接线柱直接搭铁，若电喇叭响，说明电喇叭按钮有故障，可能是电喇叭按钮搭铁不良，需处理；若电喇叭仍不响，进行下一步。

2）将继电器上的“B”与“H”接线柱短接，若电喇叭响，说明继电器有故障，更换继电器；若仍不响，故障可能存在于继电器到电喇叭之间的线路上。

课后思考与训练

一、填空题

1. 转向信号装置主要由________、________和________等组成。

2. 电喇叭按有无触点可分为________电喇叭和________电喇叭。

3. 电喇叭音量小的故障原因是________，________。

二、判断题

1. 引起信号灯不亮的原因主要有：灯泡损坏、熔丝熔断、灯光开关或继电器损坏及线路短路或断路故障等。(　　)

2. 喇叭的音量取决于膜片的振动频率，而该频率又取决于上、下铁心的间隙(气隙)。(　　)

3. 喇叭的音调取决于线圈电流的大小。增大触点的接触压力(触点的接触电阻减小,触点闭合时间增大,通过线圈的电流增大)，可以增大音量。(　　)

三、问答题

1. 简述汽车信号系由哪些信号装置组成?
2. 简述电子式闪光器的工作原理?
3. 如何进行汽车电喇叭的调整?
4. 对照桑塔纳轿车信号系电路图，说出左转向灯工作时的电流路径?
5. 如何诊断信号灯不亮?

学习情境六

汽车仪表和报警装置的检修

学习目标

1. 了解汽车常用仪表的作用、基本结构和工作原理。
2. 熟悉电子化仪表的结构特点、工作原理。
3. 熟悉汽车报警装置作用、组成和工作原理。
4. 能够对仪表系统和报警装置的常见故障进行检修。
5. 能识读仪表系统电路图并掌握电路分析方法。
6. 能识读和分析报警装置电路。

情境描述

一辆车，客户反映仪表上的冷却液温度表指示数值总是偏低，但感觉发动机冷却液温度还是正常。请你制订一份维修计划，完成检修任务，并归档。

相关知识

驾驶室仪表板上装有各种指示仪表，如图 6-1 所示。

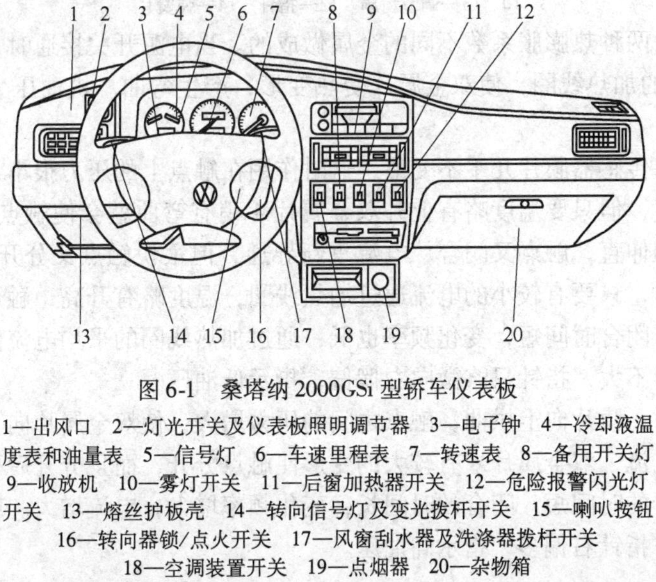

图 6-1 桑塔纳 2000GSi 型轿车仪表板

1—出风口 2—灯光开关及仪表板照明调节器 3—电子钟 4—冷却液温度表和油量表 5—信号灯 6—车速里程表 7—转速表 8—备用开关灯 9—收放机 10—雾灯开关 11—后窗加热器开关 12—危险报警闪光灯开关 13—熔丝护板壳 14—转向信号灯及变光拨杆开关 15—喇叭按钮 16—转向器锁/点火开关 17—风窗刮水器及洗涤器拨杆开关 18—空调装置开关 19—点烟器 20—杂物箱

一、机油压力表

机油压力表用来显示发动机机油压力的大小，驾驶人能根据压力表及时检测润滑系统的故障。油压表按其工作原理可分为双金属式油压表、电磁式油压表、动磁式油压表三种，其中双金属式油压表应用最为广泛。

油压表的油压传感器如图6-2所示。它装在发动机主油道上，膜片中心顶着弯曲的弹簧片3，一端焊有触点，另一端通过壳体搭铁。双金属片4上绕有加热电阻丝，它一端与双金属片的触点相连，另一端则通过接触片6、接线柱7与油压指示表相连。校正电阻8与加热电阻丝并联。油压指示表中的双金属片11，一端固定在调节齿扇10上，另一端与指针12相连，其上绕有加热线圈。

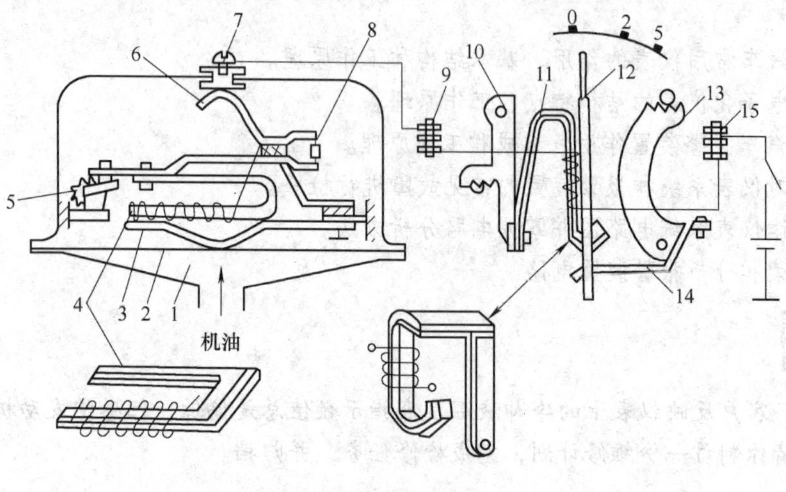

图6-2　机油压力表电路

1—油腔　2—膜片　3—弹簧片　4、11—双金属片　5—调节齿轮　6—接触片　7—机油压力传感器接线柱　8—校正电阻　9、15—机油压力表接线柱　10、13—调节齿扇　12—指针　14—弹簧片

双金属片是由两种热膨胀系数不同的金属做成的。当电源开关接通时，由于电流通过双金属片4和11上的加热线圈，使双金属片受热变形，产生弯曲。机油压力表正是利用这一原理工作的。

若油压甚低，传感器膜片几乎不变形，这时作用在触点上的压力很小，所以加热线圈中虽只有小电流通过，但只要温度略有上升双金属片4稍有弯曲就会使触点分开，切断电路。过后双金属片冷却伸直，触点又闭合，电流重新导通，但很快触点又分开，如此反复循环。因为在油压甚低时，只要有较小的电流通过加热线圈，温度略有升高，触点就会分开，故触点打开的时间长，闭合时间短，变化频率也低，通过加热线圈的平均电流值很小。因此油压表内双金属片变形不大，指针只略微向右摆偏，指示低油压。

当油压升高时，膜片向上拱曲，触点之间的压力增大，使双金属片向上弯曲。加热线圈通过较长时间的电流，双金属片才有较大的变形使触点分开，而且分开后稍微冷却就会很快闭合，故触点打开的时间短，闭合的时间长，变化频率增大，电流增大。所以机油压力表内双金属片变形大，指针右偏多，指示高油压。

为使油压的指示值不受外界温度的影响，双金属片 4 制成“Π”字形，其上绕有加热线圈的一边称为工作臂；另一边称为补偿臂。当外界温度变化时，工作臂的附加变形被补偿臂的相应变形所补偿，所指示值保持不变。在安装传感器时，必须使传感器壳上的箭头向上，不应偏出 ±30°位置，使工作臂产生的热气上升时，不致对补偿臂产生影响，造成误差。

二、冷却液温度表

冷却液温度表用来指示发动机冷却水套中的冷却液的温度。它由装在仪表板上的冷却液温度指示表和装在发动机气缸盖的冷却水套上的冷却液温度表传感器两部分组成。冷却液温度表的主要形式有电热式和电磁式。

1. 电热式冷却液温度表

电热式冷却液温度表由传感器和指示表组成，如图 6-3 所示。指示表的构造和工作原理与油压表相同，只是刻度值不一样。冷却液温度传感器是一个密封的套筒，内装有条形双金属片 2，其上绕有加热线圈，一端与固定触点 1 相接，另一端通过接触片 3、接线柱 4 与冷却液温度表加热线圈串联。

当冷却液温度很低时，双金属片 2 经加热变形向上弯曲，触点分开，由于四周温度较低，很快冷却，触点又重新闭合。故流经加热线圈的平均电流大，指示表中双金属片 7 变形大，指针指向低温。

当冷却液温度增高时，传感器密封套筒内温度也增高，因此，双金属片受热变形后，冷却的速度变慢，故触点分离时间增长，触点闭合时间缩短，流经加热线圈的平均电流减小，双金属片 7 变形减小，指针偏转小，指示较高温度。

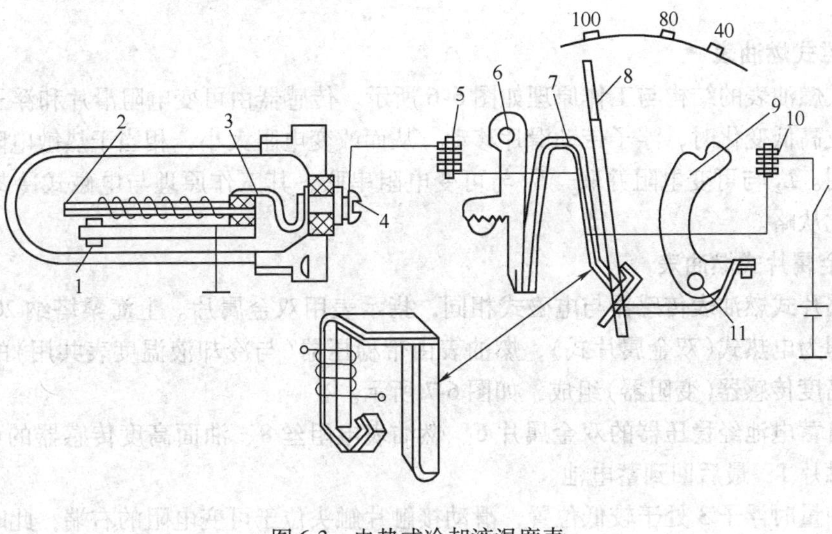

图 6-3　电热式冷却液温度表

1—固定触点　2、7—双金属片　3—接触片　4、5、10—接线柱　6、9—调节齿扇　8—指针　11—弹簧片

2. 电磁式冷却液温度表

电磁式冷却液温度表工作原理如图 6-4 所示，其等效电路如图 6-5 所示。温度传感器内装有负温度系数的热敏电阻 1，其阻值随温度的升高而减小。指示表内有两个线圈，L_2 与传感器串联，L_1 与传感器并联。两个线圈中间装有指针可转动的衔铁。串联电阻 R 用来限制

流经线圈 L_2 的电流。当冷却液温度低时，热敏电阻阻值大，流经 L_1 线圈与 L_2 线圈电流相差不多，但 L_1 匝数多，产生磁场强，吸引衔铁使指针偏向 0℃方向。当冷却液温度增高时，热敏电阻阻值减小，分流作用增强，流经 L_1 的电流减小，磁力减弱，衔铁被 L_2 吸引，指针向右偏转指向较高温度。

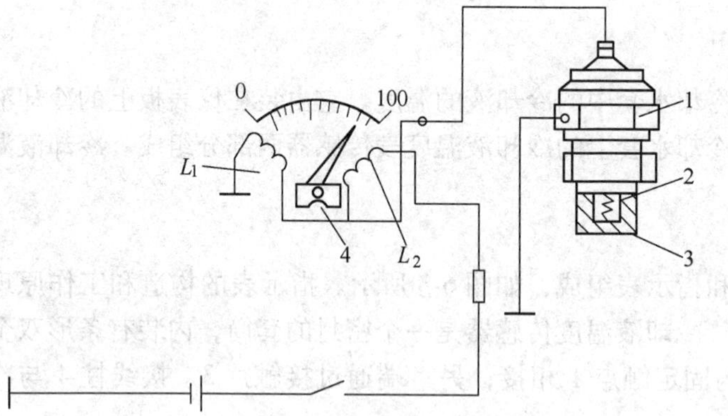

图 6-4　电磁式冷却液温度表工作原理

1—热敏电阻　2—弹簧　3—传感器壳体　4—冷却液温度表

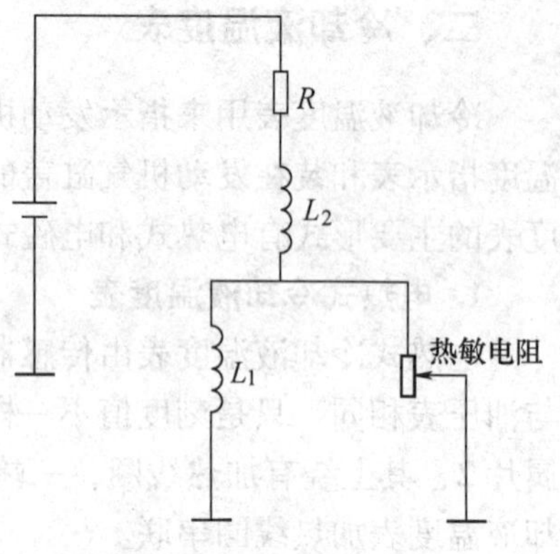

图 6-5　电磁式冷却液温度表等效电路

三、燃油表

燃油表的作用是用来指示燃油箱内燃油平面的高低，即燃油箱内储存燃油量的多少，它由传感器和指示表组成。传感器均为可变电阻式，但指示表有电磁式和双金属片式两种。

1. 电磁式燃油表

电磁式燃油表的结构与工作原理如图 6-6 所示。传感器由可变电阻滑片和浮子组成。当燃油箱油位高低变化时，浮子带动滑片移动，从而改变电阻大小，相当于热敏电阻感受温度变化的作用。L_2 与可变电阻并联，L_1 与可变电阻串联，其工作原理与电磁式冷却液温度表相似，在此从略。

2. 双金属片式燃油表

双金属片式燃油表传感器与电磁式相同，指示表用双金属片。上海桑塔纳 2000 型轿车的燃油表即为电热式（双金属片式），燃油表由带稳压器（与冷却液温度表共用）的油面指示表和油面高度传感器（变阻器）组成，如图 6-7 所示。

电流自蓄电池经稳压器的双金属片 6、燃油表电阻丝 8、油面高度传感器的可变电阻 2 和滑动接触片 1，最后回到蓄电池。

当低油量时浮子 3 处于较低位置，滑动接触片触头位于可变电阻的右端，此时电阻最大而电流量最小，表头里的电阻丝散热量少，使表头里的双金属片 4 产生变形较小，指针则处于接近“零”位。当加油后，油面高度增加时，浮子上升，触头逐步向左移动，回路电阻减小，电流增大，双金属片热变形增大，指针 5 随之右移，当油箱加满时，指针移到最大刻度“1”上。

由于流经加热线圈的电流，除与可变电阻值有关外，还与供电电压有关。汽车的电源是蓄电池与发电机并联，两者的电位差一般为 2V 左右，且发电机的端电压，虽然经调节器调

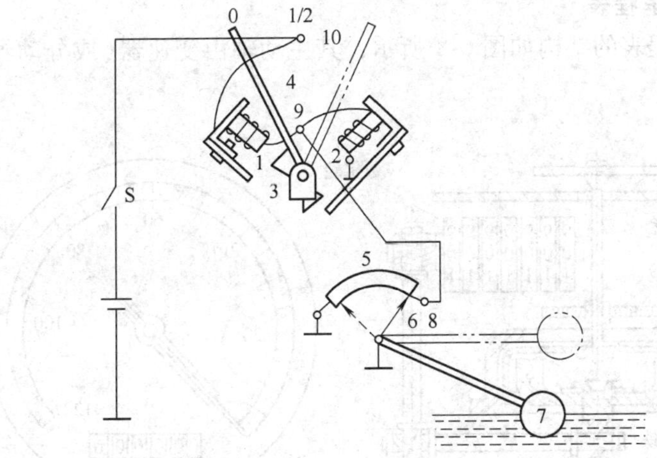

图 6-6　电磁式燃油表

1—左线圈子(L_1)　2—右线圈子(L_2)　3—转子　4—指针

5—可变电阻　6—滑片　7—浮子　8、9、10—接线柱

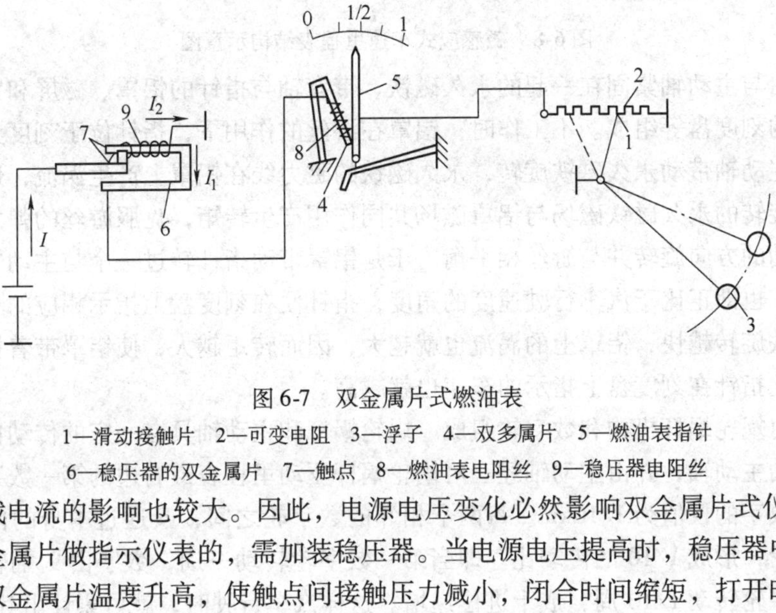

图 6-7　双金属片式燃油表

1—滑动接触片　2—可变电阻　3—浮子　4—双多属片　5—燃油表指针

6—稳压器的双金属片　7—触点　8—燃油表电阻丝　9—稳压器电阻丝

整，但受负载电流的影响也较大。因此，电源电压变化必然影响双金属片式仪表的测量精度。故用双金属片做指示仪表的，需加装稳压器。当电源电压提高时，稳压器中加热线圈的电流增大，双金属片温度升高，使触点间接触压力减小，闭合时间缩短，打开时间增长，从而使加热线圈中的电流减小，端电压下降。当电源电压下降时，稳压器中加热线圈的电流减小，双金属片温度降低，触点闭合时间增长，打开时间缩短，线圈中平均电流增大，端电压提高。这样就可使指示仪表始终在一个比较稳定的电压下工作，从而减少了电源电压对仪表的影响。

四、车速里程表

仪表板中最显眼的是车速里程表，它用于指示汽车行驶速度和累计行驶里程数。车速里程表实际上由两个表组成，一个是车速表，另一个是里程表。车速里程表有磁感应式与电子式两种。

1. 磁感应式车速里程表

磁感应式车速里程表的结构如图 6-8 所示，其主动轴由变速器(或分动器)传动蜗杆经软轴驱动。

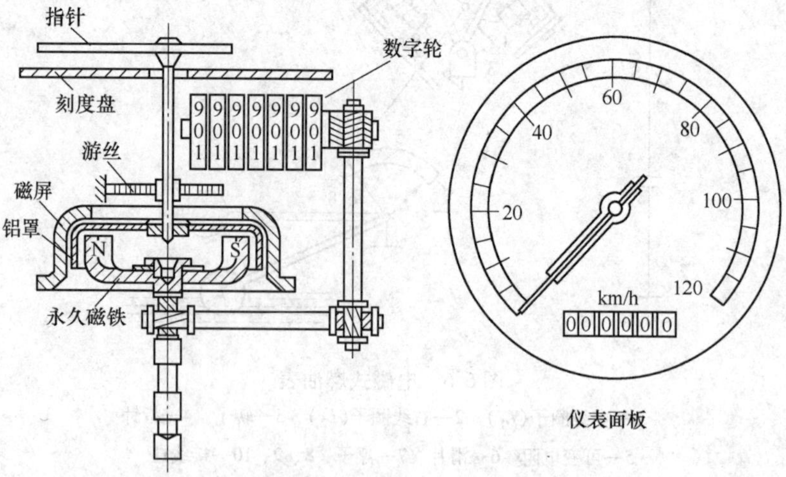

图 6-8　磁感应式车速里程表结构示意图

车速表由与主动轴紧固在一起的永久磁铁、带有轴与指针的铝罩、磁屏和紧固在车速里程表外壳上的刻度盘等组成。不工作时，铝罩在游丝的作用下，指针位于刻度盘的零位。汽车行驶时，主动轴带动永久磁铁旋转，永久磁铁的磁力线在铝罩上产生涡流，这涡流也产生一个磁场。旋转的永久磁铁磁场与铝罩磁场共同作用产生转矩，克服游丝的弹力，使铝罩朝永久磁铁转动的方向旋转并与游丝相平衡。于是铝罩带动指针转过一个与主动轴转速大小成比例的角度，也即正比于汽车行驶速度的角度，指针便在刻度盘上指示相应的车速。车速越高，永久磁铁旋转越快，铝罩上的涡流也就越大，因而转矩越大，使铝罩带着指针偏转的角度越大，因此指针在刻度盘上指示的车速也就越高。

里程表由蜗轮蜗杆机构和数字轮组成。蜗轮蜗杆和主动轴具有一定的传动比。汽车行驶时，软轴带动主动轴，并由主动轴经三对蜗轮蜗杆驱动里程表最右边的第一数字轮。第一数字轮上所刻数字的权值为 1/10km。每两个相邻的数字轮之间，又通过本身的内齿和进位数字轮传动齿轮，形成 1/10 的传动比。即当第一数字轮转动一周，数字由 9 翻转到 0 时，相邻的左侧数字轮转动 1/10 周，成十进位递增。这样汽车行驶时，就可累计出其行驶里程数。

2. 电子式车速里程表

随着电子技术的发展，很多轿车仪表已采用电子式车速里程表，较常见的是从变速器上的速度传感器获取速度信号，再通过脉冲频率的变化使指针偏转或者显示数字。电子式车速里程表主要由车速传感器、电子电路、车速表和里程表四部分组成。

车速传感器由变速器驱动，能够产生正比于汽车行驶速度的电信号。如图 6-9 所示为车速传感器的结构，它由一个舌簧开关和一个有 4 对磁极的转子组成。转子每转一周，舌簧开关中的触点闭合 8 次，产生 8 个脉冲信号，汽车每行驶 1km，车速传感器输出 4127 个脉冲。

电子电路的作用是对车速传感器送来的具有一定频率的电信号进行整形和触发处理，输出一个与车速成正比的电流信号。该电子电路主要包括稳压电路、单稳态触发电路、恒流源驱动电路、64 分频电路和功率放大电路，如图 6-10 所示。仪表精度由电阻 R_1 调整，仪表初始工作电流由电阻 R_2 调整，电阻 R_3 和电容 C_3 用于电源滤波。车速表实际上是一个磁电式电流表，当汽车以不同车速行驶时，从电子电路接线端 6 输出的与车速成正比的电流信号便驱动车速表指针偏转，即指示相应的车速。里程表则由一个步进电动机及六位数字的十进位齿轮计数器组成。车速传感器输出的频率信号，经 4 分频后，再经功率放大器放大到具有足够的功率，驱动步进电动机，带动六位数字的十进位齿轮计数器工作，从而积累行驶的里程。电子式里程表累积的里程数字存储在非易失性存储器内，在无电状下动态数据也能保存。

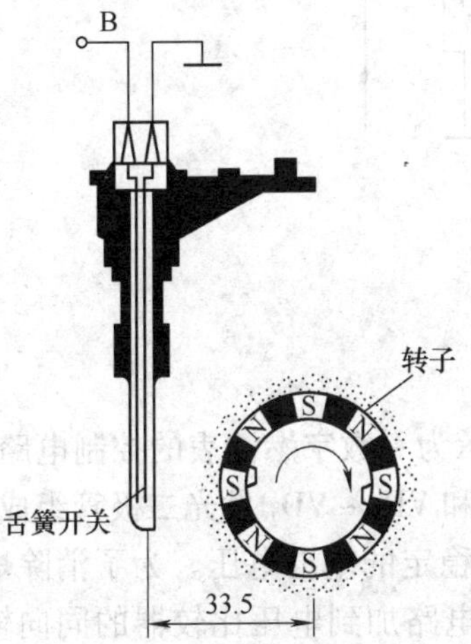

图 6-9　车速传感器结构

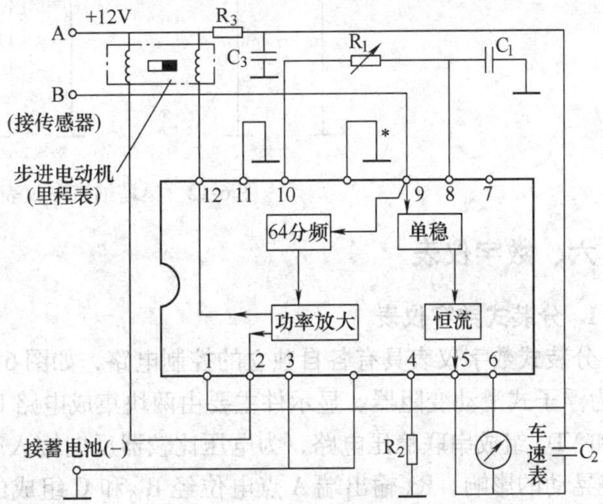

图 6-10　指针式电子车速里程表电子电路

五、发动机转速表

桑塔纳轿车转速表电路原理图如图 6-11 所示，该电路利用电容器充放电产生的脉冲实现了转速的测定。其工作原理如下：

当点火控制器初级电路导通时，晶体管 VT 处于截止状态，电容 C_2 被充电。其充电电路为：蓄电池正极→R_3→C_2→VD_2→蓄电池负极，构成回路。

当点火控制器使初级电路截止时，晶体管 VT 的基极得正电位而导通，此时 C_2 便通过导通的晶体管 VT、电流表 A 和 VD_1 构成放电回路，从而驱动电流表。

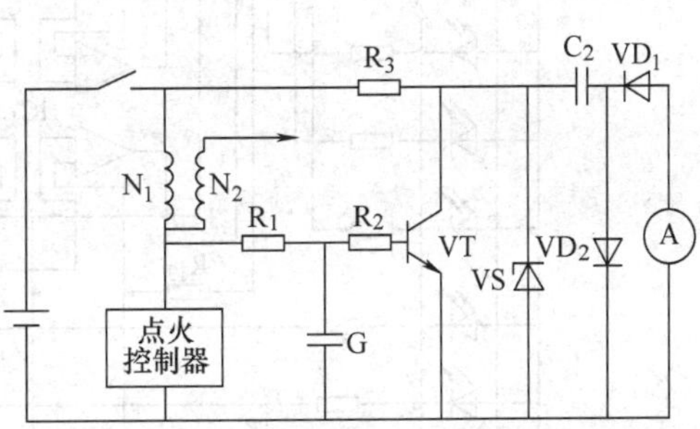

图 6-11　桑塔纳轿车转速表电路原理图

当发动机工作时，初级电路不断的导通、截止，其导通、截止的次数与发动机转速成正比。所以当初级电路不断地导通、截止时，对电容 C_2 不断地进行充放电，其放电电流平均值与发动机转速成正比，于是将电流平均值标定成发动机转速即可。

桑塔纳汽车仪表电路如图 6-12 所示，桑塔纳汽车配有发动机转速表，燃油表和冷却液温度表，配有电子式稳压器，电子式稳压器输出的平均电压为 9.5～10.5V。

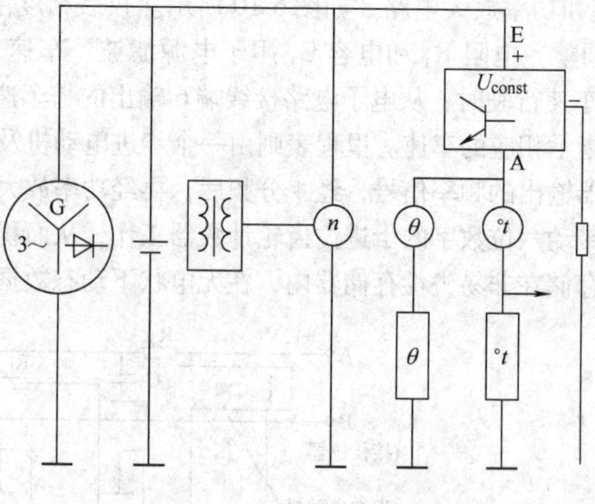

图 6-12　桑塔纳汽车仪表电路

六、数字仪表

1. 分装式数字仪表

分装式数字仪表具有各自独立的控制电路，如图 6-13 所示为一数字燃油表的控制电路。Rx 为浮子式滑动变阻器。显示件主要由两块集成电路 LM324 和 VD_1 ~ VD_7 发光二极管组成。R_{15} 和 VD_8 组成串联稳压电路，为电压比较器反向输入端提供稳定的基准电压。为了消除燃油表晃动的影响，Rx 输出端 A 点电位经 R_{16} 和 C 组成的延时电路加到电压比较器的同向输入端，与反向输入端的基准电压比较并加以放大。

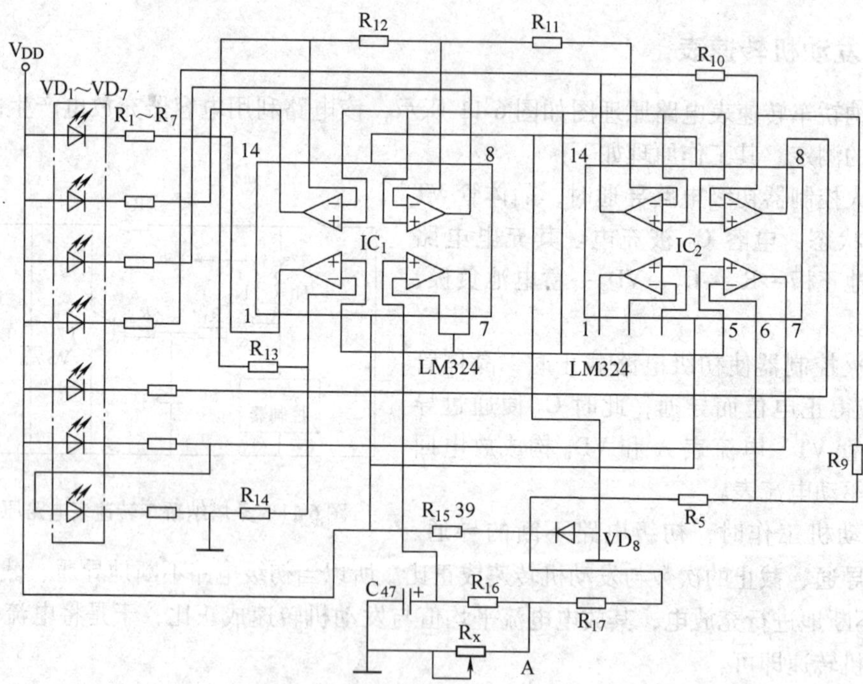

图 6-13　数字燃油表的控制电路

当燃油箱中加满燃油时，传感器 Rx 的阻值最小，A 点电位最低，电压比较器输出低电平，6 只绿色发光二极管均亮；红色发光二极管 VD_1 熄灭。当燃油减少时，绿色发光二极管按 VD_7、VD_6、VD_5…次序依次熄灭。燃油量越少，绿色发光二极管亮的个数越少。当燃油减少到下限时，传感器 Rx 的阻值最大，A 点电位最高，集成块 IC_2 的第 5 管脚电位高于第 6 管脚基准电位，6 只绿色发光二极管全部熄灭，红色发光晶体管 VD_1 亮，提醒驾驶员补充燃料。

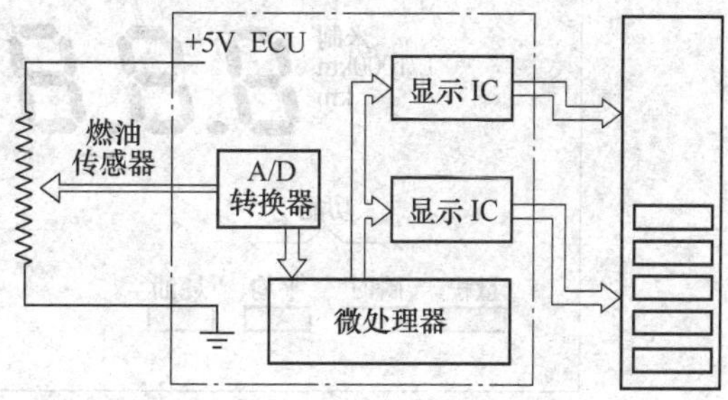

图 6-14　微机控制的燃油表系统电路

微机控制的燃油表系统电路如图 6-14 所示。微机给燃油传感器输出提供一个固定的 +5V 电压，燃油传感器输出的信号经过 A/D 转换后送至微机进行处理，并将其转换为操作显示器的电压信号，以杆图方式显示燃油量。

2. 组合式数字仪表

组合式数字仪表较多，图 6-15 为单片机控制的汽车智能组合仪表，它由汽车工况采集、单片机控制及信号处理、显示等部分组成。

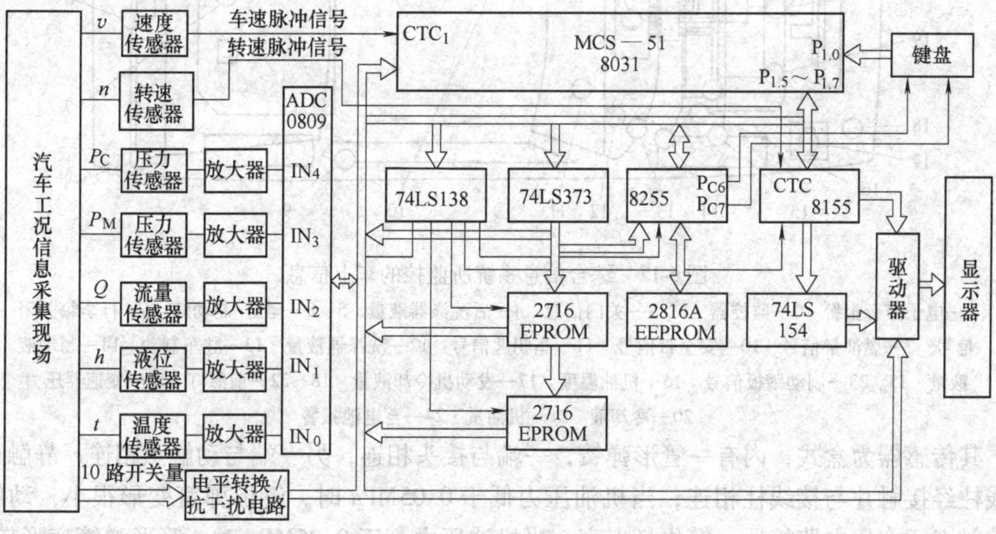

图 6-15　单片机控制的汽车智能组合仪表

3. 综合信息系统

综合信息系统就是将各种仪表、报警装置和舒适性控制器组合到一起而形成的系统。该系统可以是简单的组合（如图 6-16 所示的燃油数据中心），也可以是对各种信息进行分析计算处理，具有更多功能的一体式信息系统，所监控的车辆信息如图 6-17 所示。

七、机油压力报警

用于提醒驾驶员发动机的机油压力特别的低。机油压力报警装置的报警开关一般装在主油道上，弹簧管式机油压力报警开关如图 6-18 所示。

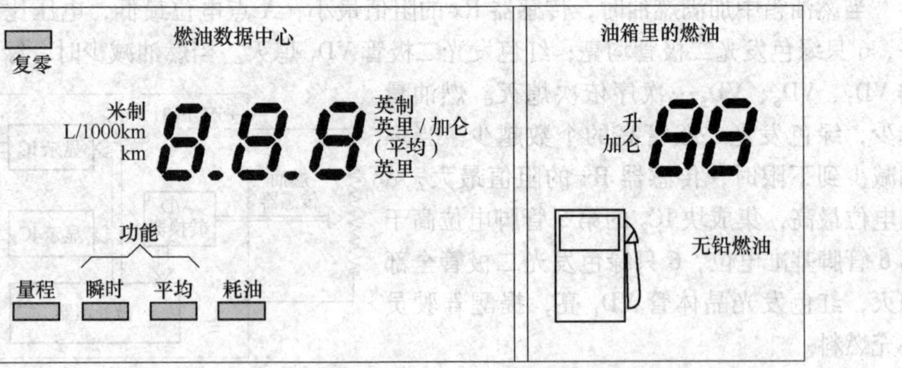

图 6-16　燃油数据中心

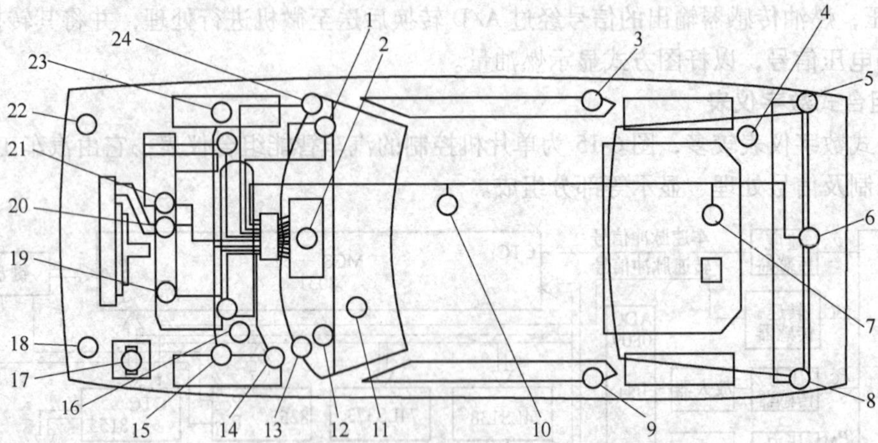

图 6-17　综合信息系统所监控的车上信息

1—电子声音报警　2—监控器　3、9—关门信息　4—后洗涤器液量　5、8—尾灯/制动灯　6—行李箱关闭信号　7—燃油量信号　10—安全带信号　11—车钥匙信号　12—洗涤器液量　13—驻车制动　14—制动液液量　15、23—制动踏板信号　16—机油温度　17—发动机冷却液量　18、22—前照灯　19—变速器压力　20—冷却液　21—机油量　24—蓄电池报警

其传感器为盒式，内有一管形弹簧，一端与接头相连，另一端与动触点相连，静触点与接线柱经接触片与接线柱相连，当机油压力低于 0.05MPa 时，管形弹簧变形很小，动触点和静触点闭合，电路接通，警告灯点亮；当机油压力高于 0.05MPa 时，管形弹簧变形较大，动触点和静触点分开，电路断开，警告灯熄灭。

八、燃油储存量报警

燃油储存量报警用于指示燃油剩余量不足，其结构原理如图 6-19 所示。

该装置由负温度系数的热敏电阻式燃油油量报警传感器和警告灯组成。当油箱内油量较多时，热敏电阻元件浸没在燃油中，散热快，温度较低，电阻值较大，因此电路中电流很小，警告灯不亮；当燃油减少到规定值以下时，热敏电阻元件露出油面，散热慢，温度较高，电阻值较小，因此电路中电流增大，警告灯亮。

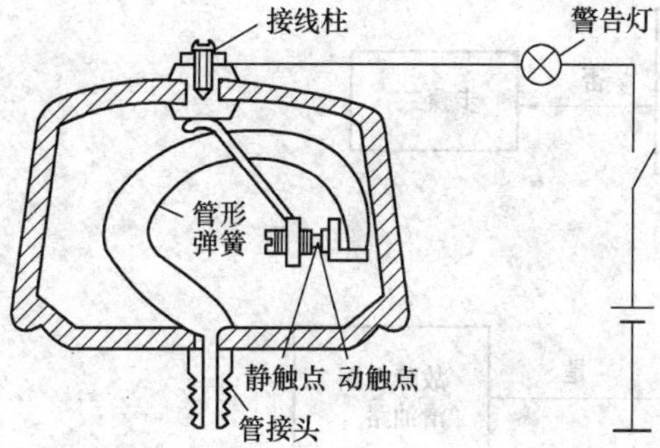

图 6-18　弹簧管式机油压力报警开关

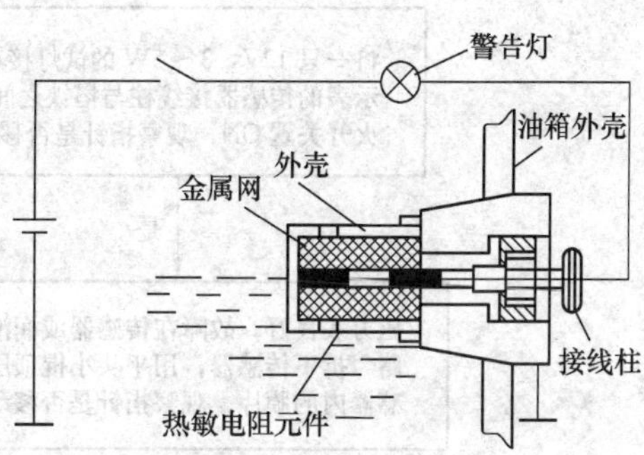

图 6-19　燃油油量警告灯电路

实施及规范

一、汽车仪表的检修

1. 电热式机油压力表的故障诊断

（1）指针不动

1）现象：发动机在各种转速时，机油压力表均无指示值。

2）原因：

① 机油压力表故障。

② 机油压力传感器故障。

③ 连接导线断路。

④ 发动机润滑系有故障。

3）诊断：故障可按图 6-20 所示的步骤进行检查。

（2）发动机未起动指针就动。

1）现象：接通点火开关，发动机未起动，机油压力表指针即开始移动。

2）原因：

① 机油压力表故障。

② 机油压力传感器故障。

③ 压力表至传感器间的导线搭铁。

3）诊断：故障可按图 6-21 所示的步骤进行检查。

（3）指针示值不准。

1）原因：

① 压力表故障。

② 传感器故障。

2）诊断。按图 6-22 所示将毫安表、可变电阻器、机油压力表和蓄电池串联连接，进行检查调试。检测时先接通开关 K，调节可变电阻 2，使毫安表 1 指在 0mA，观察油压表 3，指针应在“0”位。若有偏差，可用工具通过压力表表座背面的小孔拨转调整齿扇，直至消除偏差为止。然后调节可变电阻，使毫安表指在 240mA，油压表 3 应指在 0. 49MPa。若有偏差，可用工具通过表座背面的另一小孔拨转调整齿扇，使指针指在 0. 49MPa。

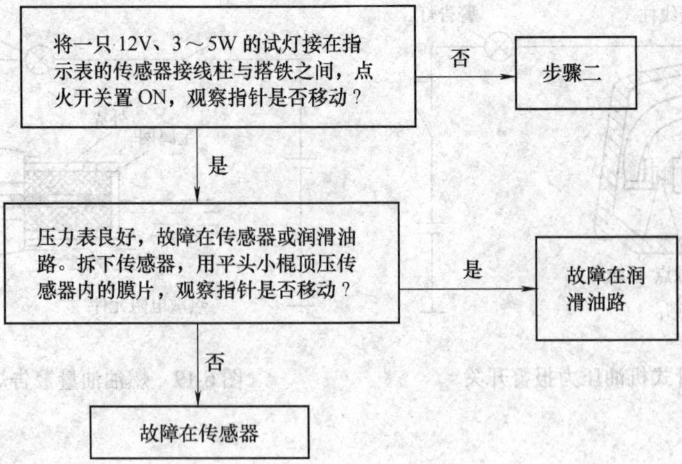

a)

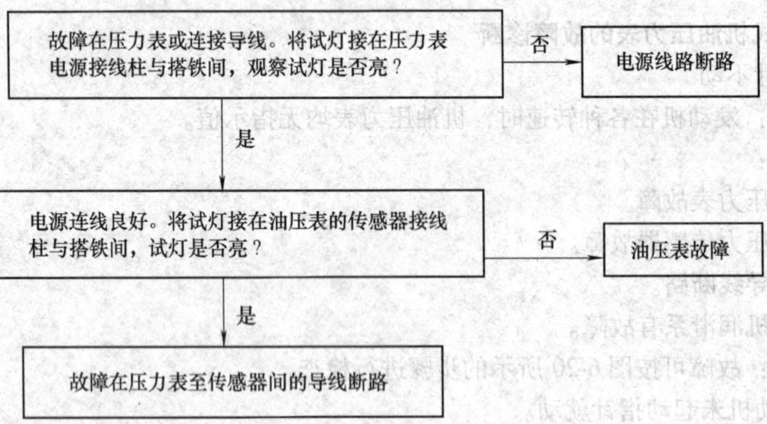

b)

图 6-20　电热式机油压力表指针不动的故障诊断

a）步骤一　b）步骤二

2. 电磁式冷却液温度表的故障诊断

（1）指针不动

1）现象：点火开关置 ON，指针不动。

2）原因：

① 冷却液温度表电源线断路。

② 冷却液温度表故障。

③ 传感器故障。

④ 温度表至传感器的导线断路。

3）诊断：电磁式冷却液温度表指针不动的故障诊断可参照图 6-23 进行。

（2）指针指向最大值不变

1）现象：接通点火开关后，温度表指针即指向最高温度。

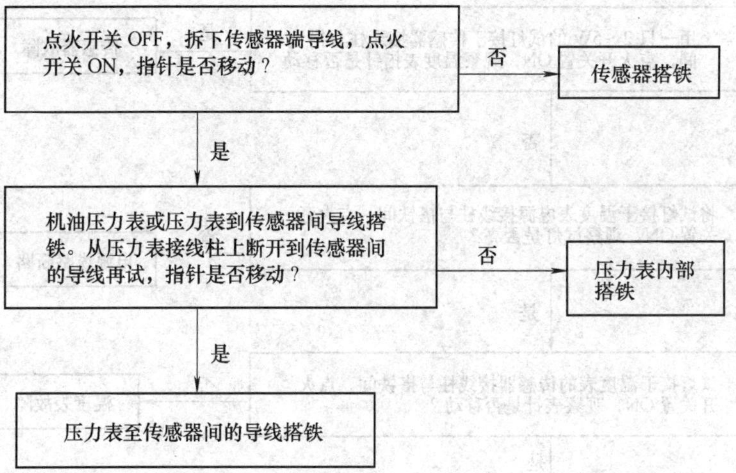

图 6-21　发动机未起动，电热式机油压力表指针就动的故障诊断

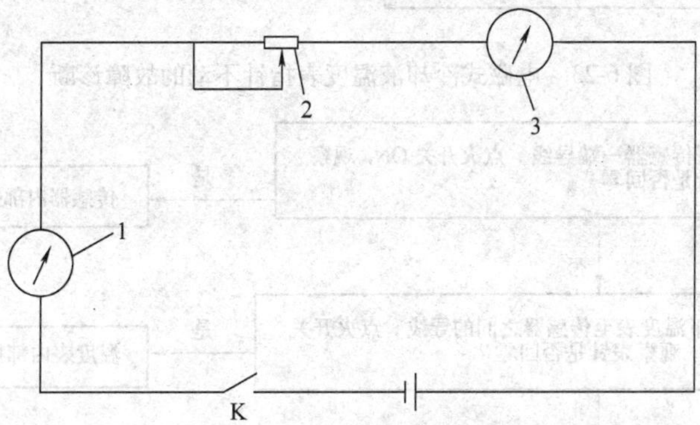

图 6-22　机油压力表检查电路

1—毫安表　2—可变电阻　3—油压表

2）原因：

① 温度表至传感器导线搭铁。

② 传感器内部搭铁。

③ 温度表内部搭铁。

3）诊断：电磁式冷却液温度表指针指向最大值不变的故障诊断可参照图 6-24 进行。

3. 燃油表的故障诊断

（1）燃油表指针总指示“1”（油满）。

1）现象：点火开关置 ON 时，不论燃油量多少，燃油表指针总是指示“1”（油满）。

2）原因：

① 燃油表至传感器导线断路。

② 传感器内部断路。

3）诊断：燃油表指针总指示“1”的故障诊断可参照图 6-25 进行。

（2）燃油表指针总指示“0”（无油）

1）现象：点火开关 ON，不论燃油量多少，燃油表指针总是指示“0”（无油）。

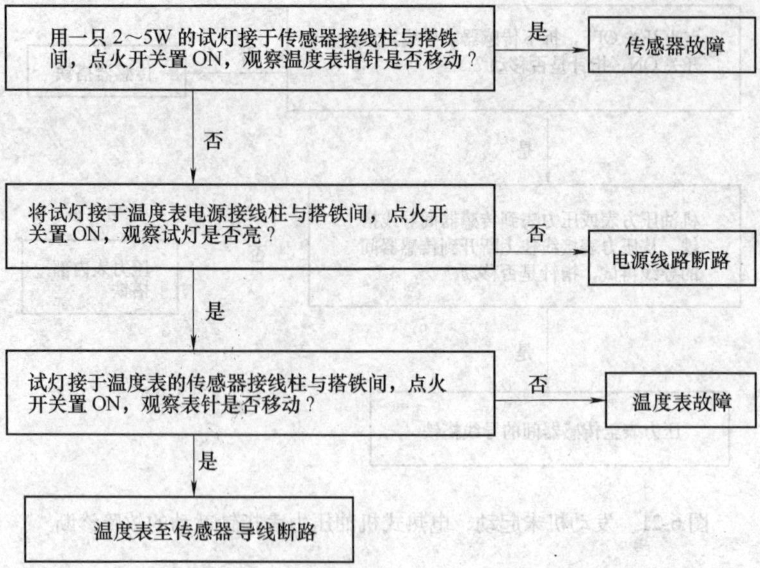

图 6-23　电磁式冷却液温度表指针不动的故障诊断

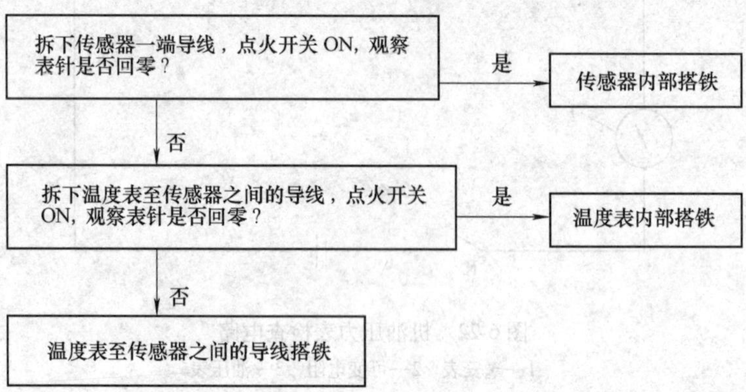

图 6-24　电磁式冷却液温度表指针指向最大值不变的故障诊断

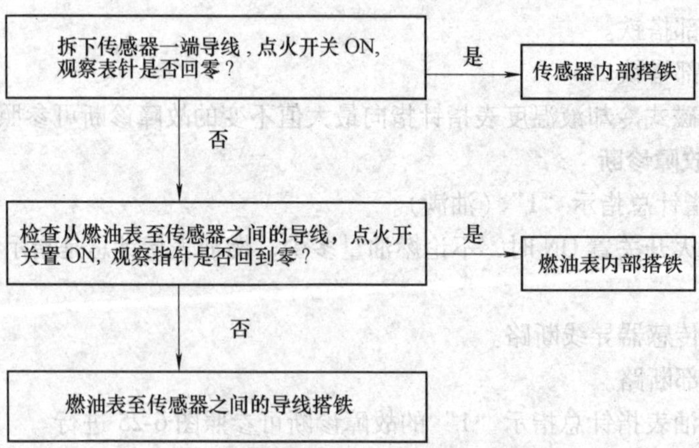

图 6-25　燃油表指针总指示“1”的故障诊断

2）原因：

① 传感器内部搭铁或浮子损坏。

② 燃油表至传感器的导线搭铁。

③ 燃油表电源线断路。

④ 燃油表内部故障。

3）诊断：燃油表指针总指示“0”的故障诊断可参照图 6-26 进行。

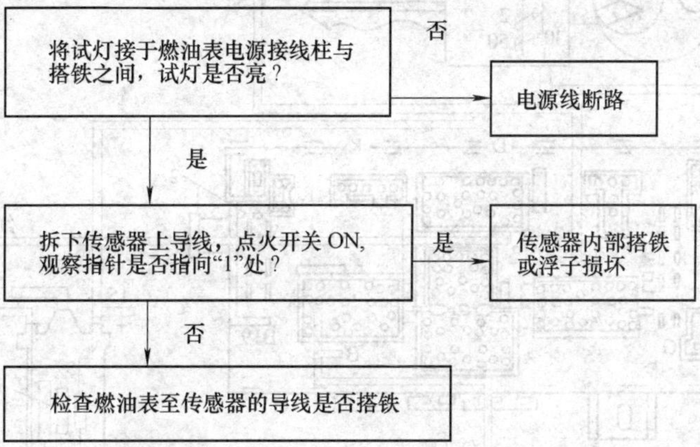

图 6-26　燃油表指针总指示“0”的故障诊断

4. 电子式车速里程表的故障诊断

电子式车速里程表常见故障是不工作。

（1）现象：汽车行驶中车速里程表指针不动。

（2）原因：

① 传感器故障。

② 仪表故障。

③ 线路故障。

（3）诊断：电子式车速里程表不工作的故障诊断可参照图 6-27 进行。

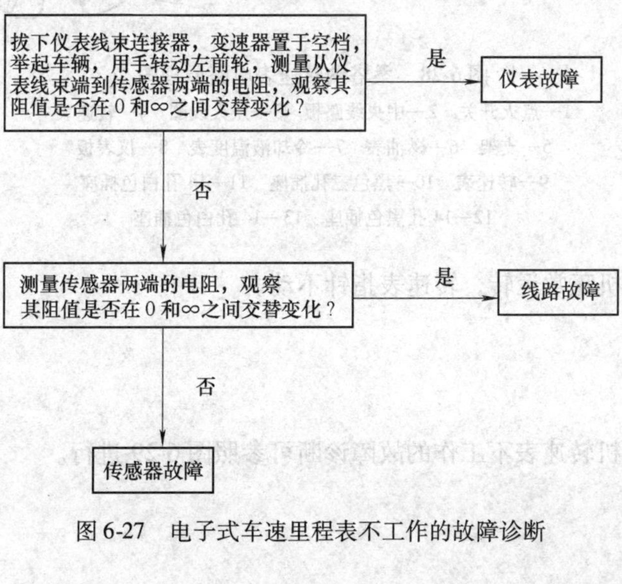

图 6-27　电子式车速里程表不工作的故障诊断

5. 发动机转速表的故障诊断

发动机转速表常见故障是不工作，下面以桑塔纳轿车转速表为例说明其故障诊断方法，其电路图如图 6-28 所示。

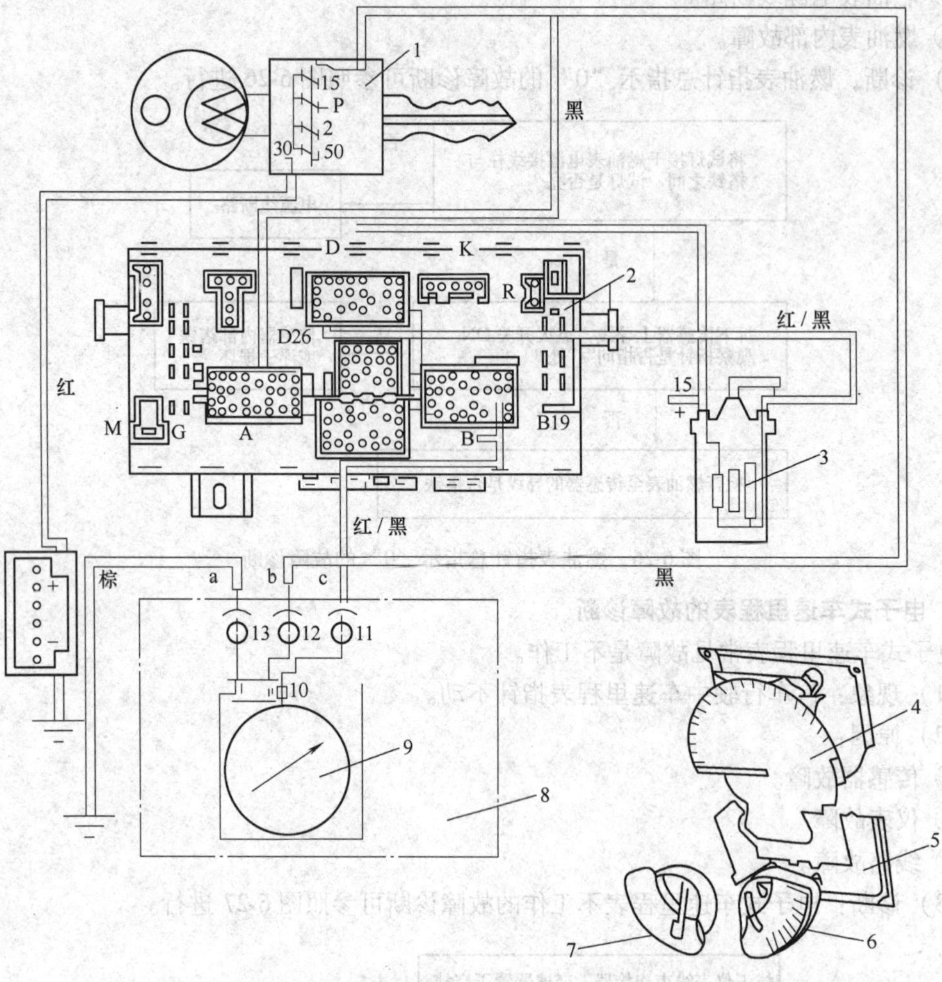

图 6-28　桑塔纳转速表电路原理图

1—点火开关　2—中央线路板　3—点火线圈　4—转速表

5—支架　6—燃油表　7—冷却液温度表　8—仪表板

9—转速表　10—黑色三孔插座　11—14 孔白色插座

12—14 孔黑色插座　13—14 孔白色插座

1）现象：发动机正常运转，转速表指针不动。

2）原因：

① 仪表故障。

② 线路故障。

3）诊断：发动机转速表不工作的故障诊断可参照图 6-29 进行。

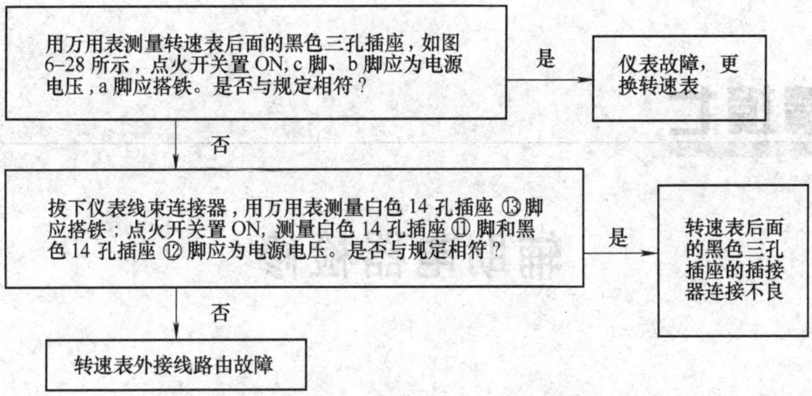

图6-29　发动机转速表不工作的故障诊断

课后思考与训练

一、填空题

1. 燃油表分为________式、________式和________式三种。

2. 组合仪表由________、________、________显示等部分组成。

3. 在新款集成仪表内部装有大规模________及微处理器。

4. 膜片式机油压力警告灯开关，当机油压力________，动触点与________闭合，警告灯点亮。

二、判断题

1. 当油箱中装满油时，电磁式燃油表左线圈的磁场变弱，右线圈的磁场增强。(　　)

2. 油压传感器是利用油压大小推动滑臂来改变可变电阻阻值的。(　　)

3. 发动机转速表是用来测量发动机的凸轮轴转速的。(　　)

4. 为了减少驾驶人注意力的分散，指示灯、报警灯在其所指示部位工作正常时是亮的。(　　)

5. 只有在点火开关不接通的状态下，才可以检验大多数指示灯炮的好坏。(　　)

6. 桑塔纳机油压力高压传感器装在发动机机油滤清器的支架上，壳体直接搭铁。(　　)

三、问答题

1. 简述电磁式燃油表的工作原理？

2. 简述发动机冷却液温度表的电路工作原理？

3. 试分析机油压力表指针不正常的故障原因？

4. 如何检查桑塔纳轿车发动机机油压力低压传感器的好坏？

5. 简述冷却液温度过高报警灯的工作原理？

学习情境七

辅助电器检修

任务一 电动刮水器和洗涤器的检修

学习目标

1. 熟悉电动刮水器的作用、组成和工作原理。
2. 熟悉风窗玻璃洗涤设备的作用、组成和工作原理。
3. 能够对电动刮水器、风窗玻璃洗涤设备等辅助电器的常见故障进行检修。
4. 能识读和分析辅助电器电路。

情境描述

一辆轿车电动刮水器出现了所有档位都不工作的故障，急需进行检修。根据检查分析，初步判断是刮水器电动机故障。售后服务经理要求你对该车的刮水器进行检修，并对每一个步骤做出过程计划和信息采集，并诊断故障原因，完成检修工作。

相关知识

一、电动刮水器工作原理

电动刮水器是用来清除风窗上的雨水、雪和尘土，以确保驾驶人有良好的视线。电动刮水器可分为真空杆式，气动式，电动式(普通电动式、永磁式、间隙式、新型齿条传动式)等。电动刮水器主要由微型直流电动机、蜗轮、蜗杆、拉杆、摆杆、刷架和刮水片等组成，如图 7-1 所示。

1. 电动刮水器的变速原理

由于电动刮水器的动力来源是直流电动机，故刮水器的变速就是直流电动机的变速。直流电动机的转速公式为

$$n = \frac{U - IR}{kZ\phi} \tag{7-1}$$

式中 U——电动机端电压；

I——通过电枢绕组的电流；

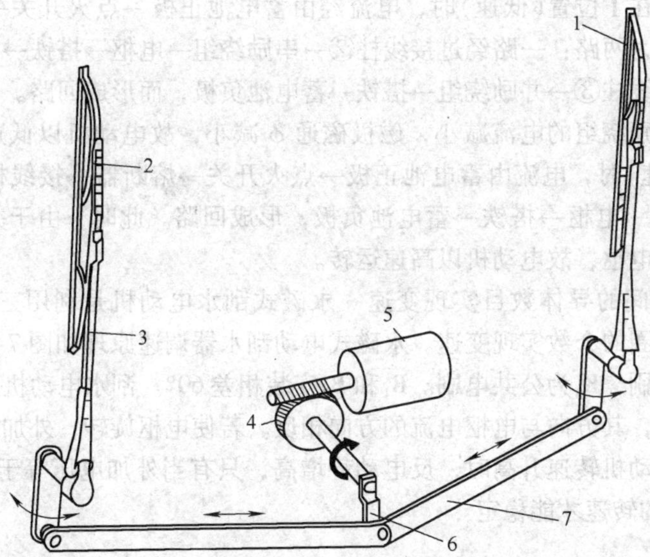

图 7-1 电动刮水器的组成

1—刮水片 2—刮水片架 3—刮水器 4—蜗轮 5—电动机 6—摇臂 7—拉杆

R——电枢绕组的电阻；

k——常数；

Z——正、负电刷间串联的绕组(导体)数；

ϕ——磁极磁通。

在实际应用中，I、U、R、k 均为定量，只要通过改变直流电动机的磁通 ϕ 或两电刷之间的电枢绕组(导体)数 Z 就能改变直流电动机的转速。当磁极磁通 ϕ 减小时转速 n 上升，反之则转速下降；当导体数目 Z 增多时，转速 n 也下降，反之则上升。

(1) 磁通改变变速工作原理 通过改变磁通来改变转速的方法只适合于绕线式直流电动机，如图 7-2 所示。

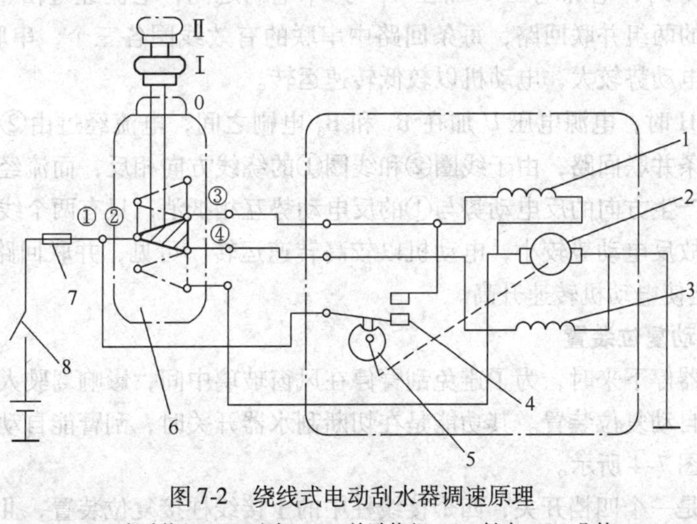

图 7-2 绕线式电动刮水器调速原理

1—串励绕组 2—电枢 3—并励绕组 4—触点 5—凸轮

6—刮水器开关 7—熔断器 8—点火开关

当刮水器开关在Ⅰ位置(低速)时，电流经由蓄电池正极→点火开关→熔断器→接线柱①→接触片后，分为两路：一路经过接线柱②→串励绕组→电枢→搭铁→蓄电池负极形成回路；另一路经过接线柱③→并励绕组→搭铁→蓄电池负极，而形成回路。

此时，由于串励绕组的电流减小，磁极磁通 ϕ 减小，故电动机以低速运转。当刮水器开关在Ⅱ位置(高速)时，电流由蓄电池正极→点火开关→熔断器→接线柱①→接触片→接线柱②→串励绕组→电枢→搭铁→蓄电池负极，形成回路。此时，由于并励绕组回路被隔断，电流全部流经电枢，故电动机以高速运转。

(2) 改变电刷间的导体数目实现变速　永磁式刮水电动机是利用三个电刷来改变正、负电刷之间串联线圈的个数实现变速。永磁式电动刮水器调速原理如图 7-3 所示。B_1为低速电刷，B_2为高速电刷，B_3为公共电刷。B_1和 B_2安装相差60°。刮水电动机工作时，在电枢内同时产生反电动势，其方向与电枢电流的方向相反。若使电枢旋转，外加电压必须克服反电动势的作用。当电动机转速升高时，反电动势增高，只有当外加电压等于反电动势时(忽略电枢压降)，电枢的转速才能稳定。

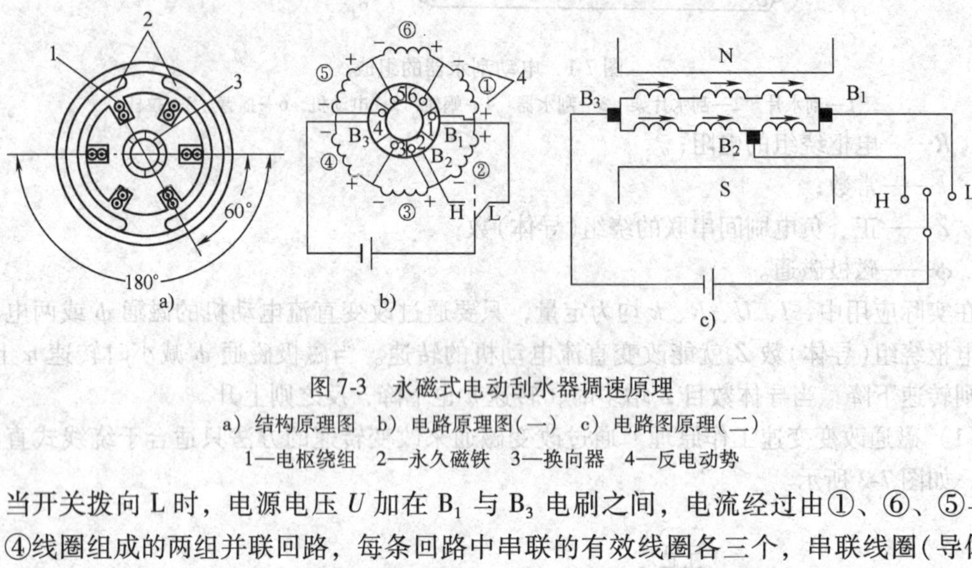

图 7-3　永磁式电动刮水器调速原理

a) 结构原理图　b) 电路原理图(一)　c) 电路图原理(二)

1—电枢绕组　2—永久磁铁　3—换向器　4—反电动势

当开关拨向 L 时，电源电压 U 加在 B_1 与 B_3 电刷之间，电流经过由①、⑥、⑤与②、③、④线圈组成的两组并联回路，每条回路中串联的有效线圈各三个，串联线圈(导体)数相对较多，故反电动势较大，电动机以较低转速运转。

当开关拨向 H 时，电源电压 U 加在 B_2 和 B_3 电刷之间，电流经过由②、①、⑥、⑤与③、④组成的两条并联回路，由于线圈②和线圈①的绕线方向相反，而流经其中的电流方向相同，故线圈②产生方向的反电动势与①的反电动势互相抵消，只有两个线圈的反电动势与电源电压平衡，故反电动势较小，电动机以较高转速运转。可见，并联回路中串联线圈(导体)数目减少，能使电动机转速升高。

2. 刮水器自动复位装置

当要使刮水器停下来时，为了避免刮臂停在风窗玻璃中间，影响驾驶人视线，汽车上电动刮水器都设有自动复位装置。其功能是在切断刮水器开关时，刮臂能自动停在风窗玻璃的最下端。电路如图 7-4 所示。

刮水器开关是一个四档开关，四个接线柱中的Ⅰ接线柱接复位装置，Ⅱ接线柱接电动机的低速电刷，Ⅲ接线柱搭铁，Ⅳ接线柱接电动机高速电刷。R 档为复位档，L 档为低速档，

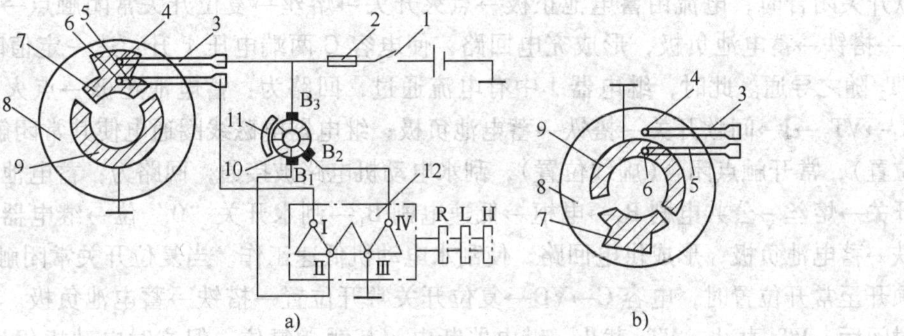

图 7-4　铜环式刮水器的控制电路和自动复位装置

a）电枢短路制动　b）电动机继续运转

1—电源开关　2—熔断器　3、5—触点臂　4、6—触点　7、9—铜环

8—减速蜗轮　10—电枢　11—永久磁铁　12—刮水器开关

H 档为高速档。复位装置是在减速蜗轮 8（由塑料或尼龙材料制成）上，嵌有铜环 7 和 9。此铜环分为两部分，其中铜环 9 与电动机外壳相连（为搭铁）。触点臂 3 和 5 用磷铜片或其他弹性材料制成，其一端分别铆有触点 4 和 6。由于触点臂具有一定的弹性，因此在蜗轮转动时，触点 4 和 6 与减速蜗轮 8 的端面和铜环 7 和 9 保持接触。

接通电源开关，将刮水器开关拉出到 L 位时，电流从蓄电池正极→电源开关→熔丝→电刷 B_3→电枢绕组→电刷 B_1→接线柱Ⅱ→接触片→接线柱Ⅲ→搭铁→蓄电池负极，构成回路，电动机以低速运转。

将刮水器开关拉出到 H 位时，电流从蓄电池正极→电源开关→熔断器→电刷 B_3→电枢绕组→电刷 B_2→接线柱Ⅳ→接触片→接线柱Ⅲ搭铁→蓄电池负极，构成回路，电动机以高速运转。

当把刮水器开关退回到 R 位时，如果刮水片没有停止到规定位置，由于触点臂 5 与铜环 9 相接触，如图 7-4b 所示，则电流继续流入电枢，其电路为蓄电池正极→电源开关→熔断器→电刷 B_3→电枢绕组→电刷 B_1→接线柱Ⅱ→接触片→接线柱Ⅰ触点臂 5→铜环 9→搭铁→蓄电池负极。因此，电动机仍以低速运转直至蜗轮旋转到图 7-4a 所示的特定位置，电路中断。由于电枢的运动惯性，电动机不能立即停止转动，此时电动机以发电动机方式运行。由于此时电枢绕组通过触点臂 3 和 5 与铜环 7 接通而短路，电枢绕组将产生能耗制动转矩，电动机迅速停止运转，使刮水片复位到风窗玻璃的下部。

3. 刮水器电子间歇控制

电动刮水器的电子间歇控制电路按控制方式分为可调式和不可调式。下面以同步振荡电路控制的间歇刮水器为例介绍其工作过程，电路如图 7-5 所示。

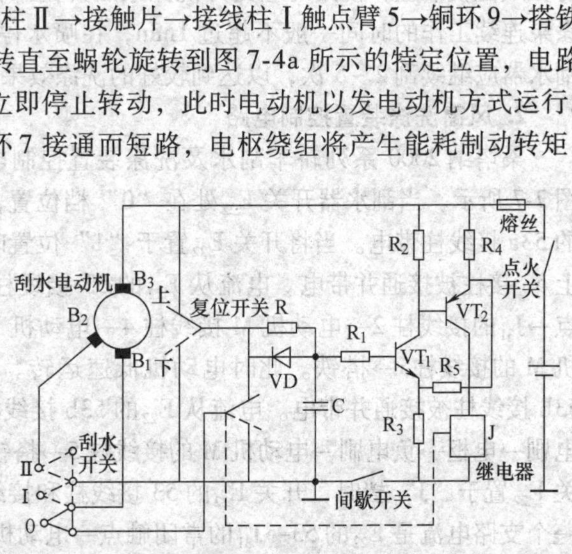

图 7-5　同步间歇刮水器控制电路

电路中电阻 R、电容 C、二极管 VD 组成振荡电路，调整其参数可改变振荡的占空比。当刮水器开关置“0”档，且间

歇开关闭合时，电流由蓄电池正极→点火开关→熔丝→复位开关常闭触点→电阻 R→电容C→搭铁→蓄电池负极，形成充电回路，使电容 C 两端电压上升，达一定值时，VT_1 导通，VT_2 随之导通。此时，继电器 J 中有电流通过，回路为：蓄电池正极→点火开关→熔丝→R_4→VT_2→J→间歇开关→搭铁→蓄电池负极；继电器电磁线圈通电使其常闭触点断开(实线位置)，常开触点闭合(虚线位置)，刮水电动机电路被接通，回路为：蓄电池正极”→点火开关→熔丝→公共电刷 B_3→电枢→低速电刷 B_1→刮水开关“0”位→继电器常开触点→搭铁→蓄电池负极，形成供电回路，使刮水电动机低速工作。当复位开关常闭触点被复位装置顶开至常开位置时，电容 C→VD→复位开关常开位置→搭铁→蓄电池负极。快速放电一段时间后，VT_1 截止，VT_2 截止，继电器断电，其触点复位，但这时电动机仍运转，回路为：蓄电池正极→点火开关→熔丝→公共电刷 B_3→电枢→低速电刷 B_1→刮水开关“0”位→继电器常闭触点→复位开关常开触点→搭铁→蓄电池负极，只有当复位开关常开触点被复位装置顶回至常闭位置时电动机才停止。电容 C 再次充电，如此周而复始。

二、风窗洗涤装置

汽车在小雨或雾天行驶，风窗玻璃上微量水分和灰尘会形成一层发粘的表面，如果只有刮水器工作，不但会使玻璃模糊影响视线，引起刮片的颤动，同时也会对玻璃有损伤。汽车上增加风窗玻璃洗涤装置，是为了更好地消除附在风窗玻璃上的灰尘污物，它与刮水器配合使用，保证驾驶人有良好的视线，同时避免划伤玻璃。

1. 风窗洗涤装置的组成

风窗洗涤装置的组成如图 7-6 所示，主要由储液罐、洗涤泵、软管、三通、喷嘴等组成。

洗涤泵由直流电动机和离心式叶片泵组成，安装在储液罐上或管路中，喷射压力达70～88kPa。喷嘴安装在风窗玻璃前方，其喷射方向可以调整，保证洗涤液喷射在风窗玻璃上，使用时应先开洗涤泵后开刮水器。洗涤泵连续工作的时间一般不超过 1min，在喷水停止后，刮水器应继续刮 2～5 次，以达到较好的洗涤效果。

图 7-6 风窗洗涤装置

2. 风窗洗涤装置控制电路

桑塔纳 2000 系列轿车刮水及洗涤装置控制电路如图 7-7 所示。当刮水器开关 E_{22} 处在“0”档位置，其上的 53a 接线柱带电。当将开关 E_{22} 置于“1”位置时，其上 53 接柱被接通并带电。电流从 E_{22} 的 53 接线柱→插头 A2→J_{31} 的接线柱 6→J_{31} 的常闭触点→J_{31} 的接线柱 2→电动机 M 接线柱 4→电动机 M 的正电刷→电动机(电枢)负电刷→电动机 M 的接线柱5→搭铁。此时电动机低速运转。当开关 E_{22} 置于“2”位置时，开关 E_{22} 的 53b 接线柱被接通并带电。电流从 E_{22} 的 53b 接线柱→A5→D9→电动机 M 的接线柱 2→偏置电刷→电枢→负电刷→电动机 M 的接线柱 5→搭铁，形成回路，此时电动机高速运转。当开关 E_{22} 置于“J”档时，开关 E_{22} 的 53 接线柱和接线柱 J 都被接通并带电。电流分两个支路，一个支路电流是 E_{22} 的 53→J_{31} 的常闭触点→电动机，使电动机低速运转；另一个支路电流从 J 接线柱→插头 A12→J_{31} 的接线柱 1→间歇继电器 J_{31}，J_{31} 得到该电信号后，便会令其线圈间

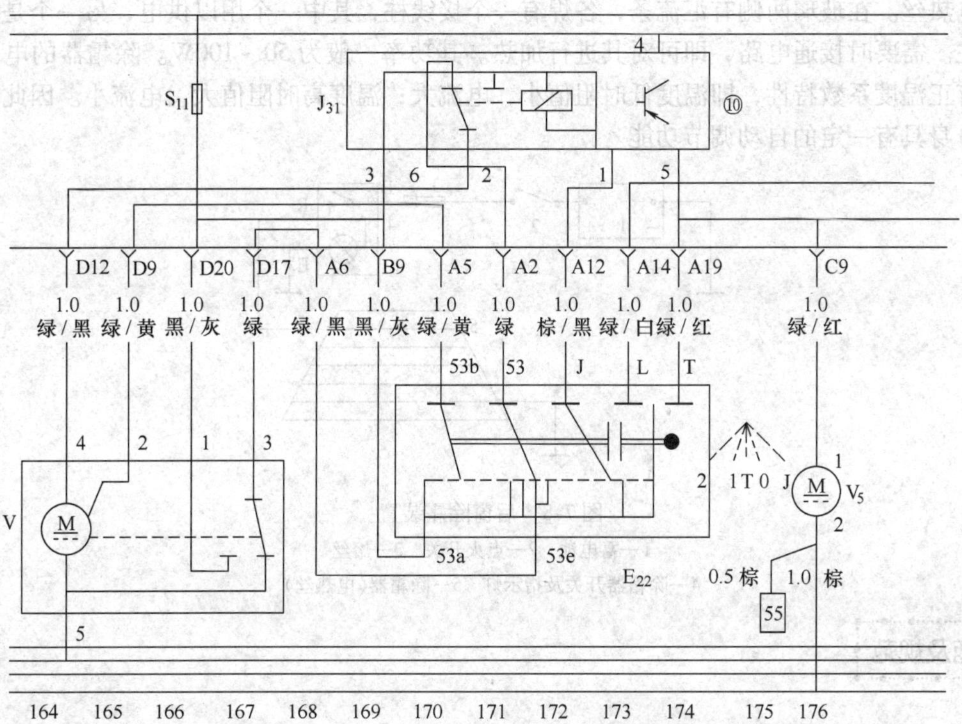

图 7-7　桑塔纳 2000 系列轿车刮水及洗涤装置控制电路

S_{11}—刮水洗涤器熔丝　V—前风窗刮水电动机

J_{31}—刮水间歇继电器　E_{22}—刮水洗涤开关　V_5—前风窗洗涤泵

歇带电，这样其常闭触点就间歇闭合，此时电动机 M 做间歇运动。当将开关 E_{22} 置于“T”档位置时(向上抬一下,然后会自动复位)，开关 E_{22} 的 53 接线柱和接线柱 T 都被接通并带电，电流分两支路。一支路电流是从 53 接线柱出来，经 J_{31} 的常闭触点→电动机，使电动机低速运转；另一支路电流从 T→插头 A10 后分成两路：一路经插头 C9、前风窗洗涤泵电动机到搭铁线形成回路，使喷水电动机工作；另一路由 J_{31} 的接线柱 5 进入间歇继电器 J_{31}。J_{31} 得到该电流信号后，便会令其线圈带电 5 ~ 12s，使刮水器摆动 3 ~ 5 次后停止。无论电动机处在哪个档位工作，当开关复位至“0”档时，如果电动机 M 中的常闭触点闭合，则电动机会迅速停止转动，此时刮水器恰好处在风窗玻璃的底部，如果电动机 M 中的常闭触点未闭合(断开)，而常开触点闭合，则电路的电流路径是：熔丝 F_{11}→D20→电动机 M 的接线柱1→电动机 M 的常开触点(已闭合)→电动机 M 接线柱 3→D17→A6→E_{22}的 53e 接线柱→E_{22}的 53 接线柱→A2→J_{31}的接线柱 6→J_{31}的接线柱 2→D12→电动机 M 的接线柱 4→电动机→电动机 M 接线柱 5→搭铁线，电动机继续转动，直到电动机 M 中的常闭触点闭合，才迅速停止转动，使刮水器停在风窗玻璃的底部。

3. 后窗除霜装置

在较冷的季节，车窗玻璃上会凝结上一层霜、雾、雪或冰，从而影响驾驶人的视线。为了避免水蒸气凝结，设置了除霜(雾)装置，需要时可以对风窗玻璃加热。

在有空调及暖风装置的汽车上，前面及侧面的玻璃可以用暖风加热除霜，后面的玻璃一般采用电热除霜，其电路如图 7-8 所示。在后窗玻璃内表面均匀地镀有很多很窄的导电膜，形成电热丝。在玻璃两侧有汇流条，各焊有一个接线柱，其中一个用以供电，另一个是搭铁接线柱。需要时接通电路，即可对其进行加热。其功率一般为50～100W。除霜器的电阻一般具有正温度系数特性，即温度低时阻值小，电流大；温度高时阻值大，电流小。因此，除霜器自身具有一定的自动调节功能。

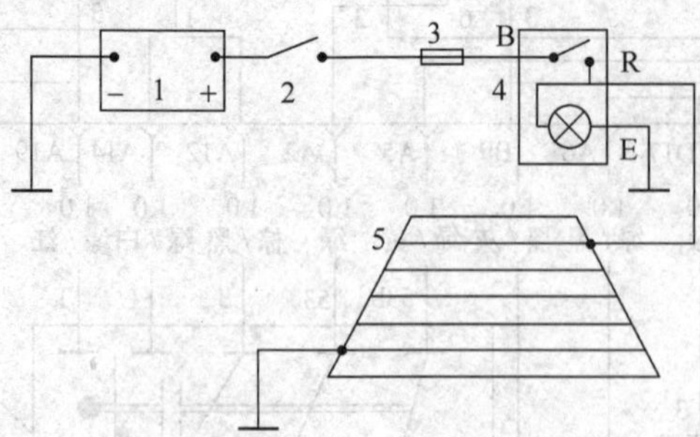

图7-8　后窗除霜装置

1—蓄电池　2—点火开关　3—熔丝

4—除霜器开关及指示灯　5—除霜器(电热丝)

实施及规范

一、刮水器故障的诊断与检测

1. 刮水器各档都不工作

(1) 故障现象　接通点火开关后，刮水器开关无论置于哪一档位，刮水器均不工作。

(2) 主要原因　熔断器烧断；刮水电动机或刮水器开关有故障；机械传动部分故障；线路断路或插接件松脱。

(3) 诊断与排除　首先检查熔断器是否熔断，插接件是否松脱，线路有无断路；然后检查开关是否正常；最后检查电动机及机械传动部分。

2. 个别档位不工作

(1) 故障现象　接通点火开关后，刮水器个别档位(低速、高速或间歇档)不工作，其余正常。

(2) 主要原因　刮水电动机或开关有故障；间歇继电器有故障；线路断路或插接件松脱。

(3) 诊断与排除　如果是高速或低速档不工作，可先检查该档位对应的线路是否正常；开关是否正常；最后检查电动机电刷。如果是间歇档不工作，应检查刮水器开关的间歇档、所在线路及间歇继电器是否正常。

3. 刮水器不能停在正确位置

(1) 故障现象　开关断开或间歇工作时，刮水器不能停在车窗底部。

(2) 主要原因　自动停位装置损坏；刮水器开关损坏；刮水臂调整不当；线路连接错误。

(3) 诊断与排除　首先检查刮水臂的安装是否正确；开关线路连接是否正确；最后检查自动停位机构的触片和滑片接触是否良好。

二、风窗洗涤系统故障的诊断与检修

（1）故障现象 所有喷嘴都不工作和个别喷嘴不工作。

（2）故障原因 洗涤电动机或开关损坏；线路断路或插接件松脱；洗涤液液面过低或连接管脱落；喷嘴堵塞。

（3）诊断与排除 如果所有喷嘴都不工作，先检查洗涤液液面和连接管是否正常；然后检查洗涤电动机电路及插接件是否有断路及松脱处；再检查开关和电动机是否正常。如是个别喷嘴不工作，则是喷嘴堵塞或输液支管出现问题。

三、后窗除霜装置故障的诊断与检修

（1）故障现象 除霜器不除霜；除霜器有时工作有时不工作。

（2）故障原因 熔断器或控制线路断路；加热丝或开关损坏；控制线路不良。

（3）诊断与排除

1）首先检查熔丝是否熔断，如果熔断则更换相同规格的熔丝；如未熔断，进行下一步。

2）检查除霜器开关。将除霜器开关周围装饰板拆下，打开点火开关，用一小段跨接线将开关的“B”和“R”端子短接(如图7-8所示)，观察除霜器工作情况。如除霜器工作正常，则开关损坏，应修理或更换；如除霜器仍不工作，进行下一步。

3）检查所在线路及插接件是否断路或松脱。将后窗除霜器(电热丝)两侧的两个插头拔下，打开点火开关，用万用表测两个插头间的电压应为12V左右。如无电压，应进一步检查搭铁线及电源线是否有断路或接触不良(用万用表测电阻即可)；如有12V左右电压，进行下一步。

4）检查除霜器加热丝。一个人在后窗外用手电筒逐行缓慢照射加热丝，另一个人在车内仔细观察加热丝。如发现加热丝的某处发出辉光，则该处为断路处，应用专用加热丝修理工具修理。

课后思考与训练

一、填空题

1. 电动刮水器的变速原理有通过改变直流电动机的________或两电刷之间的________改变直流电动机的转速。

2. 如果刮水系统只是在间隙档位工作不正常，首先应检查________是否良好。

二、判断题

1. 刮水器电动机的换向器上安装的3个电刷均为高速电刷。(　　)

2. 电动刮水器中的蜗轮蜗杆起着减速作用。(　　)

3. 电动洗涤器主要作用是提高刮水器刮片的刮刷性能。(　　)

4. 接触电阻大可以引起刮水器动作缓慢。(　　)

三、问答题

1. 简述电动洗涤装置的检修步骤？

2. 简述刮水器电子间歇控制？

任务二　电动车窗检修

学习目标

1. 掌握电动车窗的作用、组成和工作原理。
2. 能够对电动车窗的常见故障进行检修。
3. 学会读识和分析电动车窗的电路。

情境描述

一辆轿车电动车窗出现不工作故障，要求解决此故障。售后服务经理要求你对该车的电动车窗进行检修，并对每一个步骤做出过程计划和信息采集，并诊断故障原因，完成检修工作。

相关知识

一、电动车窗的组成

1. 作用

电动车窗可以使驾驶人更加集中精力驾车，方便驾驶人及乘客的操作。驾驶人操作时，可以使四个车窗中的任意一个上升或下降，乘员只能使所在的车窗上升或下降。

2. 组成

电动车窗主要由车窗升降器、电动机、继电器、开关等组成。车窗升降器主要有钢丝滚筒式升降器、齿扇式升降器及齿条式升降器等。

电动车窗系统由车窗、车窗玻璃升降器、电动机、继电器、开关等装置组成。

电动车窗玻璃升降器常见的有钢丝滚筒式和交叉传动臂式两种，如图 7-9 和图 7-10 所示。

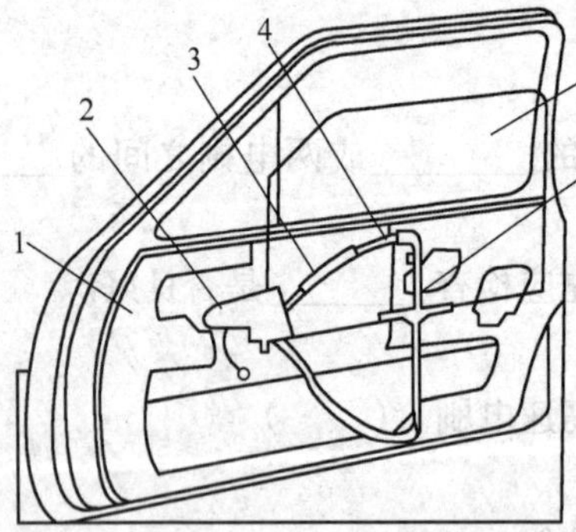

图 7-9　钢丝滚筒式电动车窗玻璃升降器

1—盖板　2—电动机及减速器
3—导向套　4—钢丝绳　5—玻璃

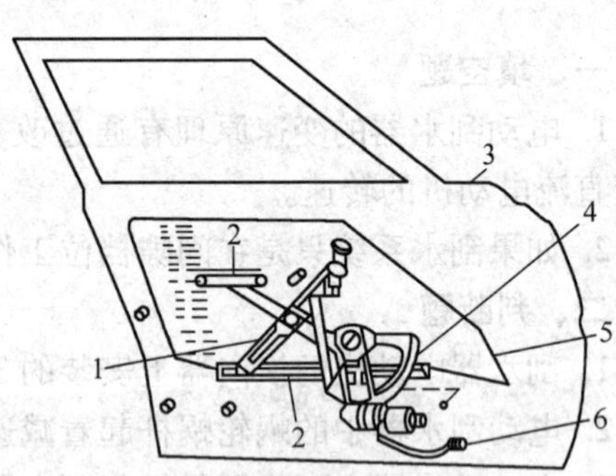

图 7-10　交叉传动臂式电动车窗玻璃升降器

1—调整杆　2—支架与导轨　3—车门
4—驱动齿扇　5—车窗玻璃　6—电动机及插座

电动车窗使用的电动机是双向的，有永磁型和双绕组串励型两种。每个车窗都装有一个电动机，通过开关控制它的旋转方向，使车窗玻璃上升或下降。

一般电动车窗系统都装有两套控制开关。一套装在仪表板或驾驶人侧车门扶手上，为主开关，它由驾驶人控制每个车窗的升降。另一套分别装在每一个乘客门上，为分开关，可由乘客进行操纵。一般在主开关上还装有断路开关，如果它断开，分开关就不起作用。

为了防止电路过载，电路或电动机内装有一个或多个热敏断路开关，用以控制电流，当车窗完全关闭或由于结冰等原因使车窗玻璃不能自如运动时，即使操纵开关没有断开，热敏开关也会自动断路。有的车上还专门装有一个延迟开关，在点火开关断开后约10min内，或在车门打开以前，仍有电源供电，使驾驶人和乘客能有时间关闭车窗。

二、电动车窗的工作原理

1. 永磁型直流电动机电动车窗

永磁型直流电动机电动车窗通过改变电动机电枢的电流方向来改变电动机的旋转方向，使车窗玻璃上升或下降。图7-11所示为丰田凌志LS400轿车电动车窗控制电路，它由电源（蓄电池）、易熔线、电动车窗主继电器、开关（主开关、窗锁开关、点火开关）、电动车窗电动机和指示灯等组成。

（1）前座乘客侧车窗升降

1）驾驶人操纵　当驾驶人按下主开关上相应的前座乘客侧车窗上升开关时，其电流路径为蓄电池正极→易熔线→断路器→电动车窗主继电器→主开关→前座乘客侧车窗开关左触点→电动车窗电动机→断路器→前座乘客侧车窗开关的右触点→车窗锁开关→搭铁→蓄电池的负极，构成闭合回路。使该电路中的电动车窗电动机通电工作，使车窗上升。当需要车窗下降时，驾驶人按下主开关上的下降开关时，因电动车窗电动机是永磁双向电动机，其电动机的电流反相，电动车窗电动机通电而反转，使车窗下降。

2）乘客操纵　乘客接通前座乘客侧门窗上升开关时，其电流路径为蓄电池正极→易熔线→断路器→前座乘客侧开关左触点→电动车窗电动机→断路器→前座乘客侧开关的右触点→车窗锁开关→搭铁→蓄电池的负极，构成了闭合电路。该电路中的电动机因通电而工作，使车窗上升。当需要车窗下降时，乘客按下前座乘客侧开关上的下降开关，电动车窗电动机的电流反相，电动车窗电动机通电而反转，使车窗下降。

（2）驾驶人侧的车窗升降　若主开关上的车窗锁开关断开，则只有驾驶人侧车窗具备工作条件。另外，驾驶人侧的车窗开关由点触式电动门电路控制。车窗在下降过程中，如果要使其停止在某一位置，只要再点触一下开关即可。当驾驶人侧的车窗需要下降时，可按下主开关上的下降按钮，其工作电路电流路径为蓄电池的正极→断路器→电动车窗电动机→驾驶人侧开关的另一触点→车窗锁开关→蓄电池的负极，构成闭合电路。与此同时，点触式开关的电路也同时接通，下降指示灯点亮，继电器线圈因通电而产生吸力，保持点触式开关处于下降工作状态直至车窗下降到极限位置。在下降过程中，如果要使车窗停在某一位置，驾驶人可再点触一下点触式开关，则继电器线圈断路，车窗下降停止。

2. 双绕组串励式直流电动机电动车窗

双绕组串励式直流电动机有两个绕向相反的磁场绕组，一个称为“上升”绕组，一个称为“下降”绕组，在给不同绕组通电时，会产生相反方向的磁场，电动机的旋转方向也

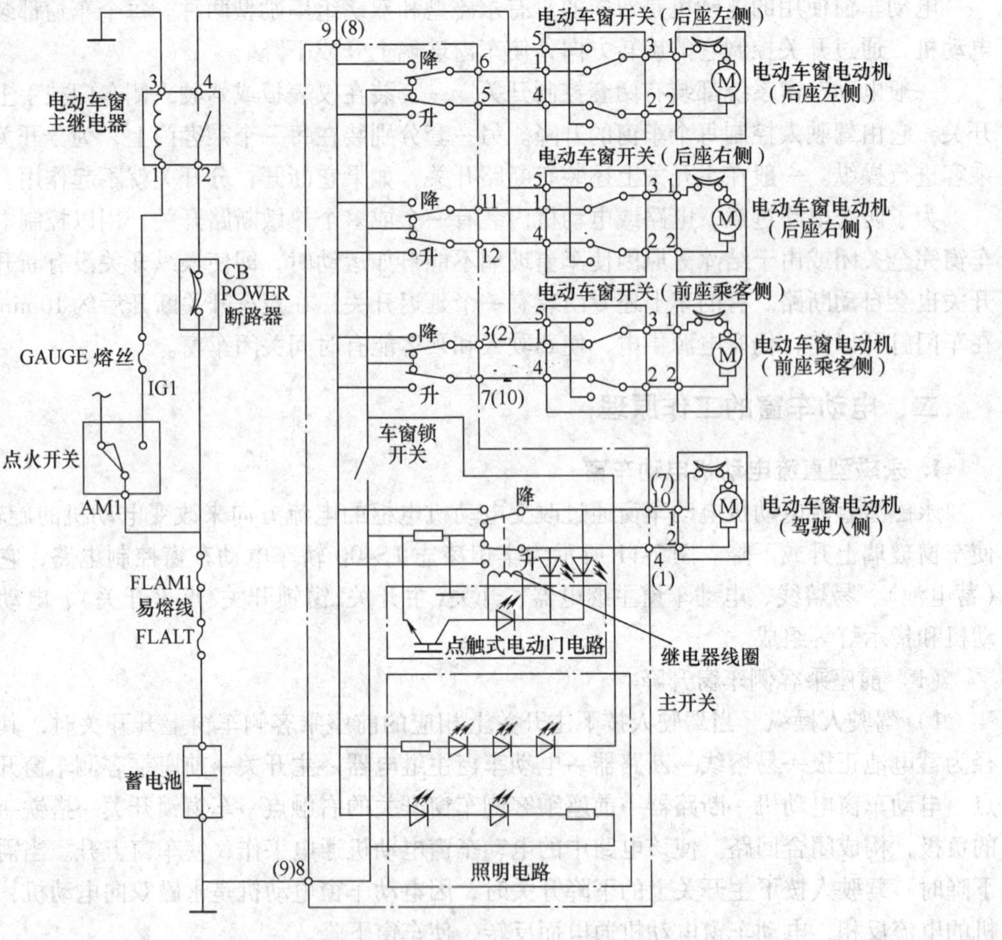

图 7-11　丰田凌志 LS400 轿车电动车窗控制电路

就不同，从而实现车窗玻璃的上升或下降。双绕组串励式直流电动机电动车窗控制电路如图 7-12 所示。

3. 桑塔纳电动车窗控制电路

桑塔纳电动车窗控制电路如图 7-13 所示。按键 E39、E40、E41、E52、E53 安装在中央面板上的开关盘上，供驾驶人控制。E39 可以使后车窗 E52 和 E53 不起作用。E40、E41、E52 和 E53 分别为左前、右前、左后和右后的车窗升降开关。E52 和 E53 是装在左后和右后车窗上的独立升降开关。V14、V15、V26、V27 分别为左前、右前、左后和右后车窗电动机。电动机为永磁直流电动机，正常电流为 4 ~ 15A，电动机内带有过载断路保护器，以免电动机过载烧坏。J52 是延时继电器，保证在点火开关断开后，使车窗电路延时约 50s 后再断开。J51 是自动继电器，用于控制左前车窗电动机实现点动控制，其工作原理如下：接通点火开关后，延时继电器 J52 与 C 路电源相通，其常开触点闭合，按键开关内的 P－通过该触点搭铁，而 P＋通过熔断器 S37 与 A 路电源相通，此时，按动按键开关便可使车窗电动机转动。

（1）发动机熄火后的延时控制　关闭点火开关后，C 路电源断电，延时继电器 J52 由 A 路电源供电，延时 50s 后，继电器触点断开，按键开关的搭铁线被切断，所有按键开关失去

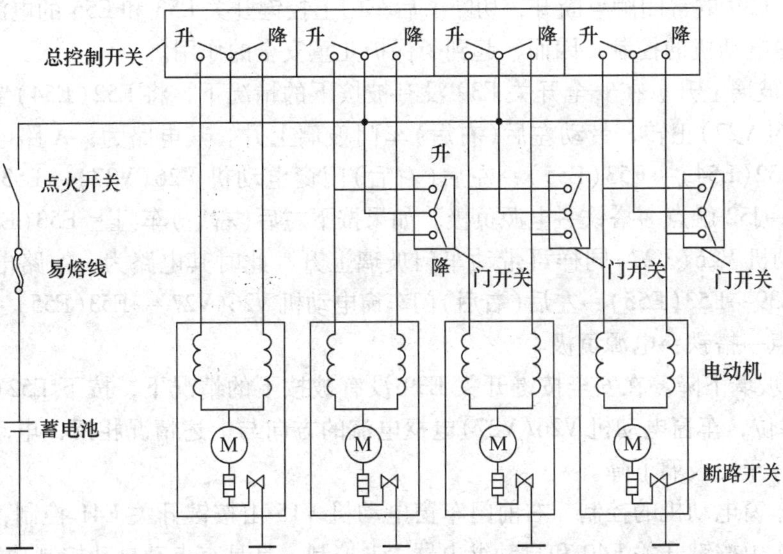

图 7-12　双绕组串励式直流电动机电动车窗控制电路

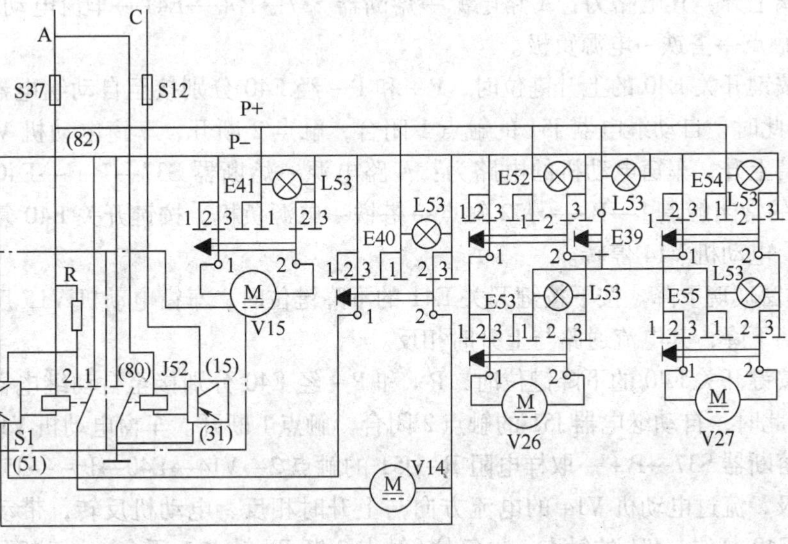

图 7-13　桑塔纳电动车窗控制电路

E39—安全开关　E40—中央面板上左前车窗开关　E41—中央面板上右前车窗开关
E52—中央面板上左后车窗开关　E54—中央面板上右后车窗开关
E53—左后车门上的左后车窗控制开关　E55—右后车门上的右后车窗控制开关
V14—左前车窗电动机　V15—右前车窗电动机　V26—左后车窗电动机　V27—右后车窗电动机
J51—自动继电器　J52—延时继电器　S37，S12—熔丝　L53—指示灯　R—取样电阻

控制作用。

（2）后车窗电动机的控制　左后门和右后门的车窗电动机各由两个按键开关 E52、E53 和 E54、E55 控制，E52 和 E54 安装在中央通道面板上，供驾驶人控制，E53 和 E55 分别安装在两后门上，供后座乘员控制。同一后门的两个开关采用级联方式连接，当两个开关被同时按下时没有控制作用。只有当某一开关被按下时，才有控制作用。在安全开关 E39 被按

下的情况下，E39 的常闭触点断开，切断了后车门上控键开关 E53 和 E55 的电源，使其失去了对各自车窗电动机的控制。因而，起到了保护儿童安全的作用。

1）车窗玻璃上升。在安全开关 E39 没有被按下的情况下，将 E52(E54)置上升位，车窗电动机 V26(V27)正转，带动左后(右后)车门玻璃上升。其电路为：A 路电源→熔断器 S37→P+→E52(E54)→E53(E55)→左后(右后)门窗电动机 V26(V27)→E53(E55)→E52(E54)→P-→J52 触点→搭铁→电源负极。如果按下左后(右后)车门上 E53(E55)的上升键位，车窗电动机 V26(V27)同样可带动车门玻璃上升，此时其电路为：A 路电源→熔断器 S37→P+→E39→E53(E55)→左后(右后)门车窗电动机 V26(V27)→E53(E55)→E52(E54)→P-→J52 触点→搭铁→电源负极。

2）车窗玻璃下降。在安全按键开关 E39 没有被按下的情况下，按下 E52(E54)或 E53(E55)的下降位，车窗电动机 V26(V27)电枢电流的方向与上述情况相反，电动机反转，带动左后(右后)车门玻璃下降。

（3）前车窗电动机的控制　右前门车窗电动机 V15 由按键开关 E41 控制，而左前门车窗电动机 V14 由按键开关 E40 和自动继电器 J51 控制，且具有点动自动控制功能。

1）车窗玻璃上升。按下按键开关 E51 的上升键位时，车窗电动机 V15 正转，带动右前门车窗玻璃上升，其电路为：A 路电源→熔断器 S37→P+→E41→车窗电动机 V15→E41→P-→J52 触点→搭铁→电源负极。

按下按键开关 E40 的上升键位时，P+和 P-经 E40 分别接至自动继电器 J51 的输入端 S2 和 S1，此时，自动继电器 J51 的触点 1 闭合，触点 2 断开，车窗电动机 V14 正转，带动左前门玻璃上升，车窗电动机的电路为：A 路电源→熔断器 S37→P+→E40→车窗电动机 V14→J51 的常闭触点 1→P-→J52 触点→搭铁→电源负极。按键开关 E40 复位时，上述电路被切断，电动机 V14 停转。

2）车窗玻璃下降。按下按键开关 E41 的下降键位时，车窗电动机 V15 反转，带动右前门车窗玻璃下降，其电流通路与上升时相反。

按下按键开关 E40 的下降键位时，P+和 P-经 E40 分别接至自动继电器 J51 的输入端 S1 和 S2，此时，自动继电器 J51 的触点 2 闭合，触点 1 断开。车窗电动机 V14 的电路为：A 路电源→熔断器 S37→P+→取样电阻 R→J51 的触点 2→V14→E40→P-→J52 触点 1→搭铁→电源负极，流过电动机 V14 的电流方向与上升时相反，电动机反转，带动玻璃下降。将手抬起时 E40 复位，J51 的触点 1 也复位(触点 2 断开，触点 1 闭合)，切断了上述电路，电动机停转。

3）点动自动控制。当按下按键开关 E40 下降键位的时间小于等于 300ms 时，自动继电器 J51 判断为点动自动下降操作，于是继电器动作，使触点 2 闭合。流过车窗电动机 V14 的电流方向与正常下降操作时相同，电动机反转，车窗玻璃下降。如果在下降期间 E40 的上升键位不被按下，继电器 J51 的触点 2 将一直处于闭合状态。直至玻璃下降到底，电动机 V14 空转，此时，电枢电流将增大，当电流增至约 9A 时，取样电阻 R 上的电压使继电器 J51 动作，触点 2 断开，自动切断车窗电动机的通电回路，电动机停转；如果在下降期间，按下 E40 的上升键位，继电器 J51 将判断为下降操作结束，触点 2 断开，车窗电动机 V14 停转。这样，通过对按键开关 E40 进行点动控制就可以使左前车窗玻璃停止在任意位置。

实施及规范

一、电动车窗总开关的检修

从驾驶人侧装饰板上拆下电动车窗主控开关，查找维修手册主控开关插接器的端子图。用万用表的欧姆档检查总开关在车窗处于上升、下降和关闭状态时各个端子的导通情况。若测得结果与手册不相符，说明车窗主开关损坏，要进行更换。

二、电动车窗闭锁开关检查

按车窗控制开关中的LOCK和UNLOCK开关，当开关位于LOCK位置时，端子之间断路；当开关位于UNLOCK位置时，端子之间导通。

三、电动车窗继电器的检修

1. 静态检查

用万用表测量继电器电磁线圈两端的端子之间是否导通，若不导通说明线圈烧坏。测量开关触点两端的端子之间是否不导通，若导通说明开关触点烧结或常闭，应进行更换。

2. 工作状况检查

用蓄电池的正负极分别接电磁线圈两端的端子，然后用万用表测量继电器触点两端的端子之间应导通，否则应予以更换。

四、电动车窗分开关及车窗电动机的检查

1. 电动车窗分开关工作情况检查

用万用表的欧姆档检查分开关在车窗处于上升、下降和关闭状态时各个端子的导通情况。

2. 车窗电动机的检测

车窗电动机检查的基本思路：把蓄电池的正、负极分别接在车窗电动机的两个端子上并互换一次，电动机能够正转、反转，且转速平稳。否则说明电动机有故障，应进行更换。

五、电动车窗的故障诊断

1. 玻璃升降器不工作

（1）主要原因　熔断器断路；连接导线断路或相关插接件松脱；有关继电器、开关损坏；电动机损坏；搭铁线锈蚀、松动。

（2）诊断与排除　首先检查熔断器是否断路，然后检查各插接件连接是否紧固可靠；检查电源线是否有电，电压是否正常；检查搭铁线搭铁是否良好可靠；最后检查开关、继电器及电动机是否损坏，如确属零部件损坏则应更换新件。

2. 某车窗不能升降或只能一个方向运动

（1）主要原因　该车窗开关或电动机损坏；该处导线断路或插接件松脱；安全开关故障。

（2）诊断与排除　首先检查安全开关是否正常；该窗的开关是否正常；再通电检查该窗电动机是否正常，如有故障应检修或更换新件；若正常，应检修连接导线是否有断路处。如车窗只能朝一个方向运动，一般是开关故障或相关导线断路，可先检查线路，再检查开关。

3. 升降器工作时有异响

（1）主要原因　安装时未调整好；卷丝筒内钢丝跳槽；滑动支架内传动钢丝夹转动；电动机盖板或固定架与玻璃碰擦等机械故障。

（2）诊断与排除　这类机械故障一般是安装位置或精度偏差所致，只需对所在位置的螺钉进行重新调整或紧固、矫正即可。

课后思考与训练

一、填空题

1. 电动车窗主要由________、________、________、________等组成。
2. 电动车窗玻璃升降器常见的有________和________两种。
3. 车窗升降器主要有________升降器、________升降器及________升降器等。

二、判断题

1. 电动车窗一般装有两套开关，分别为总开关的分开关，这两个开关之间是互相独立的。（　　）
2. 电动车窗装有防止电路过载装置。（　　）

三、问答题

1. 电动车窗主要由哪些部件组成？其中升降机构有哪几种？
2. 何谓电动车窗手动升降？何谓自动升降？
3. 结合电动车窗分析双向电动机的检查思路。

任务三　电动座椅的检修

学习目标

1. 掌握电动座椅的作用、组成和工作原理
2. 能够对电动座椅的常见故障进行检修
3. 学会读识和分析电动座椅的电路

情境描述

一辆轿车电动座椅出现不工作故障，车主要求解决此故障。售后服务经理要求你对该车的电动座椅进行检修，并对每一个步骤做出过程计划和信息采集，并确诊断故障原因，完成检修工作。

相关知识

一、电动座椅的构造

汽车座椅的主要功能是为驾驶人及乘员提供便于操作、舒适又安全、不易疲劳的驾乘位置。电动座椅是指以电动机为动力，通过传动装置和执行机构来调节座椅的各种位置，使驾驶人或乘员乘坐舒适的座椅。

座椅调节的目的就是使驾驶人和乘员乘坐舒适。通过调节还可以改变坐姿，减少乘员长时间乘车的疲劳。座椅的调节正向多功能化发展，使座椅的安全性、舒适性、操作性日益提高。其种类很多，还可以有不同的组合方式。如具有八种调节功能的电动座椅，其动作方式有座椅的前后调节、上下调节、座位前部的上下调节、靠背的倾斜调节、侧背支撑调节、腰椎支撑调节以及靠枕上下、前后调节。这种座椅是靠电子控制的，有的还有记忆功能。它能把驾驶人调定的座椅位置靠电脑储存下来，以作为以后调节的依据。驾驶人需要调节时，只要按一下按钮即可按记忆自动调节到理想的位置。

电动座椅前后方向的调节量一般为100～160mm，座位前部与后部的调节量为30～50mm。全程移动所需时间为8～10s。

电动座椅一般由双向电动机、传动机构和座椅调节器等组成，电动座椅的构造如图7-14所示。

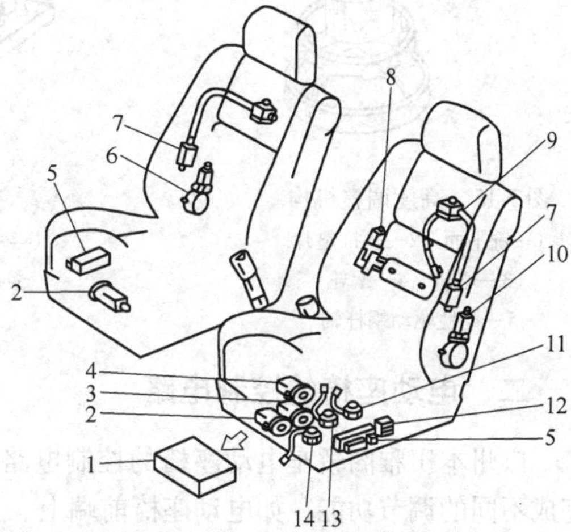

图7-14　电动座椅的构造

1—电动座椅ECU　2—滑动电动机　3—前垂直电动机　4—后垂直电动机　5—电动座椅开关　6—倾斜电动机　7—头枕电动机　8、12—腰垫开关　9—位置传感器(头枕)　10—倾斜电动机和位置传感器　11—位置传感器(后垂直)　13—位置传感器(前垂直)　14—位置传感器(滑动)

1. 电动机

电动机的数量取决于电动座椅的类型，通常两向移动座椅装有两个电动机，四向移动的座椅装有四个电动机，最多可达六个电动机。大多数电动座椅使用永磁式电动机，通过开关来操纵电动机，使电动机按不同方向旋转。为防止电动机过载，大多数永磁式电动机内装有断路器。

2. 传动机构

电动机通过传动机构的旋转运动改变座椅的空间位置。

(1) 高度调整机构　高度调整机构由蜗杆轴、蜗轮、心轴等组成，如图7-15所示。调整时蜗杆轴在电动机的驱动下，带动蜗轮转动，从而保证心轴旋进或旋出，实现座椅的上升与下降。

(2) 纵向调整机构　纵向调整机构由蜗杆、蜗轮、齿条、导轨等组成，如图7-16所示。齿条装在导轨上，调整时，电动机转矩经蜗杆传至两侧的蜗轮4上，经导轨上的齿条，带动座椅前后移动。

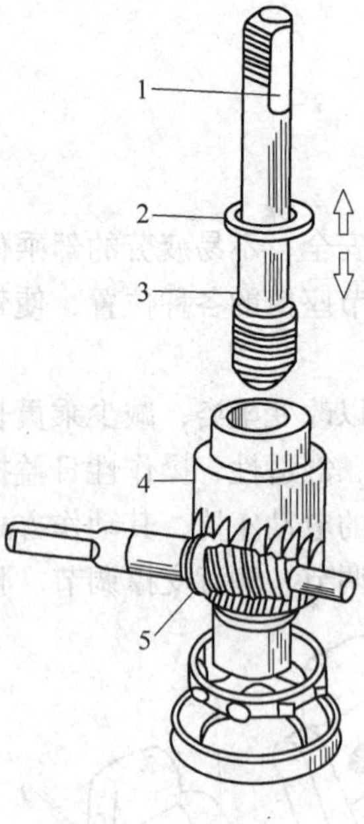

图 7-15　高度调整机构

1—铣平面　2—止推垫片

3—心轴　4—蜗轮

5—挠性驱动蜗杆轴

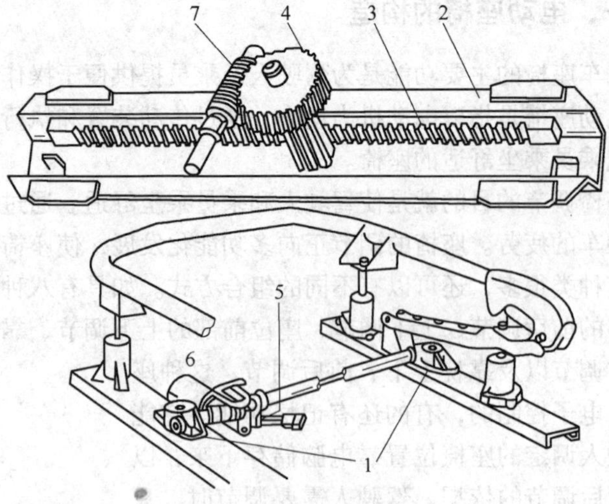

图 7-16　纵向调整机构

1—支承及导向元件　2—导轨　3—齿轮　4—蜗轮

5—反馈信号电位计　6—调整电动机　7—蜗杆

二、电动座椅的控制电路

广州本田雅阁轿车电动座椅的控制电路如图 7-17 所示。通过电动座椅调节开关，即可完成不同的调节功能，如电动座椅前端上、下调节，其电路为：

（1）向上调节　当将电动座椅前端上下调节开关打到“向上”位置时，电路中的电流路径为蓄电池正极→黑线→(发动机盖下熔丝/继电器盒) No. 42(100A)、No. 55(40A)→黄/绿线→(前乘客席侧仪表板下熔丝/继电器盒) No. 2(20A)→红线→电动座椅调节开关端子 B2→电动座椅调节开关端子 A3→红/黄线→前端上下调节电动机端子 1→前端上下调节电动机→前端上下调节电动机端子 2→红线→A4→B5→黑线→搭铁→蓄电池负极。前端上下调节电动机工作，座椅前端向上移动。

（2）向下调节　当将电动座椅前端上下调节开关打到“向下”位置时，电路中的电流路径为蓄电池正极→黑线(发动机盖下熔丝/继电器盒) No. 42(100A)、No. 55(40A)→黄/绿线→(前乘客席侧仪表板下熔丝/继电器盒) No. 2(20A)→红线→电动座椅调节开关端子 B2→电动座椅调节开关端子 A4→红线→前端上下调节电动机端子 2→前端上下调节电动机→前端上下调节电动机端子 1→红/黄线→A3→B5→黑线→搭铁→蓄电池负极。前端上下调节电动机工作，座椅前端向下移动。

三、带存储功能的电动座椅

带存储功能的电动座椅采用了微机控制，它能将选定的座椅调节位置进行存储。带存储功能电动座椅的控制如图 7-18 所示。该系统有一个存储器，存储装置通过 4 个电位计来控

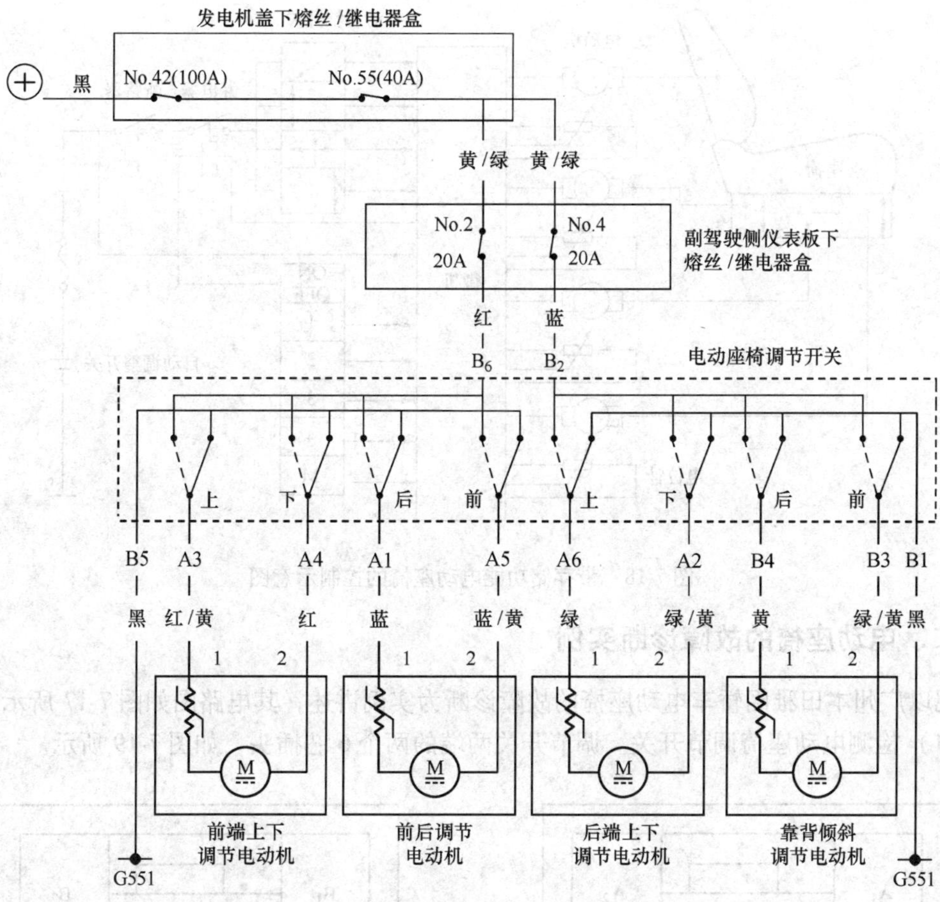

图7-17　广州本田雅阁轿车电动座椅的控制电路

制座椅的调定位置。只要座椅位置调定后，驾驶人按下存储器的按钮，电子控制装置就将这些电压信号存储起来，作为重新调整位置时的基准。使用时，只要一按按钮，就能按存储时的状态来调整座椅位置。

实施及规范

一、电动座椅故障分析

常见故障：座椅完全不能动作或某个方向不能动作。座椅完全不能动作的主要原因有：熔断器熔断、线路断路、座椅开关故障等。某个方向不能动作的主要原因有：该方向对应的电动机损坏、开关损坏、对应的线路断路等。

诊断步骤：如果是座椅完全不能动作，可以首先检查熔断器是否熔断；若熔断器良好，则应检查所在线路及其插接件是否正常，最后检查开关。对于有存储功能的电动座椅系统还应检查其控制单元(ECU)的电源电路及其搭铁线是否正常。如果是某个方向不能动作，可以先检查所在线路是否正常，再检查开关和电动机。

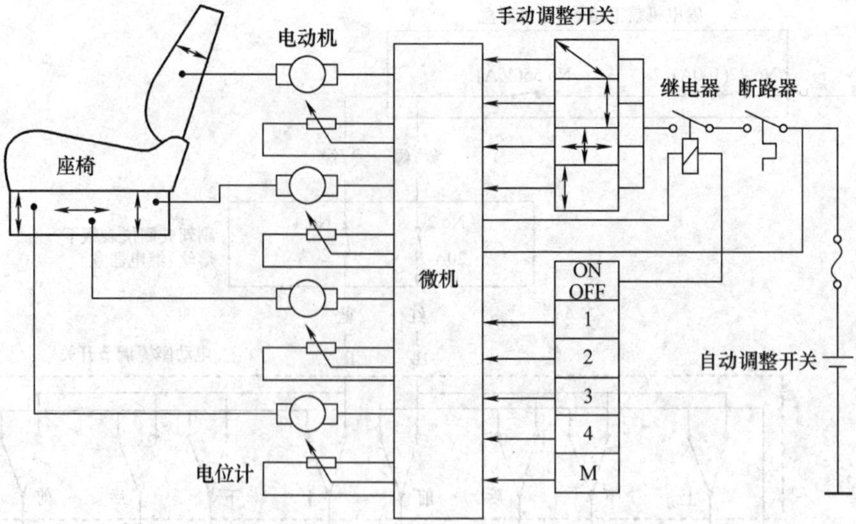

图 7-18　带存储功能电动座椅的控制示意图

二、电动座椅的故障诊断实例

现以广州本田雅阁轿车电动座椅的故障诊断为实例讲述，其电路图如图 7-17 所示。

（1）检测电动座椅调节开关　调节开关两端的两个 6 芯插头，如图 7-19 所示。

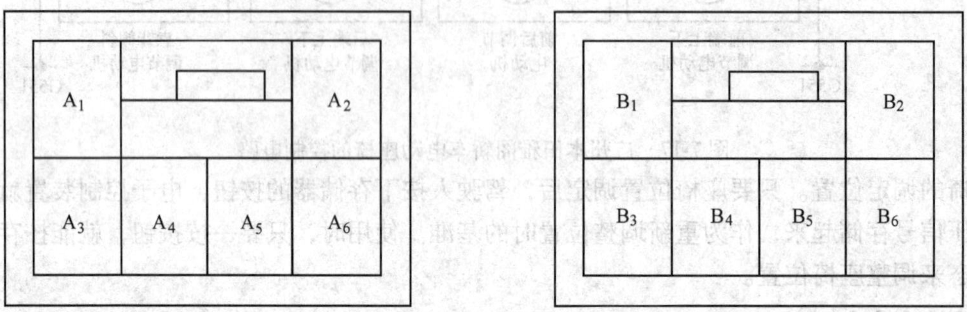

图 7-19　调节开关两端的两个 6 芯插头

（2）检测电动座椅调节电动机　检测调节电动机，其对应表见表 7-1。

表 7-1　检测调节电动机对应表

电动机工作情况		电源	
		（+）	（−）
前端上下调节电动机	向上	A_3	A_4
	向下	A_4	A_3
后端上下调节电动机	向上	A_2	A_6
	向下	A_6	A_2

（续）

电动机工作情况		电源	
		（+）	（-）
前后调节电动机	向前	A_5	A_1
	向后	A_1	A_5
靠背倾斜调节电动机	向前	B_3	B_4
	向后	B_4	B_3

（3）检测线路

1）电压检测法。例如检测前端上下调节电动机线路，可将该电动机上的2芯插头拔下，用万用表的电压档测量1、2端子间的电压。当该电动机的开关未操作时，电压值应为零；当将开关掷于“向上”位置时，1、2端子间的电压应为+12V，即1端子为正，2端子为零；当将开关掷于“向下”位置时，1、2端子间的电压应为-12V，即2端子为正，1端子为零。其他电动机线路的检测方法与此相同。

2）电阻检测法。例如检测前端上下调节电动机线路，可将该电动机上的2芯插头拔下，用万用表测量相关处的电阻值。当该电动机的开关未操作时，1、2端子间的阻值应为零；当将开关置于“向上”位置时，1端子与电源正极间的阻值应为零，2端子与搭铁线（电源负极）间的阻值也应为零，1、2端子间的阻值为无穷大；当将开关置于“向下”位置时，2端子与电源正极间的阻值应为零，1端子与搭铁线（电源负极）间的阻值也应为零，1、2端子间的阻值为无穷大。其他电动机线路的检测方法与此相同。

课后思考与训练

一、填空题

1. 电动座椅一般由________、________和________________等组成。
2. 座椅完全不能动作的主要原因有________、________、________等。

二、判断题

1. 电动座椅电动机的数量一般有4个。（　　）
2. 电动坐椅的电动机通过传动机构的旋转运动改变座椅的空间位置。（　　）

三、问答题

结合电动车窗和电动座椅，分析双向电动机的检查思路。

任务四　电动后视镜的检修

学习目标

1. 掌握电动后视镜的作用、组成和工作原理。
2. 能够对电动后视镜常见故障进行检修。

3. 学会读识和分析电动后视镜电路。

情境描述

一辆轿车电动后视镜出现两侧不能调整故障，要求解决此故障。售后服务经理要求你对该车的电动后视镜进行检修，并对每一个步骤做出过程计划和信息采集，并诊断故障原因，完成检修工作。

相关知识

汽车上的后视镜位置直接关系到驾驶人能否观察到车后的情况，与行车的安全性有着密切联系。而后视镜采用手动调整一般来说比较麻烦。采用电动后视镜，可通过开关进行调整，操作起来十分方便。

电动后视镜的背后装有两套电动机和驱动器，可操纵后视镜上下及左右转动。通常上下方向的转动用一个电动机控制，左右方向的转动由另一个电动机控制。通过改变电动机的电流方向，即可完成后视镜的上下及左右调整。桑塔纳 2000 型轿车后视镜采用电动机控制，两侧的电动后视镜内各利用两个永磁电动机进行不同方位的位置调整。

有的电动后视镜还带有伸缩功能，由伸缩开关控制电动机伸缩工作，使整个后视镜能够回转伸出或缩回。

一、丰田皇冠轿车可伸缩式电动后视镜工作原理

丰田皇冠轿车可伸缩式电动后视镜控制系统的电路如图 7-20 所示。电动后视镜控制开

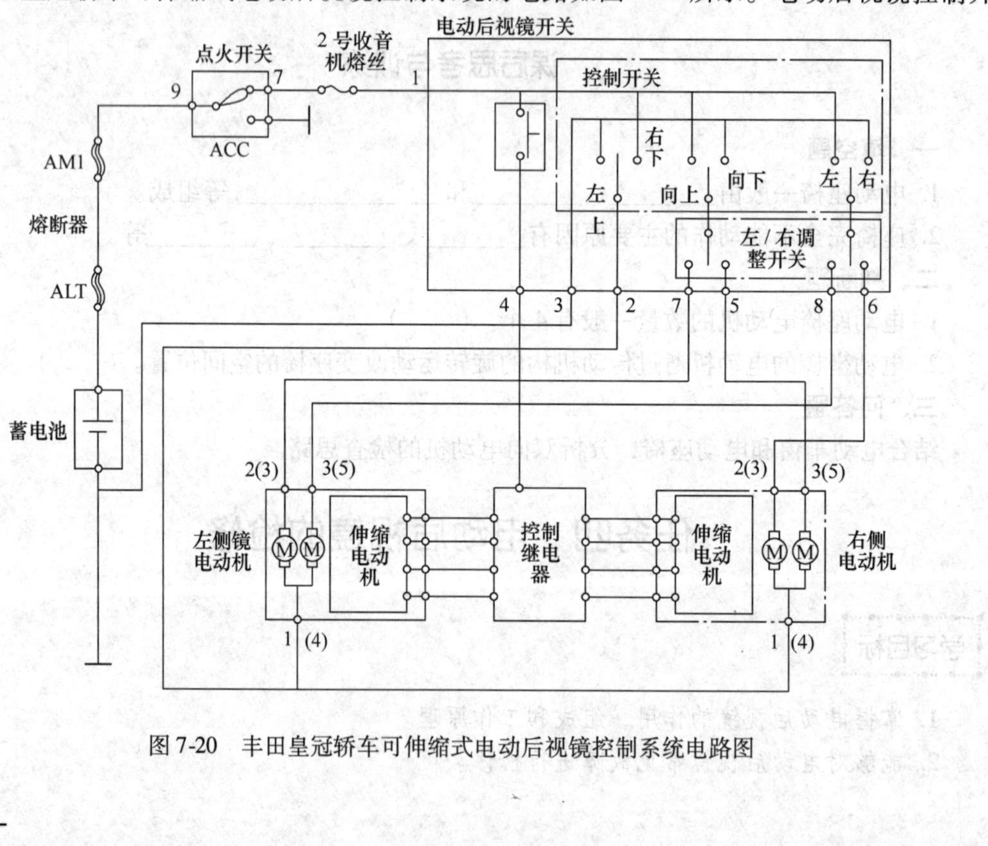

图 7-20　丰田皇冠轿车可伸缩式电动后视镜控制系统电路图

关的工作状态见表 7-2。

表 7-2　电动后视镜控制开关的工作状态

调整状态＼触点	左上	右下	向上	向下	左	右
向左调整	●				●	
向右调整		●				●
向上调整	●		●			
向下调整		●		●		

在进行调整时，首先通过左/右调整开关选择好要调整的后视镜，如调整左镜时，开关打向左侧，此时开关分别与 7、8 接点接通，再通过控制开关即可进行该镜的上下或左右调整。如果进行向上调整，可将控制开关推向上侧，此时控制开关分别与向上接点、左向上接点接合。电路由蓄电池正极→熔断器→点火开关→控制开关向上接点→左/右调整开关→7 接点→左侧镜上下调整电动机→1 接点→电动镜开关 2 接点→控制开关左上接点→电动后视镜开关 3 接点→蓄电池负极，形成回路，左镜上下调整电动机运转，完成调整过程。其他调整过程与上述调整过程类似，通过接通不同的开关即可完成。

电动后视镜的伸缩是通过电动后视镜开关上的伸缩开关控制的，该开关控制继电器动作，使左右两镜伸缩电动机工作，来完成伸缩功能。

二、桑塔纳 2000 型轿车电动后视镜工作原理

桑塔纳 2000 型轿车电动后视镜电路图如图 7-21 所示。点火开关 ON，将后视镜的控制开关调为 L 或 R，上、下、左、右调整后视镜。

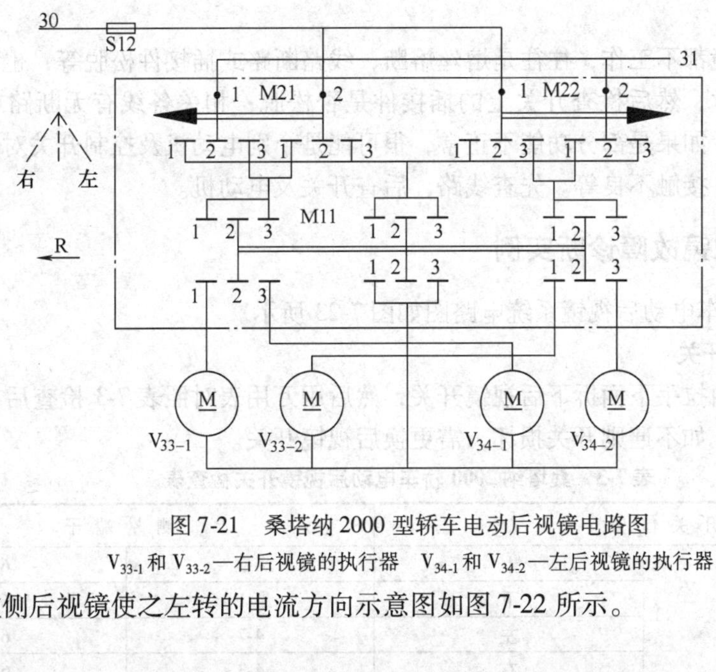

图 7-21　桑塔纳 2000 型轿车电动后视镜电路图

$V_{33\text{-}1}$ 和 $V_{33\text{-}2}$—右后视镜的执行器　$V_{34\text{-}1}$ 和 $V_{34\text{-}2}$—左后视镜的执行器

调整左侧后视镜使之左转的电流方向示意图如图 7-22 所示。

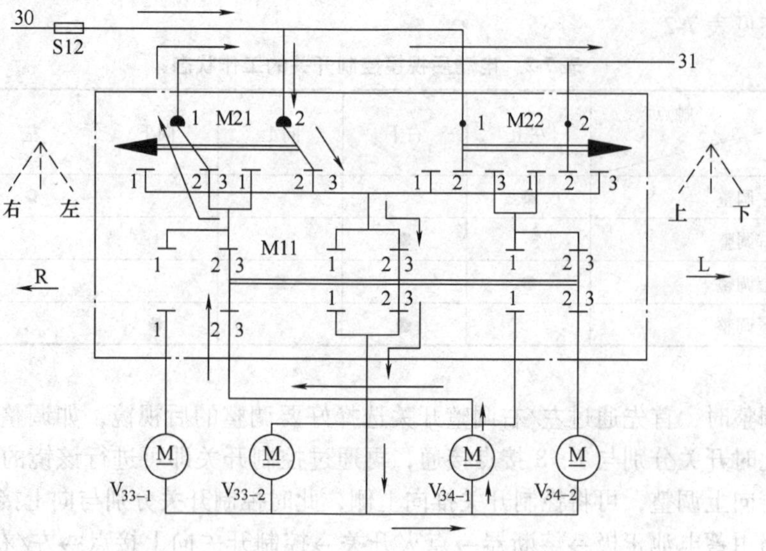

图 7-22　调整左侧后视镜使之左转的电流方向示意图

实施及规范

一、电动后视镜的故障分析

1. 电动后视镜的常见故障

电动后视镜不工作或部分功能不正常。

2. 主要原因

熔丝熔断，线路断路或插接件松脱；开关或电动机有故障等。

3. 诊断与排除

如果两个后视镜都不工作，往往是熔丝熔断，线路断路或插接件松脱等，也可能是开关有故障。可先查熔丝，然后检查开关上的插接件是否松脱；相关各线有无断路或接触不良等；最后检查开关。如果是部分功能不正常，很可能是个别电动机及控制开关对应部分有故障或相应线路断路、接触不良等。先查线路，后查开关及电动机。

二、电动后视镜故障诊断实例

桑塔纳 2000 轿车电动后视镜系统电路图如图 7-23 所示。

1. 检查后视镜开关

从左前车门的内拉手下面拆下后视镜开关，然后用万用表对照表 7-3 检查后视开关位置的相应端子应相通，如不通则开关损坏，需更换后视镜开关。

表 7-3　桑塔纳 2000 轿车电动后视镜开关检查表

开关位置		测量端子	
左	上	4-3	6-1
	下	4-1	6-3
	左	4-7	6-3
	右	4-3	6-7

（续）

开关位置		测量端子	
右	上	4-3	6-2
	下	4-2	6-3
	左	4-5	6-5
	右	4-3	6-1

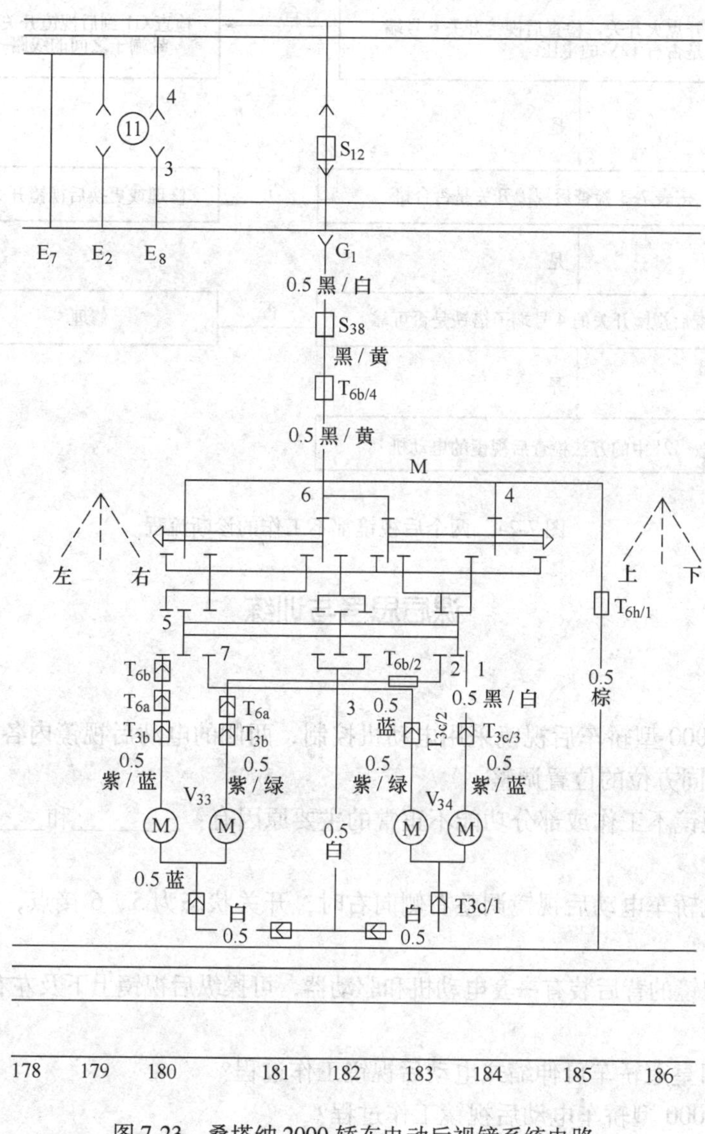

图 7-23 桑塔纳 2000 轿车电动后视镜系统电路

2. 后视镜电动机的检查

拔下开关上的插头，找到和左侧电动机相连的 1、2、3 三个端子。让蓄电池的正极和端子 3 相连，负极分别和端子 1 和 2 相连，观察后视镜转动情况。如哪个方向不动，可能是电动机损坏也可能是电动机处在该方向上的极限位置。将蓄电池的正负极对调，再分别接到三个端子上，观察后视镜转动情况。右侧后视镜的检查方法和左侧相似。

3. 两个后视镜都不工作的故障诊断

两个后视镜都不工作，其诊断流程见图 7-24 所示。

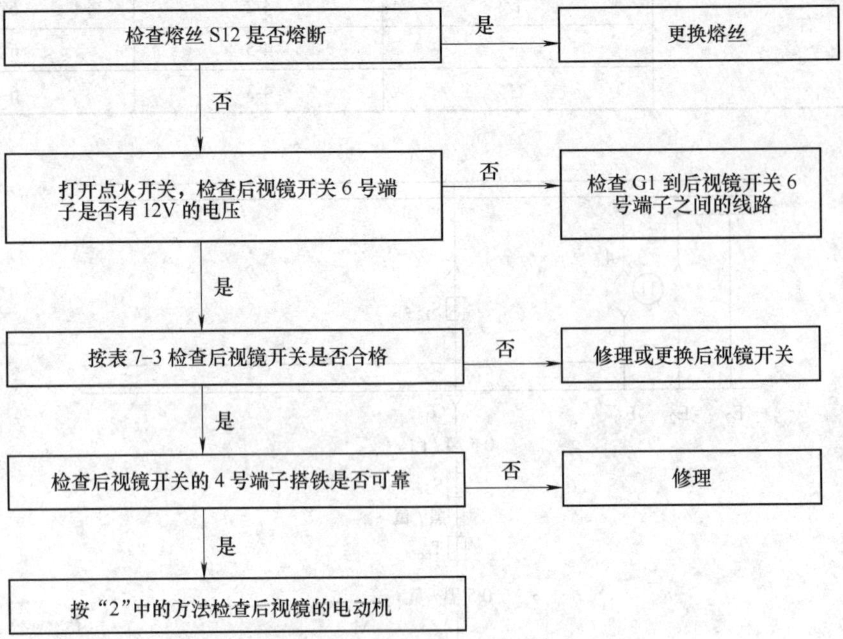

图 7-24　两个后视镜都不工作的诊断流程

课后思考与训练

一、填空题

1. 桑塔纳 2000 型轿车后视镜采用电动机控制，两侧的电动后视镜内各利用________永磁电动机进行不同方位的位置调整。

2. 电动后视镜不工作或部分功能不正常的主要原因有：________和________。

二、判断题

1. 丰田皇冠轿车电动后视镜调整右侧向右时，开关状态为 5、6 接点，以及向下和右和接通。(　　)

2. 电动后视镜的背后装有一套电动机和驱动器，可操纵后视镜上下及左右转动。(　　)

三、问答题

1. 分析丰田皇冠轿车可伸缩式电动后视镜工作过程?

2. 桑塔纳 2000 型轿车电动后视镜工作过程?

3. 如何对桑塔纳 2000 轿车的两个后视镜都不工作的故障进行诊断?

学习情境八

空调系统检修

学习目标

1. 熟悉汽车空调系统的作用、组成和制冷工作原理。
2. 掌握汽车空调系统各部件的作用、结构和工作原理。
3. 能够正确维护和检测汽车空调系统。
4. 能够对汽车空调系统故障进行检测、诊断和排除。

情境描述

一辆桑塔纳轿车在使用两年以后，空调的制冷效果明显变差。通过观察视液镜中制冷剂的情况，发现视液镜中有气泡、泡沫不断流过，初步判断为制冷剂不足。售后服务经理要求你诊断故障原因，并提交一份检修工作计划书。

相关知识

一、空调的功能和构造

1. 空调的功能

空调的功能是通过人为的方式创造一个对人体适宜的环境，即对车内的温度、湿度、气流速度进行调节，并具有净化空气的功能。除此之外，汽车空调还能除去风窗玻璃上的雾、霜、冰、雪，给驾驶人一个清晰的视野，确保行车安全。调节车内温度是汽车空调的基本功能。汽车空调在冬季利用其采暖装置提高车内温度，轿车和中小型汽车以发动机冷却液作为暖风的热源，而大客车采用独立式加热器作为暖风的热源。在夏季，汽车空调利用其制冷装置降低车内温度。

2. 空调的构造

不同类型的汽车，其空调装置有所不同。轿车空调系统为例，按其功能可分为制冷系统、暖风系统、通风系统、控制系统和空气净化系统五个基本部分。

3. 制冷剂

空调系统是常用的制冷剂有 R12 和 R134a 两种。

（1）制冷剂 R12　制冷剂 R12 学名二氯二氟甲烷，分子式 CF_2Cl_2，分子量 120. 92。R12 在常温、常压下为无色无味气体，相对密度约为空气的 4. 18 倍。在正常大气压下，其蒸发

温度为 -29.8℃，凝固温度为 -158℃。

（2）R134a 制冷剂　R134a 制冷剂的分子式为 CH_2FCF_3，是卤代烃类制冷剂中的一种。R134a 对环境无害，即对大气臭氧层无破坏作用，不产生附加的温室效应。

这两种制冷剂的化学性能不同，因此系统中的制冷剂和冷冻机油不能通用。

二、空调制冷系统

1. 空调制冷系统的工作原理

制冷系统工作时，制冷剂以不同的状态在这个密闭系统内循环流动，汽车空调系统的制冷循环流程如图 8-1 所示。制冷循环是由压缩、放热、节流和吸热四个过程组成。

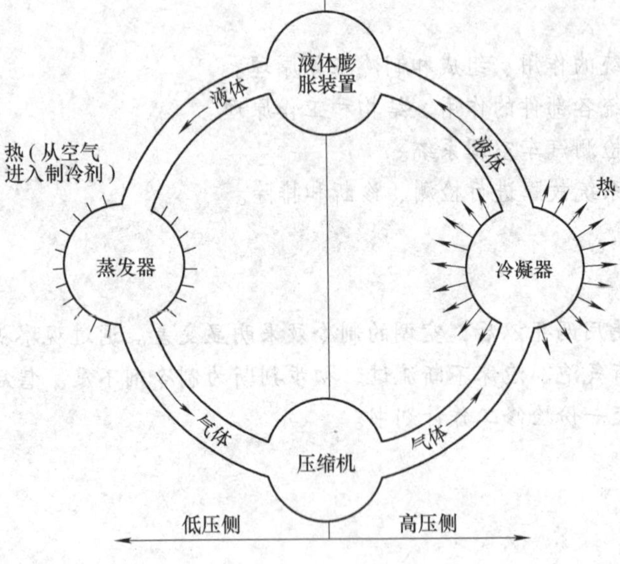

图 8-1　制冷循环流程

（1）压缩过程　压缩机吸入蒸发器出口处的低温低压的制冷剂气体，把它压缩成高温高压(约 65℃、1300kPa)的气体，然后送入冷凝器。此过程的主要作用是压缩增压，以便气体易于液化。压缩过程中，制冷剂状态不发生变化，而温度、压力不断升高，形成过热气体。

（2）放热过程　高温高压(约 65℃、1300kPa)的过热制冷剂气体进入冷凝器(散热器)与大气进行热交换。由于压力及温度的降低，制冷剂气体冷凝成液体，并放出大量的热。此过程作用是排热、冷凝。冷凝过程的特点是制冷剂的状态发生变化，即在压力、温度不变的情况下，由气态逐渐向液态转变。冷凝后的制冷剂液体是高压高温(约 55℃、1300kPa)液体。制冷剂液体过冷，过冷度越大，在蒸发过程中其蒸发吸热的能力也就越大，制冷效果越好，即产冷量相应增加。

（3）节流过程　高压高温(约 55℃、1300kPa)制冷剂液体经膨胀阀节流降温降压，以雾状(细小液滴)排出膨胀装置。该过程的作用是使制冷剂降温降压，迅速地变成低温低压液体(约 -5℃、150kPa)，以利于吸热、控制制冷能力以及维持制冷系统正常运行。

（4）吸热过程　经膨胀阀降温降压后的雾状制冷剂液体进入蒸发器，因此时制冷剂沸点远低于蒸发器内温度，故制冷剂液体在蒸发器内蒸发、沸腾成低温低压的(约 0℃、150kPa)气体。在蒸发过程中大量吸收周围的热量，降低车内温度。而后低温低压的制冷剂气体流出蒸发器等待压缩机再次吸入。吸热过程的特点是制冷剂状态由液态变化到气态，此时压力不变，即在定压过程中进行这一状态的变化。

上述过程周而复始地进行，便可使汽车内温度达到并维持在给定的状态。

2. 空调制冷系统的主要零件

汽车空调制冷系统的组成如图 8-2 所示，由压缩机、冷凝器、储液干燥器、膨胀阀、蒸发器、风机及制冷管道等组成。

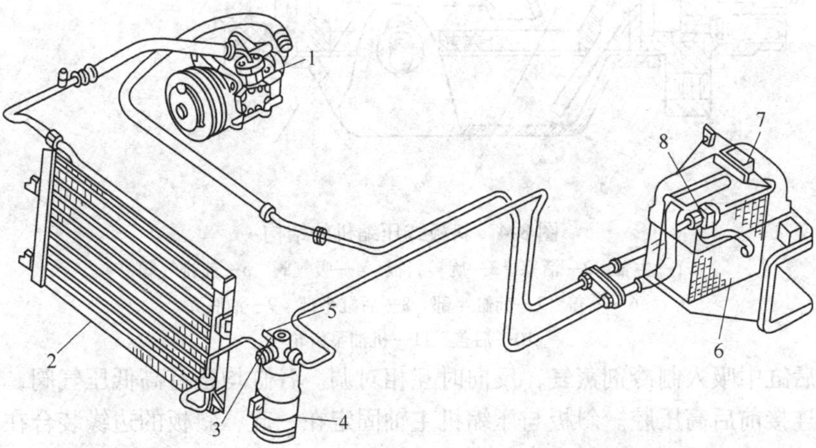

图 8-2　空调制冷系统的组成

1—压缩机　2—冷凝器　3—低压开关　4—储液干燥器

5—高压开关　6—蒸发器　7—热控开关　8—膨胀阀

(1) 压缩机　压缩机是汽车空调制冷系统的心脏，其作用是维持制冷剂在制冷系统中的循环，吸入来自蒸发器的低温、低压制冷剂蒸气，压缩制冷剂蒸气使其压力和温度升高，并将制冷剂蒸气送往冷凝器。其原理与普通空气压缩机相似，只是密封程度要求更高。

目前应用于汽车制冷系统的压缩机，主要有斜板式(翘板式)、曲柄连杆式、转子式、旋叶式、螺杆式和涡旋式六种，下面重点介绍斜板式和旋叶式。

1) 斜板式压缩机是一种轴向活塞式压缩机，其工作原理如图 8-3 所示。斜板式压缩机的结构如图 8-4 所示。它的主要零件是主轴和斜板。各气缸以压缩机主轴为中心布置，活塞运动方向与压缩机的主轴平行。

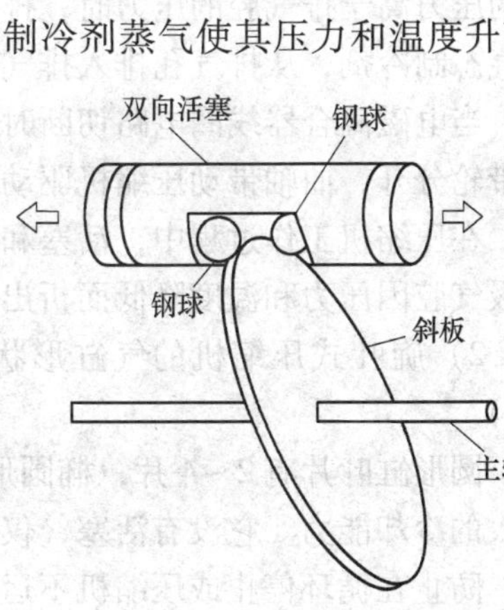

图 8-3　斜板式压缩机原理图

三缸斜板式压缩机为三活塞等间隔 120°分布，五缸斜板式为五活塞等间隔 72°分布。为了使机器受力合理，结构紧凑，通常将活塞制成双头活塞，如果是轴向 6 缸，则 3 缸在压缩机前部，另外 3 缸在压缩机后部；如果是轴向 10 缸，则 5 缸在压缩机前部，另外 5 缸在压缩机后部。双头活塞的两活塞各自在相对的气缸(一前一后)中，活塞一头在前缸中压缩制冷剂蒸气时，活塞的

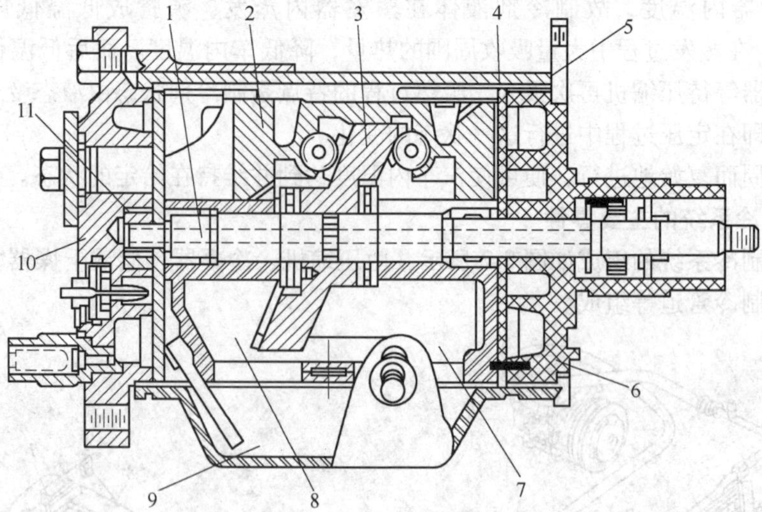

图 8-4　斜板式压缩机的结构

1—主轴　2—活塞　3—旋转斜板　4—吸气阀　5—前排气阀
6—前盖　7—前缸半部　8—后缸半部　9—油底壳
10—后盖　11—机油泵齿轮

另一头就在后缸中吸入制冷剂蒸气，反向时互相对调。各缸均备有高低压气阀，另有一根高压管，用于连接前后高压腔。斜板与压缩机主轴固定在一起，斜板的边缘装合在活塞中部的槽中，活塞槽与斜板边缘通过球轴承支承在一起。

当电磁离合器线圈电路接通时，压盘及其轮毂、压缩机轴、斜板与驱动带轮结合成一体随发动机曲轴旋转。当活塞左移使气缸内的压力低于吸气腔的压力时，吸气阀片被吸开，吸气腔内的低温低压气态制冷剂由吸气孔进入该气缸。当斜板转过一定角度，活塞右移使气缸内的压力高于排气腔的压力时，排气阀片被压开，活塞将气缸内的气态制冷剂压缩成高温高压气态制冷剂，从排气孔排入排气腔，并经高压管路送往冷凝器冷却。

当电磁离合器线圈电路切断时，线圈电流和电磁吸力消失，压盘在片簧弹力作用下与驱动带轮分开，曲轴带动压缩机驱动带轮空转，压缩机停止工作，制冷循环停止。

在压缩机工作过程中，活塞和气缸壁等运动部件的润滑主要依靠随制冷剂一起循环、并在吸气腔因压力和温度降低而析出的冷冻润滑油(又称为冷冻机油)进行润滑。

2）旋叶式压缩机的气缸形状有两种形状，一种是圆形(图 8-5)，一种是椭圆形(图 8-6)。

圆形缸叶片有 2 ~4 片，椭圆形缸叶片有 4 ~5 片。旋叶式压缩机其单位压缩机质量具有最大的冷却能力。它没有活塞，仅有一个阀，称为排气阀。排气阀实际上起一个止回阀的作用，防止在循环停止或压缩机不运行时，制冷剂蒸气通过排气口进入压缩机。

在圆形气缸的旋叶式压缩机中，叶轮是偏心安装的，叶轮外圆紧贴气缸内表面的吸、排气孔之间。在圆形气缸中，转子的主轴和椭圆中心重合，转子上的叶片和它们之间的接触线将气缸分成几个空间，当主轴带动转子旋转一周时，这些空间的容积发生“扩大-缩小-几乎为零”的循环变化，制冷剂蒸气在这些空间内也发生吸气-压缩-排气的循环。压缩后的气体通过簧片阀排出。

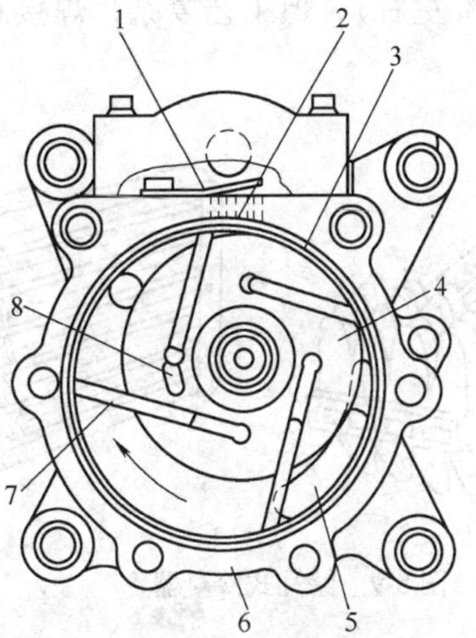

图 8-5　圆形旋叶式压缩机

1—排气阀　2—排气孔　3—接触点　4—转子　5—吸气孔　6—气缸　7—叶片　8—油孔

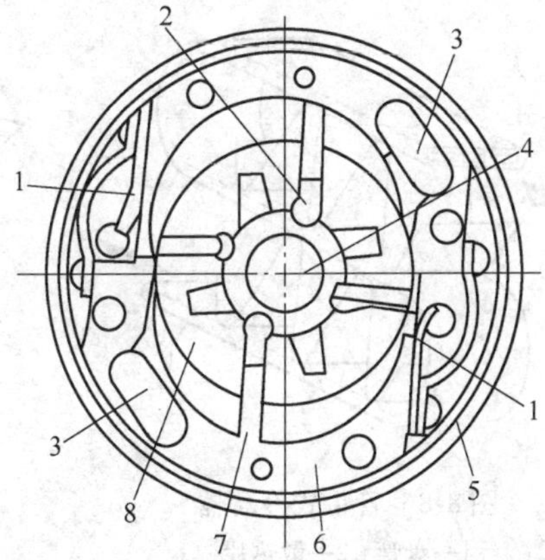

图 8-6　椭圆形旋叶式压缩机

1—排气阀　2—排气孔　3—接触点　4—转子　5—吸气孔　6—气缸　7—叶片　8—油孔

旋叶式压缩机没有吸气阀，因为滑片能完成吸入和压缩制冷剂的任务。对于圆形气缸而言，2 叶片将空间分成 2 个空间，主轴旋转一周，即有 2 次排气过程；4 叶片则有 4 次。叶片越多，压缩机的排气脉冲越小。对于椭圆形气缸，4 叶片将气缸分成 4 个空间，主轴旋转一周，有 4 次排气过程。

(2) 冷凝器　汽车空调制冷系统中的冷凝器是热交换设备，其作用是使从压缩机排出的高温、高压制冷剂蒸气在冷凝器中得到液化或冷凝，并把热量散发到车外空气中，从而使其凝结为高压制冷剂液体。汽车空调系统冷凝器的结构形式主要有管片式(图 8-7)、管带式(图 8-8)、鳍片式(图 8-9)等几种。

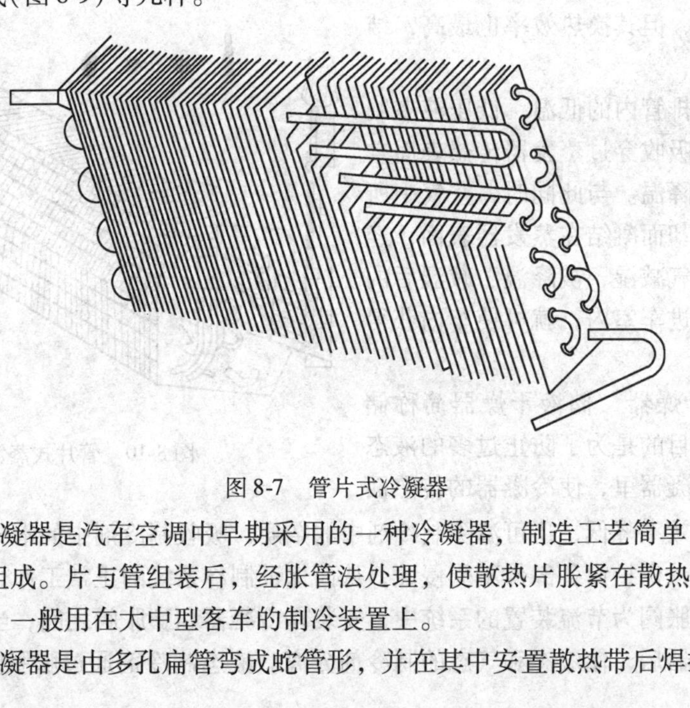

图 8-7　管片式冷凝器

1) 管片式冷凝器是汽车空调中早期采用的一种冷凝器，制造工艺简单，由铜质或铝质圆管套上散热片组成。片与管组装后，经胀管法处理，使散热片胀紧在散热管上。这种冷凝器散热效果较差。一般用在大中型客车的制冷装置上。

2) 管带式冷凝器是由多孔扁管弯成蛇管形，并在其中安置散热带后焊接而成。管带式冷凝器的散热效果比管片式冷凝器好一些（一般高15%左右），但工艺复杂，焊接难度大，且材料要求高。一般用在小型汽车的制冷装置上。

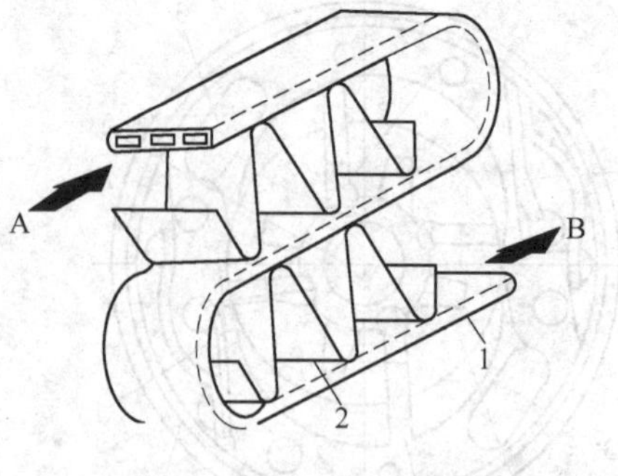

图8-8　管带式冷凝器

1—盘管　2—散热片

A—气态制冷剂　B—液态制冷剂

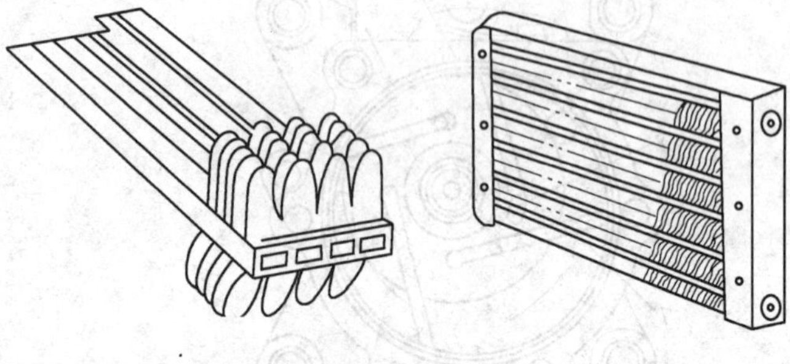

图8-9　鳍片式冷凝器

3）鳍片式冷凝器是在扁平的多通管道表面直接加工出鳍片状散热片，然后装配成冷凝器。由于散热鳍片与管子为一个整体，因而不存在接触热阻，故散热性能好；另外，管、片之间无需复杂的焊接工艺，加工性好，节省材料，而且抗振性也特别好。所以，是目前较先进的汽车空调冷凝器。

（3）蒸发器　蒸发器和冷凝器一样，也是一种热交换器，也称冷却器，是制冷循环中获得冷气的器件。它的外形近似冷凝器，但比冷凝器窄、小、厚。它的作用是让低温、低压液态制冷剂在其管道中吸热并蒸发，使蒸发器和周围空气的温度降低，从而在鼓风机的风力通过它时，能输出更多的冷气。

蒸发器有管片式、管带式和层叠式三种结构，如图8-10～图8-12所示。管片式结构简单、加工方便，但换热效率较差。管带式比管片式工艺复杂，效率可提高10%左右。层叠式加工难度最大，但其换热效率也最高，结构也最紧凑。

进入蒸发器排管内的低温、低压液态制冷剂，通过管壁吸收穿过蒸发器传热表面空气的热量，使之降温。与此同时，空气中所含的水分由于冷却而凝结在蒸发器表面，经收集排出，使空气减湿，被降温、减湿后的空气由鼓风机吹进车室内，就可使车内获得冷气。

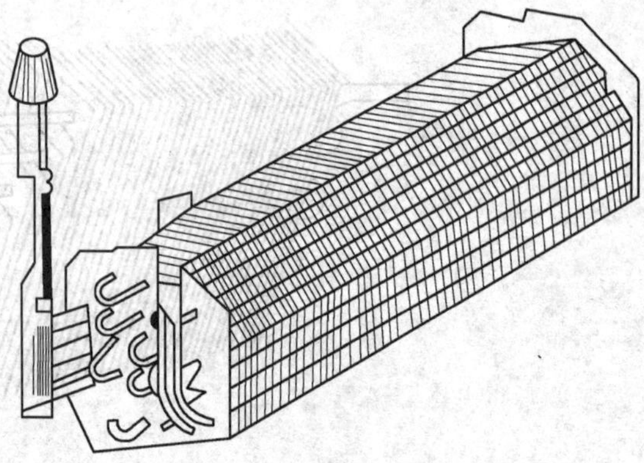

图8-10　管片式蒸发器

（4）储液干燥器　储液干燥器简称储液器。采用它的目的是为了防止过多的液态制冷剂储存在冷凝器里，使冷凝器的传热面积减少而使散热效率降低，还可滤除制冷剂中的杂质，吸收制冷剂中的水分，防止制冷系统管路脏堵和冰堵，保护设备部件不受侵蚀，从而保证制冷系统的正常工作。

它用于以膨胀阀为节流装置的系统中，安装在冷凝器和膨胀阀之间，当含有蒸气的液态制冷剂进入储液器后，使液态和气态的制冷剂分离。液态制冷剂通过膨胀阀进入蒸发箱（吸

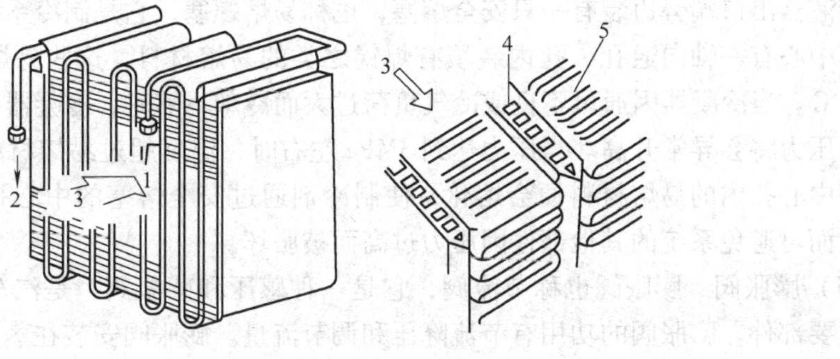

图 8-11　管带式蒸发器

1—制冷剂进口　2—制冷剂出口　3—空气流向　4—管带　5—散热片

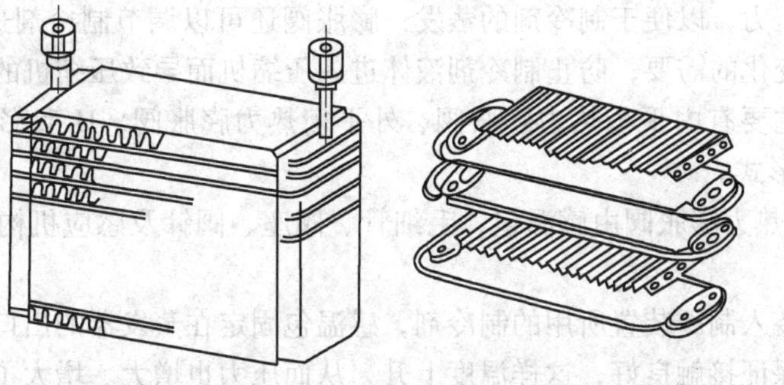

图 8-12　层叠式蒸发器

热箱），多余制冷剂可暂时储存在储液罐中。在制冷负荷变动时，及时补充和调整供给热力膨胀阀的液态制冷剂量，以保证制冷剂流动的连续和稳定性。同时，由于水分与制冷剂结合会生成酸或结冰，因此储液器中必须使用干燥剂来吸收制冷剂中的水分，防止机件腐蚀或冰块堵塞膨胀阀。滤网用于过滤制冷剂中的杂质，防止膨胀阀堵塞。

储液干燥器的结构如图 8-13 所示。它主要由外壳、视液镜、安全熔塞和管接头等组成。制冷剂在储液器中的流动情况如图中箭头所示。在储液器上部出口端装有一个玻璃视液镜，用于观察制冷剂在工作时的流动状态，由此可判断制冷剂量是否合适。对直立式储液器而言，安装时，一定要垂直，倾斜度不得超过 15°。在安装新的储液干燥器之前，不得过早将其进出管口的包装打开，以免湿空气侵入储液器和系统内部，使之失去除湿的作用。安装前一定要先搞清楚储液器的进、出口端，在储液器的进出口端一般都打有记号，如进口端用英文字母 IN，出口端用 OUT 表示，或直接打上箭头以表示进、出口端。

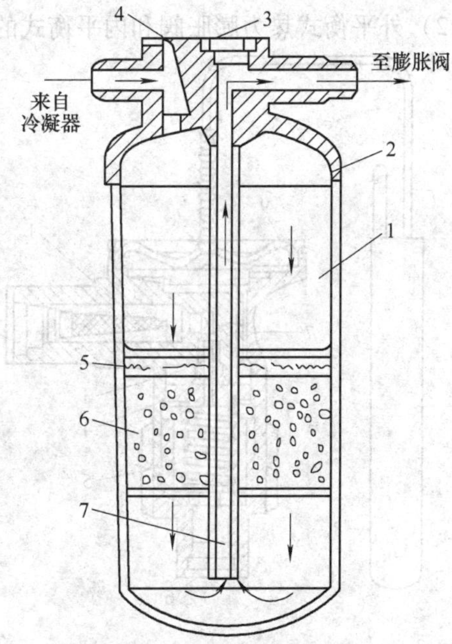

图 8-13　储液干燥器的结构

1—干燥器体　2—干燥器盖　3—视液镜
4—易熔螺塞　5—过滤器　6—干燥剂　7—引出管

储液器出口端旁边装有一只安全熔塞，也称易熔螺塞，它是制冷系统的一种安全保护装置。其中心有一轴向通孔，孔内装填有焊锡之类的易熔材料，这些易熔材料的熔点一般为85～95℃。当冷凝器因通风不良或冷气负荷过大而冷却不够时，冷凝器和储液器内的制冷剂温度和压力将会异常升高。当压力达到3MPa左右时，温度超过易熔材料的熔点，此时，安全熔塞中心孔内的易熔材料便会熔化，使制冷剂通过安全熔塞的中心孔逸出散发到大气中去，从而可避免系统的其他部件因压力过高而被胀坏。

（5）膨胀阀　膨胀阀也称节流阀，它是一种感压和感温阀，是汽车空调制冷系统中的一个主要部件。膨胀阀的功用有节流降压和调节流量。膨胀阀安装在蒸发器入口前，为制冷循环高压与低压之间的分界点。在膨胀阀前，制冷剂是高压液体；在膨胀阀后，制冷剂是低压、低温饱和液体和蒸气的雾状混合物。膨胀阀的作用是将高压制冷剂液体节流减压，由冷凝压力降至蒸发压力，以便于制冷剂的蒸发；膨胀阀还可以调节制冷剂进入蒸发器的流量，以适应制冷负荷变化的需要，防止制冷剂液体进入压缩机而导致压缩机的损坏。

目前膨胀阀主要有内平衡热力膨胀阀、外平衡热力膨胀阀、H型膨胀阀、膨胀节流管（孔管）四种结构形式。

1）内平衡式热力膨胀阀由感温包、毛细管、阀座、阀针及感应机构等组成，如图8-14所示。

在感温包内装入制冷装置所用的制冷剂，感温包固定在蒸发器的出口管路上，并用保温材料进行包扎，保证接触良好，这样温度上升，从而压力也增大。增大了的压力作用在膜片上侧，在数值上大于蒸发器进口压力和弹簧压力的总和，于是阀针离开阀座，阀门开启，制冷剂流入蒸发器。阀门开启后，较多的制冷剂进入蒸发器，使蒸发器内压力上升，当温度降低后，膜片下侧压力增加，上侧压力降低，于是阀门关闭。

2）外平衡式热力膨胀阀和内平衡式的结构大同小异，其结构如图8-15所示。内平衡式

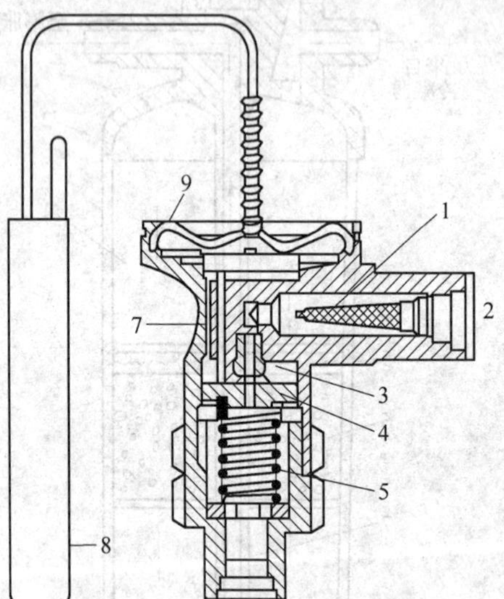

图8-14　内平衡式热力膨胀阀

1—滤网　2—进口　3—阀口　4—阀座　5—弹簧　6—出口　7—内平衡管　8—感温包　9—膜片

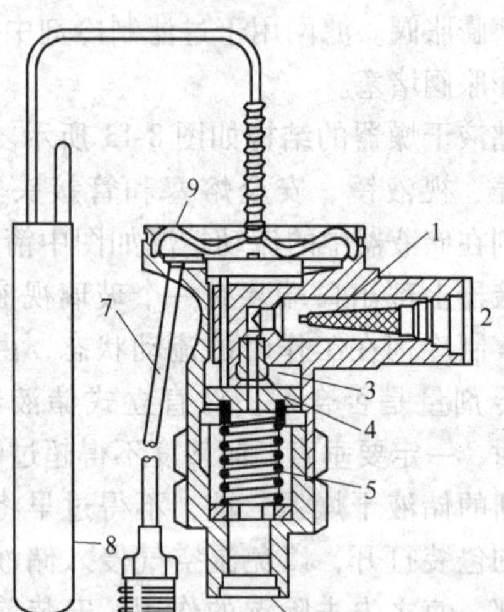

图8-15　外平衡式热力膨胀阀结构

1—滤网　2—入口　3—阀口　4—阀座　5—弹簧　6—出口　7—外平衡管　8—感温包　9—膜片

膜片下方的压力是蒸发器的进口压力，而外平衡式膜片下方的压力则是蒸发器出口的压力。由于蒸发器内部会产生压力损失，蒸发器出口压力要小于进口压力。要达到同样的阀开度，外平衡式需要的过热度要小些，因此蒸发器容积效率可以提高。大型客车空调系统要选用外平衡式热力膨胀阀。

3）H 型膨胀阀其结构如图 8-16 所示。因其内部通道形同 H 形而得名。它取消了外平衡膨胀阀的外平衡管和感温包，直接与蒸发器进出口相连。它有四个接口通往空调系统，其中两个接口和普通膨胀阀一样，一个接干燥过滤器出口，一个接蒸发器入口。另外两个接口，一个接蒸发器出口，一个接压缩机进口。感温元件处在进入压缩机的制冷剂气流中。H 型膨胀阀具有结构紧凑、使用可靠、维修简单等优点，符合汽车空调的要求。

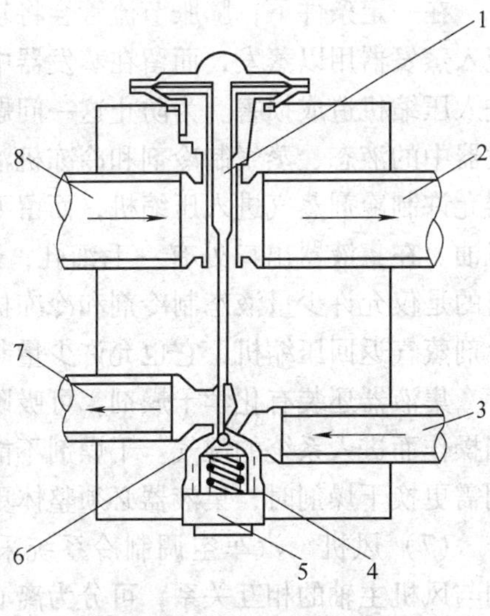

图 8-16　H 型膨胀阀结构

1—感温器　2—至压缩机　3—从储液干燥器来　4—弹簧　5—调整螺栓　6—球阀　7—至蒸发器　8—从蒸发器来

这种膨胀阀安装在蒸发器的进出管之间，感应温度不受环境影响，也无需通过毛细管而造成时间滞后，调节灵敏度较高。由于无感温包、毛细管和外平衡管，不会因汽车颠簸使充注系统断裂外漏以及感温包捆扎松动而影响膨胀阀的正常工作。

4）膨胀节流管(孔管)是用于许多轿车制冷系统的一种固定孔口的节流装置。有人称它为孔管、固定孔管。膨胀节流管直接安装在冷凝器出口和蒸发器进口之间，用于将液态制冷剂节流降压。由于不能调节流量，液体制冷剂很可能流出蒸发器而进入压缩机，造成压缩机液击。所以装有膨胀节流管的系统，必须同时在蒸发器出口和压缩机进口之间，安装一个集液器，实行气液分离，避免压缩机发生液击。

膨胀节流管系统目前使用的温度控制方法有：循环离合器膨胀节流管系统(CCOT)、可变容积膨胀节流管系统(VDOT)、固定膨胀节流管离合器系统等。

膨胀节流管的结构如图 8-17 所示。它是一根细铜管，装在一根塑料套管内。在塑料套管外环形槽内，装有密封圈。有的还有两个外环形槽，每槽各装一个密封圈。把塑料套管连同膨胀节流管都插入蒸发器进口管中，密封圈就是密封塑料套管外径和蒸发器进口管内径间的配合间隙用的。膨胀节流管两端都装有滤网，以防止系统堵塞。安装使用后，系统内的污染物集聚在密封圈后面，使堵塞情况更加恶化。就是这种系统内的污染物，堵塞了孔管及其滤网。膨胀节流管不能维修，坏了只能更换。

由于膨胀节流管没有运动部件，结构简单、可靠性高，同时节省能耗，很多高级轿车都采用这种方式。缺点是制冷剂流量不能根据工况变化进行调节。

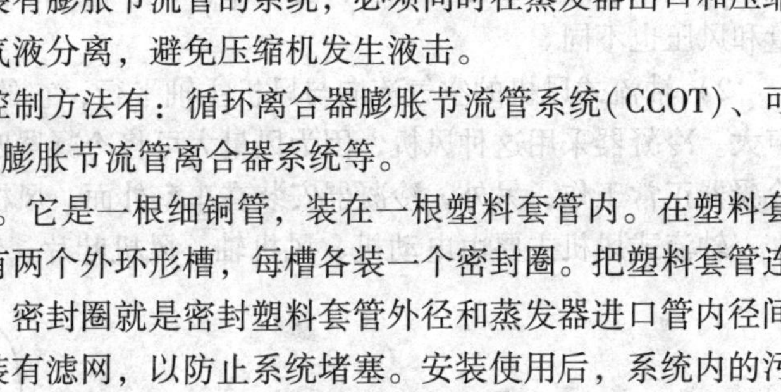

图 8-17　膨胀节流管的结构

1—孔口　2—出口滤网　3—密封圈　4—进口滤网

(6) 集液器　集液器是膨胀节流管空调系统的重要部件。用膨胀节流管代替膨胀阀时，汽车空调制冷系统要在低压侧安装集液器。集液器是一种特殊形式的储液干燥器，其结构如图 8-18 所示。

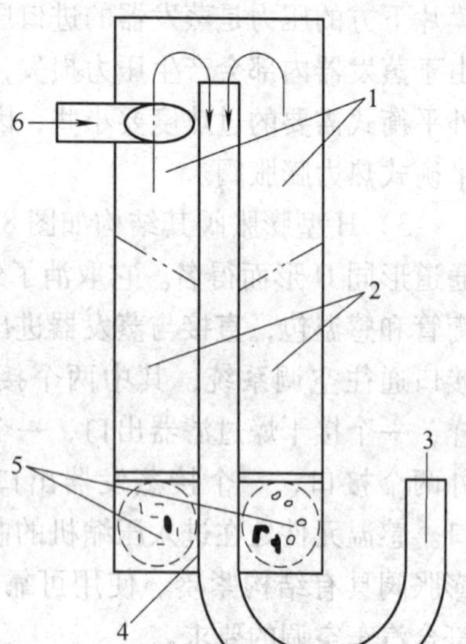

图 8-18　集液器的结构
1—蒸气　2—液体　3—至压缩机
4—过油孔　5—干燥剂　6—来自蒸发器

在一定条件下，膨胀节流管会将较多的液态制冷剂节流入蒸发器用以蒸发，而留在蒸发器中的多余制冷剂则会进入压缩机造成损害。为防止这一问题，应使所有留在蒸发器中的液态、蒸气制冷剂和冷冻机油进入集液器，集液器允许制冷剂蒸气进入压缩机，而留下液态制冷剂和冷冻机油。在集液器出口处有一毛细孔，通常称其为过油孔，目的是仅允许少量液态制冷剂和冷冻机油在给定时间随制冷剂蒸气返回压缩机，它也允许少量制冷剂进入。

集液器还装有化学干燥剂，可吸附、吸收并滞留因不当操作而进入系统的湿气。干燥剂不能维修，若有迹象表明需更换干燥剂时，集液器必须整体更换。

(7) 风机　汽车空调制冷系统采用的风机按气体流向与风机主轴的相互关系，可分为离心式风机和轴流式风机两种。

1）离心式风机的空气流向与风机主轴成直角，它的特点是风压高、风量小、噪声也小。蒸发器采用这种风机，因为风压高可将冷空气吹到车室内每个乘员身上，使乘员有冷风感；噪声小使乘员不至于感到不适而过早疲劳。

离心式风机主要由电动机、风机轴（与电动机同轴）、风机叶片、风机壳体等组成，如图 8-19 所示。风机叶片有直叶片、前弯片、后弯片等形状，随叶轮叶片形状不同，所产生的风量和风压也不同。

2）轴流式风机的空气流向与风机主轴平行，它的特点是风量大、风压小、耗电省、噪声大。冷凝器采用这种风机，因为风量大可将冷凝器四周的热空气全部吹走；风压小不影响冷凝器正常工作；另外，冷凝器安装在车室外面，风机噪声大也不影响到车内。

轴流式风机主要由电动机、风机轴、风机叶片、键等组成，如图 8-20 所示。叶片固定

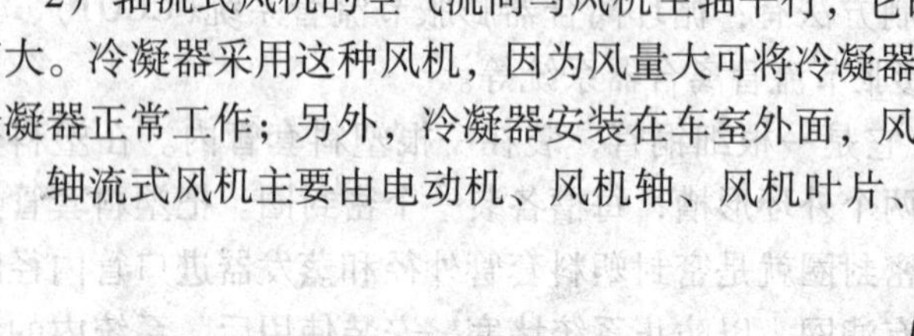

图 8-19　离心式风机的结构
1—风机叶片　2—风机壳体　3—风机轴　4—电动机

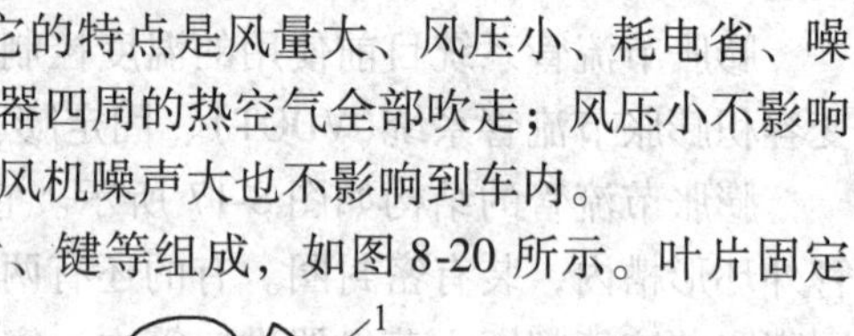

图 8-20　轴流式风机的结构
1—风机叶片　2—键　3—电动机　4—风机轴

在骨架上，叶片常做成3、4、5片不等，叶片骨架穿在电动机轴上，由键带动旋转。

（8）电磁离合器　汽车空调压缩机一般由汽车发动机通过发动机传动驱动。为了使空调压缩机的运行和停止都不影响发动机的工作，因此在空调压缩机上均装用电磁离合器，以便根据需要连接或切断发动机与压缩机的动力传递。

电磁离合器由带传动带轮的转子、定子线圈、压盘、轴承等组成。定子线圈固定在压缩机壳体上，而压力板则安装在压缩机前端，两只滚子轴承装在转子内表面与压缩机壳体之间。定子线圈电路未接通时，转子空转，压缩机不转。当定子线圈电路接通时，它将产生电磁力，将压力板吸压在转子皮带轮的前端面上，通过转子与压力板之间的摩擦力矩带动压缩机轴转动，制冷工作开始。电磁离合器的工作原理如图8-21所示。

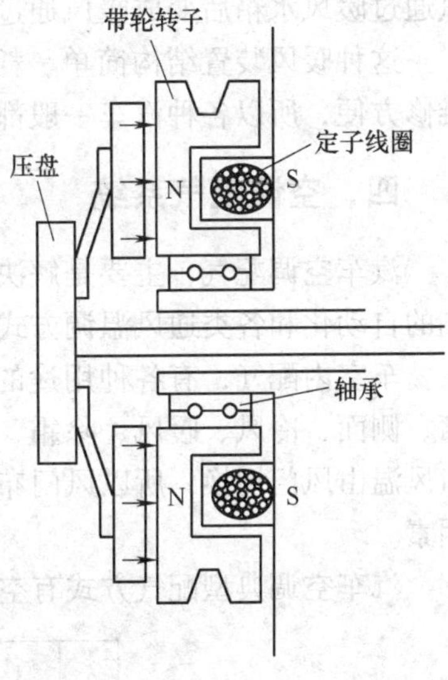

图8-21　电磁离合器的工作原理

当压缩机电磁离合器开关断开时，真空转换阀受压缩弹簧的作用而向真空源开启，此时真空作用于隔膜，使节气门从待定位置回到怠速位置；当压缩机电磁离合器开关接通时，电流同时通过真空转换阀线圈，电磁力使阀芯克服弹簧弹力将真空源关闭，并通大气。这样在大气压力作用下空气室隔膜推动杠杆工作，使节气门开度处于略大于怠速位置，使发动机转速略高于怠速，以防止发动机因开启空调负荷加大而温度过高、怠速不稳或熄灭。真空转换阀电路一般由怠速温控稳定放大器控制。

三、汽车空调取暖系统

对车内空气或进入车内的外部空气进行加热的装置，称为汽车暖风装置。

近代汽车空调是全年性的冷暖一体化的装置。通过冷热风的混合，人为设定冷热风量的比例，通过风门开闭和调节，满足人们对舒适性的要求。因此，暖风是汽车空调的重要组成部分。

1. 暖风系统的分类

按所使用的热源不同可分为：

1）水暖式暖风系统，利用发动机的冷却液热量，多用于轿车。

2）独立热源式，装有专门的暖风装置，多用于客车和载货车。

3）综合预热式，既利用发动机的冷却液热量，又装有燃烧预热的综合加热装置暖风，多用于大客车。

2. 暖风系统的作用

1）冬季天气寒冷，在运动的汽车内人们感觉更寒冷。这时，汽车空调可以向车内提供暖风，提高车室内的温度，使乘员不再感觉到寒冷。

2）冬季或者初春，室内外温差较大，车窗玻璃会结霜或起雾，影响驾驶人和乘客的视线，不利于安全行车，这时可以用暖风来除霜和除雾。

3. 水暖式暖风系统

水暖式暖风系统一般由控制开关、鼓风机、暖风水箱、循环水控制开关及相应的管路组成，如图 8-22 所示。需要暖风时，接通控制开关，循环水控制开关也自动接通，这样发动机的冷却液开始在暖风水箱及管路中循环。鼓风机同时开始转动，风通过暖风水箱后变成暖风通过出风口吹向车内。

这种暖风装置结构简单、耗能少、成本低、操作维修方便，所以各种汽车一般都采用这种暖风装置。

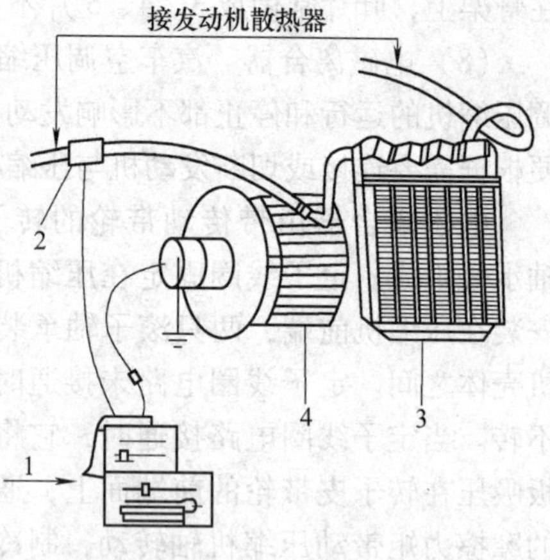

图 8-22　水暖式暖风系统

1—控制开关　2—循环水控制开关

3—暖风水箱　4—鼓风机

四、空调配气系统

汽车空调配气，主要是解决车室内温度、风量控制的自动化和各类通风温调方式，以提高舒适性。

车室内配气，有各种用途的吹出口，如前席、后席、侧面、冷风、暖风、除霜、除雾等出风口。吹出口风温由风门切换，所以风门布置是配气优劣的重要因素。

汽车空调典型配气方式有空气混合式和全热式，如图 8-23 所示。

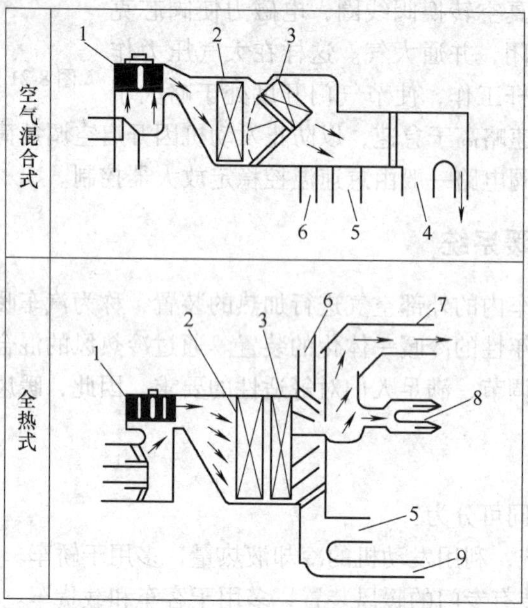

图 8-23　汽车空调典型配气方式有空气混合式和全热式

1—风机　2—蒸发器　3—加热器芯　4—冷气出口

5—热风出口　6—除霜出口　7—中心出口　8—侧出口　9—尾部出口

1. 空气混合式

外气 + 内气→进入风机 1→进入蒸发器 2 冷却→由风门调节进入加热器芯 3 加热→进入各吹出口 4、5、6。

风门顺时针旋转：进蒸发器 3(冷空气)后再进加热器芯 2 的空气量随着风门旋转而减少，即被加热的空气少，这时主要由冷气吹出口 4 吹冷风。反之，风门逆时针旋转，吹出的热风多，处理后的空气进入除霜吹出口 6 或热风吹出口 5。

2. 全热式

外气 + 内气→进入风机 1→进入蒸发器 2 冷却→全部进入加热器芯 3→由风门调节风量后进入 5、6、7、8、9 各吹风口。

3. 配气系统举例

目前市场上带空调的汽车，基本上采用冷暖一体化空调器（可同时制出冷气和暖风）。其配气系统如图 8-24 所示。

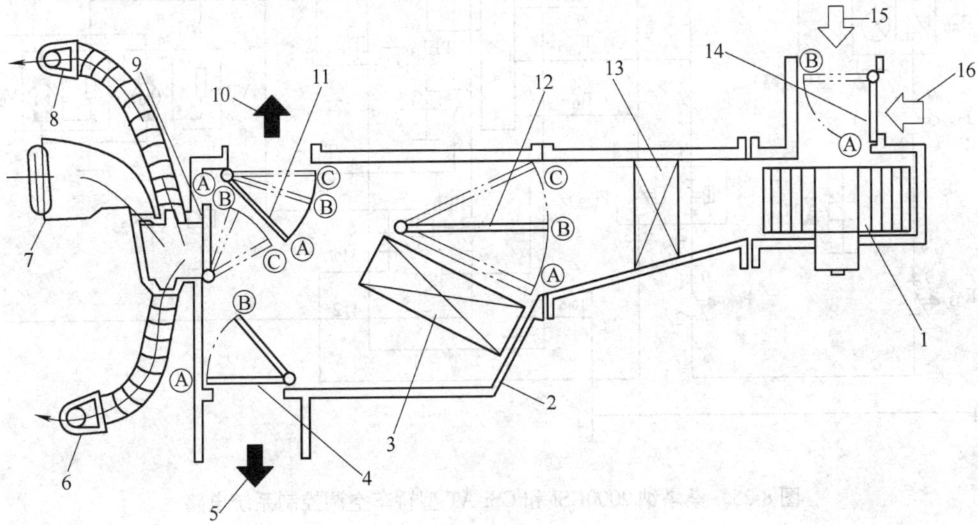

图 8-24　冷暖一体化空调器配气系统

1—轴流风扇　2—空调器外壳　3—加热器芯　4—下风门　5—下风口　6—侧风口　7—中风口　8—侧风口　9—中风口　10—上风口　11—除霜门　12—调温门　13—蒸发器　14—外来空气口　15—外来新鲜空气　16—车内循环空气口

五、控制系统

1. 桑塔纳 2000 系列轿车空调控制系统

桑塔纳 2000 系列轿车空调控制系统电路如图 8-25 所示。压缩机电磁离合器、鼓风机、冷却风扇及新鲜空气电磁阀等都采用电气控制。

桑塔纳轿车空调工作的基本条件是环境温度高于 10℃，位于新鲜空气入口处的环境温度开关 F38 接通，制冷系统才能够工作。当环境温度低于 1.67℃时，此开关断开，制冷系统不能工作。桑塔纳 2000GSi 轿车不仅要具备上述条件，而且发动机必须能正常工作，发动机 ECU(J_{220})的 $T_{80/8}$端子能输出高电平，压缩机切断继电器 J_{26}才能吸合，制冷系统才工作。

(1) 空调指示灯 L_1 电路　X 电源线→空调熔丝 S_{14}→空调开关 E_{30}→空调指示灯 L_1→搭铁。

(2) 进风门电磁阀 N_{63} 电路　X 电源线→空调熔丝 S_{14}→空调开关 E_{30}→环境温度开关 F_{38}→进风门电磁阀 N_{63}→搭铁。

(3) 压缩机电磁离合器 N_{25} 和散热风扇电动机 V_7、V_8 电路　当发动机工作时，发动机 ECU(J_{220})的 $T_{80/8}$端子能输出高电平，压缩机切断继电器 J_{26}吸合。X 电源线→空调熔丝S_{14}→

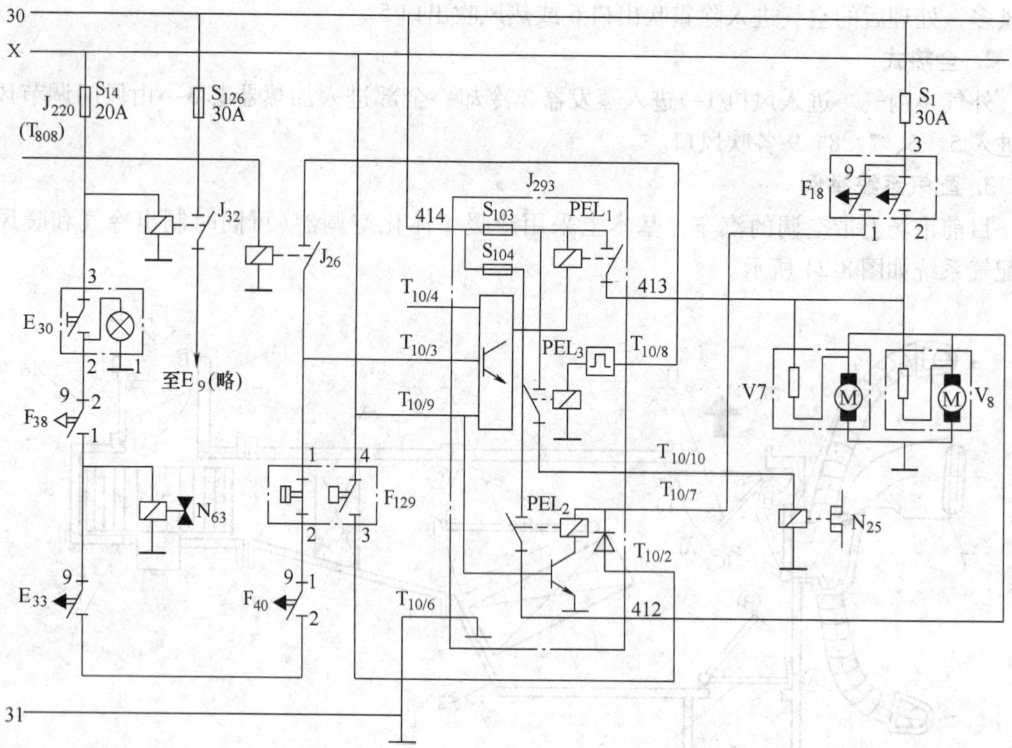

图 8-25　桑塔纳 2000GSi 和 GSi-AT 型轿车空调控制系统电路

空调开关 E_{30}→环境温度开关 F_{38}→空调冷却液温度控制开关 F_{40}→高低压开关 F_{129}(1、2 端子)→压缩机切断继电器 J_{26}→空调控制器 J_{293}的 $T_{80/8}$端子和 PEL_3的线圈搭铁 PEL_3触点闭合，电流从 30 号电源线→散热风扇低速档熔丝 S_{108}→PEL_3触点→压缩机电磁离合器 N_{25}→搭铁。同时，空调控制器 J_{293}内的 PEL_1继电器工作，接通左、右散热风扇电动机 V_7、V_8电路(通过电阻)，使左、右散热风扇低速运行，制冷系统工作。

若系统压力高于 1.45MPa，高、低压开关 F_{129}(3、4 端子)闭合，电流从 X 电源线经空调控制器 J_{293}内的 PEL_2继电器和晶体管搭铁，PEL_2触点闭合，通过 30 号电源线→散热风扇高速档熔丝 S_{104}→PEL_2触点向 V_7、V_8供电，散热风扇高速运转。

当发动机 ECU(J_{220})有故障或急加速工况时，发动机 ECU 的 $T_{80/8}$端子输出低电平，使压缩机切断继电器 J_{26}不工作，也就切断了空调控制的 PEL_3继电器，从而使压缩机停止工作。

2. 广州本田雅阁轿车空调控制系统

广州本田雅阁轿车空调控制系统采用全自动温度、湿度控制系统。广州本田雅阁轿车空调控制电路如图 8-26 所示。不管气候如何变化，它都能为车室提供并保持良好的舒适性，而驾驶人无需或很少去变换控制板上控制开关的位置。自动空调控制系统 ECU 能根据各种传感器的输入信号和设定温度；通过空气混合风门改变冷热风的比例，进而控制空气流的温度。当车内温度达到设定温度时，ECU 停止驱动控制电动机，并把此位置存入记忆。ECU 还通过方式风门控制气流流向；通过进气风门控制进气是来自车内还是车外。另外，自动空调控制系统还具有故障自诊断功能，在压缩机转速未锁定和系统压力过低、过高时将使压缩机停止工作，并由显示器闪亮显示故障。

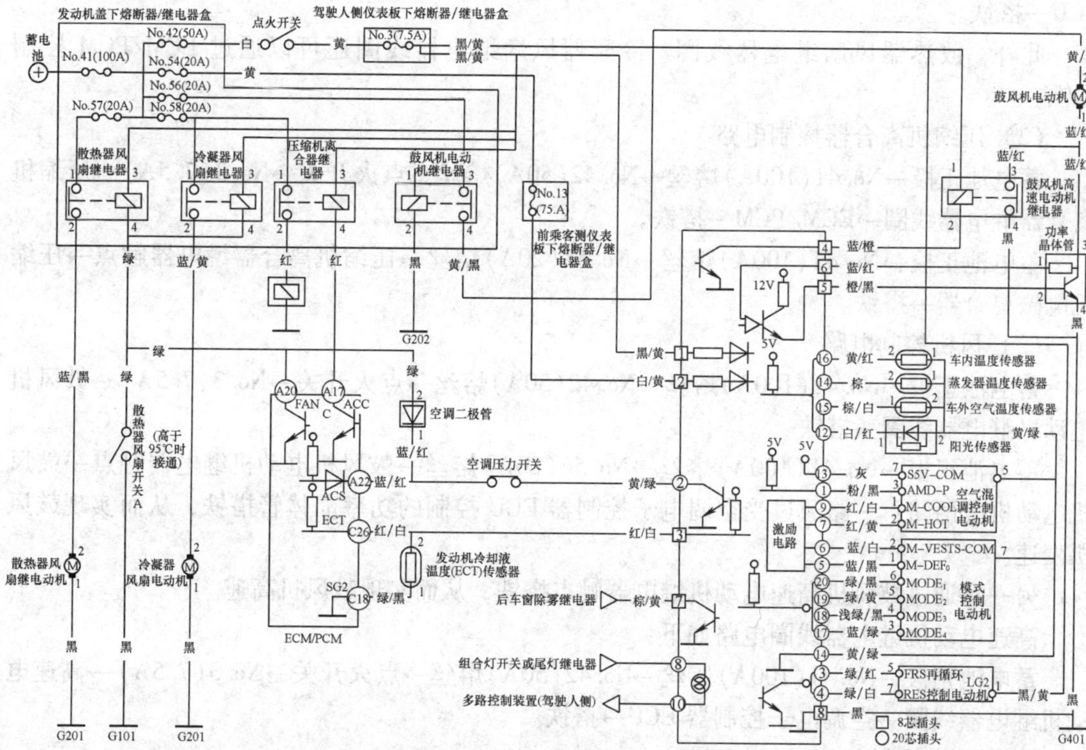

图 8-26　广州本田雅阁轿车空调控制电路

（1）冷却风扇控制电路

1）散热器风扇电动机控制电路。蓄电池正极→No. 41(100A)熔丝→No. 57(20A)熔丝→散热器风扇继电器触点→散热器风扇电动机→G201 搭铁点。

若使散热器风扇继电器触点闭合，需要散热器风扇继电器线圈通电，有两个回路可使风扇继电器线圈通电，从而使风扇电动机工作：一是冷却液温度，二是空调压力：

① 冷却液温度控制回路。蓄电池正极→No. 41(100A)熔丝→No. 42(50A)熔丝→点火开关→No. 3(7.5A)→散热器风扇继电器线圈→散热器风扇开关 A(高于 95℃接通)→G101 搭铁点。

② 空调压力控制回路。蓄电池正极→No. 41(100A)熔丝→No. 42(50A)熔丝→点火开关→No. 3(7.5A)→散热器风扇继电器线圈→空调二极管→空调压力开关→空调电子控制器 ECU→搭铁。

2）冷凝器风扇电动机控制电路。蓄电池正极→No. 41(100A)熔丝→No. 58(20A)熔丝→冷凝器风扇继电器触点→冷凝器风扇电动机→G201 搭铁点。

控制冷凝器风扇电动机工作的也是冷却液温度开关和空调压力开关两个回路：

① 冷却液温度控制回路。蓄电池正极→No. 41(100A)熔丝→No. 42(50A)熔丝→点火开关→No. 3(7.5A)→冷凝器风扇继电器线圈→散热器风扇开关 A(高于 95℃接通)→G101 搭铁点。

② 空调压力控制回路。蓄电池正极→No. 41(100A)熔丝→No. 42(50A)熔丝→点火开关→No. 3(7.5A)→冷凝器风扇继电器线圈→空调二极管→空调压力开关→空调电子控制器

ECU→搭铁。

此外，散热器风扇继电器线圈、冷凝器风扇继电器线圈还可以通过 ECM/PCM 控制搭铁。

(2) 压缩机离合器控制电路

蓄电池正极→No. 41(100A)熔丝→No. 42(50A)熔丝→点火开关→No. 3(7.5A)→压缩机离合器继电器线圈→ECM/PCM→搭铁。

蓄电池正极→No. 41(100A)熔丝→No. 58(20A)熔丝→压缩机离合器继电器触点→压缩机电磁离合器→搭铁。

(3) 风机控制电路

蓄电池正极→No. 41(100A)熔丝→No. 42(50A)熔丝→点火开关→No. 3(7.5A)→鼓风机电动机继电器线圈→搭铁。

蓄电池正极→No. 41(100A)熔丝→No. 56(20A)熔丝→鼓风机电动机继电器触点→鼓风机电动机分两路：一路通过受空调电子控制器 ECU 控制的功率晶体管搭铁，从而实现鼓风机变速。

另一路通过鼓风机高速电动机继电器触点搭铁，从而实现鼓风机高速。

高速电动机继电器线圈电路如下：

蓄电池正极→No. 41(100A)熔丝→No. 42(50A)熔丝→点火开关→No. 3(7.5A)→高速电动机继电器线圈→空调电子控制器 ECU→搭铁。

(4) 温度控制电路

蓄电池正极→No. 41(100A)熔丝→No. 42(50A)熔丝→点火开关→No. 3(7.5A)→空调电子控制器 ECU→搭铁。

空调电子控制器 ECU→车内温度、蒸发器温度、车外空气温度、阳光传感器→搭铁。

空调电子控制器 ECU→发动机冷却液温度(ECT)传感器→搭铁。

ECM/PCM→发动机冷却液温度(ECT)传感器→搭铁。

空调电子控制器 ECU→模式控制电动机→搭铁。

空调电子控制器 ECU→空气混调控制电动机→搭铁。

蓄电池正极→No. 41(100A)熔丝→No. 42(50A)熔丝→点火开关→No. 3(7.5A)→压缩机离合器继电器线圈→ECM/PCM→搭铁。

实施及规范

一、常用检修工具及设备

1. 歧管压力表组

歧管压力表组如图 8-27 所示，是汽车空调系统维修中必不可少的设备，它与制冷系统相接，可以进行制冷剂排空、抽真空、加注制冷剂、添加冷冻机油及诊断制冷系统故障等。

(1) 歧管压力表组的组成　歧管压力表组是由高压表、低压表、高压手动阀(HI)、低压手动阀(LO)、阀体及三个软管接头组成。歧管压力表组配有不同颜色的三根连接软管，一般规定蓝色软管用于低压侧(接低压工作阀)，红色软管用在高压侧(接高压工作阀)，黄色(也有绿色)软管用在中间，接真空泵或制冷剂罐。

（2）工作过程

① 高压手动阀（HI）和低压手动阀（LO）同时关闭，可对高、低压侧压力进行检测。

② 高压手动阀和低压手动阀同时打开，全部管道连通。此时接上真空泵则可对系统进行抽真空。

③ 高压手动阀关闭，而低压手动阀打开，则可由低压侧充注气态制冷剂。

④ 高压手动阀打开，而低压手动阀关闭，则可由高压侧充注液态制冷剂，也可排出制冷剂，使系统放空。

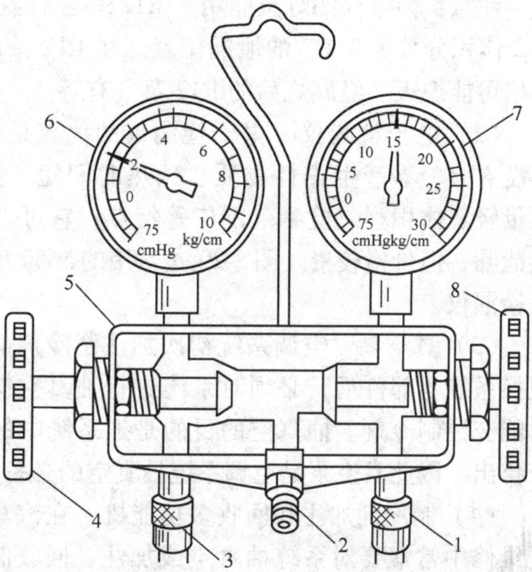

图 8-27　歧管压力表组

1—高压工作阀接口　2—加注、抽真空接口　3—低压工作阀接口　4—低压手动阀　5—阀体　6—低压表　7—高压表　8—高压手动阀

2. 制冷剂注入阀

目前，为便于充注，市场上出现有罐装制冷剂，但它必须有一只注入阀配套才能开罐使用。注入阀的结构如图 8-28 所示。它主要由手柄、接头、板状螺母和阀针组成。使用方法如下：

1）首先将注入阀手柄逆时针旋转，使阀针完全缩回，然后将板状螺母也旋至最高位置。

2）把注入阀装在罐的顶部，然后顺时针转动板状螺母，使其与罐顶上的螺纹连接，于是，注入阀便固定在罐的顶部。

3）将歧管压力表中间的软管与注入阀的接头连接，拧紧。

4）顺时针方向旋转手柄，阀针将把罐顶刺破。

5）加注制冷剂时将手柄逆时针旋转，使阀针提起，与此同时打开歧管压力表相应的手动阀，开始向系统加注。

6）如要停止加注，可再顺时针转动手柄，使阀针下落将被刺穿的小孔封闭，同时关闭歧管压力表的手动阀。

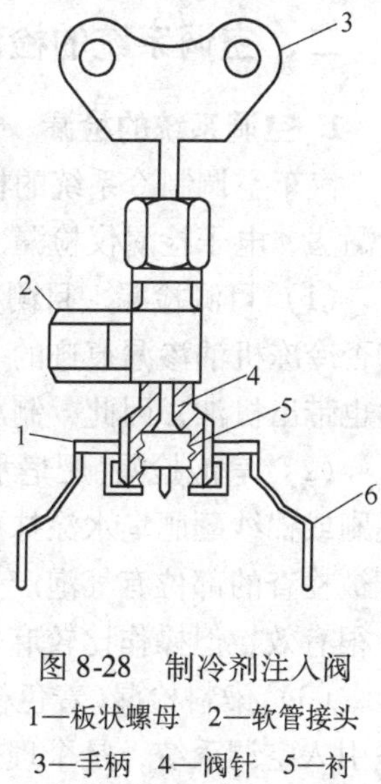

图 8-28　制冷剂注入阀

1—板状螺母　2—软管接头　3—手柄　4—阀针　5—衬垫　6—制冷剂罐

3. 空调专用成套维修设备

（1）卤素检漏灯　卤素检漏灯是检测制冷剂泄漏的工具。

卤素检漏灯使用方法如下：

1）检查储气瓶内液态丙烷是否装满。

2）将储气瓶与漏气检测器主体连接。

3）将划着的火柴插入检漏灯的点火孔里，同时朝逆时针方向缓慢转动调节把手，让储气瓶内的丙烷汽化成气体逸出，遇火焰即燃烧，将卤素检漏灯点燃。

4）在反应板加热到红热状态后，方可使用卤素检漏灯检漏。燃烧的火焰应调节到最小，火焰越小对制冷剂泄漏的反应越灵敏。

5）将吸入管口靠近检测部位，并观察火焰的颜色。

注意：卤素检漏灯只能用于 R12 等含有氯原子的卤代烃制冷剂的检漏，可测出空气中 R12 体积分数为 0.1% 的泄漏位置。在 R12 浓度很大时，火焰可能熄灭。经燃烧后的 R12 蒸气有毒。

（2）电子检漏仪　电子检漏仪的优点是使用方便、不需点火、不产生毒性物质、预热时间短、灵敏度高、质量轻、体积小、检测范围广等特点，它可以探测到微量泄漏，但价格较贵。图 8-29 是常用的 5650 型制冷剂自动检漏仪。

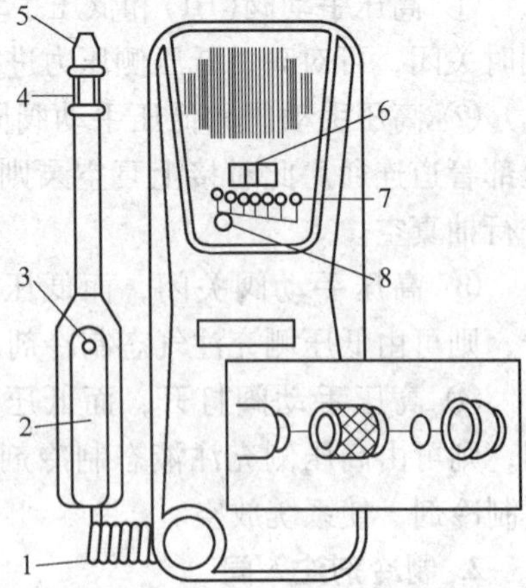

图 8-29　5650 型制冷剂自动检漏仪

1—导线　2—手柄　3—复位键　4—传感器　5—保护套　6—选择开关　7—泄漏强度指示　8—电源指示

（3）真空泵　空调系统初次加注制冷剂前，或拆卸更换系统零部件后，必须对系统进行抽真空操作，然后才能充注制冷剂。抽真空的目的是把系统中的空气和水分排出。因此真空泵是空调系统抽真空的必备设备。

（4）制冷剂加注和回收多功能机　在汽车空调系统的维修中常常要对系统抽真空或加注、回收制冷剂。为了提高维修质量，规范、简化操作程序，特别是防止制冷剂的排空，既防止对环境造成污染，又减少经济损失，在规范的维修站中都配有制冷剂加注、回收多功能机。如美国 SPX 公司 ROBINAIR（罗宾耐尔）制冷剂加注、回收多功能机：17701A 型（R12 专用）、34701 型（R134a 专用）、12135A 型（R12、R134a 共用），以及北京瑞雪飞制冷技术研究所生产的 RX-BH 型多功能机。

二、空调系统的检测

1. 空调系统的检漏

汽车空调制冷系统的检漏方法常用的有目测检漏法、皂泡检漏法、染料检漏法、检漏灯检漏法、电子检漏仪检漏法、抽真空检漏法和加压检漏法等几种。

（1）目测检漏　目测检漏法是指用肉眼查看制冷系统（特别是制冷系统的管接头）部位有否冷冻机油渗漏痕迹的一种检漏方法。因为制冷剂通常与冷冻机油互溶，所以在泄漏处必然也带出机油，因此，制冷系统管道有油迹的部位就是泄漏处。

（2）皂泡检漏（肥皂水检漏）　皂泡检漏是指在检漏时，对施加了压力的制冷系统，用毛刷或棉纱蘸肥皂水涂抹在被检查部位，查看被检查部位是否有气泡产生的一种检漏方法。若被检查的部位有气泡产生，则说明这个部位是泄漏处（点）。肥皂水检漏法简便易行，而且很有效，但操作比较麻烦，维修工采用此法检漏时，要求一定要细致、认真。

（3）染料检漏（着色检漏）　确定冷漏点或压力漏点，把黄色或红色的颜料溶液通过表座引入空调系统，是个理想的方法。染料能指出漏点的准确位置，因为漏点周围有红色和黄色两种染料积存，并且不会影响系统的正常运行。

有的制冷剂中含有染料，如杜邦公司生产的加有红色染料的制冷剂 R12，名字叫 Dytel，其注入空调系统方法和注入 R12 完全一样。

（4）检漏灯检漏　检漏灯（卤素灯）检漏是指在检漏时，利用卤素与吸入的制冷剂燃烧后产生的不同颜色火焰进行检漏的一种方法。

（5）电子检漏仪检漏　用电子检漏仪检漏检查时，应当遵照电子检漏仪制造厂家的有关规定。一般按下列步骤进行：

1）转动控制器或敏感性旋钮至断开(OFF)或0位置。

2）电子检漏仪接入规定电压的电源，接通开关。如果不是电池供电，应有5min的升温期。

3）升温期结束后，放置探头于参考漏点处，调整控制器和敏感性旋钮至检漏仪有所反应为止，移动探头，反应应当停止，如果继续反应，则是敏感性调整得过高，如果停止反应，则是调整合适。

4）移动检漏软管，依次放在各接头下侧，还要检查全部密封件和控制装置。

5）断开和系统连接的真空软管，检查真空软管接头处有无制冷剂蒸气。

6）如发生漏点，检漏仪就会出现像放置在参考漏点处的反应状况。

7）探头和制冷剂的接触时间不应过长，也不要把制冷剂气流或严重泄漏的地方对准探头，否则会损坏探测仪的敏感元件。

(6) 抽真空检漏(负压检漏)　抽真空检漏，通过做气密性试验法进行检漏，是对制冷系统抽真空以后，保持一段时间(至少60min)，观察系统中的真空压力表指针是否移动(即指针是否发生变化)的一种检漏方法。要指出的是，采用这种方法检漏，只能说明制冷系统是否泄漏，而不能确定泄漏的具体部位。

(7) 加压检漏(正压检漏)　加压检漏法是指将1.5～2MPa压力的氮气、二氧化碳或混有少量制冷剂的氮气、二氧化碳等介质加入制冷系统中，再用肥皂水或卤素检漏灯进行检漏的一种方法。这种方法常用于空调制冷系统中的制冷剂全部漏光时的检漏。要注意的是，在高压条件下操作时尽量不要用空气压缩机加压或制冷系统本身的压缩机加压，因为这样会使制冷系统带入一部分水分。

2. 空调系统的压力检测和温度检测

汽车空调简单性能测试的方法是用压力表组测量其高、低压力值，以及用温度计测量空调器吹出的空气温度。检测步骤：

1）将压力表组表阀和空调制冷系统压缩机吸、排气检修阀连接。连接时，先关死高、低压手动阀，并在接好后，排除胶管内的空气，否则管内空气会跑到制冷系统内。

2）起动发动机，使压缩机的转速保持在2000r/min；置空调控制板上的功能选择键在“Max”(或A/C)位置，温度键于“Cool”位置，风扇键于“Hi”位置，并打开车窗门。用大风扇对准冷凝器吹风。

3）将一根玻璃温度计放进中风门空调出风口，而将干湿温度计放在车内空气循环进气口处，湿温度计的球部要覆盖饱蘸水的棉花。

4）空调系统至少要正常工作15min后，才能进行测试工作，记录数据。空调的正常值要达到标准要求。

3. 制冷剂排空

制冷剂排空有两种方法，一种是传统排空法；另一种是回收排空法

(1) 传统排空方法　传统排空方法见图8-30。

1）把歧管压力表组连接到系统的高、低压检修阀上。

2）起动发动机并使转速维持在1000～1200r/min，并运行10～15min。

3）风扇开至高速运转，将系统中所有的控制开关都放到最冷位置使系统达到稳定

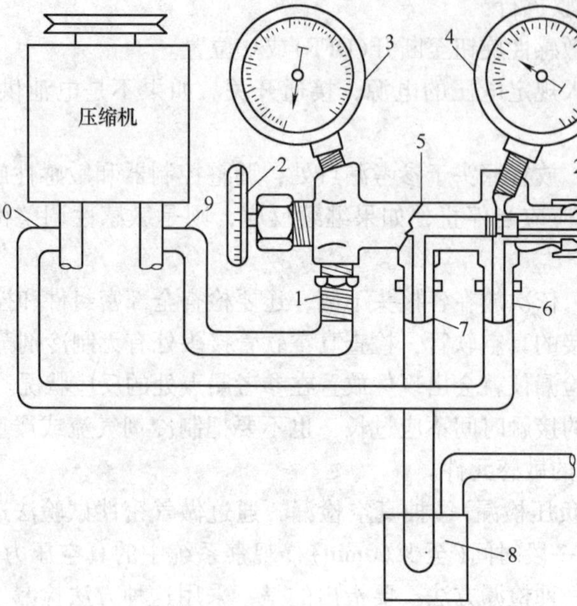

图 8-30　传统排空方法

1—低压管　2—手柄　3—低压表　4—高压表　5—表阀
6—高压管　7—维修软管　8—集油罐　9—吸气阀　10—排气阀

状态。

4）把发动机转速调到正常怠速状态。

5）关闭空调的控制开关，关闭发动机。

6）打开歧管压力表组上的高、低压阀，让制冷剂从中间软管流入回收装置中。

7）歧管压力表组的高、低压力表指示为零，说明系统内制冷剂已排空。

（2）回收排空法　用表阀系统将汽车空调制冷系统中的制冷剂引入回收到储液瓶。其中，高压阀连接压缩机排气管，低压阀连接压缩机吸气管。表阀的中间接口连接 ϕ60mm × 100mm 的钢瓶。钢瓶的底部有一个截止阀，用来放卸制冷剂带出的冷冻机油。降压时，先慢慢拧开低压手动阀，让制冷剂徐徐流出而尽量不带出冷冻机油。当压力下降到 345kPa 时，再慢慢拧开高压手动阀，让制冷剂经降压、除酸、干燥、过滤等工序处理后，重新压缩、冷凝、液化，装入储液瓶中。在此过程中，对生成的酸性物质的清除，常采用中和法或膜处理方法，使酸性物质自动分离；对混入制冷剂中的水分清除采用分子筛吸附，使制冷剂的含水量降低到可重新使用的标准(含水量小于质量分数 0.001%)；对不溶杂质(如铁屑、油污、灰尘等)，可采用空调用的过滤装置加以清除。

注意事项：

1）回收场地应通风良好，不要使排出的制冷剂靠近明火，以免产生有毒气体。

2）制冷剂排出而冷冻机油并非全部排出，因此应测定排出的油量，以便补充。

4. 抽真空

抽真空的目的是排除制冷系统内残留的空气和水分，同时也可进一步检查系统的密闭性，为向系统内充注制冷剂做好准备。实际上抽真空并不能直接把水分抽出制冷系统，而是压力降低后水的沸点也降低了，水分汽化成水蒸气抽出系统外。抽真空管路连接如图 8-31

所示。

具体操作过程如下：

1）将歧管压力表的两根高、低压软管分别接在高、低压侧气门阀上，将其中间软管与真空泵相连接。

2）打开歧管压力表上的高、低压手动阀，起动真空泵，观察低压表的指针，应该有真空显示。

3）连续抽5min后，低压表应达到0.03MPa（真空度），高压表略低于零，如果高压表不能低于0刻度，表明系统内有堵塞，应停止，修复后，再抽真空。

4）真空泵工作15min后，低压表指针应在0.01～0.02MPa之间。如果达不到此数值，这时应关闭高、低压手动阀，观察低压表的指针，如果指针上升，说明真空有损失，系统有漏点，应停止，修复后才能继续抽真空。

5）系统压力接近于真空时，关闭高、低压手动阀，保压5～10min。如低压表指针不动，则打开高、低压手动阀开启真空泵，继续抽真空，抽真空的时间不得少于30min，如时间允许，可再长些。

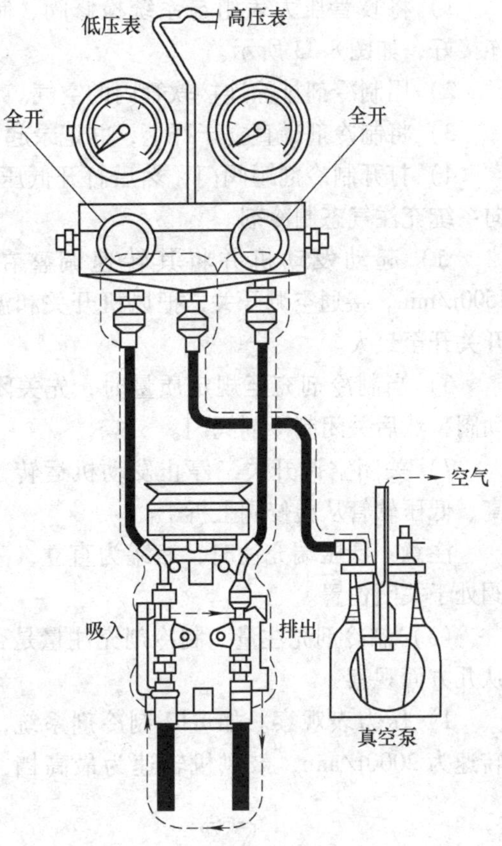

图8-31　抽真空管路连接

6）抽真空结束时，先关闭高、低压手动阀，再关闭真空阀，其目的是防止空气进入制冷系统。这样，就可以向系统中加注冷冻机油或充注制冷剂。

5. 制冷剂充注

在制冷系统经过抽真空并确认没有泄漏后，可开始对系统充注制冷剂。充注方法主要有两种：一种是从高压端充注，另一种是低压端充注法

（1）高压端充注法

1）将歧管压力表组与系统检修阀、制冷剂罐连接好，如图8-32所示。

2）用制冷剂排除连接软管内的空气，具体方法是：先关闭高、低压手动阀，拆开高压端检修阀和软管的连接，然后打开高压手动阀，最后打开制冷剂瓶罐上的阀门。当软管排出制冷剂气体后，迅速将软管与检修阀连接，并关闭高压手动阀。用同样的方法清除低压端连接软管内的空气，然后关闭好高、低压手动阀及制冷剂瓶罐上的阀门。

3）将制冷剂罐倾斜倒置于磅秤上，并记录起始质量。

4）打开制冷剂瓶罐上阀门，然后缓慢打开高压手动阀，制冷剂注入系统内，当磅秤指示到达规定质量时，迅速关闭制冷剂阀门。

5）关闭高压手动阀，充注结束。

注意：高压端充注制冷剂时，严禁开启空调系统，也不可打开低压手动阀。

(2) 低压端充注法

1）将歧管压力表组与系统检修阀、制冷剂罐连接好，如图 8-33 所示。

2）用制冷剂排除连接软管内的空气。

3）将制冷剂罐直立于秤上，并记录起始质量。

4）打开制冷剂罐阀门，然后打开低压手动阀，向系统充注气态制冷剂。

5）起动发动机并将其转速调整在 1250 ~ 1500r/min，接通空调开关，把风机开关和温度控制开关开至最大。

6）当制冷剂充至规定质量时，先关闭低压手动阀，然后关闭制冷剂阀门。

7）关闭空调开关，停止发动机运转，迅速将高、低压软管从检修阀上拆下。

注意：低压端充注时，瓶罐为直立，高压手动阀处于关闭位置。

(3) 制冷剂充注量　制冷剂充注量是否合适可从几方面观察：

1）压力表观察。如 R12 制冷剂系统，发动机转速为 2000r/min，鼓风机转速为最高档，气温为

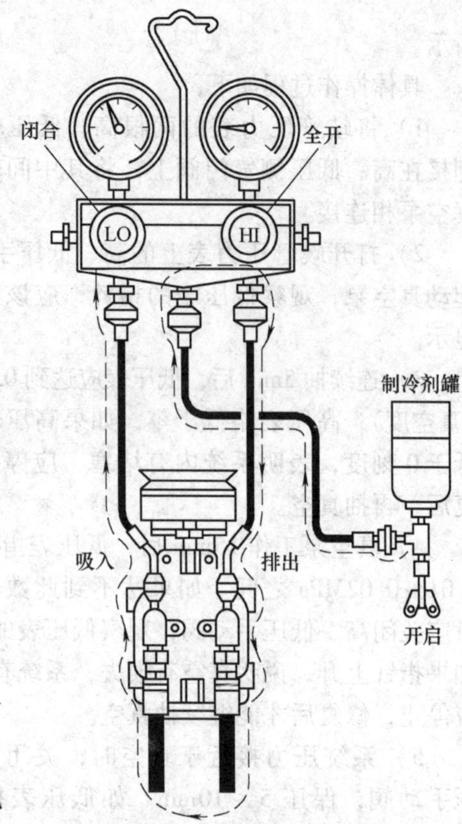

图 8-32　高压端充注法管路连接

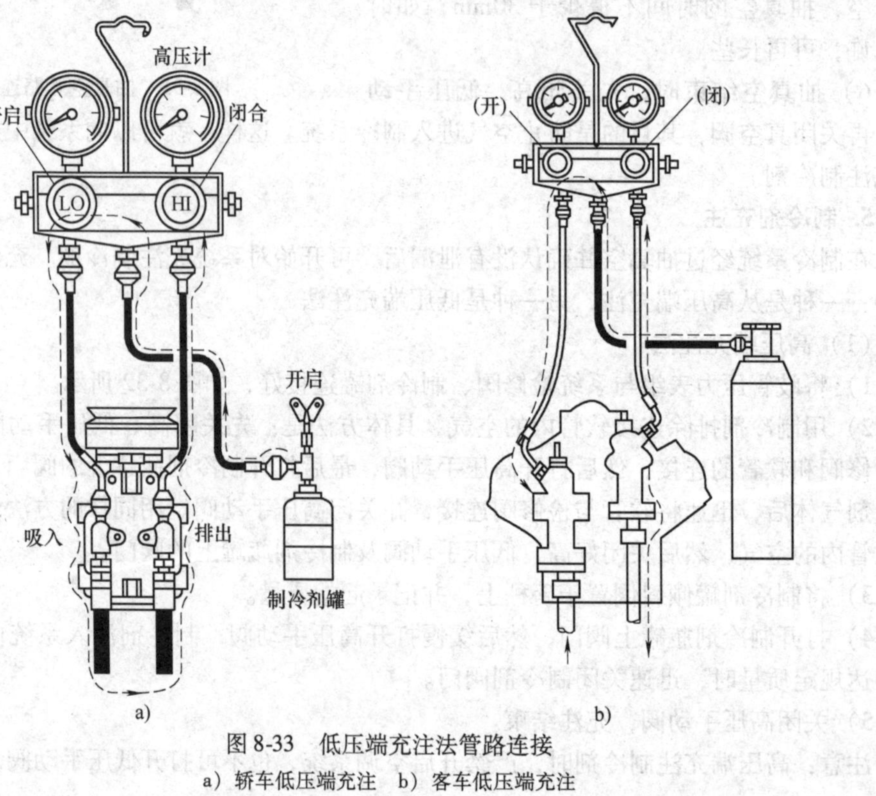

图 8-33　低压端充注法管路连接

a）轿车低压端充注　b）客车低压端充注

30～35℃时，系统内低压侧压力应为0.15～0.19MPa，高压侧压力应为1.37～1.67MPa。R134a制冷剂系统压力稍低。

2）储液干燥器上视液窗观察。系统工作时视液窗内清亮、无气泡，可观察到有液体流动。

3）参照厂方提供的手册加注。

（4）注意事项

1）由于目前汽车空调制冷系统所用制冷剂有R12和R134a两种，因此，加注前首先要查明系统所用制冷剂类型。

2）加注制冷剂前注意排空连接软管内的空气，特别是用小瓶罐加注时，每次换罐后都要对连接软管内空气进行排空。

3）加注后，拆卸软管时应注意防止软管内残留的制冷剂损伤眼睛及皮肤。

6. 冷冻机油添加

（1）压缩机冷冻机油油量的检查　压缩机冷冻机油油量的检查方法一般有两种：

1）观察视镜。通过压缩机上安装的视液镜，可观察冷冻机油量，如果压缩机冷冻机油面达到观察高度的80%位置，一般认为是合适的，如果油面在这个界限之下，则应添加冷冻机油；如果在这个位置之上，则应放出多余的冷冻机油。

2）观察油尺。未装视液镜的压缩机，可用量油尺检查其油量。这种压缩机有的只有一个油塞，油塞下面有的装有油尺，有的没有油尺，需要另外用专用油尺插入检查。观察油面的位置是否在规定的上下限之间。

（2）添加冷冻机油　添加冷冻机油一般可在系统抽真空之前进行，添加方法有：

1）直接加入法。将冷冻机油装入干净的量瓶里，从压缩机的旋塞口直接倒入即可，这种方法适合于更换蒸发器、冷凝器和储液干燥器时采用。

2）真空吸入法

① 首先将系统抽真空到100kPa。

② 准备一带刻度的量杯并装入稍多于所添加量的冷冻机油。

③ 关闭高压手动阀及辅助阀门，将高压软管一端从歧管压力表组上卸下，并插入量杯中，如图8-34所示。

④ 打开辅助阀门，油从量杯内被吸入系统。

⑤ 当油面到达规定刻度时，立即关闭辅助阀门。

⑥ 将软管与歧管压力表组连接，打开高压手动阀，起动真空泵，先对高压软管抽真空，然后打开辅助阀门对系统抽真空。

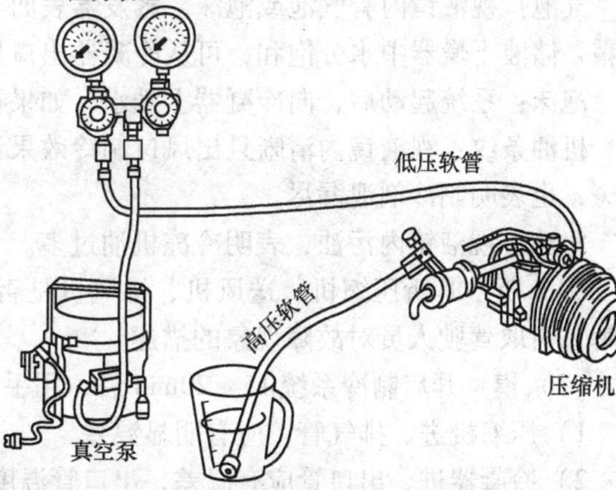

图8-34　真空吸入法添加冷冻机油

（3）冷冻机油添加量

1）系统新加油量。新装汽车空调系统中，只有压缩机内装有冷冻机油，油量一般为280～350g。不同型号的压缩机内充油量也不同，具体可查看供应商手册。

2）补充油量。维修当中，如果更换了系统部件或管路，由于这些部件中残存有冷冻机油，因此，更换的同时应当向系统内补充冷冻油。

如果更换压缩机，新压缩机内原有油量应减去上述部件残存油量上限之和。

注意事项：

① R12 与 R134a 制冷剂所用冷冻机油牌号不同，因此，添加冷冻机油时应注意防止混淆。

② 添加时应保证容器的洁净，防止水分或杂物混入油中。

三、空调系统基本诊断检测

1. 基本判断

基本方法是指根据看、听、摸等方式直观感觉到故障的部位。

（1）看

1）首先查看仪表板上的压力、冷却液温度、油压及各性能指示灯是否显示正常。

2）观察冷凝器、蒸发器及管路连接处是否有油污，如有则说明有制冷剂和冷冻润滑油泄漏。

3）系统部件和管路接头处是否有结霜、结冰现象。

4）从储液干燥器视液镜观察制冷剂量如图 8-35 所示。

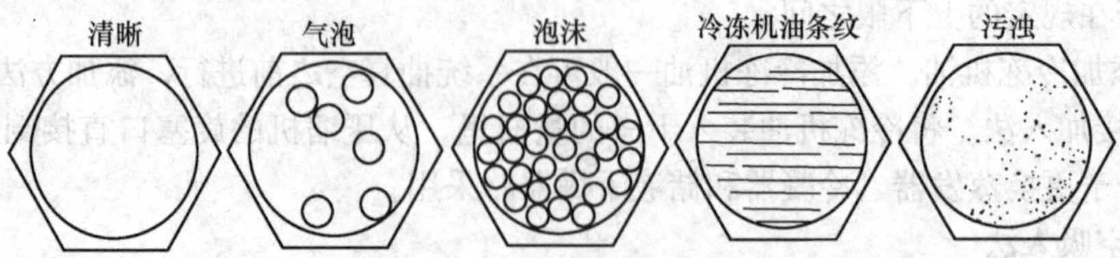

图 8-35　储液干燥器视液镜观察制冷剂量

清晰：空调系统起动初始，视液镜内有气泡流动，片刻后气泡消失，这表明是工作正常。

气泡：视液镜内有气泡或泡沫，蒸发器表面有结霜，表明制冷剂不足。如蒸发器表面不结霜，储液干燥器中水分饱和，可从冷凝器出口处取出储燥器，将之烘干后重新装入。

泡沫：系统起动后，向冷凝器上溅水，如果视液镜内无气泡出现，表明制冷剂过多。

机油条纹：视液镜内清晰且出风口制冷效果不良，表明制冷剂泄尽。如果视液镜内布满油斑，也表明制冷剂泄漏尽。

污浊：视液镜内污浊，表明冷冻机油过多。

（2）听　耳听压缩机、送风机、排风机是否有异常声音。作为维修人员，还应当仔细了解、听取驾驶人员对故障现象的描述。

（3）摸　开启制冷系统 15 ~ 20min 后，用手触摸系统部件，感受其温度。

1）压缩机进、排气管，应有明显温差。

2）冷凝器进、出口管应有温差，出口管温度应低于进口处温度。

3）储液干燥器进、出口温度的比较：进口温度与出口温度相等时，表示冷气系统正常；进口温度低于出口温度时，表示制冷剂不足；进口温度高于出口温度时，表示制冷剂过多。

4）膨胀阀进、出口温差明显。

注意：在用手触摸高压区部位时要防止烫伤。如果压缩机高、低压侧之间没有明显温差，则说明制冷剂泄漏严重。

2. 压力表组检测

制冷系统工作时，内部压力变化与温度是密切相关的，这正是进行仪表诊断的依据。我们可根据压力的变化情况，进一步诊断出系统可能出现故障的原因及部位。对于制冷系统而言，歧管压力表组是最常用的工具。

（1）诊断方法　首先将压力表组的高、低压手动阀关闭，然后将压力表组的高、低压软管分别连接到系统的高、低压检修阀上，并利用系统内制冷剂压力排除管内空气。起动空调系统，待压力表指示稳定后即可读取压力值。

（2）诊断标准

R134a 空调系统压力正常范围：压力表读数：低压侧为 0.15 ~ 0.25MPa；高压侧为 1.37 ~ 1.57MPa。

R12 空调系统正常工作压力范围：压力表读数：低压侧为 0.15 ~ 0.20MPa；高压侧为：1.45 ~ 1.50MPa。

根据车型不同，测试工况不同，压力范围略有差异。

制冷系统的故障，经常用系统内各部位的压力进行分析，制冷效果、制冷剂泄漏也是分析事故的重要依据。电气系统方面的故障常表现为：电气元件损坏，熔丝烧断、触头接触不良、过载烧坏、电动机不工作等，这些故障使制冷循环停止工作，并且常伴有异味、过热等现象；机械元件出现异常一般为压缩机、风机、传动带轮、离合器、膨胀阀、轴封、热交换器、轴承、阀片等出现故障。

四、常见故障的诊断

汽车空调系统故障包括电器故障、功能部件的机械故障、制冷剂和冷冻机油引起的故障等。这些故障集中表现为系统不制冷、制冷不足或异响等。

1. 系统不制冷

（1）故障现象　起动发动机并稳定在 1500r/min 左右运行 2min，打开空调开关及鼓风机开关，冷气口无冷风吹出。

（2）故障原因

① 熔断器熔断，电路短路。

② 鼓风机开关、鼓风机或其他电器元件损坏。

③ 压缩机传动带过松、断裂，密封性差或其电磁离合器损坏。

④ 制冷剂过少或无制冷剂。

⑤ 储液干燥器（或积累器）、膨胀阀滤网（或膨胀管）、管路或软管堵塞。

⑥ 膨胀阀感温包损坏。

（3）故障诊断　空调系统不制冷的原因有风机不工作、出风口无风和风机工作正常但不制冷两方面，而风机工作正常，又可能有压缩机工作、压缩机不工作两种现象。系统不制冷的故障诊断流程见图 8-36。

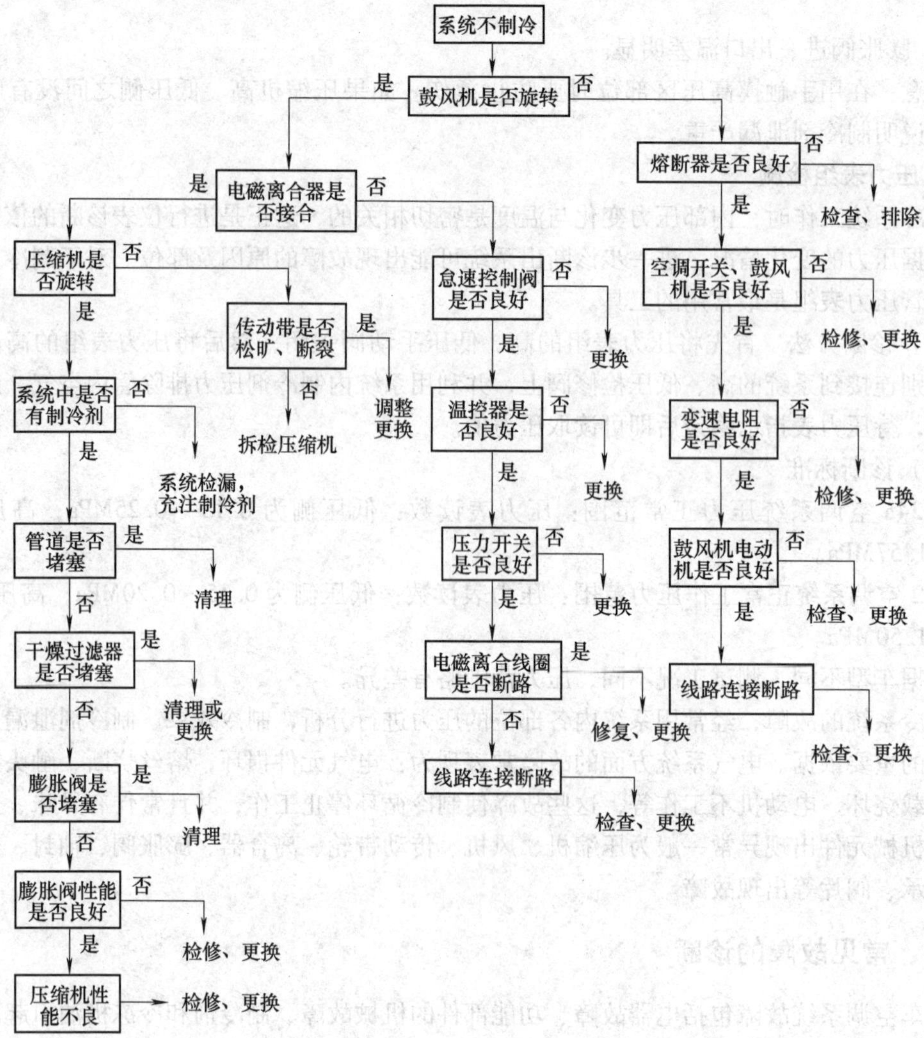

图 8-36　系统不制冷的故障诊断流程

2. 系统制冷不足

（1）故障现象　空调系统长时间运行，车厢内温度能够下降，但吹风口吹出的风不冷，没有清凉舒适的感觉。

（2）故障原因及诊断　当外界温度为 34℃左右，出风口温度 0～5℃，此时车厢内温度应达到 20～25℃。若达不到此温度，说明空调系统有问题。凡是引起膨胀阀出口制冷剂流量下降的一切因素，均可以导致系统制冷不足。此外，系统高低压侧压力、温度超过或低于标准值也会引起制冷不足。所以，引起制冷不足的主要是制冷剂、冷冻机油和机械方面的原因。

1）制冷剂注入量太多，引起高压侧散热能力下降，导致制冷效能不良。

2）制冷剂和冷冻机油脏污，使储液干燥器、膨胀阀发生堵塞，导致通向膨胀阀的制冷剂流量下降，引起制冷不足。

3）制冷剂和冷冻机油中水分过多，导致膨胀阀节流孔出现冰堵，制冷能力下降。

4）系统中含空气过多，使冷凝器散热能力下降。

5）由于压缩机密封不良漏气、传动带松弛打滑、电磁离合器打滑等导致压缩机排气温度和压力降低，出现制冷不足。

6）冷凝器表面积污太多、冷凝器变形等，导致冷凝器散热能力降低。

7）膨胀阀开度调整过大，蒸发器表面结霜，膨胀阀感温包捆扎不紧或外面的隔热胶带松脱，造成开启度过大，导致系统制冷不足。另外，膨胀阀开度过小，使流入蒸发器制冷剂量减少，也会引起制冷不足。

8）送风管堵塞或损坏。

9）温控器性能不良，使蒸发器表面结霜，冷风通过量减少，引起制冷不足。

10）鼓风机开关、变速电阻、鼓风机电动机、继电器、线路等工作不良，导致冷风量减少。

（3）故障诊断 系统制冷不足的故障诊断流程见图 8-37。

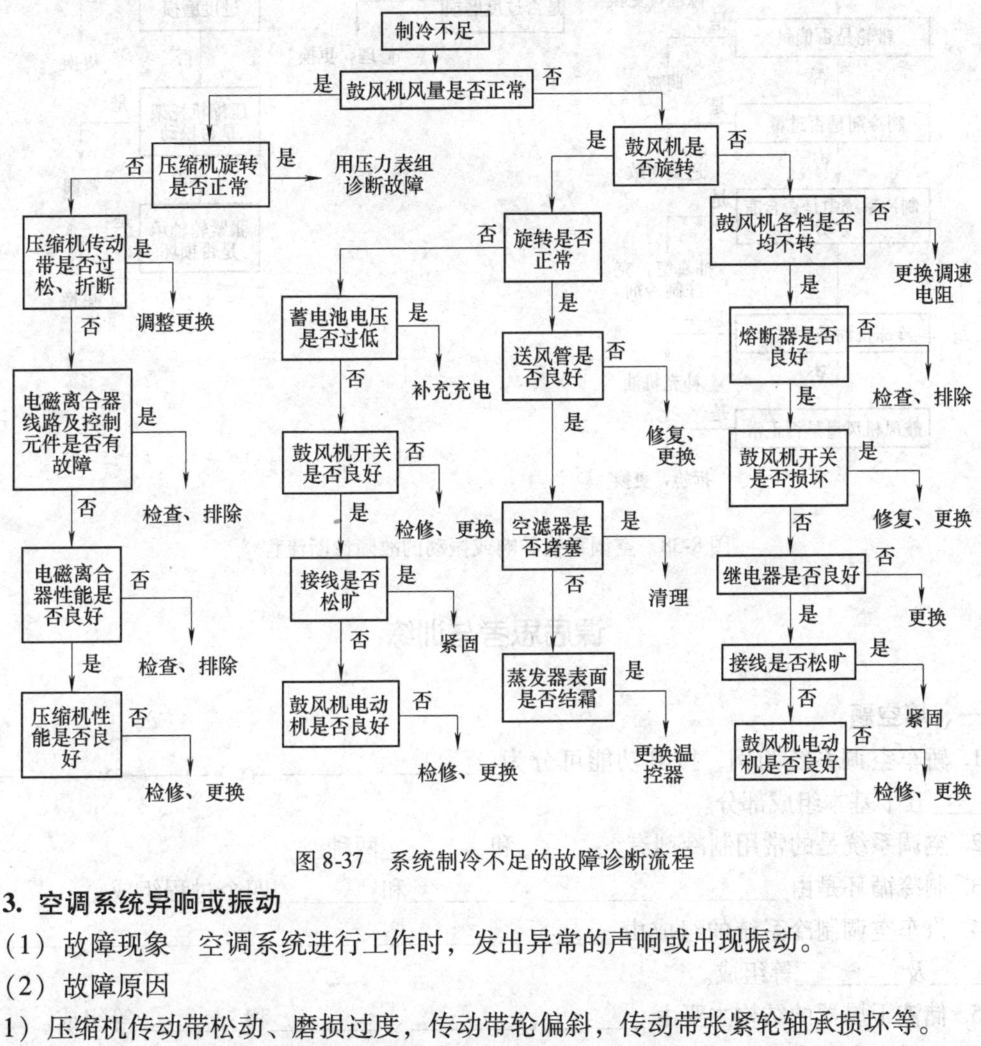

图 8-37 系统制冷不足的故障诊断流程

3. 空调系统异响或振动

（1）故障现象 空调系统进行工作时，发出异常的声响或出现振动。

（2）故障原因

1）压缩机传动带松动、磨损过度，传动带轮偏斜，传动带张紧轮轴承损坏等。

2）压缩机安装支架松动或压缩机损坏。

3）冷冻机油过少，使配合副出现干摩擦或接近干摩擦。

4）由于间隙不当、磨损过度、配合表面油污、蓄电池电压低等原因造成电磁离合器打滑。

5）电磁离合器轴承损坏，线圈安装不当。

6）鼓风机电动机磨损过度或损坏。

7）系统制冷剂过多，工作时产生噪声。

（3）故障诊断　空调系统异响或振动的故障诊断流程见图 8-38。

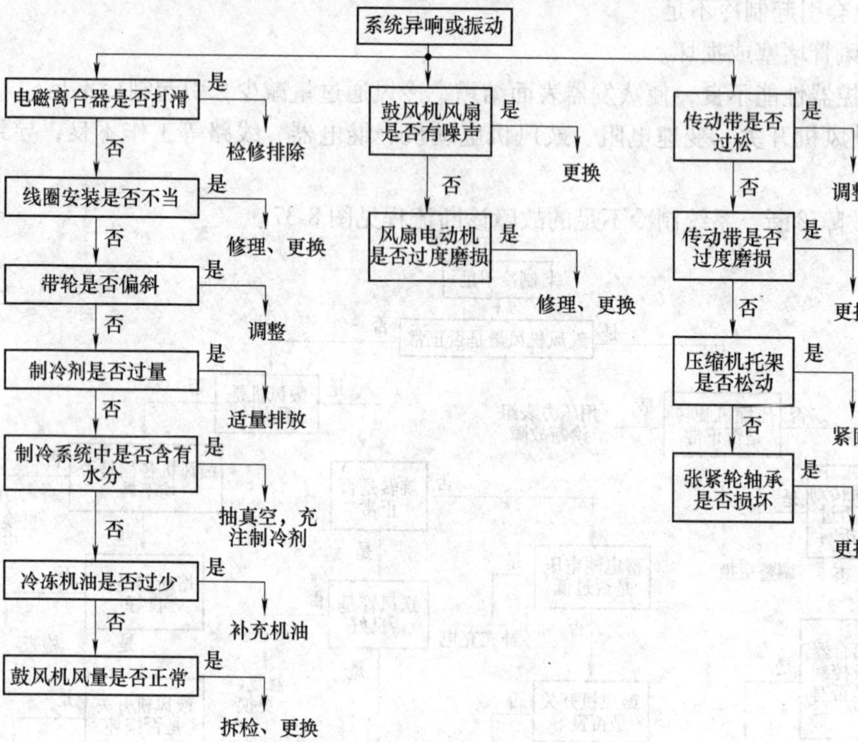

图 8-38　空调系统异响或振动的故障诊断流程

课后思考与训练

一、填空题

1. 轿车空调系统为例，按其功能可分为________、________、________、________和________五个基本组成部分。

2. 空调系统是的常用制冷剂有________和________两种。

3. 制冷循环是由________、________、________和________四个过程组成。

4. 汽车空调制冷系统的组成由________、________、________、________、________及________等组成。

5. 储液干燥器的结构主要由________、________和________等组成。

6. 电磁离合器由________、________、________等组成。

二、判断题

1. 电磁离合器是压缩机总成的一部分。( )
2. 冷凝器安装在车厢内。( )
3. 蒸发器安装在车厢内。( )
4. 膨胀阀能控制调节制冷剂流量的大小。( )
5. 通过视液镜可以看到制冷剂的流动状态，从而判断制冷系统的工作状况。( )
6. A/C 开关用于控制汽车空调是否投入工作。( )
7. 空调不能作为强制通风换气装置使用。( )
8. 温度传感器通过检测蒸发器表面的温度，控制电磁离合器的工作。( )
9. R134a 空调制冷系统压力比 R12 系统压力低。( )
10. 若在高速超车时，继续使用空调，会使车辆加速性能降低。( )

三、简答题

1. 汽车空调系统的功用是什么，主要由哪几部分组成?
2. 汽车空调制冷系统主要由哪些部件组成，各部件的功用是什么?
3. 什么是制冷循环? 制冷循环过程分为哪四个过程? 汽车空调系统是怎样将车内温度降低的?
4. 如何对空调系统进行检漏?
5. 如何对空调系统进行抽真空?
6. 如何对通过视液镜观察判断空调系统的技术状态?
7. 如何对空调系统不制冷故障诊断排除?
8. 如何对空调系统制冷不足故障诊断?
9. 如何对空调系统异响诊断排除?
10. 分析桑塔纳 2000 系列轿车空调控制系统?

学习情境九

典型车系电路分析

任务一　桑塔纳轿车电路分析

学习目标

1. 了解汽车电路图的种类。
2. 熟悉电路识图的基本方法。
3. 理解桑塔纳车系电路原理。
4. 能识读汽车电路图的一般要领和基本步骤。
5. 能读懂桑塔纳轿车电路图，会根据电路图分析电路原理。

情境描述

一辆桑塔纳时代超人，在高速公路上发生追尾事故后，将发动机修好及车身修复后，发现多个灯系无法正常工作。售后客户经理要求你对全车线束进行全面的检测与排查，并提交一份修复计划。

相关知识

一、电路识图的基本方法

1. 认真读图注

图注说明了该汽车所有电气设备的名称及其数码代号，通过读图注可以初步了解该汽车都装配了哪些电气设备。然后通过电气设备的数码代号在电路图中找出该电气设备，再进一步找出相互连线、控制关系。

2. 牢记电气图形符号

汽车电路图是利用电气图形符号来表示其构成和工作原理的。因此，必须牢记电气图形符号的含义，才能看懂电路原理图。

3. 牢记汽车电路特点

牢记汽车电路的单线制、负极搭铁、用电设备并联等特点。

4. 牢记回路原则

任何一个完整的电路都是由电源、熔断器、开关、控制装置、用电设备、导线等组成。电流流向必须从电源正极出发，经过熔断器、开关、控制装置、导线等到达用电设备，再经过导线(或搭铁)回到电源负极，才能构成回路。因此电路读图时，有三种思路：

思路一：沿着电路电流的流向，由电源正极出发，顺藤摸瓜查到用电设备，开关、控制装置等，回到电源负极。

思路二：逆着电路电流的方向，由电源负极(搭铁)开始，经过用电设备、开关、控制装置等回到电源正极。

思路三：从用电设备开始，依次查找其控制开关、连线、控制单元，到达电源正极和搭铁(或电源负极)。

实际应用时，可视具体电路选择不同思路，但有一点值得注意：随着电子控制技术在汽车上的广泛应用，大多数电气设备电路同时具有主回路和控制回路，读图时要兼顾两回路。

5. 浏览全图，分割各个单元系统

要读懂汽车电路图，首先必须掌握组成电路的各个电器元件的基本功能和电器特性。在大概掌握全图的基本原理的基础上，再把一个个单元系统电路分割开来，这样就容易抓住每一部分的主要功能及特性。

在框划各个系统时，一定要遵守回路原则，注意既不能漏掉各个系统中的组件，也不能多框划其他系统的组件，一般规律是：各电器系统只有电源和总开关是公共的，其他任何一个系统都应是一个完整的独立的电器回路，即包括电源、开关(熔丝)、电器(或电子线路)、导线等。从电源的正极经导线、开关、熔丝至电器后搭铁，最后回到电源负极。

6. 熟记各局部电路之间的内在联系和相互关系

从整车电路来讲，各局部电路除电源电路公用外，其他单元电路都是相对独立的，但它们之间也存在着内在联系(如信号共享)。因此，识图时，不但要熟悉各局部电路的组成、特点、工作过程和电流流经的路径，还要了解各局部电路之间的联系和相互影响。这是迅速找出故障部位、排除故障的必要条件。

7. 掌握各种开关在电路中的作用

对多层多档接线柱的开关，要按层、按档位、按接线柱逐级分析其各层各档的功能。有的用电设备受两个以上单档开关(或继电器)的控制，有的受两个以上多档开关的控制，其工作状态比较复杂。当开关接线柱较多时，首先抓住从电源来的一两个接线柱，再逐个分析与其他各接线柱相连的用电设备处于何种档位，从而找出控制关系。

对于组合开关，实际线路是在一起的，而在电路图中又按其功能画在各自的局部电路中，遇到这种情况必须仔细研究识读。

8. 全面分析开关、继电器的初始状态和工作状态

在电路图中，各种开关、继电器都是按初始状态画出的。即按钮未按下、开关未接通，继电器线圈未通电，其触点未闭合(指常开触点)，这种状态称为原始状态。在识图时，不能完全按原始状态分析，否则很难理解电路的工作原理，因为大多数用电设备都是通过开关、按钮、继电器触点的变化而改变回路的，进而实现不同的电路功能。所以，必须进行工作状态的分析。

9. 掌握电器装置在电路图中的位置

大量电器装置是机电合一的，在电路图上表示时，厂家为了使画法既简单(便于画图)

又便于识图，多根据实际情况采用集中或分开表示法。

集中表示法是把一个电器装置的各组成部分，在图上集中绘制的一种表示方法。此法仅适用于较简单的电路。

分开表示法，如把继电器的线圈、触点分别画在不同的电路中，用同一文字符号或数字符号将分开部分联系起来。

10. 先易后难

有些汽车电路图的某些局部电路可能比较复杂，一时难以看懂，可以暂时将其放一放，待其他局部电路都看懂后，结合看懂图中与该电路有联系的有关信息，再来进一步识读这部分电路。

11. 注意搜集资料和经验积累

对于看不懂的电路要善于请教有关人员，同时还要善于查找收集相关资料；注意深入研究典型汽车电路，做到触类旁通；特别注意实际工作经验的积累，新技术、新工艺的应用和创新。

注：此外，汽车电子控制系统越来越多，其读图方法除以上所述要领适用外，以下方法与步骤对汽车电子控制系统的读图很有帮助。

要以电控系统的 ECU 为中心，因为这是整个系统的控制中心，所有电器部件都必然与这里发生关系。

对 ECU 的各个端子有大致印象，弄清楚分为几个区域，各区端子排列的规律。

找出该系统给 ECU 供电的电源线有哪些，注意一般 ECU 都不止一根电源线，弄清楚各电源线的供电状态(如常火线或开关控制)。

找出该系统的搭铁线有哪些，注意分清哪些是在 ECU 内部搭铁，哪些是在车架上搭铁，哪些是在各总成机体上搭铁。

找出哪些是系统的信号输入传感器，各传感器是否需要电源，并找出相应的电源线，该传感器在何处搭铁。

找出系统的执行器有哪些，弄清电源供给和搭铁情况，电脑控制执行器的方式(控制搭铁端或电源端)。

二、桑塔纳车系电路识图

1）整车电气系统正级电源分三路，如图 9-1 所示。标有“30”的为常火线，电压为 12V，即与蓄电池直接相连，中间不经过任何开关，不论是停车时或发动机处于熄火状态均有电。专供发动机熄火时也需用电的电器使用，如停车灯、制动灯、报警灯、顶灯、冷却风扇电动机等；标有“15”的为小容量电器火线，它要在点火开关接通后方能有电；标有“X”是在发动机正常工作时才投入工作而起动瞬间不工作的大容量火线(发动机起动后方能接通的大容量火线)。

2）搭铁线也分三路(图 9-1)：标有“①”的为搭铁线；标有“②”、“③”、“④”的为中央线路板搭铁线；标有“⑦”的为尾灯线束搭铁线。而标有“31”的为中央线路板内搭铁线。

3）对照图 9-1 可知，J_2 为继电器(电子控制的复合式上)。圈内标号为 12，表示该继电器位于中央线路板上第 12 位。

4）S 代表熔断器，下脚标号代表该熔断器在中央线路板上的位置。如 S_{19} 表示该熔断器处于中央线路板第 19 位，熔断器的容量可以从它的颜色来判断：红色为 10A，蓝色为 15A，

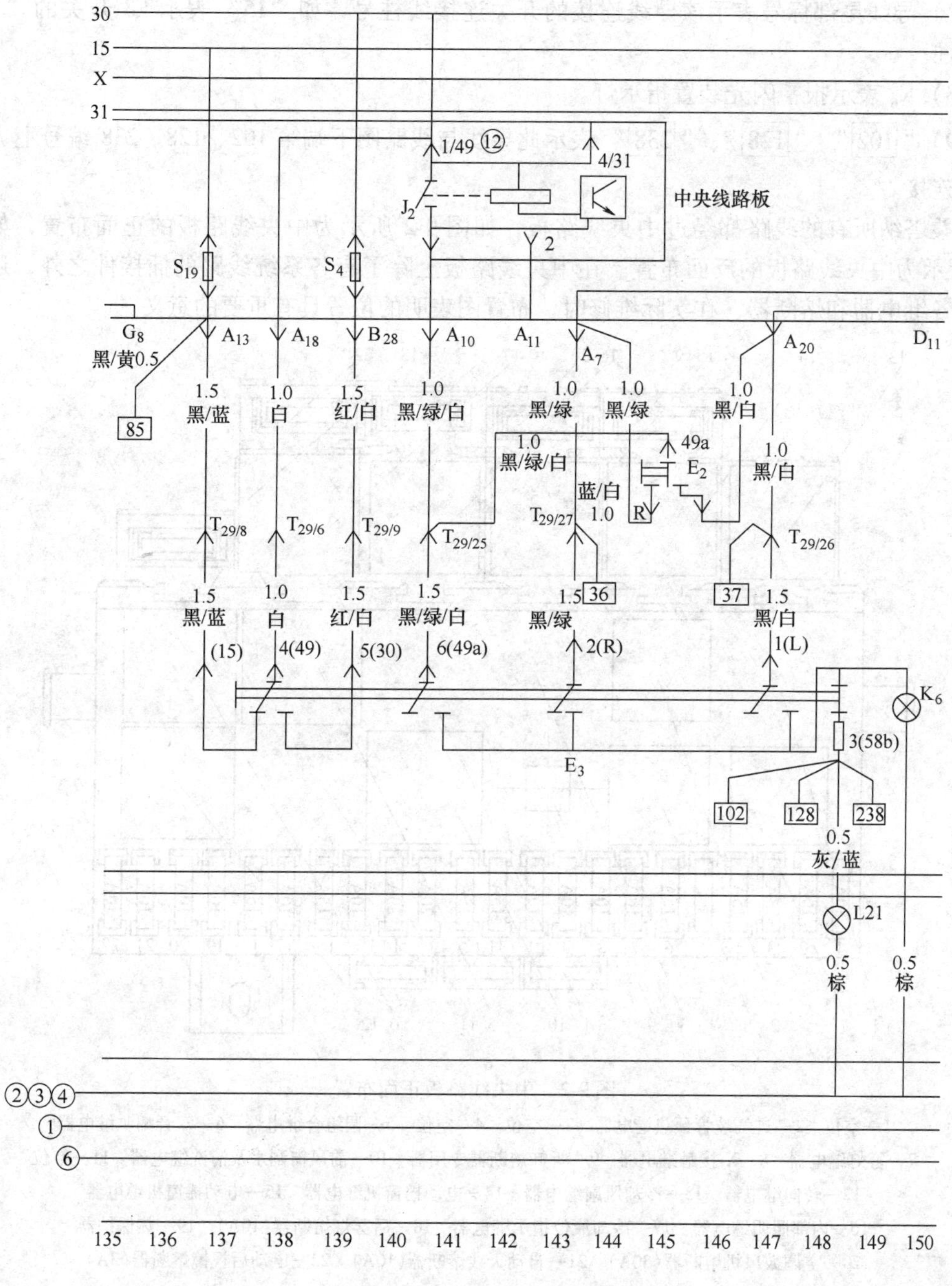

图 9-1　桑塔纳系列轿车电路图(部分)

绿色为30A，黄色则为20A。

5）A13为中央线路板接线说明，该蓝色/黑色导线连接在中央线路板A线束第13位插头上。以此类推，B28即在B线束第28位插头上。导线上标有数字表示线的截面积，如1.5、1.0、2.5分别表示该线截面积为1.5mm^2、1.0mm^2、2.5mm^2。

6）$T_{29/8}$表示连接插头，即29孔插头的第8位上。以此类推，$T_{29/6}$表示29孔插头的第6位。

7）导线尾部标号表示该导线连接的开关连接线柱号，如“15”表示 E3 开关的“15”接线柱。

8）K_6 表示报警闪光装置指示灯。

9）“102”、“128”、“238”表示此导线与线路图下端第 102、128、238 编号上方的导线连接。

桑塔纳所有的线路都经过中央线路板，如图 9-2 所示为中央线路板的正面布置，如图 9-3所示为中央线路板的反面布置。在中央线路板上除了有各系统线路的插接件之外，还布置了各继电器和熔断器，在实际维修时，布置图表明的位置具有重要的意义。

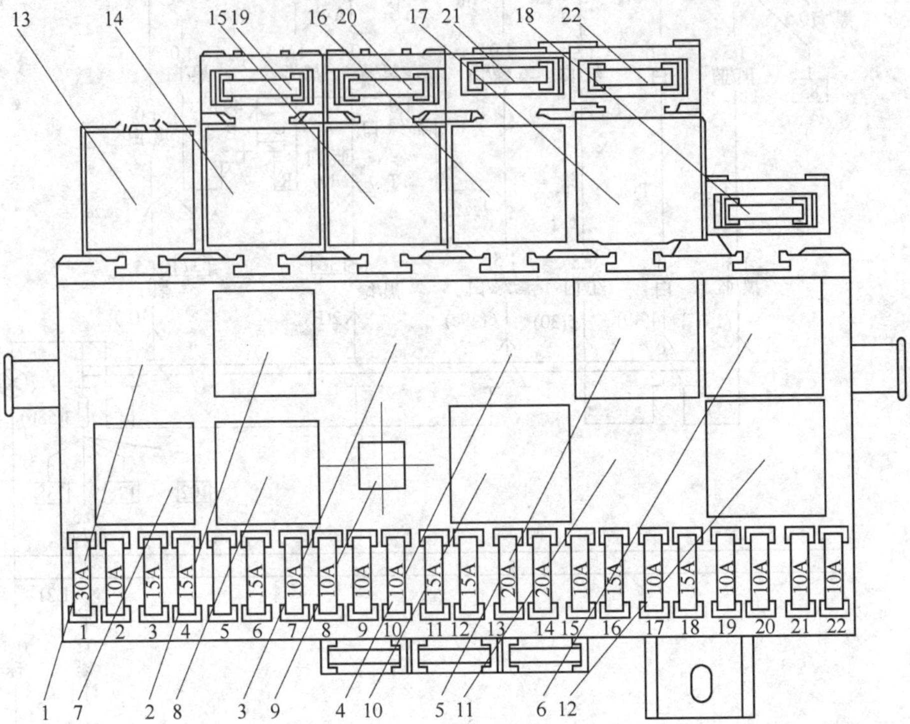

图 9-2　中央线路板正面布置

1—空位　2—进气歧管预热继电器　3—空位　4—空位　5—调组合继电器　6—双音喇叭继电器　7—雾灯继电器　8—X-接触继电器　9—拆卸熔断器专用器　10—前风窗刮水及清洗继电器　11—空位　12—转向继电器　13—冷却风扇继电器　14—电动摇窗机继电器　15—电动摇窗机继电器　16—内部照明继电器　17—冷却液位指示继电器　18—后雾灯熔断器(10A)　19—热保护器　20—空调鼓风机熔断器(30A)　21—自动天线熔断器(10A)　22—电动后视镜熔断器(3A)

桑塔纳系列轿车整车电气系统采用中央线路板方式，即大部分继电器和熔丝都安装在中央线路板正面，中央线路板正面布置如图 9-2 所示，中央线路板上的熔丝规格如表 9-1 所示。主线束从中央线路板反面插接后通往各用电器，中央线路板反面布置如图 9-3 所示。中央线路板上标有线束和导线插接位置的代号及接点的数字号。主要线束的插件代号有 A、B、C、D、E、G、H、L、K、M、N、P、R。其中 P 插座插入常火线，R、K、M 均为空位插孔。查找时只要根据电路图中导线与中央线路板区域中下框线交点处的代号，就能了解其导线在某个线束中的第几个插头上。

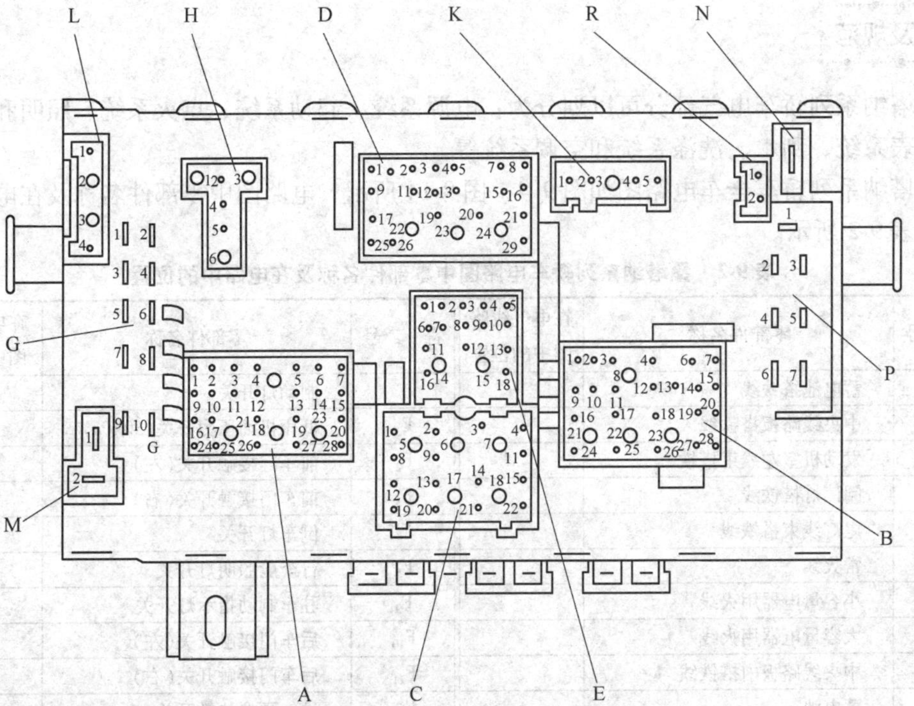

图 9-3　中央线路板反面布置

A—用于仪表板线束，插件为蓝色　B—用于仪表板线束，插件为红色
C—用于连接发动机室左边线束，插件颜色为黄色　D—用于连接发动机室右边线束，插件颜色为白色
E—用于连接车辆后部线束，插件颜色为黑色　G—用于连接单个插头（主要用于冷却液不足指示控制器）
H—用于连接空调装置的线束，插件颜色为棕色　K—空位　L—用于连接双音喇叭等线束，插件颜色为灰色　M—空位　N—用于单个插头（主要用于进气管预热器的加热电阻的电源）　P—用于单个插头（主要用于蓄电池火线与中央线路板“30”与点火开关“30”接线柱连接）　R—空位

表 9-1　桑塔纳系列轿车中央线路板上的熔丝规格

熔丝编号	熔丝名称	额定电流/A	熔丝编号	熔丝名称	额定电流/A
1	散热器风扇	30	15	倒车灯、车速传感器	10
2	制动灯	10	16	双音喇叭	15
3	点烟器、收音机、钟、车内灯、中央集控门锁	15	17	进气预热器温控开关、怠速截止电磁阀	10
4	危险报警闪光灯	15	18	驻车制动、阻风门指示灯	15
5	燃油泵	15	19	转向灯	10
6	前雾灯	15	20	牌照灯、杂物箱照明灯	10
7	尾灯和停车灯（左）	10	21	前照灯近光（左）	10
8	尾灯和停车灯（右）	10	22	前照灯近光（右）	10
9	前照灯远光（右）	10	23	后雾灯	10
10	前照灯远光（左）	15	24	空调	30
11	前风窗刮水器及清洗装置	15	25	自动天线	10
12	电动摇窗机	15	26	电动后视镜	3
13	后风窗加热器	20	27	ECU	10
14	鼓风机（空调）	20			

注：熔丝 23 ~ 27 为桑塔纳 2000GSi 型轿车的编号，插在中央线路板的旁边。

实施及规范

桑塔纳系列轿车电气部分可以划分为：电源系统、起动系统、点火系统、照明和信号系统、仪表系统、刮水、洗涤系统和空调系统等。

桑塔纳系列轿车全车电路图如图 9-4 ~ 图 9-14 所示，电路图中零部件名称及在电路中的位置如表 9-2 所示。

表 9-2 桑塔纳系列轿车电路图中零部件名称及在电路中的位置

符号	零部件名称	在电气线路图中的位置	符号	零部件名称	在电气线路图中的位置
①	蓄电池搭铁线		F	制动灯开关	155
②③④	中央线路板搭铁线		F_1	低压机油压力开关(30kPa)	54
⑤	发动机室左线束搭铁		F_2	前车门接触开关(左)	59
⑥	阅读灯搭铁线		F_3	前车门接触开关(右)	58
⑦	尾灯线束搭铁线		F_4	倒车灯开关	161
30	常火线		F_5	行李舱照明灯开关	57
15	小容量电器用火线		F_9	驻车制动指示灯开关	56
X	大容量电器用火线		F_{10}	后车门接触开关(左)	68
31	中央线路板内搭铁线		F_{11}	后车门接触开关(右)	65
A	蓄电池	5	F_{18}	进气预热热敏开关	
B	起动机	7	F_{22}	高压机油压力开关(180kPa)	53
C	发电机	2	F_{23}	空调高压开关	229
C_1	发电机电压调节器	21	F_{34}	制动液不足指示开关	55
D	点火开关	23	F_{35}	进气预热温控开关	19
E_1	灯光开关	92	F_{38}	空调室温开关	240
E_2	转向灯开关	143	F_{66}	冷却液不足指示灯开关	56
E_3	危险报警闪光开关	142			
E_4	变光和转向灯开关	112	F_{69}	发动机室照明灯开关	107
E_9	空调风速开关	234	F_{70}	杂物箱照明灯开关	104
E_{15}	后风窗加热器开关	131	F_{73}	空调压缩机开关	242
E_{19}	停车灯开关	25	G	燃油表传感器	52
E_{20}	仪表板照明灯调节器	102	G_1	燃油表	46
E_{22}	前风窗刮水器开关	172	G_2	冷却液温度传感器	51
E_{23}	雾灯开关	125	G_3	冷却液温度表	48
E_{30}	空调 A/C 开关	237	G_5	转速表	35
E_{33}	空调风量开关	242	G_6	车速表	34
E_{39}	电动车窗升降安全开关	208	G_7	车速传感器	159
E_{40}	电动车窗升降开关(左前)	200	G_{40}	霍尔传感器	11
E_{41}	电动车窗升降开关(右前)	195	H	双音喇叭开关	246
E_{52}	电动车窗升降开关(左后)	205	H_1	高低音喇叭	251，252
E_{53}	电动车窗升降开关(左后)	205	J_2	转向灯继电器	139
E_{54}	电动车窗升降开关(右后)	212	J_4	双音喇叭继电器	246
E_{55}	电动车窗升降开关(右后)	212	J_5	雾灯继电器	124
E_{56}	后阅读灯开关(右)	66	J_6	稳压器	48
E_{59}	遮阳灯开关	64	J_{26}	空调减负继电器	229

（续）

符　　号	零部件名称	在电气线路图中的位置	符　　号	零部件名称	在电气线路图中的位置
J_{31}	前风窗刮水器及清洗装置继电器	169	L53	电动车窗升降开关照明灯	196，200，206，209，212
J_{32}	空调继电器	234	M	电动后视镜开关	181
J_{51}	电动车窗升降自动继电器	188	M_1	停车灯灯泡（左）	111
J_{52}	电动车窗升降延时继电器	190	M_2	尾灯灯泡（右）	109
J_{53}	中央集控锁控制器（左前）	215	M_3	停车灯灯泡（右）	108
J_{59}	X—接触继电器	91	M_4	尾灯灯泡（左）	110
J_{81}	进气歧管预热继电器	18	M_5	转向灯（前左）	152
J_{114}	机油压力检查控制器	33	M_6	转向灯（后左）	151
J_{120}	冷却液不足指示控制器	56	M_7	转向灯（前右）	154
J_{121}	内部照明继电器	59	M_8	转向灯（后右）	153
K_1	前照灯远光指示灯	42	M_9	制动灯（左）	157
K_2	充电指示灯	31	M_{10}	制动灯（右）	156
K_3	机油压力指示灯	31	M_{16}	倒车灯（左）	163
K_5	转向指示灯（右）	36	M_{17}	倒车灯（右）	161
K_6	危险报警闪光灯指示灯	150	M_{20}	空调控制装置指示灯	239
K_7	驻车制动指示灯	38	N	点火线圈	15
K_{10}	后风窗加热指示灯	41	N_3	怠速截止电磁阀	21
K_{17}	雾灯指示灯	127	N_{16}	空调升速电磁阀	
K_{28}	冷却液温度指示灯	47	N_{23}	鼓风机换档电阻	232
K_{48}	空调开关照明灯	237	N_{25}	电磁离合器	242
K_{49}	阻风门指示灯	39	N_{47}	晶体管点火开关装置	11
K_{50}	冷却液液位指示灯	43	N_{51}	进气预热器	18
K_{51}	燃油不足指示灯	46	N_{62}	进气门电磁阀	241
L_1	前照灯双丝灯泡（左）	116，118	O	分电器	15
L_2	前照灯双丝灯泡（右）	117，119	P	火花塞插头	13 ~ 17
L_8	时钟照明灯	92	Q	火花塞	13 ~ 17
L_9	灯光开关照明灯泡	103	R	收放机	83
L_{10}	仪表板照明灯	93 ~ 99	R_2，R_3	扬声器	81，74
L_{20}	后雾灯灯泡	122	R_4，R_5	扬声器	83，75
L_{21}	空调开关控制面板照明灯	148	S_1，S_2	熔丝（见表 9-2）	226，155
L_{22}	前雾灯灯泡（左）	120	S_3，S_4		57，138
L_{23}	前雾灯灯泡（右）	121	S_6，S_7		120，96
L_{28}	点烟器照明灯	89	S_8，S_9		98，117
L_{39}	后风窗加热器开关照明灯	129	S_{10}，S_{11}		116，116
L_{40}	雾灯开关照明灯	128	S_{12}，S_{13}		181，131

（续）

符　　号	零部件名称	在电气线路图中的位置	符　　号	零部件名称	在电气线路图中的位置
S_{14}，S_{15}		242，161	V_{26}	电动车窗升降电动机(左后)	205
S_{16}，S_{17}		251，21	V_{27}	电动车窗升降电动机(右后)	212
S_{18}，S_{19}		244，136	V_{30}	中央集控锁电动机(右前)	218
S_{20}		106	V_{31}	中央集控锁电动机(右后)	220
S_{21}，S_{22}		119，118	V_{32}	中央集控锁电动机(左后)	222
S_{23}	空调熔丝30(A)	230	V_{33}	电动后视镜电动机(右)	179
S_{27}	后雾灯熔丝	123	V_{34}	电动后视镜电动机(左)	183
S_{37}	电动车窗升降热保护器	188	V_{44}	电动天线	87
S_{38}	电动后视镜熔丝	181	W	车内前部照明灯	63
S_{39}	电动天线熔丝	87	W_3	行李舱内照明灯	57
U_1	点烟器	88	W_4	遮阳灯	64
V	前风窗刮水器电动机	164	W_5	后阅读灯(右)	66
V_2	鼓风机电动机	232	W_6	后阅读灯(左)	69
V_5	前风窗洗涤泵	177	X	牌照照明灯	105
V_7	散热器风扇电动机	226	Y_2	电子钟	71
V_{14}	电动车窗升降电动机(左前)	200	Z_1	后风窗加热器	134
V_{15}	电动车窗升降电动机(右前)	195			

1. 电源系统电路

桑塔纳轿车的电源由容量为54A·h，负极搭铁的12V蓄电池与内装电子电压调节器的硅整流发电机并联组成。当点火开关D置于I档，发电机转速低于1200r/min时，蓄电池担负着向用电设备供电的任务，同时向发电机提供励磁电流。其电流路径为蓄电池正极→红色导线→中央线路板单端子插座P端子→中央线路板内部线路→中央线路板单端子插座P端子→红色导线→点火开关30端子→点火开关15端子→黑色导线→组合仪表盘下方26端子连接器的11端子→电阻R_2和充电指示灯K_2→二极管→中央线路板A_{16}端子→中央线路板内部线路→中央线路板D_4端子→单端子连接器T_{1d}(蓄电池旁边)→交流发电机D+端子→发电机的励磁绕组→电子调节器功率管→搭铁→蓄电池负极；当发电机转速达到或高于1200r/min，发动机电压高于蓄电池电动势时，用电设备由发电机供电，发电机同时向蓄电池充电，充电指示灯熄灭，指示发电机工作状态良好。

2. 起动系统电路

功率为95W的直流串励式电动机由点火开关的起动档直接控制。当点火开关置于起动档时，接通起动机电磁开关内的吸拉和保持线圈，其电流路径为蓄电池正极→红色导线→中央线路板单端子插座P端子→中央线路板内部线路→中央线路板单端子插座P端子→红色导线点火开关30端子→点火开关50端子→红/黑双导线→中央线路板B8端子→中央线路板内部线路→中央线路板C_{18}端子→起动机50端子→进入电磁开关→搭铁→蓄电池负极；产生

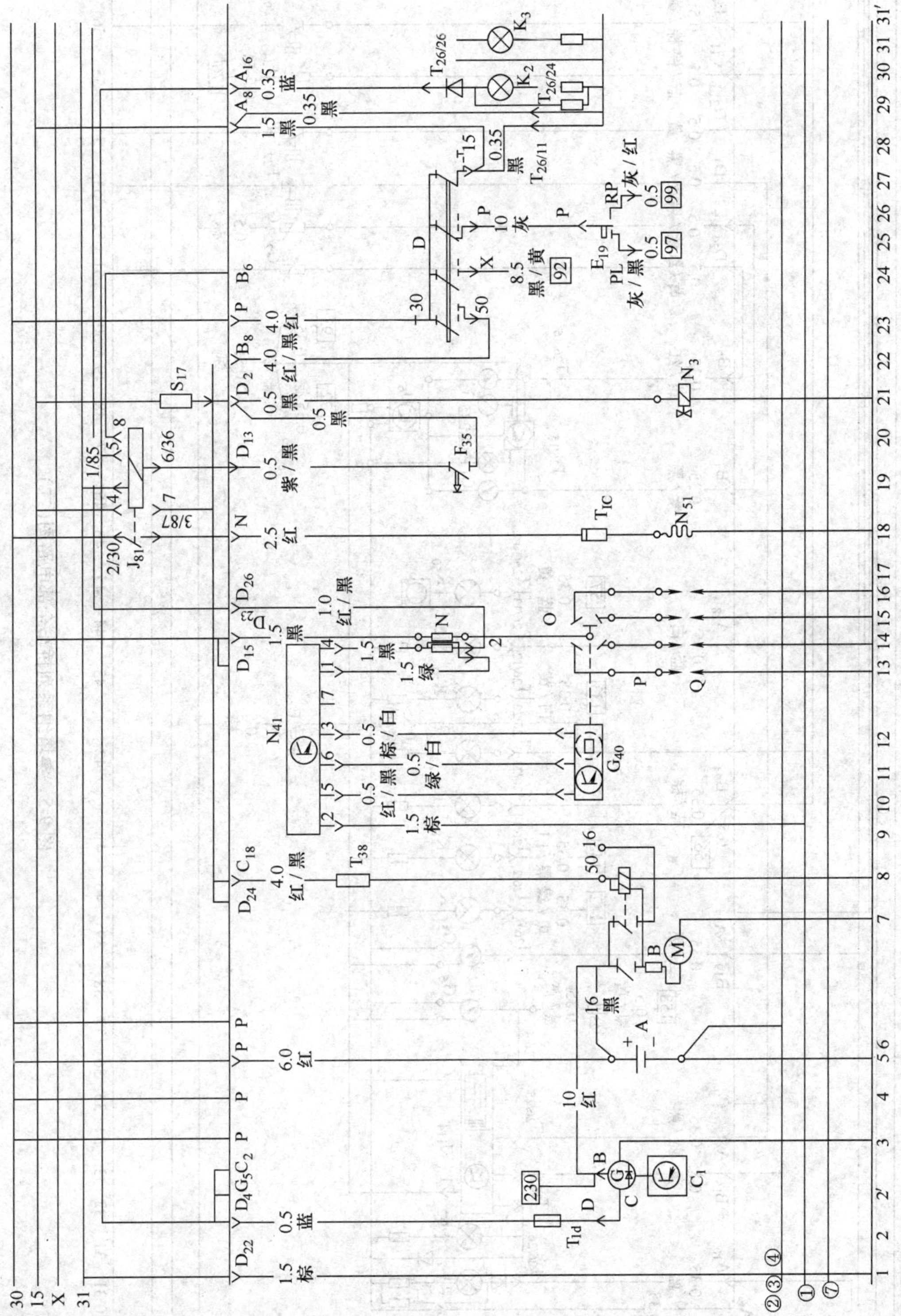

图 9-4　桑塔纳系列轿车全部电路图(一)

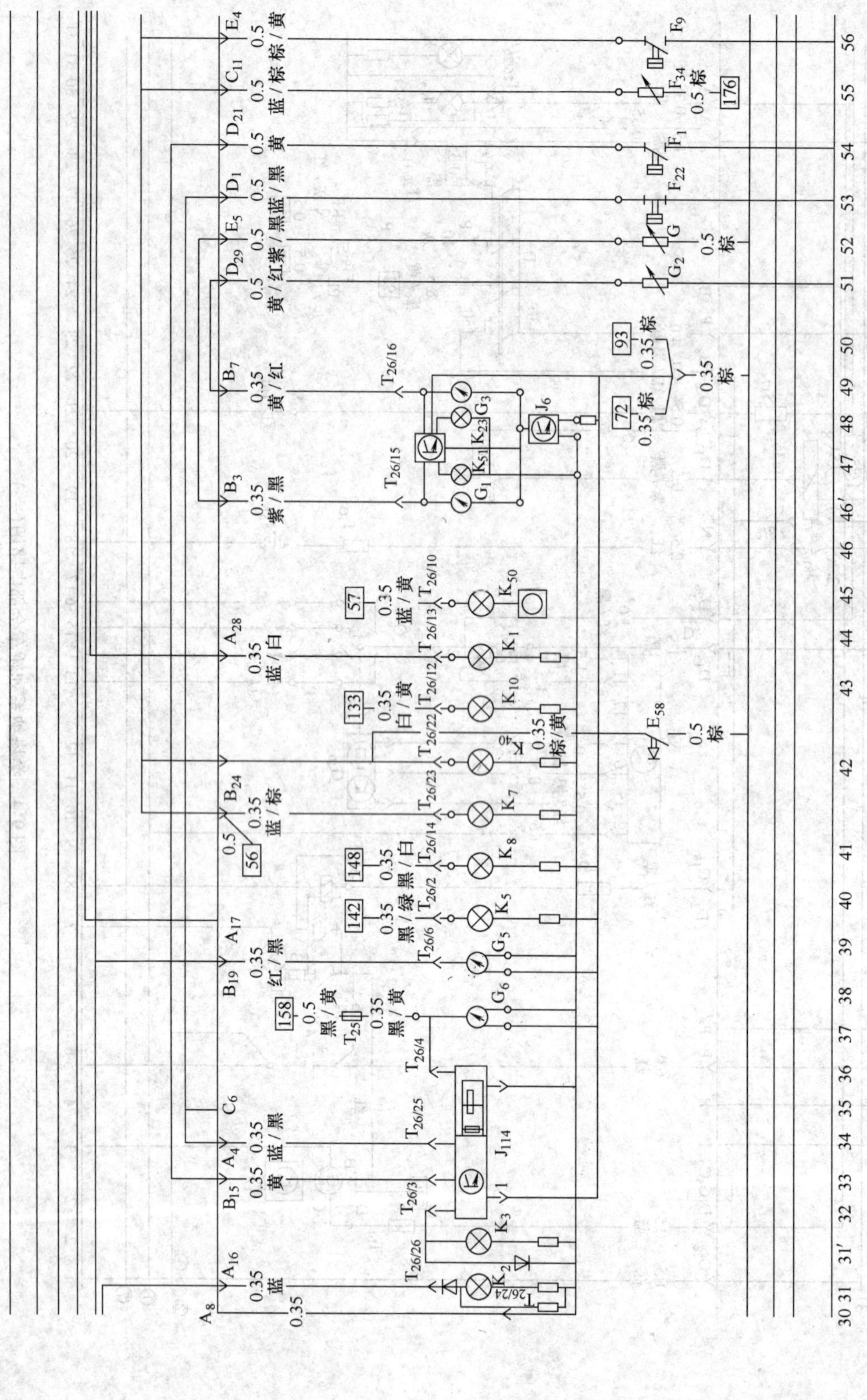

图 9-5 桑塔纳系列轿车全部电路图(二)

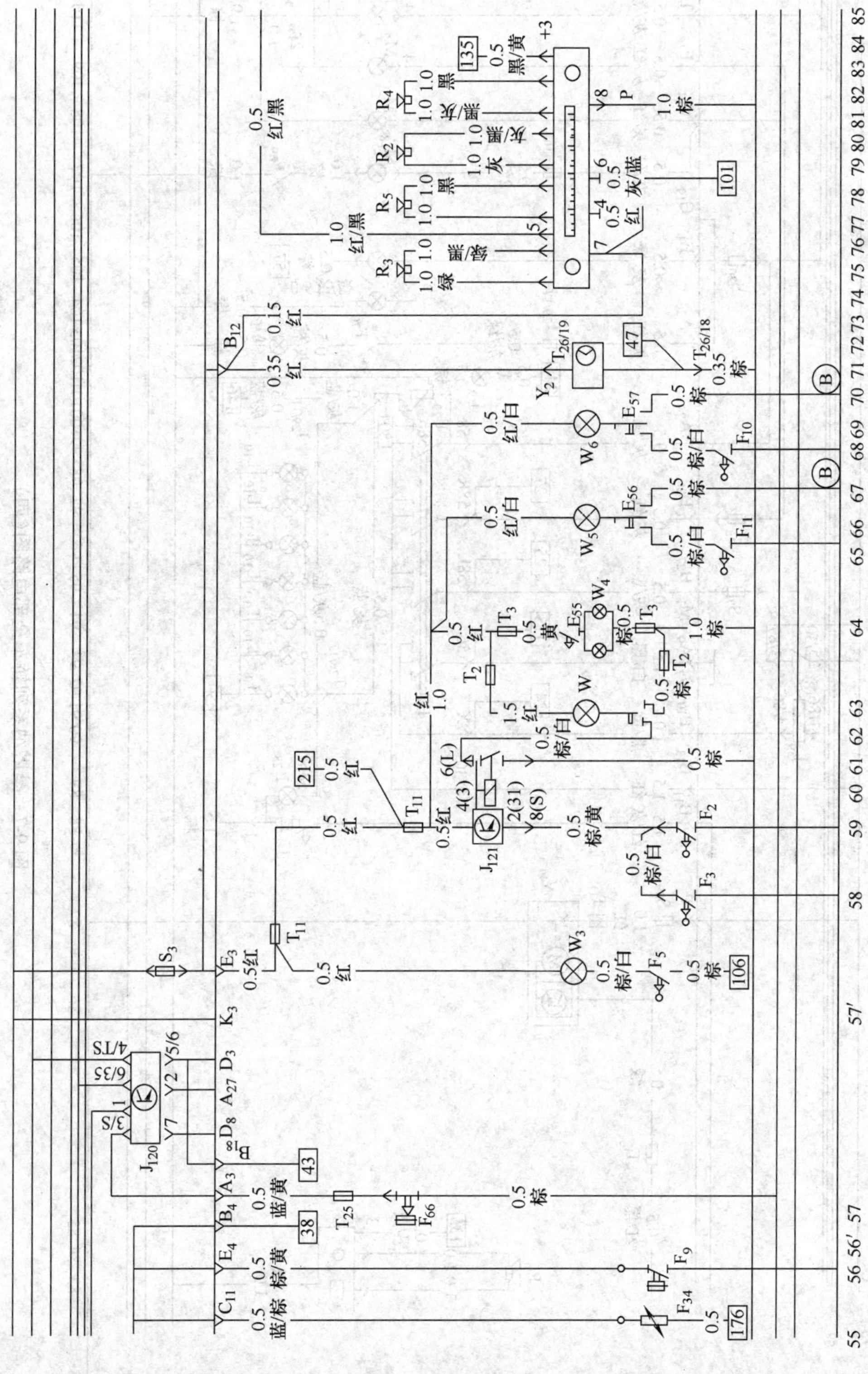

图 9-6　桑塔纳系列轿车全部电路图(三)

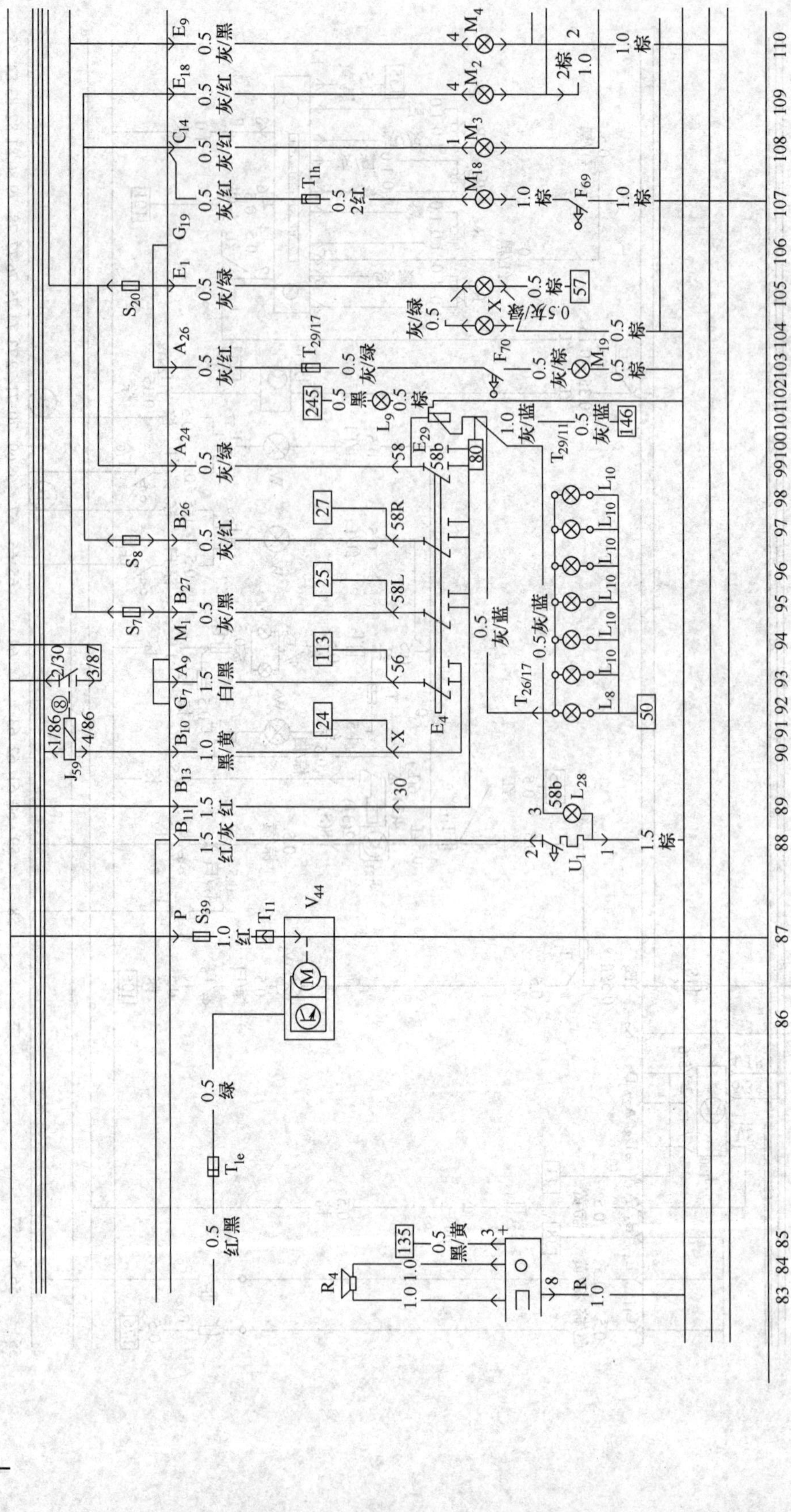

图 9-7　桑塔纳系列轿车全部电路图(四)

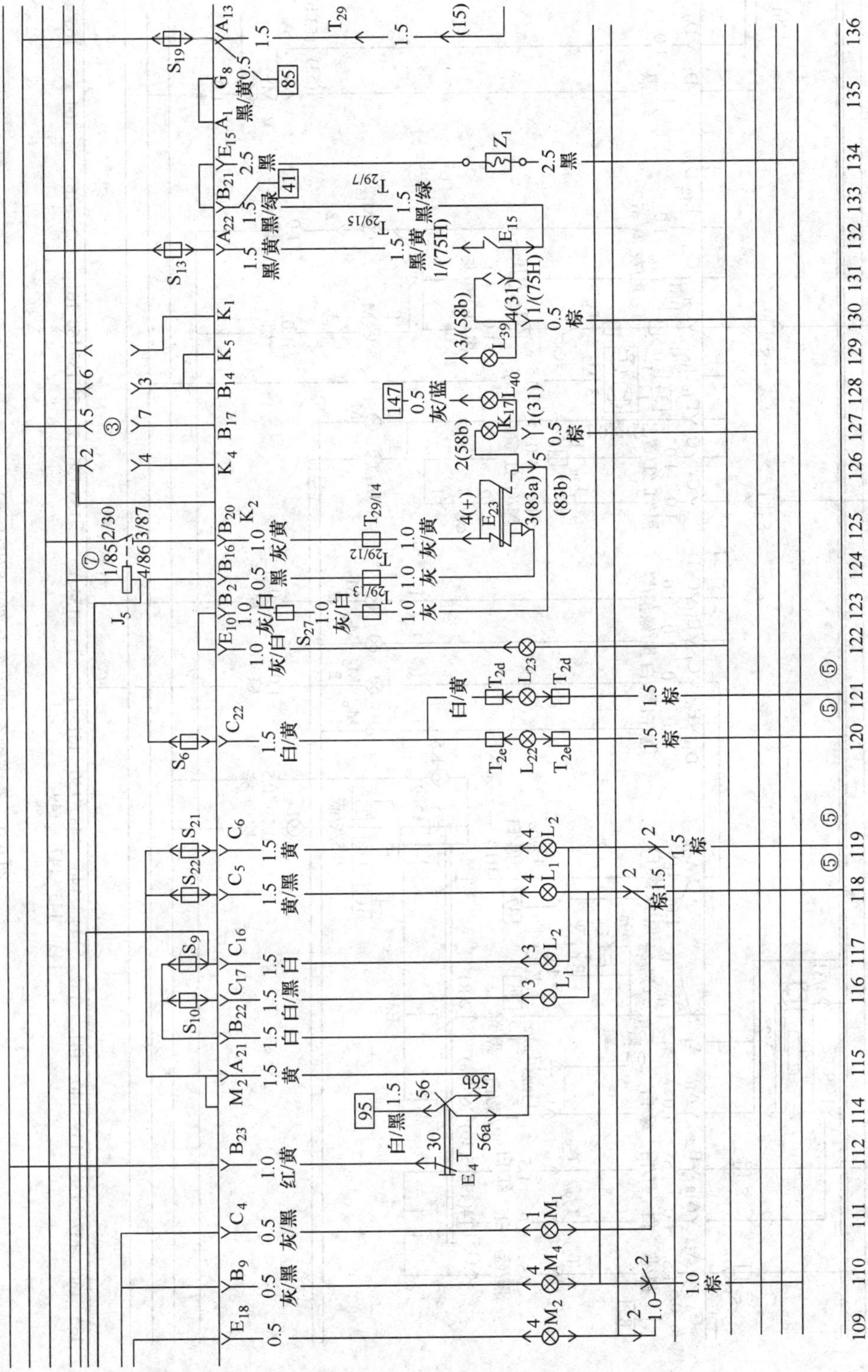

图 9-8　桑塔纳系列轿车全部电路图(五)

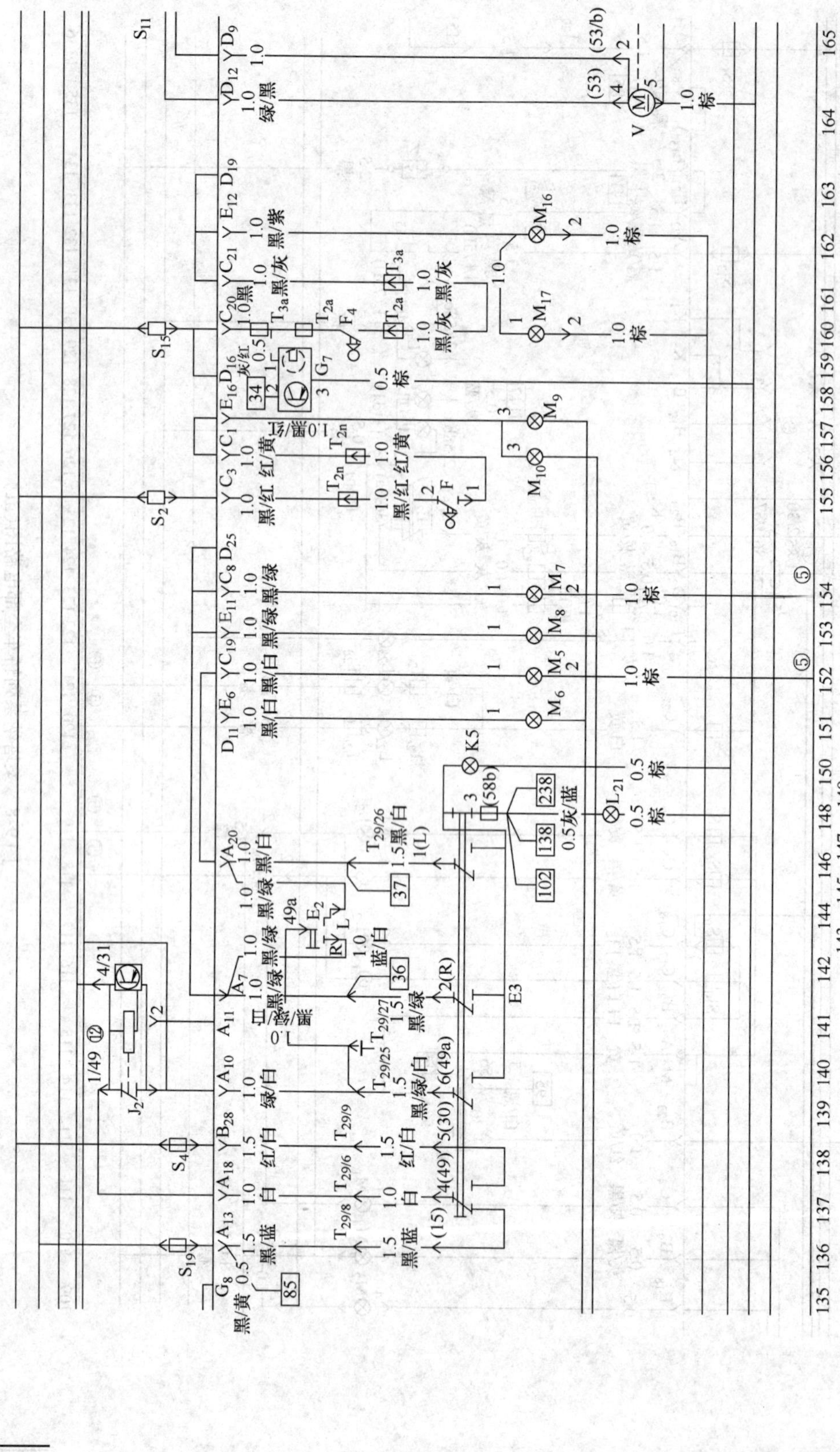

图 9-9 桑塔纳系列轿车全部电路图（六）

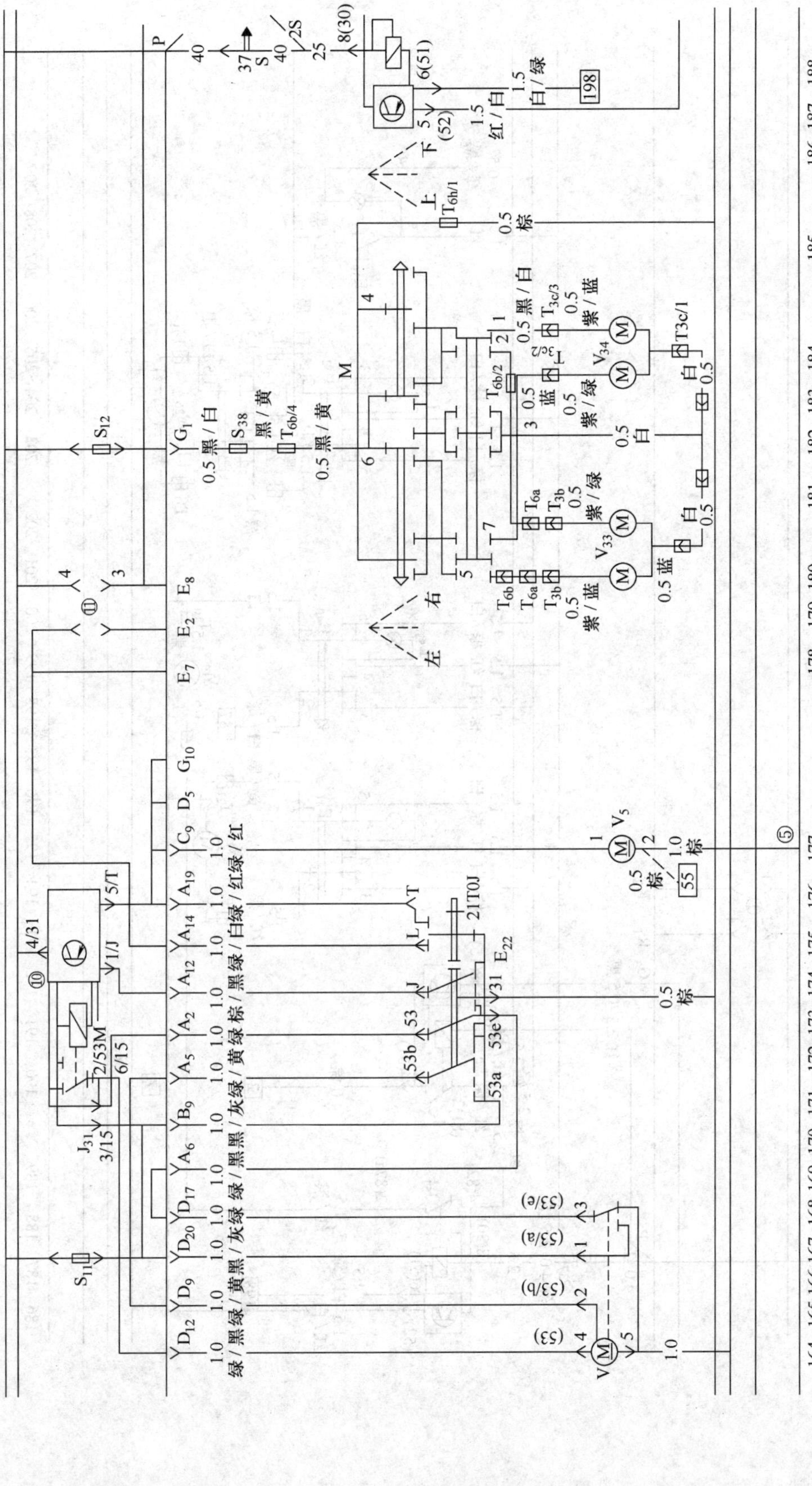

图 9-10　桑塔纳系列轿车全部电路图（七）

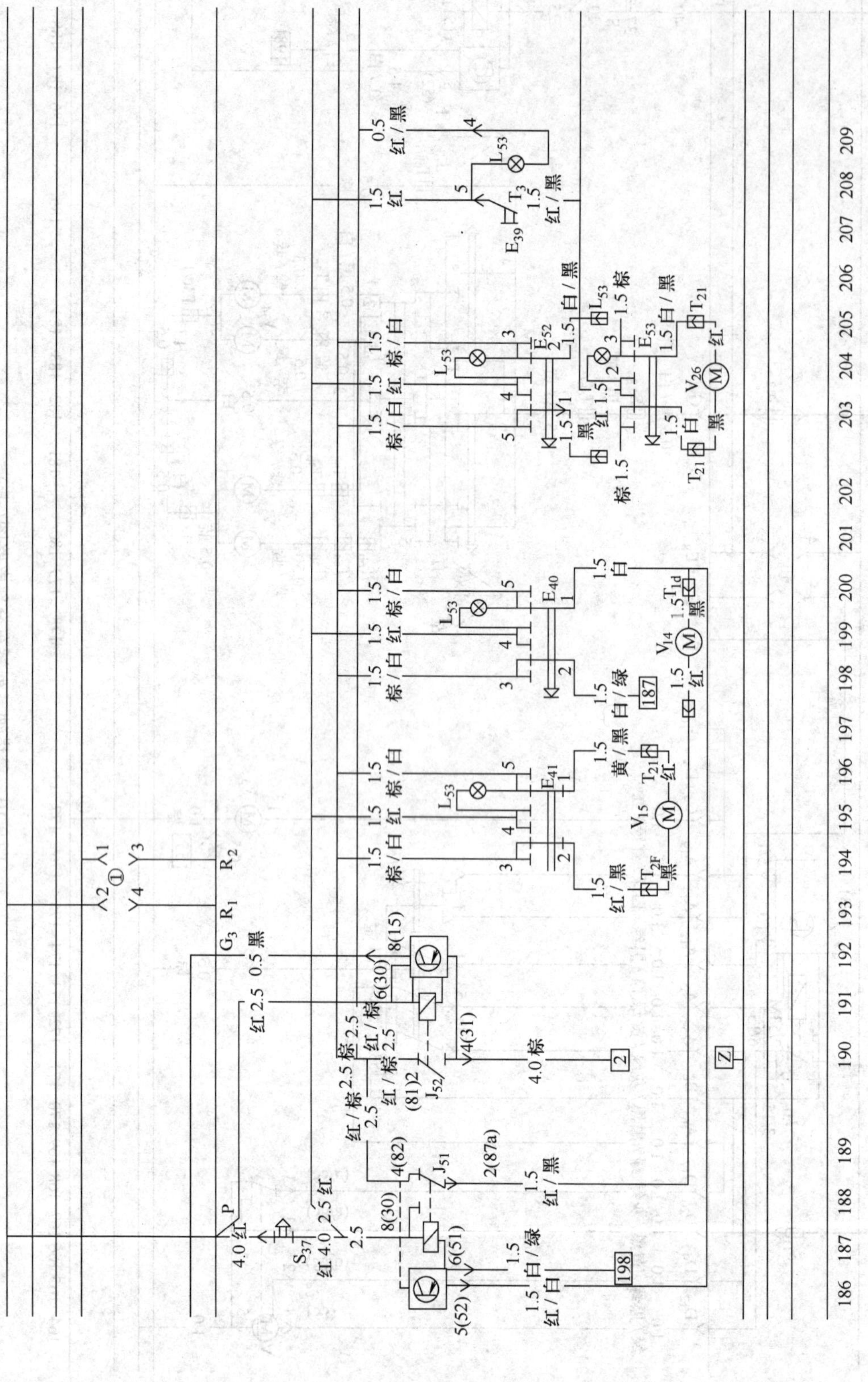

图 9-11　桑塔纳系列轿车全部电路图（八）

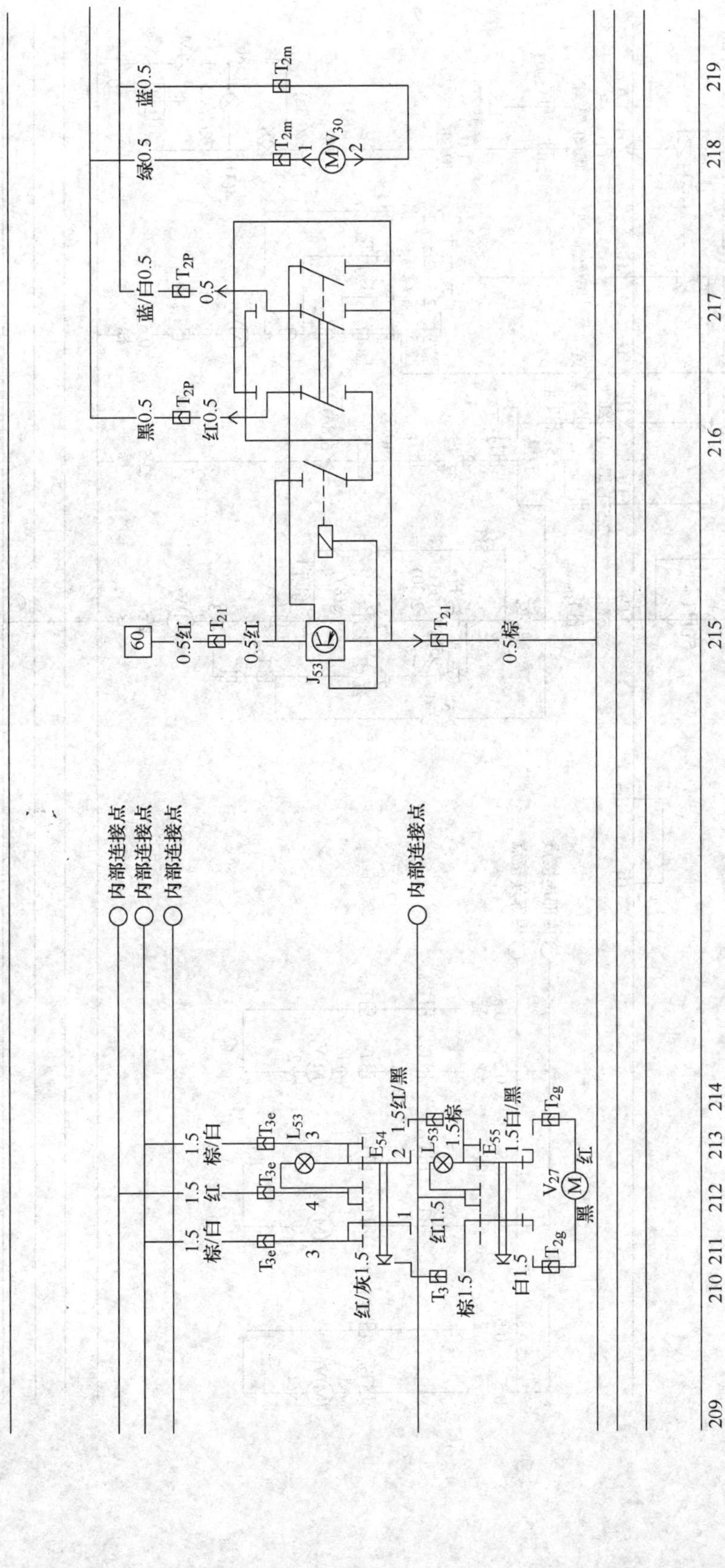

图 9-12　桑塔纳系列轿车全部电路图(九)

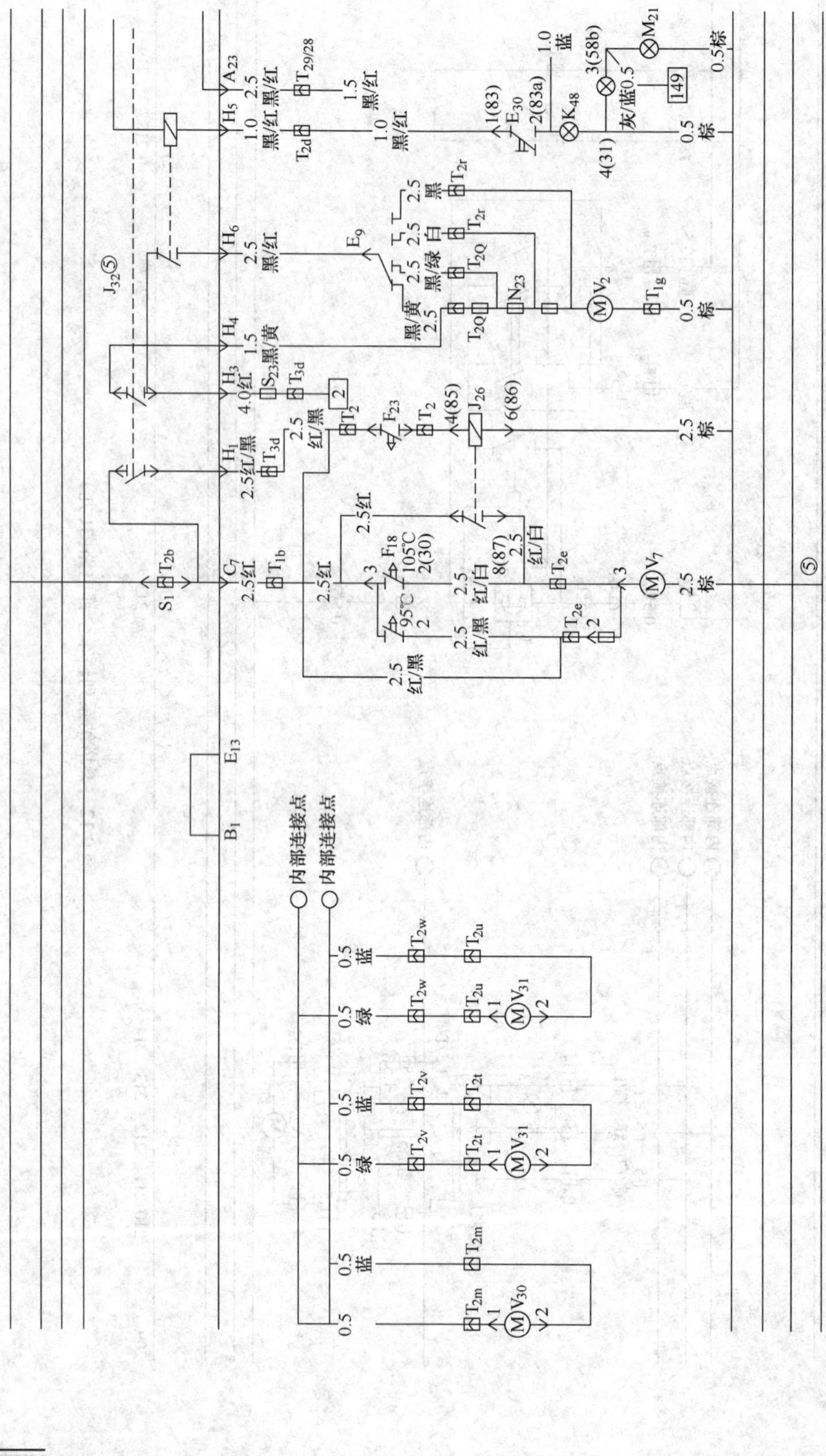

图 9-13 桑塔纳系列轿车全部电路图（十）

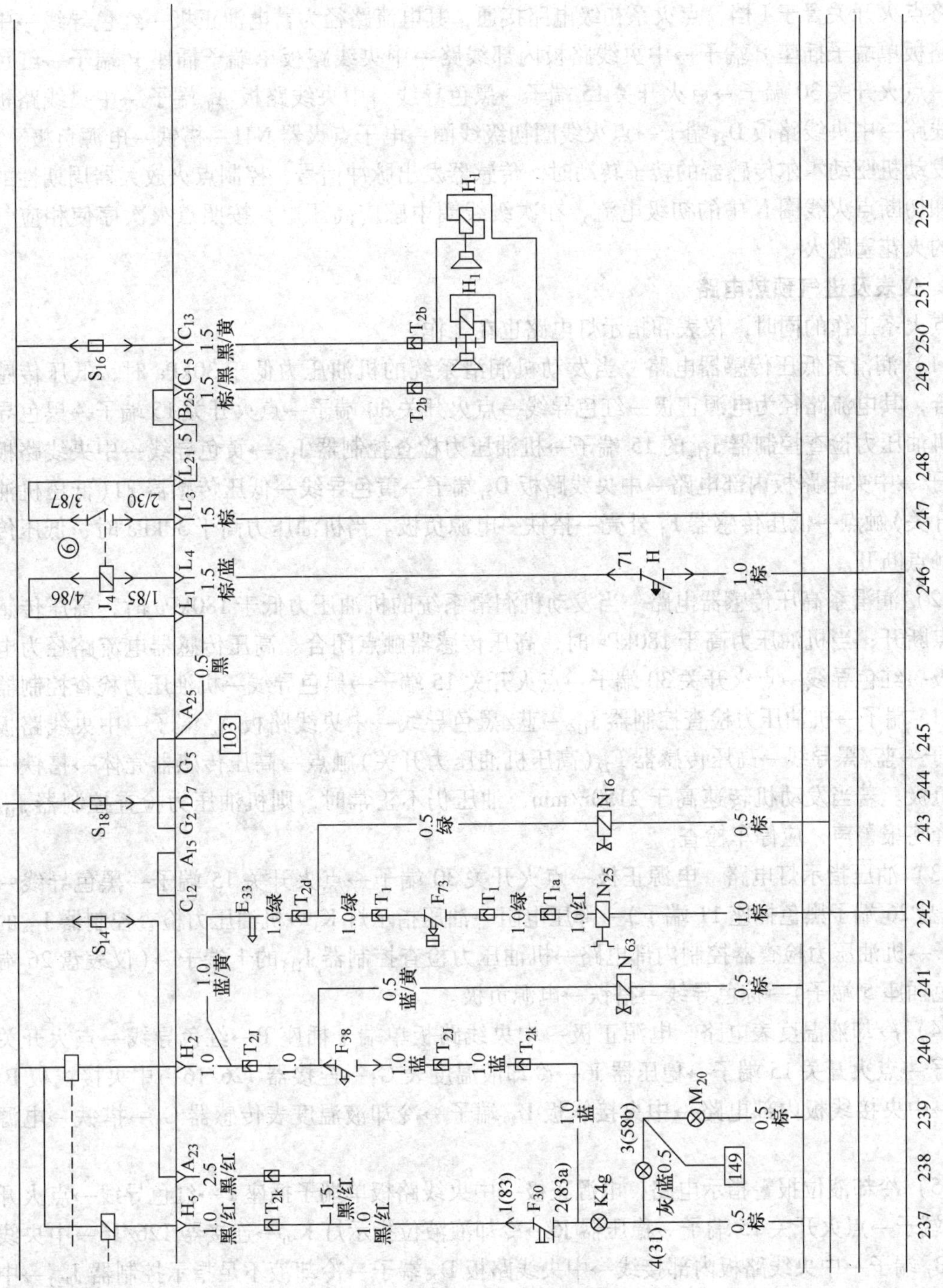

图9-14　桑塔纳系列轿车全部电路图（十一）

电磁力接通起动机主电路，其主电流路径为蓄电池正极→黑色蓄电池线→起动机搭铁线→电磁开关接触盘→起动机→搭铁→蓄电池负极。

3. 点火系统电路

将点火开关置于I档，点火系初级电路接通，其电流路径为蓄电池正极→红色导线→中央线路板单端子插座P端子→中央线路板内部线路→中央线路板单端子插座P端子→红色导线→点火开关30端子→点火开关15端子→黑色导线→中央线路板 A_8 端子→中央线路板内部线路→中央线路板 D_{23} 端子→点火线圈初级线圈→电子点火器N41→搭铁→电源负极。

发动机驱动霍尔传感器的转子转动时，传感器发出脉冲信号，控制点火放大器周期性的接通和切断点火线圈N中的初级电流，在次级线圈中感应高压电，按照点火次序使相应气缸上的火花塞跳火。

4. 仪表及进气预热电路

点火系工作的同时，仪表和指示灯电路也在工作。

（1）润滑系低压传感器电路　当发动机润滑系统的机油压力低于30kPa时，低压传感器闭合，其电流路径为电源正极→红色导线→点火开关30端子→点火开关15端子→黑色导线→机油压力检查控制器 J_{114} 的15端子→机油压力检查控制器 J_{114}→黄色导线→中央线路板 B_{15} 端子→中央电路板内部电路→中央线路板 D_{21} 端子→黄色导线→低压传感器F1（低压机油压力开关）触点→低压传感器 F_1 外壳→搭铁→电源负极。当机油压力高于30kPa时，低压传感器触点断开。

（2）润滑系高压传感器电路　当发动机润滑系统的机油压力低于180kPa时，高压传感器触点断开；当机油压力高于180kPa时，高压传感器触点闭合。高压传感器电流路径为电源正极→红色导线→点火开关30端子→点火开关15端子→黑色导线→机油压力检查控制器 J_{114} 的15端子→机油压力检查控制器 J_{114}→蓝/黑色导线→中央线路板 A_4 端子→中央线路板 D_1 端子→蓝/黑导线→高压传感器 F_{22}（高压机油压力开关）触点→高压传感器壳体→搭铁→电源负极。若当发动机转速高于2150r/min，油压仍不正常时，则机油压力检查控制器 J_{114} 发出蜂鸣报警声，应停车检查。

（3）油压指示灯电路　电源正极→点火开关30端子→点火开关15端子→黑色导线→（仪表盘26端子黑色插座11端子）→降压电阻→油压指示灯 K_3→机油压力检查控制器 J_{114} 的A端子→机油压力检查器控制内部电路→机油压力检查控制器 J_{114} 的1端子→（仪表盘26端子黑色插座5端子）→棕色导线→搭铁→电源负极。

（4）冷却液温度表电路　电源正极→中央线路板单端子插座P→红色导线→点火开关30端子→点火开关15端子→稳压器J6→冷却液温度表 G_3→连接器T26/16→中央接线板 B_7 端子→中央接线板内部电路→中央接线板 D_{29} 端子→冷却液温度表传感器 G_2→搭铁→电源负极。

（5）冷却液位报警指示电路　电源正极→中央线路板单端子插座P→红色导线→点火开关30端子→点火开关15端子→稳压器J6→冷却液液位指示灯 K_{50}→连接器T26/16→中央线路板 B_7 端子→中央线路板内部接线→中央线路板 D_{29} 端子→冷却液不足指示控制器 J_{120}→中央线路板 A_3 端子→连接器 T_{25}→冷却液不足指示器开关 F_{66}→搭铁→电源负极；当冷却液温度超过124℃或液位低于限定值时，冷却液液位指示灯 K_{50} 点亮。

（6）燃油表电路　电源正极→中央线路板单端子插座P→红色导线→点火开关30端子

→点火开关 15 端子→稳压器 J_6→燃油表 G_1→连接器 T26/15→中央接线板 B_3 端子→中央接线板内部电路→中央线路板 E_5 端子→燃油表传感器 G→搭铁→电源负极。

（7）电子式发动机转速表　当点火线圈初级电流接通或切断时，产生的脉冲信号经中央线路板、仪表盘印制电路板、仪表盘白色 26 端子插座进入转速表控制电路。控制电路为数字集成电路，脉冲信号经集成电路处理后，由转速表指针指示出发动机转速。

当点火系与仪表电路通电工作时，通过点火开关、熔丝 S_{17}，怠速截止电磁阀 N_3 通电，打开怠速量孔，使发动机怠速能稳定运转。当点火开关切断时，怠速截止电磁阀 N_3 断电，关闭怠速量孔，保证发动机很快熄火，并能减少发动机燃烧室的积炭和排气污染。

（8）进气预热电路　当发动机的冷却液温度出口温度低于 65℃时，安装在发动机出水管的进气预热温控开关 F35 闭合，进气歧管预热继电器 J_{81} 工作，进气歧管预热继电器线圈电流路径为电源正极→红色导线→中央线路板单端子插座→红色导线→点火开关 30 端子→点火开关 15 端子→黑色导线→中央线路板 A_8 端子→熔断器 S_{17}→中央线路板 D_2 端子→黑色导线→进气预热热敏开关 F_{18}→紫/黑色导线→中央线路板 D_{13}端子→进气歧管预热继电器 86 端子→进气歧管预热继电器励磁线圈→进气歧管预热继电器 85 端子→中央线路板 D_{22}端子→搭铁→电源负极。位于进气管内的进气预热器 N_{51}通电加热混合气，其电流路径为电源正极→中央线路板单端子插座 P→进气歧管预热继电器 30 端子→进气歧管预热继电器触点→进气歧管预热继电器 87 端子→中央线路板单端子插座 N→红色导线→连接器 T1c→进气预热加热电阻→搭铁→电源负极。在发动机冷却液温度出口温度高于设定温度时，进气预热温控开关 F_{35} 自动断开，进气预热器 N_{51} 断电停止工作。

5. 照明系电路

（1）前照灯　前照灯双丝灯泡 L_1、L_2 受灯光开关 E_1 和转向组合手柄开关中的变光和转向灯开关 E_4 控制。当向上抬起组合开关手柄时，E_4 中的变光和转向灯开关触点接通，30 号线电源经熔丝 S_9、S_{10} 直接接通左前照灯双丝灯泡 L_1、右前照灯双丝灯泡 L_2 的远光灯丝电路。与此同时，电源还从熔丝 S_9 向仪表盘上的前照灯远光指示灯 K_1 提供电源，使左右前照灯双丝灯泡与前照灯远光指示灯同时点亮。反复抬起与放松组合开关手柄，左右前照灯双丝灯泡与前照灯远光指示灯同时闪烁，向前方汽车发出超车信号。

当灯光开关 E_1 拨到第二档（位置 3）时，30 号线电源经点火开关 D 加到变光和转向灯开关 E_4 上，当向上拨动一下组合开关手柄时，可依次接通左、右前照灯双丝灯泡的近光灯丝电路（经熔丝 S_{21}、S_{22}）或远光灯丝电路（经熔丝 S_9、S_{10}），当左前照灯双丝灯泡 L_1、右前照灯双丝灯泡 L_2 的远光灯点亮时，仪表盘上的前照灯远光指示灯 K_1 同时点亮。

（2）雾灯　雾灯受灯光开关 E_1 和雾灯开关 E_{23}控制。当灯光开关 E_1 处于档位 2 或 3 时，30 号线电源经过灯光开关 E_1 加到雾灯继电器 J_5 的线圈上，雾灯继电器触点闭合，X 号线电源经雾灯继电器 J_5 的触点加到雾灯开关 E_{23}上的电源端子上。当雾灯开关拨到位置 2 时，前雾灯灯泡 L_{22}、L_{23}灯丝电路接通，电源经雾灯开关、熔丝 S_6 加到前雾灯灯泡 L_{22}、L_{23}上；当雾灯开关拨到位置 3 时，前雾灯灯泡 L_{22}、L_{23} 仍然亮，此时雾灯开关使后雾灯电路接通，电源经熔丝 S_{27}加到后雾灯灯泡 L_{20}上，前后雾灯灯泡均点亮。与此同时，安装在雾灯开关内的雾灯指示灯 K_{17}电路也接通，前后雾灯灯泡和雾灯指示灯同时点亮。

（3）小灯、尾灯与停车灯　小灯与尾灯兼作停车灯使用，当汽车停驶时，用作停车灯；当汽车行驶时，用作小灯和尾灯。停车灯灯泡 M_1、M_3 和尾灯灯泡 M_2、M_4 受点火开关 D、

灯光开关 E_1 和停车灯开关 E_{19} 控制。

作停车灯用时，当汽车停驶时，点火开关断开(位于 1 位置)，30 号线电源通过点火开关加到停车灯开关上。当停车灯开关 E_{19} 处于位置 2(空位)时，停车灯与尾灯电源切断。停车灯开关 E_{19} 在转向灯组合手柄开关内，当停车灯开关 E_{19} 处于位置 1(手柄向下拨动时)，左停车灯灯泡 M_1 和左尾灯灯泡 M_4 电路接通；当停车灯开关 E_{19} 处于位置 3(手柄向上拨动)时，右停车灯灯泡 M3 和右尾灯灯泡 M2 电路接通，此时停车灯与尾灯均用作停车灯。

作小灯与尾灯用时，当汽车行驶时，点火开关处于 2 位置，停车灯电源被切断，此时停车灯灯泡和尾灯灯泡受灯泡开关 E_1 控制。灯光开关的 1 位为空位，停车灯灯泡和尾灯灯泡均不亮。当灯光开关处于 2 或 3 位时，30 号线电源通过灯光开关 E_1 经熔丝 S_7 加到左停车灯灯泡 M_1 和左尾灯灯泡 M_4、通过灯光开关 E_1 经熔丝 S_8 加到右停车灯灯泡 M_3 和右尾灯灯泡 M_2，此时两只停车灯和两只尾灯分别起小灯和尾灯的作用。

(4) 行李舱照明灯　行李舱照明灯 W_3 由 30 号线电源经熔丝 S3 供电，且受行李舱照明灯开关 F_5 控制。

(5) 车内前部照明灯　车内前部照明灯 W 由 30 号线电源经熔丝 S_3 供电，并分别受到顶灯开关和 4 个并联的车门接触开关 F_2、F_3、F_{10}、F_{11} 控制。当任何一扇门打开时，相应的车门接触开关就会闭合，车内前部照明灯就会点亮，只有在四扇门都关闭时，车内前部照明灯才会熄灭。

(6) 牌照照明灯　牌照照明灯有两只，受灯光开关控制。当灯光开关 E_1 处于 2 位或 3 位时，30 号线电源经灯光开关、熔丝 S_{20}，线束插头 TlV 加到牌照照明灯 X 上，两只牌照照明灯 X 点亮。

(7) 倒车灯与制动灯　倒车灯和制动灯各分为左、右两只，与后转向信号灯、尾灯灯泡等组合在一起。当变速杆拨到倒档时，倒车灯开关 F_4 接通，15 号线电源经熔丝 S_{15}、倒车灯开关 F_4 加到倒车灯开关上，倒车灯 M_{16}、M_{17} 点亮。当驾驶人踩下制动踏板时，位于踏板支架上部的制动灯开关 F 接通，30 号线电源经熔丝 S_2、制动灯开关 F 加到制动灯 M_9、M_{10} 上，制动灯点亮。

(8) 其他照明灯　仪表盘照明灯 L_{10} 两只，时钟照明灯 L_8，点烟器照明灯 L_{28}、烟灰缸照明灯 L_{41}、除霜器开关照明灯 L_{39}、雾灯开关照明灯 L_{40}、空调开关控制面板照明灯 L_{21} 等七种照明灯均受灯光开关控制。当灯光开关 E_1 处于 1 位时，七种照明灯均熄灭；当灯光开关 E_1 处于 2 位或 3 位时，30 号线电源经灯光开关、仪表板照明灯调节器 E_{20} 接通七种照明灯电路，照明灯均点亮。

6. 转向灯与危险报警闪光灯指示灯

四只转向灯 M_5、M_6、M_7、M_8 均可兼作危险报警闪光灯指示灯使用。

转向时，点火开关 D 接通，其电流路径为电源正极→中央线路板单端子插座 P 端子→中央线路板内部线路→中央线路板单端子插座 P 端子→点火开关 30 端子→点火开关 15 端子→黑色导线→中央线路板插座 A_8 端子→中央线路板内部线路→熔丝 S_{19}→中央线路板 A_{13} 端子→危险报警闪光开关 E_3 的 15 端子→E_3 的 49 端子→中央线路板 A_{18} 端子→中央线路板内部线路→转向继电器 49 端子→中央线路板 A_{10} 端子→T29/25→转向灯开关 E_2 的 49a 端子。

当右转向时，转向灯开关 R 端子→T29/27→中央线路板插座 A_7 端子→中央线路板内部线路→中央线路板插座 C_8、E_{11} 端子→前右转向灯 M_7、后右转向灯 M_8→搭铁→电源负极。

当左转向时，转向灯开关 E_2 的 L 端子→插接器 T29/29→中央线路板 A_{20} 端子→中央线路板内部线路→中央线路板插座 C_{19}、E_6 端子→前左转向灯 M_5、后左转向灯 M_6→搭铁→电源负极。

在转向的同时，转向灯继电器 J_2 的接线柱 49a 端子→中央线路板内部线路→中央线路板插座 A_{17} 端子→转向指示灯 K_5，转向指示灯闪亮。

当报警时，电源 30 端子→熔丝 S_4→中央线路板 B_{28} 端子→仪表板插座 T29/9→危险报警闪光开关 E_3 的 30 端子→危险报警闪光开关 E_3 的 49、R、L 端子同时接通，所有转向灯同时闪亮，危险报警闪光灯指示灯 K_6 闪亮。

7. 喇叭与散热器风扇

由点火开关通过熔丝 S_{16} 给喇叭 H_1、H_2 供电。经转向盘操纵的双音喇叭开关 H 接通双音喇叭继电器 J_4，使双音喇叭 H_1，H_2 通电发音。

散热器风扇电动机 V_7 为双速直流电动机，位于散热器和冷凝器之后。当冷却液温度高于 95℃时，进气预热热敏开关 F_{18} 闭合，电源经熔丝 S_1、散热器风扇电动机 V_7 低速接线柱通电，V_7 以 1600r/min 中速运转。在冷却液温度高于 105℃时，进气预热热敏开关 F_{18} 的高温触点闭合，散热器风扇电动机 V_7 的高速接线柱通电，冷却风扇以 2400r/mm 高速运转。

8. 空调系统电路

电源电路由蓄电池，点火开关 D、X—接触继电器 J_{59} 及熔丝 S_1、S_{14}、S_{23} 和空调继电器 J_{32} 组成。当点火开关 D 断开(OFF 挡)或置起动档(ST 档)时，减荷继电器不通电，触点断开而使空调系统的供电线路“X”号线无电，空调无法起动运行。当点火开关 D 接通(即处于 ON 档)时，减荷继电器通电，触点闭合，“X”号线通电，这时空调继电器 J_{32} 中的 2 号继电器经熔丝 S_{14} 通电使其触点闭合接通了鼓风机电动机 V_2 的供电回路，鼓风机便可在空调风速开关 E_9 控制下运转，进行强制通风换气或送出暖气，它不受空调 A/C 开关 E_{30} 的限制。空调风速开关 E_9 在不同的档位时，鼓风机电动机 V_2 的供电回路串入的调速电阻个数也不同，从而可得到不同的送风速度。鼓风机电动机 V_2 的供电回路为蓄电池“+”极→熔丝 S_{23}→空调继电器 J_{32} 中的 2 号继电器触点→空调风速开关 E_9→鼓风机换档电阻 N_{23}→鼓风机电动机 V_2→搭铁→蓄电池“-”极。

课后思考与训练

一、填空题

1. 任何一个完整的电路都是由________、________、________、________、________和________等组成。

2. 桑塔纳车系电路中标有“30”的为________，电压为________V。

3. 桑塔纳车系电路中标有“15”的为________，它要在________接通后方能有电的火线。

4. 标有“X”是在________正常工作时才投入工作而起动瞬间________的大容量火线。

二、判断题

1. 熔断器的容量可以从它的颜色来判断：红色为 20A。

2. 导线上标有数字表示线的直径，如 1.5、1.0、2.5 分别表示该线直径为 1.5mm、

1.0mm、2.5mm。

三、问答题

1. 简述汽车电气设备电路的特点。
2. 汽车全车电路通常由哪几部分组成?
3. 上海桑塔纳轿车电源电路主要由哪些部分构成?简述其电流回路。

任务二 其他典型轿车电路分析

学习目标

1. 了解不同车型电路图的特点。
2. 熟悉不同车型电气元件的表示方法。
3. 掌握各车系电路原理图的特点。
4. 掌握识读汽车电路图的一般要领和基本步骤。
5. 能列举汽车电路的常见故障和常用诊断检修方法。

情境描述

分别存在东风 EQ1090 灯光全无、丰田凌志轿车刮水器不工作、别克君威轿车冷却风扇不转和富康轿车车内照明不工作的故障,试分析其可能存在的故障原因。

实施及规范

一、东风 EQ1090 电路图分析

布线图是按照汽车电器在车身上的实际位置,用外形简图相对应地画在图上,再用线将电源、开关、熔断器等装置和这些电器一一连接起来绘制而成。其特点是全车的电器(即电器设备)数量明显且准确,电线的走向清楚,有始有终,便于循线跟踪,查找起来比较方便。

布线图的缺点是图上电线纵横交错。东风 EQ1090 型汽车布线图如图 9-15 所示。东风 EQ1090 型汽车电路原理图如图 9-16 所示。

1. 电源系

(1) 他励 蓄电池正极→起动电缆→起动机电磁开关 30 接线柱→电流表负极→电流表→电流表正极→点火开关 1 号接线柱→点火开关 2 号接线柱→熔丝盒→调节器火线接线柱→调节器磁场接线柱→交流发电机励磁接线柱励磁绕组→交流发电机搭铁接线柱→电源总开关→搭铁电缆→蓄电池负极。

(2) 自励 交流发电机电枢接线柱→电流表正极→点火开关 1 号接线柱→点火开关 2 号接线柱→熔丝盒→调节器火线接线柱→调节器磁场接线柱→发动机磁场接线柱→励磁绕组→发动机搭铁接线柱。

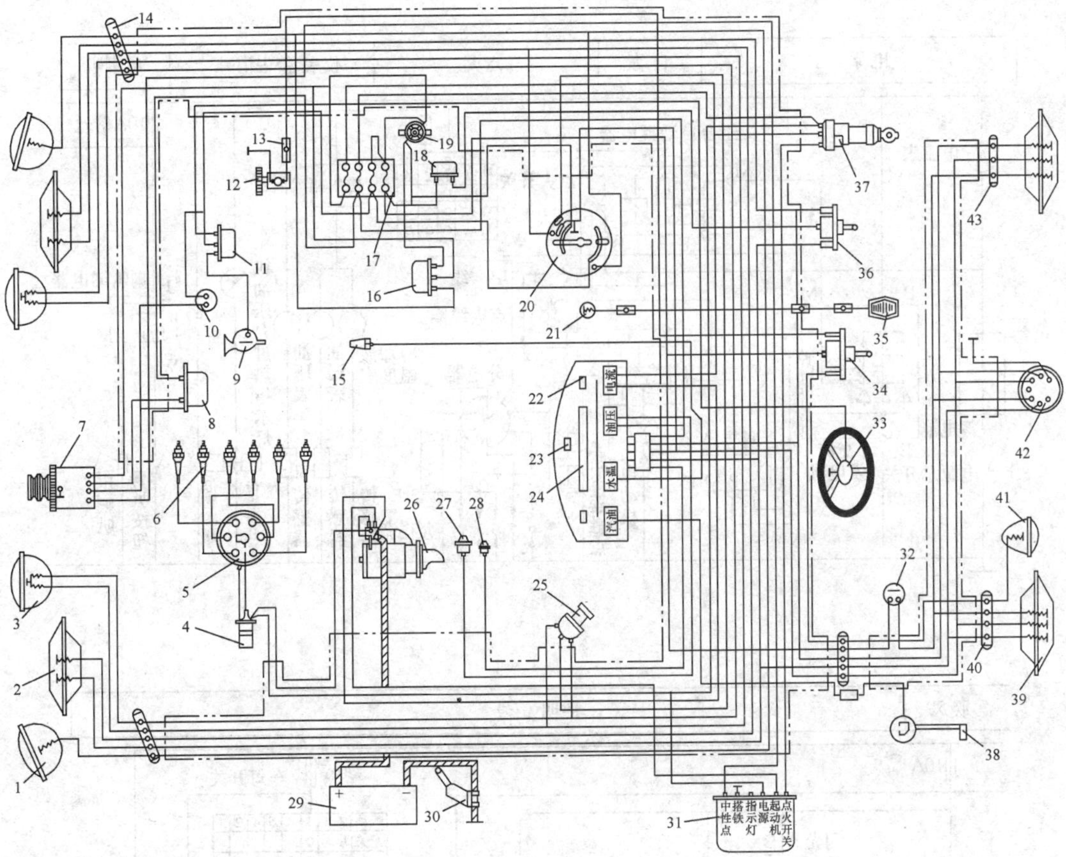

图 9-15　东风 EQ1090 型汽车布线图

1—前侧灯　2—示宽灯　3—前照灯　4—点火线圈　5—分电器　6—火花塞　7—交流发电机　8—电压调节器　9—电喇叭　10—工作灯插座　11—电喇叭继电器　12—暖风电动机　13—接线管　14—五线接线板　15—冷却液温度传感器　16—灯光继电器　17—熔断器盒　18—闪光器继电器　19—双金属熔丝盒　20—车灯开关　21—发动机罩灯　22—右转向指示灯　23—机油低压警告灯　24—车速里程表　25—变光开关　26—起动机　27—机油压力传感器　28—低油压报警开关　29—蓄电池　30—电源总开关　31—复合继电器　32—制动灯开关　33—电喇叭按钮　34—后灯和暖风电动机开关　35—驾驶室顶灯　36—转向信号灯开关　37—点火开关　38—燃油传感器　39—组合后灯　40—四线接线板　41—后灯　42—挂车插座　43—三线接线板

2. 充电系

交流发电机电枢接线柱→电流表正极→电流表→电流表负极→起动机电磁开关 30 接线柱→起动电缆→蓄电池正极→蓄电池→蓄电池负极→搭铁电缆→电源总开关→发电机搭铁接线柱。

3. 起动系

点火开关控制起动机复合继电器内起动机继电器工作，使起动机电磁开关工作，从而使起动机的直流电动机和单向啮合器工作。

（1）起动机复合继电器内起动机继电器工作　蓄电池正极→起动电缆→起动机电磁开关 30 号接线柱→电流表负极→电流表→电流表正极→点火开关 1 号接线柱→点火开关 3 号接线柱→起动复合继电器的点火开关接线柱→起动机复合继电器搭铁接线柱→电源总开关→

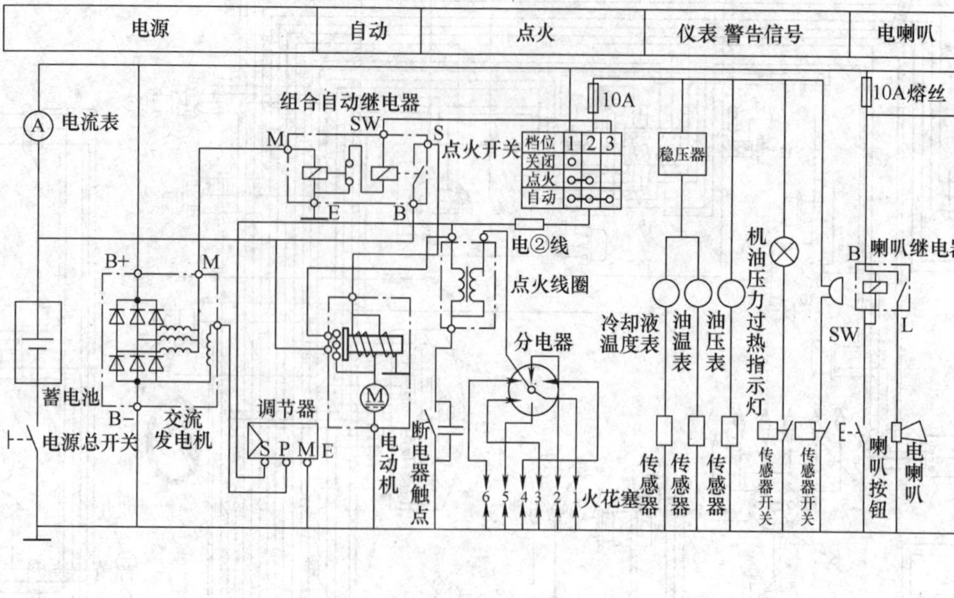

图 9-16 东风 EQ1090 型汽车电路原理图

搭铁电缆→蓄电池负极（继电器线圈产生吸力，触点闭合，连接起动机复合继电器的电源接线柱和起动机接线柱）。

1）起动机电磁开关工作电流为蓄电池正极→起动电缆→起动机电磁开关 30 接线柱→起动机复合继电器电源接线柱→触点→起动机复合继电器起动机接线柱→起动机电磁开关 50 接线柱（经保持线圈、吸拉线圈等）→电源总开关→搭铁电缆线→蓄电池负极（吸拉线圈、保持线圈产生吸力，拨叉运动使单向啮合器工作，接触盘吸合使直流电动机工作）。

2）直流电动机的电流为蓄电池正极→起动电缆→起动机电磁开关 30 接线柱→电磁开

关15a接线柱→连接铜片→直流电动机→搭铁电缆→电源总开关→蓄电池负极。

(2) 发动机起动后的电流为起动机复合继电器工作，起动机停止工作，保护起动机　发电机中性点接线柱→起动机复合继电器中性点接线柱→搭铁接线柱→发电机搭铁接线柱(起动机常闭触点打开，常开触点不能闭合，起动机接线柱、10号线断电起动机停止工作，保护起动机)。

4. 点火系

(1) 起动时点火系的电流

1) 起动时初级电流为蓄电池正极→起动电缆→起动机电磁开关30号接线柱→附加电阻短路接线柱→点火线圈(+)极(初级线圈)→点火线圈(-)极→低压导线→分电器低压绝缘接线柱→活动驻点臂→触点→固定触点臂搭铁→电源总开关→搭铁电缆→蓄电池负极。

2) 起动时次级电流为点火线圈次级线圈(+)极→附加电阻短路接线柱→起动机电磁开关30接线柱→起动电缆→蓄电池→电源总开关→搭铁电缆→火花塞侧电极→火花塞中心电极→分缸高压线→分火头经中央高压线→点火线圈次级线圈(-)。

(2) 起动后点火系的电流

1) 起动后的初级电流为蓄电池正极→起动电缆→起动机电磁开关30接线柱→电流表负极→电流表→电流表正极(或由发电机电枢接线柱→电流表正极)点火开关1号接线柱→点火开关2号接线柱→点火线圈(+)极(初级线圈)→点火线圈(-)极→低压导线→分电器低压绝缘接线柱→活动触点臂→触点→固定臂搭铁→电源总开关→搭铁电缆→蓄电池负极(或发电机接搭铁线柱)。

2) 起动后的次级电流为点火线圈次级线圈(+)极→点火开关2接线柱→点火开关1号接线柱→电流表(+)极→起动机30接线柱→起动电缆→蓄电池→搭铁电缆→电源总开关→搭铁(或发电机电枢接线柱，搭铁接线柱搭铁)→火花塞侧电极→火花塞中心电极→分缸高压线→分电器盖→分火头→中央高压线回→次级线圈。

5. 照明系

(1) 前照灯的电流　蓄电池正极→起动电缆→起动机电磁开关30接线柱→电流表负极→电流表→电流表正极(或发电机电枢→电流表正极)→熔丝盒→灯开关→脚踏变光开关→五接头接线板→前照灯(远、近光灯丝)→电源总开关→搭铁电缆→蓄电池负极。

(2) 小灯(前示宽灯)、后灯(后示宽灯)的电流　蓄电池正极→起动电缆→起动机电磁开关30接线柱→电流表负极→电流表→电流表正极(或发电机电枢→电流表正极)→熔丝盒→五接头接线板→前小灯搭铁→电源总开关→搭铁电缆→蓄电池负极。

(3) 前侧灯的电流　蓄电池正极→起动电缆→起动机电磁开关30接线柱→电流表负极→电流表→电流表正极(或发电机电枢→电流表正极)→灯开关→五接头接线板→前侧灯→电源总开关→搭铁电缆→蓄电池负极。

(4) 灯光继电器的电流　蓄电池正极→起动电缆→起动机电磁开关30接线柱→电流表负极→电流表→电流表正极(或发电机电枢→电流表正极)→灯光继电器→五接头接线板→前侧灯→电源总开关→搭铁电缆→蓄电池负极。

(5) 后照灯的电流　蓄电池正极→起动电缆→起动机电磁开关30接线柱→电流表负极→电流表→电流表正极(或发电机电枢→电流表正极)→暖风后灯照灯开关→五接头接线板→后灯之后照灯→电源总开关→搭铁电缆→蓄电池负极。

（6）雾灯的电流　蓄电池正极→起动电缆→起动机电磁开关30接线柱→电流表负极→电流表→电流表正极（或发电机电枢→电流表正极）→熔丝盒→雾灯开关→雾灯→电源总开关→搭铁电缆→蓄电池负极。

（7）发动机罩下照明灯的电流　蓄电池正极→起动电缆→起动机电磁开关30接线柱→电流表负极→电流表→电流表正极（或发电机电枢→电流表正极）→熔丝盒→发动机罩下照明灯→电源总开关→搭铁电缆→蓄电池负极。

（8）顶盖灯的电流　蓄电池正极→起动电缆→起动机电磁开关30接线柱→电流表负极→电流表→电流表正极（或发电机电枢→电流表正极）→熔丝盒→顶盖灯→电源总开关→搭铁电缆→蓄电池负极。

6. 信号系

（1）转向灯

1）左转向灯的电流为蓄电池正极→起动电缆→起动机电磁开关30接线柱→电流表负极→电流表→电流表正极（或发电机电枢→电流表正极）→熔丝盒→闪光器→转向灯开关→五接头接线板→左转向灯（前）→电源总开关→搭铁电缆→蓄电池负极。

2）右转向灯的电流为蓄电池正极→起动电缆→起动机电磁开关30接线柱→电流表负极→电流表→电流表正极（或发电机电枢→电流表正极）→熔丝盒→闪光器→转向灯开关→五接头接线板→右转向灯（前）→电源总开关→搭铁电缆→蓄电池负极。

（2）制动灯的电流为蓄电池正极→起动电缆→起动机电磁开关30接线柱→电流表负极→电流表→电流表正极（或发电机电枢→电流表正极）→熔丝盒→五接头接线板→制动灯开关→左、右制动灯及拖车插座→电源总开关→搭铁电缆→蓄电池负极。

（3）喇叭

1）喇叭继电器的电流为蓄电池正极→起动电缆→起动机电磁开关30接线柱→电流表负极→电流表→电流表正极（或发电机电枢→电流表正极）→熔丝盒→喇叭继电器电源接线柱→喇叭继电器按钮接线柱→喇叭按钮→电源总开关→搭铁电缆→蓄电池负极（当按钮按下，继电器线圈通电触点闭合。喇叭接线柱通电）。

2）喇叭继主电路的电流为蓄电池正极→起动电缆→起动机电磁开关30接线柱→电流表负极→电流表→电流表正极（或发电机电枢→电流表正极）→熔丝盒→喇叭继电器电源接线柱→喇叭继电器喇叭接线柱→喇叭→电源总开关→搭铁电缆→蓄电池负极。

7. 仪表系

（1）气压过低蜂鸣器的电流　蓄电池正极→起动电缆→起动机电磁开关30接线柱→电流表负极→电流表→电流表正极（或发电机电枢→电流表正极）→点火开关1号接线柱→点火开关2号接线柱→熔丝盒→蜂鸣器→电源总开关→搭铁电缆→蓄电池负极。

（2）油压表的电流　蓄电池正极→起动电缆→起动机电磁开关30接线柱→电流表负极→电流表→电流表正极（或发电机电枢→电流表正极）→点火开关1号接线柱→点火开关2号接线柱→熔丝盒→油压表→电源总开关→搭铁电缆→蓄电池负极。

（3）仪表灯的电流　蓄电池正极→起动电缆→起动机电磁开关30接线柱→电流表负极→电流表→电流表正极（或发电机电枢→电流表正极）→点火开关1号接线柱→点火开关2号接线柱→熔丝盒→仪表板→仪表灯→电源总开关→搭铁电缆→蓄电池负极。

8. 舒适系

暖风电动机的电流为蓄电池正极→起动电缆→起动机电磁开关 30 接线柱→电流表负极→电流表→电流表正极(或发电机电枢→电流表正极)→熔丝盒→暖风后照灯开关→暖风电动机→电源总开关→搭铁电缆→蓄电池负极。

9. 其他附属设备

(1) 化油器电磁阀的电流　蓄电池正极→起动电缆→起动机电磁开关 30 接线柱→电流表负极→电流表→电流表正极(交流发电机电枢→电流表正极)→点火开关 1 号接线柱→点火开关 2 号接线柱→熔丝盒→化油器电磁阀→电源总开关→搭铁电缆→蓄电池负极。

(2) 工作灯插座的电流　蓄电池正极→起动电缆→起动机电磁开关 30 接线柱→电流表负极→电流表→电流表正极(或发电机电枢→电流表正极)→熔丝盒→工作灯插座(工作灯)→电源总开关→搭铁电缆→蓄电池负极。

二、丰田车系电路分析

丰田凌志轿车刮水器电路如图 9-17 所示，工作工程分析如下。

1. 刮水器低速工作

点火开关打到点火档，刮水器和洗涤器开关处于低速档位置，刮水器低速工作电流通路为：蓄电池正极→120A 熔断器→40A 熔断器→配线连接器 EA3 的 A10 端子(W—L 线)→点火开关 I17 的 AM1 端子→点火开关 I17 的 IG1 端子→1 号 J/B1C 插头的 3 号端子→20A 熔断器→1 号 J/B(接线盒)1G 插头的 4 号端子→刮水器和洗涤器开关 C15 的 B 端子→刮水器和洗涤器开关 C15 的 7 号端子→刮水器电动机 W5 的 3 号端子(L—B 线)→刮水器电动机 W5 的 1 号端子(W—B 线)→仪表板左内侧 E 搭铁点→蓄电池负极。

2. 刮水器高速工作

点火开关打至点火档，刮水器开关处于高速档位置，刮水器高速工作电流通路为：蓄电池正极→120A 熔断器→40A 熔断器→配线连接器 EA3 的 A10 端子(W—L 线)→点火开关 I17 的 AM1 端子→点火开关 I17 的 IG1 端子→1 号 J/B(接线盒)1C 插头的 3 号端子→20A 熔断器→1 号 J/B(接线盒)1G 插头的 4 号端子→刮水器和洗涤器开关 C15 的 B 端子→刮水器和洗涤器开关 C15 的 13 号端子→刮水器电动机 W5 的 2 号端子(L/R 线)→刮水器电动机 W5 的 1 号端子(W—B 线)→仪表板左内侧 E 搭铁点→蓄电池负极。

3. 刮水器间歇工作

点火开关打至点火档，刮水器开关处于间歇档位置，刮水器间歇工作电流通路为；蓄电池正极→120A 熔断器→40A 熔断器→配线连接器 EA3 的 A10 端子(W—L 线)→点火开关 1I7 的 AM1 端子→点火开关 I17 的 IG1 端子→1 号 J/B(接线盒)1C 插头的 3 号端子→20A 熔断器→1 号 J/B(接线盒)1A 插头的 7 号端子(L 线)→刮水器控制继电器 W8 的 2 号端子→刮水器控制继电器 W8 的 5 号端子(L/W 线)→刮水器和洗涤器组合开关 C15 的 4 号端子→刮水器和洗涤器组合开关 C15 的 7 号端子→刮水器电动机 W5 的 3 号端子(L—B 线)→刮水器电动机 W5 的 1 号端子(W—B 线)→仪表板左内侧 E 搭铁点→蓄电池负极。

刮水器开关打至间歇档时，刮水器控制继电器 W8 的 4 号端子由刮水器和洗涤器组合开关 C15 的 12 号端子与 16 号端子通过搭铁点 F 搭铁。刮水器间歇时间由刮水器控制继电器 W8 来决定。

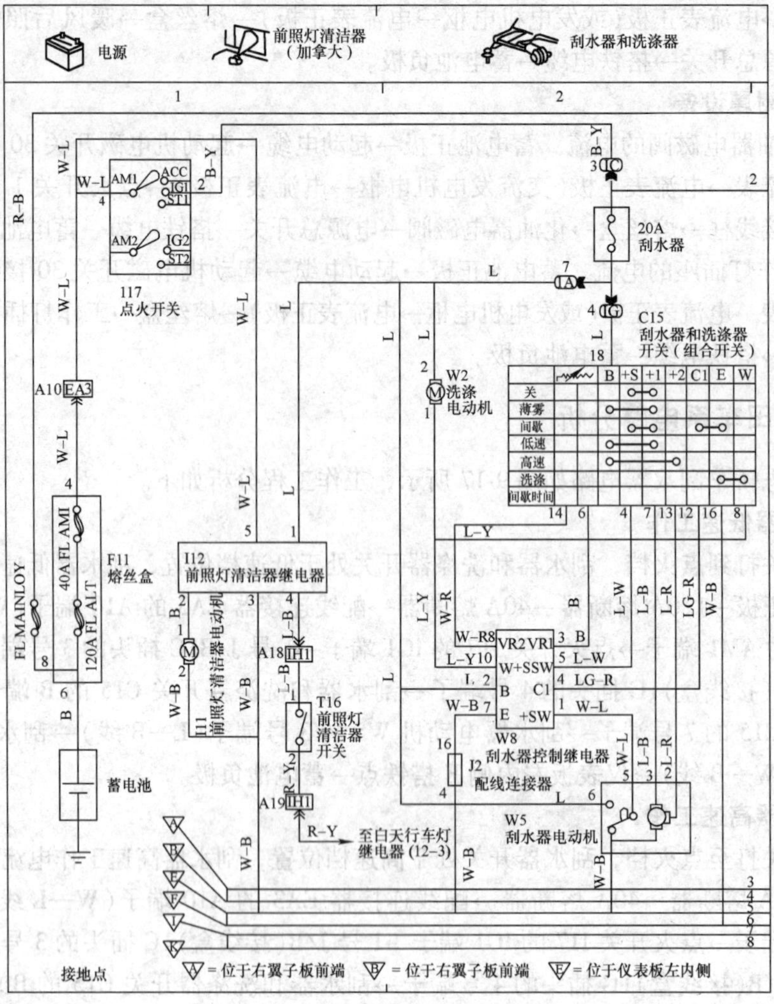

图 9-17　丰田凌志轿车刮水器电路

4. 刮水器停止工作

刮水器和洗涤器开关打至关闭档位置，通过刮水器和洗涤器开关 C15 的 4 号端子与 7 号端子把刮水器控制继电器 W8 的 5 号端子与刮水器电动机 W5 的 3 号端子连接起来。刮水器和洗涤器开关打至关闭档时，如果刮水器处在规定停止位置、刮水器电动机 W5 的 5 号端子与刮水器电动机 W5 的 1 号端子接通，使电动机进行能耗制动，刮水器电动机停止工作。如果刮水器处在非规定停止位置，刮水器电动机 W5 的 5 号端子与刮水器电动机 W5 的 6 号端子接通，由 6 号端子供电使电动机继续工作，直至刮水器处在规定的停止位置。

三、通用车系电路分析举例

上海通用别克君威轿车的冷却风扇控制电路，如图 9-18 所示分析过程如下：

冷却风扇由两个熔断器(6 号 40A 和 21 号 15A)分别向发动机冷却风扇供电。熔断器位

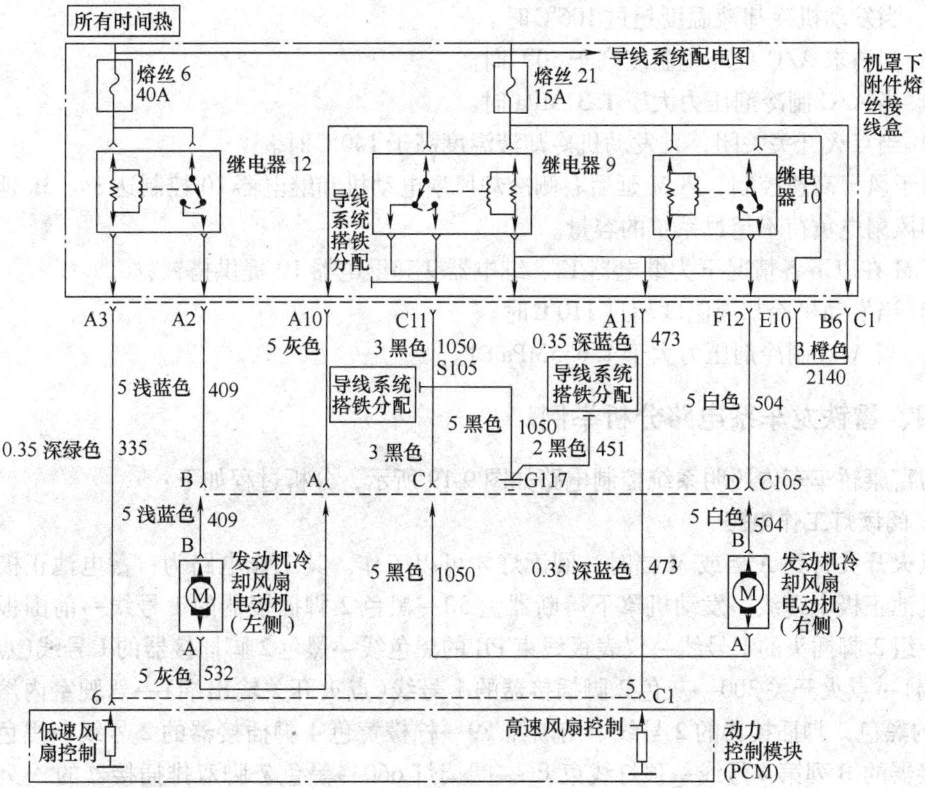

图 9-18　别克君威轿车冷却风扇控制电路

于发动机罩下附件接线盒内。

1. 冷却风扇低速工作时的电路

PCM 通过低速风扇控制电路为继电器 12 的控制电路提供搭铁。继电器 12 的控制电路的电流通路为：所有时间热(与电源直接连接)→熔断器 6→继电器 12→PCM 的低速风扇控制电路搭铁形成回路。于是，继电器 12 的线圈中有电流通过，控制常开触点闭合，向冷却风扇电动机供电。此时由于左侧的冷却风扇电动机与右侧的冷却风扇电动机串联，所以风扇以低速运转。电流通路为：所有时间热(与电源直接连接)→熔断器 6→继电器 12→左侧的冷却风扇电动机→继电器 9 的常闭触点→右侧的冷却风扇电动机→导线系统搭铁分配器搭铁形成回路。

2. 冷却风扇高速工作时的电路

PCM 首先经低速风扇控制电路对继电器 12 提供搭铁路径。经 3s 延时后，PCM 经高速风扇控制电路为继电器 9 和继电器 10 提供搭铁路径。左侧风扇电动机继续由熔断器 6 提供电流，而熔断器 21(15A)为右侧风扇电动机提供电流。各风扇接收不同的搭铁路径。因此，风扇高速运行。左侧风扇电动机的电流通路为：所有时间热(与电源直接连接)→熔断器 6→继电器 12→左侧的冷却风扇电动机→继电器 9 的常开触点→导线系统搭铁分配器搭铁形成回路。右侧风扇电动机的电流通路为：所有时间热(与电源直接连接)→熔断器 21→继电器 10 的常开触点→右侧的冷却风扇电动机→导线系统搭铁分配器搭铁形成回路。

在看懂电路图的同时还应清楚 PCM 在什么情况下控制继电器 12 搭铁，其条件如下：

1）当发动机冷却液温度超过 106℃时。

2）当请求 A/C 且环境温度高于 50℃时。

3）当 A/C 制冷剂压力大于 1.31MPa 时。

4）当点火开关关闭，且发动机冷却液温度高于 140℃时。

对于风扇高速控制，PCM 延后右侧冷却风扇电动机和继电器 10 控制达 3s。3s 延后可确保冷却风扇电负荷不超过系统的容量。

PCM 在以下各情况下为继电器 12、继电器 9 和继电器 10 提供搭铁：

1）当发动机冷却液温度超过 110℃时。

2）当 A/C 制冷剂压力大于 1.655MPa 时。

四、雪铁龙车系电路分析举例

为富康轿车车内照明系统控制电路如图 9-19 所示，分析过程如下：

1. 阅读灯工作电路

点火开关打到 A 档或 M 档时，阅读灯才可以工作。其工作电路为：蓄电池正极→黑色的蓄电池正极电缆线→发动机罩下熔断器盒 50→黑色 2 脚插接器的 1 号线→前围板插接器的第 9 组 2 脚插头的 1 号线→仪表板线束 PB 的黑色线→黑色 2 脚插接器的 1 号线（点火开关供电端）→点火开关 300→灰色 2 脚插接器的 1 号线（点火开关输出端）→驾驶室内熔断器盒 52 中的黑色 2 脚插接器的 2 号线→熔断器 F9→柠檬黄色 4 脚插接器的 2 号线→黑色 7 脚双排插接器的 B 列第 4 号线→顶灯线束 PL→阅读灯 660→黑色 7 脚双排插接器的 A 列第 4 号线→仪表板线束 PB→前围板插接器的第 11 组 2 脚插头的 1 号线→前部线束 AV→搭铁→蓄电池负极。

2. 前顶灯工作电路

前顶灯的工作不受点火开关的控制，但可以监测车门的关闭。当前顶灯开关打至监测档，车门未关闭时前顶灯亮。前顶灯监测车门关闭的工作电路为：蓄电池正极→黑色的蓄电池正极电缆线 CP→发动机罩下熔断器盒 50→黑色 2 脚插接器的 1 号线→前围板插接器的第 9 组 2 脚插头的 1 号线→仪表板线速 PB 的黑色线→驾驶室内熔断器盒 52 中的黑色 2 脚插接器的 1 号线→熔断器 F8→白色 8 脚插接器的 5 号线→黑色 7 脚双排插接器的 A 列第 3 号线→顶灯线束 PL→前项灯 742（开关打至监测档）→黑色 7 脚双排插接器的 A 列第 1 号线→仪表板线束 PB→栗色 13 脚双排插接器的 B 列第 7 号线→驾驶室线束 HB→任一门控开关 310、311、312、313（车门未关闭时开关闭合）→搭铁→蓄电池负极。

3. 点烟器照明工作电路

点烟器照明灯受灯光开关控制，灯光开关打开时，点烟器照明灯亮。其工作电路为：蓄电池正极→黑色的蓄电池正极电缆线→发动机罩下熔断器盒 50→黑色 2 脚插接器的 2 号线→前围板插接器的第 10 组 2 脚插头的 2 号线→仪表板线束 PB→白色 5 脚双排插接器的 B 列第 2 号线→组合开关 211（灯光开关打开）→白色 5 脚双排插接器的 B 列第 3 号线→驾驶室内熔断器盒 52 中的白色 7 脚插接器的 7 号线→熔断器 F12→白色 7 脚插接器的 4 号线→前点烟器 5 的照明灯与前烟灰缸照明灯 385（两者并联）→白色 3 脚插接器的第 3 号线→仪表板线束 PB→前围板插接器的第 11 组 2 脚插头的 1 号线→前部线束 AV→搭铁→

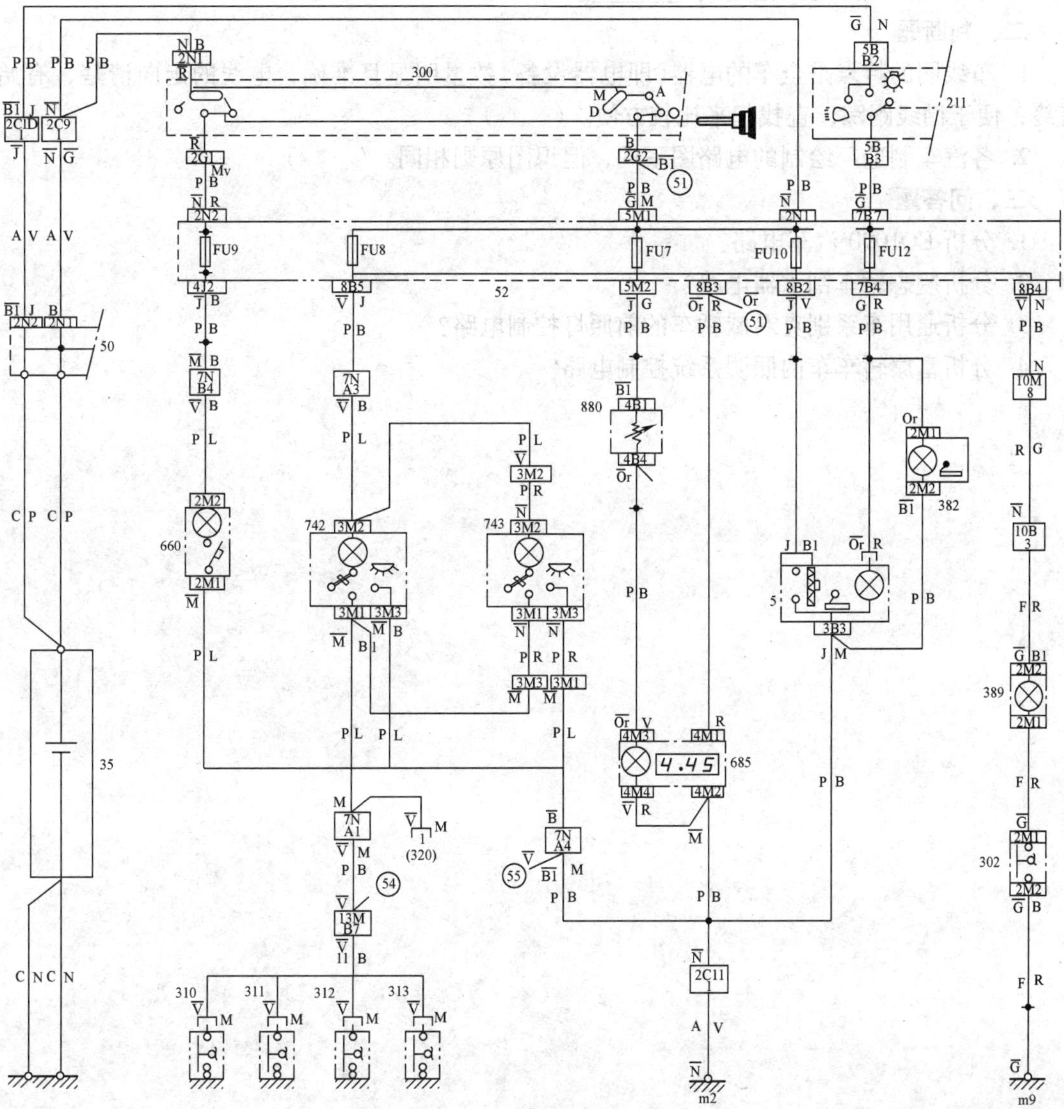

图 9-19　富康轿车车内照明系统控制电路

5—点烟器　35—蓄电池　50—发动机室盖下熔断器　300—点火开关　52—驾驶室内熔断器　660—阅读灯　742—前顶灯　310—左前门槽灯开关　311—右前门槽灯开关　211—左组合开关　880—仪表灯变阻器　685—石英钟及照明灯　302—行李箱照明开关　312、313、743—未使用

蓄电池负极。

课后思考与训练

一、填空题

1. 布线图是按照汽车电器在车身上的________用外形简图相对应地画在图上，再用线将电源、开关、熔断器等装置和这些电器一一连接起来绘制而成。

2. 布线图的缺点是图上电线________。

二、判断题

1. 布线图的特点是全车的电器(即电器设备)数量明显且准确，电线的走向清楚，有始有终，便于循线跟踪，查找起来比较方便。(　　)

2. 各汽车制造厂绘制的电路图不同，但识图原则相同。(　　)

三、问答题

1. 分析 EQ1090 汽车电路?

2. 分析凌志轿车刮水器电路?

3. 分析通用车系别克君威轿车的前照灯控制电路?

4. 分析富康轿车车内照明系统控制电路?

参 考 文 献

[1] 朱彩云，张忠伟. 汽车电气与电子控制系统检修[M]. 北京：机械工业出版社，2010.

[2] 李春明. 汽车电气设备与维修[M]. 西安：西安电子科技大学出版社，2006.

[3] 李春明. 汽车电器与电路[M]. 北京：高等教育出版社，2003.

[4] 赵奇. 汽车电气构造与检修[M]. 北京：中国劳动社会保障出版社，2008.

[5] 毛峰. 汽车电器设备与检修[M]. 北京：机械工业出版社，2005.

[6] 于万海. 汽车电气设备原理与检修[M]. 北京：电子工业出版社，2008.

[7] 黎亚洲. 汽车电气系统维修技术[M]. 北京：机械工业出版社. 2009.

[8] 何宇漾. 汽车车身电控技术[M]. 北京：中国劳动社会保障出版社. 2007.

[9] 黎亚洲，徐丹杰. 汽车电气系统维修技术基础[M]. 北京：机械工业出版社，2009.

[10] 谭本忠. 桑塔纳车系电路分析与维修案例集锦[M]. 北京：机械工业出版社，2008.

[11] 吴涛. 汽车电气设备与维修[M]. 西安：西安电子科技大学出版社，2008.

[12] 林晨. 桑塔纳2000GSi-AT/GSi/GLi/GLS轿车维修手册[M]. 北京：机械工业出版社，2004.